Remplaçant

L'VLYSSE FRANÇOIS.

A PARIS Chez GERVAIS CLOVSIER, au Palais. 1643.

G 188
t 1

L'VLYSSE FRANCOIS

OV

LE VOYAGE DE FRANCE, DE FLANDRE, ET DE SAVOYE.

Contenant les plus rares curiosités des Pays, la situation des villes, les meurs & les façons de faire des Habitans.

Et dedié à MONSEIGNEVR le Comte d'Olonne.

Par le sieur COVLON.

A PARIS,
Chez GERVAIS CLOVSIER, aux Palais, sur les degrez de la Saincte Chapelle.

M. DC. XLIII.
AVEC PRIVILEGE DV ROY.

Ex libris ff.^m Prædicatorum Pavisiensium ad S. Honoratum

A
MONSEIGNEVR
LOVIS DE LA TREMOILLE
Comte des Olonnes.

MONSEIGNEVR,

PVIS qu'il est vray que les exemples des Grands persuadet mieux que les raisons des Philosophes, & que les hommes deferent dauantage aux actions des Princes, qu'aux paroles des Orateurs; voicy vn fameux Voyageur, qui ayant par-

EPISTRE.

couru les principales villes de l'Europe, & frequenté les premiers peuples du monde, pour aprendre les maximes de la Morale, & les regles du Gouuernement par leur vsage, vient enfin se rendre à vos Pieds, & se délasser à l'ombre des Lauriers, qui couurent de tous costés vostre auguste Maison, pour connoistre les veritez dans leurs Principes, & descouurir dans l'Histoire de vos Ancestres, & dans les esperances de vostre belle vie, plus de vertus qu'il n'en faut, pour perfectionner les mœurs d'vn homme de bien, & pour acheuer dignement l'esprit d'vn Politique.

De sorte que vous auez chés vous mesme ce que les autres

EPISTRE

cerchent auec beaucoup de peine parmy les Estrangers; la Nature vous donne auec profusion ce que la Grace ne nous donne qu'auec retenuë: & vous possedés en naissant, ce que les autres s'estiment bien-heureux de pouuoir acquerir en mourant. Car le Lieu, où vous aués veu les premieres beautés du iour, est un Temple, où l'Honneur & le Merite sont esleués sur les mesmes Autels, & la Gloire & la Vertu reçoiuent les mesmes Sacrifices; l'âge, qui se contente de deslier la langue aux enfans pour exprimer leurs innocentes pensées, s'efforçoit de vous roidir les bras pour executer dés lors des desseins dignes de vostre nais-

EPISTRE

sance; & les larmes qu'elle tiroit de vos yeux, estoient des tesmoignages du desplaisir qu'elle ressentoit de vous voir encore trop foible pour verser le sang des ennemis de cet Estat, & de ne pouuoir pas tout d'un coup vous former un corps assés grand, pour loger ce grand courage, qui vous doit estre assi naturel que le vol aux oyseaux. Ie dis, sans vous flatter, que vous deuez sçauoir conduire les armées, & gouuerner les peuples au mesme temps, que vous sçaurez qui vous estes, & qu'on vous aura fait comprendre l'estenduë de vostre nom, qui seul contient toute la science d'un fidelle Ministre d'Estat, & d'un grand Capitaine.

EPISTRE.

Ie m'assure MONSEIGNEVR, que cette pensée fera plus d'impreßion sur vostre bon esprit que tous les preceptes estudiés d'une Eschole, qui n'a que du babil; & que la crainte de ressembler à ces faux feux qui s'engendrent en l'air, & qui n'ont que les apparences d'Astres, sans en auoir les effects, vous poussera fortement à rehausser la gloire de vos Majeurs par les actions de vostre vie.

C'est ce que vous deués au Roy, qui ne vous laisse les fleurs de lis dans vn quartier de vos armes, que pour les cultiuer par vos soings: C'est ce que les plus puissans Monarques de l'Europe, à qui vous aués l'honneur d'estre

EPISTRE.

si proche, demandent de vous. C'est ce qu'attend la conduitte d'un tres-vertueux Pere, & les tendresses de la meilleure des Meres: C'est ce que le sang le plus haut de la terre, la nourriture la plus heureuse du monde, & ce visage que la crainte ne fera iamais pallir, & que la cholere ne pourra iamais troubler, ne cessent de nous promettre. Et comme il n'est rien de petit en vous, il n'y faut rien souffrir d'imparfait: ce que les ignorans prenent pour des taches dans le corps du Soleil, sont des estoilles au iugement des Astrologues, tout ne doit estre que splendeur aux personnes de vostre condition, & il ne leur est pas besoin d'at-

EPISTRE.

tendre les années pour estre sages, puisque leur esprit va plus viste que le cours du temps en la conduite de ses actions, comme il est independant de ses vicissitudes au progrez de sa fortune. Un de vos ayeuls, qui gaigna la bataille de Cerisole, disoit a ceux qui luy reprochoient sa ieunesse, qu'il ne tranchoit pas de la barbe, mais de l'espée; & ie m'asseure que vous imiterez sa valeur, pour prendre part à sa gloire.

Les Aigles de vostre Famille ne nichent que sur les Palmes, le Throsne des Egyptiens estoit en forme de cœur, & leur Sceptre en forme d'œil: vous deués estre aussi tout cœur, & tout œil pour garder celuy de vostre Prince,

EPISTRE.

à l'exemple de vos Peres. C'est pour eux, que ie vous souhaite autant de biens, que le Ciel vous en promet, m'estimant trop heureux de pouuoir contribuer mes labeurs & mes seruices à la gloire de vostre éducation, puisque i'ay l'honneur d'estre,

MONSEIGNEVR,

Vostre tres-humble, tres-affectionné,
& tres-obeissant seruiteur,
LOVIS COVLON.

AVIS AV LECTEVR.

MON cher Lecteur. Il n'est rien de si noble, que de sçauoir: Le propre charactere de l'homme est l'intelligence: & ce qui nous auoisine de plus pres du Pere des lumieres c'est la science des belles choses. Il est vray que plusieurs estudie, mais le fruict qu'ils retirent de leurs estudent n'est pas fort grand. Plusieurs sont comme ces ieunes gens, qui font merueille du fleuret dans vne sale, & se trouuent bien empeschés de porter vne espée de bonne grace dans les occasions. D'autres vieillissent & se consument en la lecture, & font comme les tignes qui deuorent les meilleurs Liures, & s'engraissent du trauail des plus excellens Autheurs, sans changer de nature: il y en a de semblables aux statuës de ces vieux Idolatres, qui estans animées d'vn esprit estranger rendoient des Oracles qu'elles ne comprenoient pas. La cause de ce defaut vient du mauuais vsage de nostre esprit, qui s'applique à cultiuer l'imagination, sans former le iugement, comme ces curieux qui laissent ruiner leurs maisons, pour conseruer leurs

AVIS AV LECTEVR.

parterres, ou du peu de choix qu'on fait des Liures, la plus part des hommes de lettres s'en seruant, comme les voluptueux des femmes empruntees, dont ils veulent auoir seulement la iouissance, sans produire aucun fruit de leurs embrassemens. Pour bien apprendre il n'est rien que de voir les choses en leur original, & de tous les Liures il n'en est point de pareil à celuy de la nature. C'est la où les plus habiles hommes de l'antiquité ont fait le cours de leurs estudes, c'est là que se sont appliqués particulierement les grands hommes d'Estat : & c'est en voyageant que se sont formés les Philosophes d'Athenes, les Politiques de Rome, & les Theologiens de L'Eglise : & c'est à leur exemple que nostre ieune Vlysse entreprend le voyage du monde, commençant par la France, pour se rendre capable de quelque chose de grand, & de profiter à ceux qui voudront suiure ou lire ses auantures.

Fautes suruenues en l'Impression.

PAg. 13. l. 4. qu'autrefois Pag. 21. l. 25. ostez ainsi. pag. l. 11. & se va. pag. 27 l. 24. du mort pag. 28. l. 9. dans la. pag. 29. l. 13. Receueur. pag. 30. l. 23. hommes & femmes. p. 41. l. 6. vne vacation. p. 46. donnent. p. 49. l. 28. cartes. p. 55. l. 19. apres pensionnaires, adioustés en sont exclus. p. 65. l. 2. iointe à. p. 72. l. 19. assiegeront. p. 86. l. 6. fermees. p. 88. l. 1. neantmoins auec autant p. 89. l. presse. l. 2. à leurs. l. 7. à proportion de celuy. p. 116. l. 7. Valentinienes. l. 23. sont. p. 136. l. 11. & par vne blesseure. p. 137. l. 22. de lict. p. 175. l. 9. au lieu d'exclure, lisez chasser. p. 196. l. 19. depositaire. p. 208. l. 26. au lieu de sont, lisez ont. p. 209. l. 7. le petit peuple. p. 233. l. 23. & sa grande p. 334. l. 4. represente. p. 240. l. 12. sonne d'vne trompette. p. 26. l. 21. au lieu d'auec cette condition, lisez à condition. p. 289. l. 19. confisquées. p. 327. l. 11. du village p. 338. l. 16. Fescam. p. 375. l. 16. Stalimene. p. 410. l. 3. Pictes pour Peres. l. 6. aborderent aux costes. p. 424. l. 4. Niort, au lieu de mort. p. 445. l. 17 on void. p. 457. l. 4. ostez, &, p. 458. l. 28. les auetes. p. 459. l. 21. d'vn ancien Temple dedié. P. 557. l. 19. d'estre veu. p. 668. l. 24. conseruées. pag. 600. l. 8. Frere, au lieu de Pere. 22. de pair.

Extraict du Priuilege du Roy.

PAR grace & Priuilege du Roy, Il est permis à Geruais Clousier Marchand Libraire à Paris, d'imprimer vendre & distribuer vn Liure intitulé *L'Vlysse Gallo-Belgique, ou le Voyage de Flandre, France & Sauoye. Composé par le sieur Coulon*, & deffenses sont faites à tous Libraires Imprimeurs & autres personnes de quelque qualité & condition qu'ils soient, d'imprimer faire imprimer vendre distribuer ny extraire aucunes choses dudit Liure sans le congé & consentement dudit Clousier, sur peine de confiscation des liures & exemplaires qui auront esté mis en vente, au preiudice des presentes, & de mil liures d'amende, moitié à nous, & l'autre audit Clousier, & de tous despens dommages & interests: & ce durant le temps & terme de sept ans; à compter du iour qu'il sera acheué d'imprimer, ainsi qu'il est porté plus amplement dans l'original. Donné à Paris le septielme iour de Feurier, l'an de grace mil six cens quarante trois, & de nostre regne le trente troisielme.
Par le Roy en son Conseil. RENOVARD.

Acheué d'imprimer pour la premiere fois le dernier iour de Mars. 1643.

Les Exemplaires ont esté fournis.

LOVIS DE LA TREMOILLE
COMTE DES OLLONNES.

Ioan. Picart ad vivum delineauit et incidit.

L'VLYSSE
GALLO-BELGIQVE
OV
LE VOYAGE DE
Flandre, de France & de Sauoye.

Ostre Vlysse desirant apprendre les maximes de la Morale dans leurs Principes, & former sa vie sur l'Original du plus beau peuple du monde; s'embarque à Douure en Angleterre pour aborder à Calais, & de là passer en Flandre, & parcourir les principalles villes de France & de Sauoye; ou il se promet de voir comme sur vn Theatre, ces nations ciuilisées iouër les Personnages, que la naissance leur a donné, &

A

representer au naturel les vertus & les vices. Il est vray que les Liures sont des miroirs, qui ne peuuent tromper, & qui ne sçauroient faire passer les impostures du fard pour vne veritable beauté: Mais comme il faut beaucoup plus de science à discerner les estoiles au Ciel, qu'à les compter sur vn Globe: pareillement il y a beaucoup plus de certitude à contempler les objects en eux mesmes, qu'à ne les voir qu'en leurs especes: & c'est bien autre chose d'auoir esté present dans les plus belles places du monde, que de ne les auoir parcourues que des yeux sur vne carte.

C'est donc pour ce dessein, que nostre Vlisse Gallo-Belgique, où Flamand François; car c'est ainsi qu'il veut estre nommé, entreprend ses voyages, & qu'apres auoir declaré son nom, ses qualités, & ses occupations; & fait vn inuentaire de tous les meubles qu'il porte auec soy, deuant les Commissaires de la Marine, suiuant les loix du pays; il monte au soir dans vn vaisseau; & comme si c'estoit vn songe que de voguer sur l'eau, il se trouue le l'endemain matin, le premier iour de May dans vn autre Royaume, sans auoir changé de place: bien qu'il aye faict sept lieuës de traiect depuis Douure iufqu'à Calais.

CALAIS.

CAlais eſt vn port commode ſur les coſtes de Picardie; & vne ville de guerre de figure triangulaire, ſituée dans la Comté d'Oye auec vn fort Chaſteau, entourée de tous les coſtez de la mer où des marais; n'ayant qu'vne ſeule entrée par le pont de S. Agathe. Les Roſes & les Lys y ont fleury diuerſement. Edouard III. l'ayant inueſti c apres la ſanglante iournée de Crecy, contraignit la ville & le Chaſteau de ſe rendre à diſcretion, apres auoir ſouſtenu la famine & les incommoditez d'vn ſiege d'vn an, ou le Roy fut en perſonne auec ſa femme, & toute la Nobleſſe, pluſtoſt pour eſtre les teſmoins du courage & de la fidelité des habitans, que les ſpectateurs des victoires & des conqueſtes du Prince. Henry II. Roy de France ſe faſchant qu'vn eſtranger luy occupaſt vne ſi bonne place depuis deux cens dix ans, employa toutes ſes forces pour la rauoir : & fit ſi bien par la ſage conduite & par la valeur du Duc de Guyse, qu'il regaigna en huict iours ce qui auoit cousté vne campagne de douze mois au Roy d'Angleterre.

On raconte, qu'vn Capitaine François demanda par moquerie aux Anglois sortans de la place, quand est-ce qu'ils reuiendroient : Quand vos pechez seront plus grands que les nostres, respondit vn des plus auisés. La condition n'est pas encore accomplie, aussi les conuentions n'ont pas esté gardées. Mais sans attendre vn si long-terme, l'Archiduc Albert voulant mettre ses armes en vne haute reputation, s'en rendit le maistre l'an mil cinq cens quatre-vingt seize; & le Roy d'Espagne ne la rendit à la France que pour donner la paix à l'Europe, & arrester par l'accord du traité de Veruins le cours des victoires de Henry le Grand, qui alloit comptant ses triomphes par ses iournées.

Ayant disné à Calais à la Sirene sauuage, on va souper à Graueline en Flandre : le chemin est de trois lieuës, qui se fait à cheual ou en carrosse. Deuant que de mettre le pied dans la Prouince, il sera fort à propos de profiter du temps, & d'apprendre la situation du pays, le plan des villes, les mœurs des habitans, & la police qu'on y obserue.

LA FLANDRE.

LA Flandre iouyt des faueurs du Ciel, de la Terre & de l'Eau, les saisons y sont fort temperées; les hyuers ny sont pas rigoureux, n'y les Estés insupportables, à cause des vapeurs de la mer, qui moderent le froid & la chaleur, les tonnerres n'y grondent iamais, la foudre ny tombe point & les tremblemens de terre n'esbranlent aucune de ses maisons, la Mer luy ouure ses ports, pour les commerces & son sein pour la pesche des harens: les vents portent heureusement ses vaisseaux iusques dans les nouueaux mondes; ses meilleures riuieres luy seruent de viuiers, où elle a quantité de poissons. La terre n'est pas si fertile en bleds, qu'il ne faille recourir aux greniers de la France pour nourrir vn si grand peuple: mais en recompense elle a des pasturages tres excellens, des bœufs en quantité, de bons cheuaux de guerre, des brebis, qui nourrissent cinq ou six agneaux

A iij

d'vne seule portée, du beurre, & du fromage qui se distribuë par tous les Royaumes du monde.

Ie sçay bien que nous sommes en possession par vn droict de coustume, d'appeller du nom de Flandre tous les Pays-bas qui sont partagés en dix sept Prouinces: dont les vnes recognoissent la couronne d'Espagne, les autres ont secoué le ioug de Madrid pour faire vne Republique libre: les autres ont esté conquises depuis peu par les armes tousiours iustes & tousiours victorieuses du Roy tres-Chrestien. Mais ie ne pretens icy parler que d'vne Prouince particuliere, qui comme elle a de tres-grands auantages par dessus les autres, a donné le nom de Flandre à tout le pays: & est bornée de l'Occean, & des riuieres d'Escaut, Tenere, le Liz, la Sambre, & Aa, qui la separent du Brabant, de Hainaut, de l'Artois & de la Picardie. Ceux qui ont eu le loisir & la curiosité de comter par le menu toutes les places, asseurent que le Brabant a quarante quatre villes, & sept cens bourgs. Gueldre & la Zuphenie trente villes & 300 Bourgs. Le Luxembourg 23 villes, & 1159 Bourgs ou villages: La Hollande 37. villes, la

Zélandre 12. Vtreche cinq, la Transise-lene 18. La Frise & la Groeninge treize, Artois vnze, Hainaut vingt-quatre, Namur quatre, & la Flandre soixante deux villes, & mil cent cinquante quatre-Bourgs ou villages, 27. Baronies, 57. Abbayes, 21 Chapitres de Chanoines, & sept Eueschés.

Les naturels ont le corps bien fait, la taille riche, la couleur viue, & enflammée, qui est vn tesmoignage du sang & de la bile qui predomine en eux, & les rend hardis, courageux, & entreprenans; mais l'habitude change l'inclination, & la coustume a souuent plus de force que la nature; d'où vient aussi qu'estant esleués dans le trafic, ils se plaisent beaucoup plus dans vne boutique, que dans vn corps de garde; & sont plus propres à compter l'or & l'argent, qu'à manier le fer. Ils sont francs & sinceres en leurs procedures; ils portent leur cœur dans la main, leur parole & leur maintien est vne naïfue image de leurs pensées. On peut dire, qu'ils ont vn courage de salpestre qui prend aisement feu, & s'esteint aussi-tost: vn esprit de cire qui reçoit & retient heureusement toutes les sciences qu'on y veut imprimer: & vn naturel de vif argent, qui s'accommode & se fait à toutes sortes d'humeurs; comme ce metail s'attache & s'vnit à tous les autres metaux.

C'eſt la deciſion d'vn Iuriſconſulte Africain vn peu trop ſeuere, qu'il eſt plus ayſé de mourir pour la chaſteté que de viure auec elle, les Flamandes conuerſent indifferemment auec les hommes, & ſe trouuent dans les feſtins auec la meſme integrité, que la Salmandre s'entretient dans le feu, & ce qui eſt de plus merueilleux, c'eſt qu'elles ont le corps d'vn Ange tant il eſt beau, auſſi-bien que l'ame tant elle eſt pure. Leurs veſtemens s'accordent auec les mœurs, & leur parole auec l'eſprit; la propreté & la douceur ſont des marques d'vne vertu cachée. Au reſte, elles ſont comme les abeilles touſiours occupées à faire du miel ou de la cire, c'eſt à dire aux affaires du meſnage, ou aux exercices de la deuotion. Car en Flandre il n'y a point de temps à perdre, & l'oyſiueté n'y eſt pas la bien venue. Auſſi n'y void-on point de mendians, & on oblige les valides à trauailler, les autres on les nourrit aux deſpens du public.

Mais comme il ne faut qu'vne goute

d'absynthe pour rendre ameres les plus douces confections, ces belles & bonnes qualités sont corrompues par l'yurognerie, qui semble estre vn vice inseparable de toute la Nation : soit que ce defaut leur soit apporté d'Allemagne comme vne espece de mal contagieux, qui se prend par la frequentation, soit qu'il leur vienne par la mauuaise institution des Meres, qui pour sevrer plus-tost leurs enfans du sein des nourrices, & pour leur faire perdre plus doucement le goust du laict, leur attachent au col vne grande bouteille qui est faite comme vne mammelle de femme, pleine de biere. Ces petits enfans qui sont alterés comme du sable, s'accoustument si bien à boire, qu'oster le verre à vn Flamand, c'est retrancher les racines à vn arbre, par ou il tire la vie auec l'humeur.

La Flandre a eu ses Comtes particuliers, qui tenoient rang parmy les douze premiers Pairs de France, qui assistent aux ceremonies du Sacre des Roys, & releuoient en fief de la Couronne : iusqu'à la victoire de Charle-Quint qui fit consentir ou de force ou de gré, François I. Roy de France son prisonnier à la cession du droit de la Souueraineté de Flandres. Il y a deux loix fort remarquables qui s'obseruent dans le pays : l'vne est en faueur des Bastards, qui sont receus au partage des biens du Pere & de la Mere de quelque condition qu'ils soient: l'autre est pour les Estrangers, qui sont capables de recueillir la succession de leurs parens, qui meurent dans la Flandre contraire au droict d'Aubaine, que la pluspart des Princes s'arrogent dans leurs terres, comme vn fleuron de leur Couronne. Ie finis cette description par vn prouerbe, aussi bien nous sommes arriués insensiblement aux portes de Graueline, qui est la premiere ville qu'on trouue sur les marches de la Prouince.

Pour faire vn bon temperament,
Il faudroit faire vne aliance :
Mesler le vif argent de France
Auec le plomb d'vn Allemand.

GRAVELINE.

Grauelines fut fortifiée de cinq gros bastions & d'vne Citadelle par le cómandemét de l'Empereur Charles-quint;

pour seruir de répart à la Flandre, & de barriere aux efforts de la France. De vray l'an mil cinq cens cinquante huict le Mareschal de Termes voulant se seruir de la nonchalance des Espagnols, qui auoient asses mal pourueu leurs frontieres, pour auancer ses conquestes, saccagea Berghes, prit & pilla Donkerque, & enrichit iusqu'aux simples goujats de son armée. Voicy que les Flamans luy viennent faire rendre gorge. Le Mareschal campoit deuant Graueline, & le Comte d'Egmont Lieutenant General pour le Roy Catholique dans les Pays bas, ayant promptement ramassé des garnisons voisines, enuiron seize mille hommes de pied, douze cens Reistres, & deux mille cheuaux, luy vint couper chemin sur la riuiere d'Aa, & le forcer au combat.

D'abord l'armée Françoise renuersa quelques escadrons de Caualerie; mais au second choc, le Mareschal fut blessé, grand nombre de Capitaines & de soldats tués sur la place, & toutes les troupes si mal menées, que des compagnies d'ordonnance, de trois cornettes de cheuaux legers Escossois, de quatorze enseignes de Pietons François, & de dix huit de Landsquenets fort peu eschaperent la mort ou la prison. Playe qui rafraischit la cicatrice de sainct Laurens.

Pour entrer dans Graueline, vous passés sur vn bac la riuiere d'Aa, qui separe les Pays-bas de la France. La sentinelle, qui est sur vne Tour, d'où l'on peut descouurir toute la campagne voisine, donne autant de coups de cloche, que vous estes de caualiers, & les soldats qui sont aduertis de vostre venuë, se tiennent prests pour vous receuoir à la porte.

On prend son logis à l'Image de l'Ange, & à n'en point mentir, on peut bien dire que c'est la maison des Anges, ou il n'y a que le toit & les murailles; si vous voulés manger & boire, il en faut chercher ailleurs. De Graueline on va disner a Donkerque, il n'y a que trois lieues de chemin, mais ennuieux & incommode à cause des sables.

DONKERQVE.

Donkerque a esté fort peu de chose en ses commencemens, de mesme que la plus part des bonnes places de Flandres. Elle a pris son nom de l'Abbaye de

Dijnen, qui n'en est esloignée que d'vne lieue, & signifie riuage de mer en langage du pays, dont le clocher est si haut qu'on en descouure aysement les montagnes de Douure en Angleterre. Charles-Quint a rendu cette ville considerable par vne Citadelle: Le Marquis Spinola luy a ouuert la mer, par vne espece de Digue, qui s'auançant bien auant dans l'eau conserue ses vaisseaux, & les defend contre les iniures de l'air, & contre les attaques de l'ennemy. La pesche des harans la enrichie; les Pirates l'ont remplie du butin & des despoüilles des Marchands Hollandois & Anglois: & Graueline luy sert de rempart contre la France; car les sables qui l'entourent de tous costez, empesche qu'elle ne puisse estre suffisamment fortifiée. Le Mareschal de Thermes la saccagea, le Duc d'Anjou s'en saisit pour l'establissement de ses affaires, & y mit garnison, qui en fut bien tost chassée par le Prince de Parme apres la mort du Duc. Le Comte Maurice la voulut depuis surprendre par escalade, mais les vens & la Mer luy ayant esté contraires, l'entreprise fut descouuerte.

Ie ne peux obmettre en ce lieu la pesche

des Harans, qu'on peut nommer auec quelque raison la manne de l'Europe, puisque la Prouidence diuine en pouruoit tous les peuples par les Donkerquois auec la mesme abondáce & pareille facilité, quelle fournissoit tous les iours la nourriture aux Israëlites par le ministere d'vn Ango. Ce poisson a ses voyages reglés, ses logemens marqués, ses routes asseurées, & ses maisons d'hyuer & d'esté aussi bien que les Princes. Il prend sa naissance dans la mer du Nort, & des aussi tost que le Printemps commence à paroistre, ce poisson sort de ses cachots, & se met en chemin pour aller cercher vne habitatió plus commode pour passer son esté. On l'arreste au passage, ou les flottes de Holande, de Zelande, de Flandre, d'Angleterre & de France se tiennent sur les auenues, chacune en son cartier, comme des compagnies de soldats en leurs postes : & en prennent vne si grande quantité qu'il y en a pour tout le monde. Vous diriés que ces costes sont les greniers du Caresme, & que la mer & la terre font à l'enui, pour donner aux hommes l'vne des bleds, & l'autre des harancs. Ces poissons sont aussi-tost esgorgés, ouuerts & esuentrés par vn mate-

Gallo-Belgique.

lot ; puis on les sale promptement, & on les arrange dans des caques qu'on seelle d'vn grand seau, presque auec autant de ceremonie & de religion, qu'autrefois la Prestresse de Diane, & encor auiourd'huy les Caloiers de Grece seellent la terre de Lemnos, qui est nommée pour ce suiect parmy les Medecins la Terre Sigillée.

Apres auoir bien disné à l'Enseigne de la Clef, on monte à cheual ou en carosse pour aller soupper à Nieuport à l'Escu de France, il y a cinq lieues de sable, qu'il faut faire sur le bord de la mer.

NIEVPORT.

Nieuport est bien nommé : car pour dire le vray, c'est vn beau port ou les vaisseaux sont à couuert de la tempeste : & le fanal qu'on y allume toutes les nuicts, met les matelots hors de danger, & leur fait esquiuer les escueils & les bancs de sable qui sont assez frequents en cette mer. La ville est assez bien bastie, ses rues bien allignées, le menu peuple y gaigne sa vie à pescher des harans, ou à faire des cordes pour les Nauires, & des rets pour les pêcheurs. Ie ne sçay si on y obserue encore les loix de Philippe d'Alsace, qui veulent que, si quelqu'vn est accusé d'auoir de nuict blessé quelque Bourgeois, ou d'auoir fait vn vol, il faut que les accusés se purgent en iustice deuant les Escheuins, par l'espreuue du feu, manians vn fer rouge : comme si Dieu qui a esté le protecteur des Prophetes en Babylone, deuoit tous les iours renouueller le miracle de la fournaise, & arrester l'actiuité du feu en faueur des vertus. C'est vne espece d'iniustice, qu'il faille enfraindre les loix de la nature, & employer le secours & les suffrages de la Toute-puissance de Dieu pour absoudre vn innocent, & qu'il ne faille qu'vn effet naturel, & que laisser agir vn Element infatigable pour rendre vn homme de bien coupable de l'infamie & de la mort.

Cette ville est recommandable depuis la sanglante bataille qui fut donnée à la veuë de ses murailles l'an mil six cens, entre l'Archiduc Albert & le Comte Maurice : auec pareil succés que celle qui se liura l'an mil deux cens nonante-huit à mesme iour, entre Aldophe Comte de Nassau, & l'Empereur Albert. Le Comte Maurice auoit prudemment disposé son armée,

en sorte

en sorte que le vent luy donnoit à dos, & le Soleil aux yeux de ses ennemis. Son auant-garde estoit commandée par le Comte Louis son cousin, la bataille estoit conduitte par le Comte Euerard de Solme, & L'arrieregarde par Oliuier de Timpel. Maurice de Nassau se faisoit voir comme vn Mars au milieu de ses troupes, enflammant & de voix & de gestes ceux qu'vn iuste depit animoit suffisamment au combat contre des personnes, qu'ils sçauoient estre dés long-temps en possession de ne leur garder aucune foy, & qui auoient obligé par serment leurs Capitaines & leurs soldats de ne laisser en vie que les deux Princes, Maurice & Henry son frere, pour les faire seruir de trophées à leur victoire.

L'armée des Estats ainsi disposée entre les Dunes & la Mer; le Prince encouragea ses soldats, leur recommanda l'honneur, la vie, & le fruict du combat, qu'il falloit emporter auec gloire, qu'verser tout son sang pour la cause commune, ou boire toute l'eau de la mer pour se sauuer. La meslée commença à deux heures apres midy, & ne finit qu'apres le iour. Six mille hommes du costé de l'Archiduc de-

B

meurerent sur la place, huict cens prisonniers la pluspart gens de marque payerent leur rançon, six pieces d'artillerie furent gaignees, cent & six drapeaux d'infanterie emportées, & cinq cornetes de caualerie.

On void encore auiourd huy vne grande croix noire esleuée sur vne eminence ou le combat fut donné pour seruir de trophée aux vainqueurs, & de tombe aux vaincus. Neātmoins le Comte Maurice leua le siege qu'il auoit planté deuant Nieuport, & ramena ses troupes auec ses vaisseaux en Hollande, à cause de la saison, nonobstant les auantages qu'il pouuoit retirer de la victoire, & les intelligences qu'il auoit dans la ville.

Le Prince de Nassau fit paroistre en ce combat la prudence & la conduite d'vn excellent Capitaine par ces circonstances; prenant le dessus du vent, iettant le Soleil dans les yeux des ennemis, posant ses canons non point sur le sable comme firent les Espagnols, mais sur des caualiers de fagots & de fassines; fermant les chemins à ses soldats, & leur ostant toute esperance de se pouuoir sauuer à la fuite, dissimulant sagement la mort des principaux Chefs de son armée, de peur d'abbattre le courage aux autres, & rangeant ses battaillons auec vn ordre admirable, qui fait toufiours plus d'effet par vn petit nombre bien conduit, qu'vne grande multitude dans la confusion.

De Nieuport à Oftende il y a trois lieuës de fable fur la cofte de la Mer: noftre voyageur y a pris son difner à l'Eftoile, la chere n'a pas efté fort grande, & neantmoins les viandes n'ont pas laiffé de luy coufter bien cher.

OSTENDE.

Oftende n'eftoit qu'vn meschant hameau feruant de retraite aux pefcheurs, deuant le voyage du Duc d'Alençon en Flandre fous le Roy Henry III. Elle fut close de murailles l'an mil cinq cens foixante-douze, & il femble que l'art & la nature fe foient accordées pour en faire vn Theatre de guerre, & vn miracle aux yeux de l'Europe. Car outre les baftions & bouleuars dont elle eft fortifiée, le Fleuue Hiperle qui pouffe ses flots iufqu'au pied de ses murailles, faict vn large & vafte marais du cofté de la terre entrecoupé de diuers canaux, qui femblent autant de petites riuieres, & la rendent inacceſſible. Elle a eſté comme vne eſchole de milice, & vne ſeconde Troye, qui a ſouſtenu vn des fameux ſieges du monde durant trois ans & trois mois, que le Ciel & la Terre employerent leurs forces pour prendre vne place qui eſtoit pluſtoſt vn Cimetiere qu'vne Cité; puis qu'elle auoit plus de morts que de viuans parmy ſes Citoyens, & que les maiſons reduites en cendre par le feu des canons, ſembloient pluſtoſt des ſepulchres de Treſpaſez, que des habitations d'hommes viuans. Elle eſtoit bloquée au dehors par ſeize fors, & aſſiegée par vne armée de cinquante mille hommes : elle eſtoit au dedans rauagée par vne cruelle peſte, & battue d'vne ſi horrible greſle de fer, qu'on compta cinquante mille coups de canons deſchargés ſur la ville le premier moys du ſiege : elle n'auoit n'y maiſons ny murailles, & dans ce renuerſement de toutes choſes, le courage des ſoldats qui la gardoient eſtoit ineſbranlable. Elle ſe rendit enfin pluſtoſt par bien-ſeance, que par neceſſité : & les Eſpagnols prenans Oſtende perdirent plus qu'ils ne gaignerent. Ils gaignerent vn cimetiere, & perdirét ſoixante dixhaict mille cent vingt-quatre soldats de compte fait. On trouua ce dénombrement dans les memoires d'vn Commissaire Espagnol qui mourut durant le siege: Neuf Mareschaux de Camp, 15 Colonels. 29 Preuosts de Camp. 565 Capitaines. 322 Enseignes. 616 Lieutenans. 5521 Conducteurs des Ordres. 9166. Conducteurs communs. 600 Generaux de Caualerie. 54653 soldats & Pioniers. 611 Marmiers. 119 femmes & enfans. Le siege y fut mis l'an mil six cens vn, & la ville fut renduë le 20 de Septembre mil six cens quatre. Les Espagnols font gloire de monstrer aux Estrangers les lieux ou estoient les cartiers, les forts, les lignes, les batteries, les logemens auec toutes les particularitez d'vn siege si memorable; & font comme ces vieux Troyens, quand ils se creurent deliurés de l'armée des Grecs, ils repassent sur leurs propres retranchemens, & y marchent auec religion comme sur des sepulchres, ou reposent les os de leurs ancestres.

Vn des meilleurs Poëtes François en parle ainsi de cette sorte:

Trois ans desia passés, Theatre de la guerre,
I'exerce des deux Chefs les funestes combats,

B iij

Et fais esmerueiller tous les yeux de la Terre,
De voir que le malheur ne m'ose mettre à bas.
A la mercy du Ciel en ces riues ie reste,
Ou ie souffre l'hyuer froid à l'extremité
Lors que l'esté reuient il m'aporte la peste,
Et le glaiue est le moins de ma calamité.
Tout ce dont la fortune afflige cette vie
Pesle mesle assemblé me presse tellement,
Que c'est parmy les miens estre digne d'enuie,
Que de pouuoir mourir d'vne mort seulement.
Que tardez-vous destin, cecy n'est pas matiere,
Qu'auecque tant de doute il faille decider:
Toute la question n'est que d'vn cimetiere,
Prononcez librement qui le doit posseder.

Ayant ainsi parcouru les dehors & le dedans de cette ville, apres vn mauuais disner, n'est-il pas raisonable de prendre vn bon souper? mais il faut l'aller cercher à Bruges, à la petite porte d'or, on y est fort bien traité, & à bon compte : il n'y a que cinq petites lieuës d'Ostende.

BRVGES.

Tous ceux qui ont veu Bruges sont d'accord que si elle estoit moins grande, ce ne seroit point tant vne ville, qu'vn Palais de plaisance fait pour resiouyr les yeux, & contenter l'esprit par tant de beautez qu'elle possede, & qui luy donnent la premiere place entre les villes de Flandre. Elle est bastie sur le canal de Reye, qui se partageant en plusieurs branches, communique ses eaux auec autant de profit que de plaisir aux principales ruës, ou il y a quantité de ponts de pierre pour passer de l'vne à l'autre, se va rendre à l'Escluse dedans la mer. Et pource que ce canal ne suffisoit pas pour porter les vaisseaux, les habitans du pays en ont creusé vn autre plus large & plus profond, qu'ils ont detaché de la mer par des puissantes digues, sans qu'il croisse iamais par le reflux des flots.

On peut dire de ses maisons, ce qu'on disoit à Rome du Palais de Lucullus, que tout y estant incomparable, il n'y auoit neantmoins rien de si gentil, que le maistre du logis. Le naturel du Bourgeois est franc, noble, & courtois, & qui a beaucoup de rapport aux Citoyens de l'ancienne Athenes. Les femmes y possedent plus glorieusement qu'ailleurs les qualitez & le nom du beau sexe du monde : si elles estoient moins vertueuses, on les prendroit pour des Helenes: elles en ont toutes les perfections sans auoir aucun de ses defauts. Ieanne de Nauarre femme de Philippe le Bel conceut vne telle ialousie les voyant si belles & si bien parées, qu'elle s'écrya auec vne voix pleine d'indignatiō: Ie pensois qu'il n'y eut qu'vne Reine en France, & ie vois autant de Reines à Bruges, qu'il y a de Bourgeoises; comme si celles qui ont le sceptre en main, deuoient posseder l'Empire des yeux auec celuy des villes: & que l'authorité des Souueraines leur fut adiugée par les suffrages de la beauté.

On compte iusqu'à soixante Eglises dans Bruges, dont la Cathedralle est dediée à S. Donatien, qui a esté bastie par Lideric premier Comte de Flandre, il y a plus de mil ans, les armes des Cheualiers de la Toison sont peintes dans le chœur, & l'image de S. Christofle est dans la nef, aussi grande & aussi grosse que celle de Paris. Ce seroit n'auoir rien veu, que de sortir de la ville sans auoir visité le College des Peres Iesuites, où les Muses sont logées superbement auec les Vertus aux depens du public. Aussi bien que la maison des Escheuins, ou il y a six sieges de Iusti-

Gallo-Belgique. 25

ce, & six Iurisdictions independantes l'vne de l'autre : Le Marché qui est comme le centre ou abboutissent en droite ligne six grādes ruës : la Tour de l'horologe auec son escalier de trois cens quarante trois marches : le Palais nommé la Franche, où le pinceau des Peintres, & le cizeau des Sculpteurs semble auoir rendu la vie aux Empereurs, aux Roys, & Archiducs defunts, qu'on y voit representez en bosse & en peinture. La Bourse qui est la Cour des Marchans, instituée pour la fidelité des commerces, & qui a seruy d'exemple à celles d'Anuers, de Londres, de Rouen & des autres bonnes villes : Soixante huict communautez d'Artisans, tout cela merite bien d'estre consideré auec attention.

Ce que i'y trouue de plus rare, est le Reseruoir ou le Chasteau des eaux. L'on void vn cheual, qui tire autant d'eau [d']vne large & profonde Cisterne, auec [u]ne roue garnie de seaux, qu'il en faut [po]ur remplir tous les puits de la ville, par [l]es conduits de plomb. Car c'est vne chose prodigieuse, qu'vne ville si belle & si [m]archande n'aye ni fontaine, ni fleuue: [l]e Canal de la Reye, qui a neantmoins le flux & le reflux, & se hausse & se baisse aussi bien que la mer, n'estant qu'vn ouurage pratiqué par artifice.

Si elle se vante d'auoir esté le berceau de Philippe premier Roy d'Espagne, & de Maximilien premier Empereur: elle peut estre blasmée d'auoir seruy de prison à Maximilien II. & de coupe gorge aux François, qui furent tous assassinez par leurs hostes durant les troubles du Duc d'Anjou, auec autant de cruauté, qu'en Sicile le propre iour de Pasques aux vespres Siciliénes.

Pour donner de l'occupation à son esprit & pour supporter plus doucement les incommoditez du voyage, nostre Vlysse a transcrit vn Enigme dans l'Abbaye de sainct Barthelemy. C'est vne femme debout, toute nuë, les cheueux espars, les pieds sans consistance, auec vn serpent à deux oreilles & à deux pieds sur sa teste, mordât sa queuë & deux loups, qui la taictent. Ces lettres sont grauées, G sur sa teste, B sur sa main droite, Y sur sa gauche, I sur son pied droit, D &sur son gauche, qui sont les cinq premieres lettres du nom des cinq premieres villes de Flandre, Gand, Bruge, Ypre, l'Isle & Douay; qui experimen-

Gallo-Belgique 27

terent tous les maux d'vne guerre ciuile, quand l'Isle & Douay se furent retirées de l'alliance des autres, trois cens ans apres que cette Prophetie eut esté reuelee à vn Religieux du Monastere ; comme il est assez ouuertement expliqué par ce Vers, qui est escrit dans vn cercle, autour de cette image.

Gyb fiet ex Gybid, cum Deca Decas ibit.

Nous aurions de la peine à quitter le delicieux seiour de Bruges, si ce n'estoit à dessein de voir vne autre ville, qui n'a guere sa pareille en Europe. C'est la ville de Gand, distante de Bruges huit bonnes lieues par le Canal de Reye. Les bords de ce Canal sont garnis de huict forts, pour s'opposer aux courses des ennemis, & pour empescher les brigandages. Les soldats qui les gardent, ont commandement d'arrester tous ceux qui marchent sans passe-port, & de se saisir de leurs personnes, comme infracteurs des loix; & s'ils ne peuuent autrement, de les tuër. Portant vne oreille du mort au Magistrat, ils ont cinquante liures pour leur peine. Il faut donc prendre vn passeport pour n'estre pas en ce danger : & venir à Gand loger à l'Estoile.

GAND.

Gand a esté basty par Iules Cesar dans vn lieu tres-auantageux pour le commerce, sur le conflant de quatre grosses riuieres, l'Escaut qui vient de Hainaut, le Lys d'Artois, la Lieuë du port de l'Escluse, & la Moëre des quatre Offices qu'ils app l'ent Ambactes. Il a outre cela vn Canal long de quatre lieues, fait par artifice, qui se rend dans la mer, luy raporte toutes les commodités des Prouinces estrangeres & l'enrich't des despouilles des nouueaux mondes. Le circuit de ses murailles est presque de trois lieuës, qui renferment vingt-six Isles, 98 grands Ponts, cent Moulins à vent, quatre à eau, & vn grand nombre à bras, 55. Eglises, & cinq Abbayes. Cette ville se glorifie d'auoir dôné la vie à Charles quint, & de le compter au nombre de ses Bourgeois.

Les Gantois sont naturellement discrets mesnagers, ciuils, & belliqueux: mais suiects à la reuolte, & nés à la sedition: Grande ville & autant grosse d'humeur, chagrine & querelouse comme elle est de peuple & de richesse; peuple remuant & second en inconstance aux Liegois, dit vn

Historien François, en voicy des exemples. Les Gantois se persuadans que la riuiere du Lys qui trauerse leur ville, estoit toute à eux en proprieté, irritez contre les habitans de Bruges à l'occasion d'vn Canal qu'ils en tiroient pour la commodité du pays; & contre leur Prince, de ce qu'il les fauorisoit en leur dessein, font vne ligue, eslisent vn artisan pour Chef, prenent vn chaperõ blãc pour signal de leurs troupes, enpeschent l'ouurage du Canal, & la leuée des Daces, comme suiect de la querelle, ils tuent les Collecteurs auec le Receueu, & le Gouuerneur mesme de la ville, qui vouloit s'entremettre de leur remonstrer leur deuoir. La fureur populaire se porte plus auant, ils pillent le Palais du Comte, il y mettent le feu, & pour comble de leur rage, ils le demolissent iusqu'aux fondemés, courent aux autres villes pour les associer à leur party, crians par tout *liberté*. Philippe Duc de Bourgogne beau-fils du Comte y accourut pour esteindre le feu de la sedition: comme les peuples regardent plustost le Soleil leuant, que le couchant, il appointa ces querelles au contentement de toutes les parties pour prendre vne heureuse possession de ce grand heritage par vne signalée & si aduantageuse occasion.

Cet accord ne fut pas de longue durée, Car le Comte ne pouuant oublier les indignités que ses mauuais suiets luy auoient fait souffrir, comme il se vit le plus fort, fit mourir plus de cinq cens habitans de la ville de Bruges, qui auoient tenu pour les chaperons blancs; & plus de sept cens des principaux Citoyens d'Ipre, tailla en pieces plus de six mille Gantois, qui venoient à leurs secours, & ayant mis le feu au pied d'vne des Tours de Niuelle, ou le Tribun des factieux s'estoit ietté, contraignit ce pauure miserable de se precipiter du haut de la Tour sur les piques & hallebardes des assiegeans.

La necessité qui nous conseille dans nos afflictions, fit resoudre ceux de Gand de s'humilier deuant leur Comte, & d'implorer sa clemence, apres auoir esprouué sa rigueur. Mais ils ne peurent tirer autre parole de luy, sinon que toute la ville, hõmes & femmes dessus l'âge de quinze ans, pieds & testes nuës, la corde au col se soumissent à sa misericorde, & que les voyant en cet estat il aduiseroit a ce qu'il auroit à faire. Le peuple par le conseil de son Chef Philippe d'Arteüelle

Brasseur de biere, ayant reietté ces propositions comme indignes d'vn Prince genereux, & d'vn peuple fier, se resolut de n'esperer qu'au desespoir; & de plustost mourir courageusement les armes au poing pour la liberté de la patrie, qu'apres auoir veu violer femmes & filles par vn insolent vainqueur, estre assommés comme des chiens à la mercy d'vn homme sans cœur & sans pitié.

L'euenement condamna la rigueur du Comte, & Dieu protecteur des affligés fauorisa la resolution de ses sujets. L'armée du Prince est mise en déroute; la Noblesse est immolée comme vne victime à la rage d'vn peuple mutiné: La ville de Bruge est emportée; on crie par tout *liberté* pour les bons citoyens, *ville gaignée* pour les vaincus; le Palais est forcé, pris, & saccagé: le Prince se sauue à la fuite, & luy qui faisoit tant le grand, est obligé de se faire petit, & se cacher dans la maison d'vne pauure femme, sous le berceau de son enfant. Toute la Flandre estoit perduë; si le Roy de France Charles VI. n'y eust promptement accouru, sur les fauorables interpretations qu'on luy donnoit d'vn Songe, qui luy auoit fait voir vn cerf volant, qui le portoit doucement en l'air, & vn Heron sous luy, qui luy abbatoit toute sorte d'oyseaux, & se vint asseoir sur son poing : & le cerf le raporta en son lieu, où il l'auoit pris a son grand contentement.

Ainsi le Roy sur ces motifs dresse incontinent vne armée, la met en campagne, gaigne les passages de Flandre, prend & saccage les villes obstinées, reçoit à mercy celles qui se soumettent volontairement au bonheur de ses armes, pardonne au petit peuple, punit les Gouuerneurs, & ayant abbatu plus de soixante mille Gantois auec leur Chef, fit entendre vne leçon aux grands & aux petits, que Dieu chastie la cruauté des vns, & la desobeissance des autres: & à tous qu'vne bonne paix est souuent l'effet d'vne sanglante guerre. Ie pourrois apporter d'autres exemples pour prouuer, que si l'Afrique engendre tous les iours quelque monstre en la nature, la Flandre en produit dans le gouuernement. Mais c'est assez pour vn voyageur qui gaigne pays, & qui ne veut que cognoistre l'humeur & le naturel des peuples.

Ce peuple donc impatient & imdomptable

ptable auoit besoin d'vne forte bride pour estre contenu dans le deuoir; Charles-Quint leur en fit vne, c'est la Citadelle flanquée de cinq gros bastions, & entourée de larges & profonds fossez, qu'on nomme pour ce suiet le frein & le mors de la ville. La Cloche qui seruoit de signal pour les seditieux, & qui a si souuent sonné l'alarme & le befroy contre l'authorité du Prince, pesant vnze mil liures, sert maintenant d'horloge au haut de la Tour Belleforte, qui a vn escalier de cinq cens marches, auec vn beau Dragon de cuiure, de la grosseur d'vn Taureau sur la pointe de son aiguille: c'est vn present de Baudoüin Comte de Flandre & Empereur de Grece.

Le Parlement de la Prouince est establi à Gand, composé d'vn President, de douze Conseillers, d'vn Aduocat Fiscal, & d'vn Procureur: les causes se plaident dans le Palais embelly de statuës, de chiffres, & de deuises de la maison d'Austriche: On appelle neantmoins de ses sentences au Parlement de Malines, qui estant le Souuerain du pays termine toutes les affaires par vn Arrest definitif. Entre les Marchands qu'on y void en grand nombre, &

C

les Artisans qui sont divisés en cinquante bandes, le corps des Tisserans est si consideré, qu'il tient la place du tiers Estat dans la Republique. Et de vray c'est de ce corps qu'ont esté souuent choisis de bons hommes de guerre pour estre les Conducteurs du peuple, & faire teste au Prince, manians l'espée aussi bien que la nauette.

Nostre voyageur estant sorty de Gand, où il auoit son logis à l'Estoile, prit la route d'Anuers ; mais pource que la traite est de dix lieuës, il s'arresta sur le chemin pour prendre son disner, & sur le soir ayant passé la riuiere de l'Escaut, il entra dans la ville.

ANVERS.

SI la Flandre est vne bague, Anuers en est le Diamant : Si la Flandre est l'œil du monde, Anuers est la prunelle : si la Flandre est vn iardin, Anuers est le parterre : si la Flandre est le Ciel de la terre, Anuers est le Soleil du Ciel : si la Flandre est vne forest consacrée aux Dieux, Anuers est vn Laurier exempt des foudres. C'est la saillie d'vn Poëte, qui tesmoigne en quelle estime est cette ville, & les auantages qu'elle possede par dessus toutes les autres du Pays-bas. Sans m'arrester aux fables, & aux foibles interpretations du nom & du lieu de son assiete; ie tiens pour le plus probable ce que les Doctes en ont escrit, que la riuiere de l'Escaut n'ayant point de lict asseuré, & changeant tous les iours de place; les habitans du pays qui receuoient vn notable dommage de ses debordemens, creuserent vn canal pour l'arrester, & sur la descharge des terres qui en furent tireés, bastirent la ville d'Anuers, qui signifie colline ou eminence.

Elle represente la figure d'vn arc, dont la riuiere est la corde. Quoy que la mer en soit esloignée de quinze grandes lieuës, elle ne laisse pas neantmoins d'auoir le reflux de ses eaux, & de receuoir sur son port les plus grands vaisseaux de l'Ocean, chargez de marchandises, qui se vont delasser sur vn beau quay, & exposer en vente les bleds, les vins, & les autres dérées qu'ils ont esté chercher dans les pays estrangers. Les plus intelligens au fait de la marine, & ceux qui ont frequenté les plus beaux haures des deux mers, auoüent n'auoir iamais veu rien de pareil à cette ingenieuse machine, par le moyen de laquelle on fait venir les nauires si prés des murailles du port, qu'on les touche auec les mains, & qu'on y monte & descend sans incommodité. De la largeur & profondeur de cette riuiere, qui a plus de deux mille quatre cens pieds d'vn bort à l'autre, & plus de soixante de hauteur, mesme quand la mer est basse, on peut iuger le trauail & les frais qu'il fallut faire au Duc de Parme, pour l'Estacade, ou Pont qu'il fit dresser sur l'Escaut, l'an mil cinq cens quatre vingt quatre, quand il posa le sige deuant Anuers. En voicy l'inscription.

Qui potuit rigidas Belgarum subdere mentes
Hic docuit durum flumina ferre iugum.

Ie peux dire qu'Anuers est vn Theatre de toutes les belles choses, & vne Eschole publique, où l'on apprend tous les ars par les yeux. Les Marchans frequentent le Port, pour y negotier auec toutes sortes de nations, & y voir vn abregé de l'Vniuers, auec toutes les richesses de la nature estalées sur vne grande leuée de pierre qui est prise pour vn miracle de l'Art. Les Capitaines vont estudier sur les fortifications de la ville, & de la Citadelle, qui est vne des pieces les plus fortes, & les plus reguliers de l'Europe, de forme Pentagone, flanquée de cinq gros baſtions reueſtus de brique & de pierre de taille; & prenent le plan & la deſcription des dehors, des magazins, de l'Arſenal, des moulins, des eſcuries, des logemens, & de la place d'armes: Mais il faut que ce ſoit ſubtilement, & d'vn coup d'œil: car la conſeruation de cette piece eſt de telle importance aux Eſpagnols, qu'ils ne permettent pas aux Eſtrangers de l'attaquer meſme auec la veuë, non plus que la beauté de leurs fêmes Les Sculpteurs s'arreſtent dans la Cour, pour conſiderer le lieu, où le Duc d'Albe auoit erigé ſa ſtatuë faite du bronze des canons, qu'il auoit gaignés ſur ſes ennemys. Il paroiſſoit en poſture & en habit de Conquerant, la teſte nuë, le bras droit eſtendu & deſarmé, le corps reueſtu, foulant aux pieds vn homme à deux teſtes, & à quatre mains, qui d'vne portoit vne torche allumée, de l'autre vn marteau briſé, de la troiſieſme vne maſſuë, & vne hache de la quatrieſme. D'vn coſté vn autel conſacré au Dieu de nos Peres, comme portoit l'inſcription; & de l'autre vn Paſteur qui menoit ſes brebis aux champs; les loups & les lyons fuyoient en ſa preſence; & au leuer de l'eſtoile du poinct du

C iij

jour, auec vn superbe trophee planté sur vne base, qui portoit pour son tiltre le nom de Pieté. Les Poëtes & les Historiens donnent icy la liberté à leurs plus belles pensées & à leurs plus hardies inuentions, pour trouuer ces deux testes en la personne des Comtes d'Egmond & d'Horn, qu'il a defaits: des Princes d'Orange & de Nassau qu'il a chassez; de la noblesse & du peuple de Flandre qu'il a ietté dans la seruitude. C'estoit trop à vn Ministre d'Estat de s'attribuer toute la gloire qui estoit deuë en partie à la Fortune & à la Prudence du Roy son Maistre: Les Grands & les Petits ne peurent souffrir vne si haute insolence emprainte sur le marbre & sur le bronze; ils renuerserent cette statuë, & peu s'en fallut qu'ils ne dressasent vne potence au mesme lieu, qui estoit la recompence proportionée aux cruautez que le Duc d'Albe auoit exercées.

Les Architectes considerent les portes de la ville, faites à la Dorique de belle pierre blanche; cinq du costé des champs, dont la principale est celle de Charle-Quint, qui a ses armes, & ses deuises, l'Aigle de l'Empire, ses deux piliers d'Hercule, auec son *Plus Outre*: & treze du costé de la riuiere, chacune auec vn pont & vn quay pour la commodité des marchans. Les Ecclesiastiques, & ceux qui font profession particuliere de la deuotion vont visiter les Eglises, & premierement la Cathedrale, qui est consacrée à Dieu sous le nom de la Vierge: c'est vn prodige, car elle a plus de cinq cens pieds de long, deux cens quarante de large, & trois cens soixante de hauteur: & soixante six chapelles enrichies de colomnes de marbres, d'images & de peintures, qui recreent autant la veuë, qu'elles donnent de sentimens de pieté à l'esprit: vn de ses clochers est bien si esleué, qu'on y peut voir les principales villes de Flandre & de Brabant, & les Isles de Zelande: celuy de Strasbourg, quoy qu'il soit tant renommé, n'en approche point, au tesmoignage d'Ortelius: On dit qu'il a 461 pied de haut, comprenant le dome & la croix qui est dessus: Mais ce qui est plus merueilleux, ce sont soixante huict cloches, qu'vn seul homme manie & fait aller auec tant de iustesse & de cadence, qu'il ny a point de musique de voix & d'instrumens si charmante & si melodieu-

C iiij

se que le son de ces cloches, quand elles sonnent toutes à la fois: encore adiouste-on que cét accord harmonieux est de l'inuention d'vn artisan qui auoit la teste assez mal-faite, & le cerueau desbauché.

Pour l'Eglise des Peres Iesuistes, elle est si magnifique, qu'on diroit que la matiere & la forme des belles choses sont venuës d'Asie & d'Italie en Flandre, pour composer vn ouurage, qui charmant l'ame par les yeux, & tenant les sens dans vne douce suspension, rend les spectateurs quasi semblables aux tableaux de peinture qui sont dans les Chapelles, à qui rien ne semble manquer pour les fonctions d'vne parfaite vie, que le mouuement & la parole. On peut encore visiter les hospitaux, qui sont en grand nombre, & richement fondez: comme celuy des Enfans exposés, qui est tousiours plein; & ceux des Innocens & des Fols; des femmes repenties, dont la plus-part font vne penitence forcée, qu ont changé de vie pource seulement qu'elles ont chãgé de visage, & n'ont quitté le vice, qu'apres que les appas du peché les ont a-bandonnees: des vagabons valides qu'on retire de la mendicité pour les appliquer à vn mestier: des pauures filles, qu'on esle-

Gallo-Belgique. 41

ue, & qu'on inftruit foigneufement, iufqu'à ce qu'elles puiffent eftre honorablement colloquées, ou auec vn mary, ou auec vne maiftreffe: & des petits orphelins, qu'on pouffe les vns aux lettres, les autres à vne vacation conforme à leur efprit, & à leur inclination naturelle.

Neantmoins de tous les edifices publics, ie n'en ay point veu de fi rare, ny de fi acheué que le Palais de la Iuftice, où il femble que la main, l'efprit, & la fcience des Architectes fe foient vfés pour faire vn ouurage, qui peût caufer de l'enuie à l'antiquité, & ofter le courage à ceux qui viendront apres nous, d'entreprendre rien de femblable. Le bas eftage eft defigné & conduit à la Tofcane, ce ne font que monftres, Lapithes, & Centaures capables de donner de la frayeur: le deuxiefme eft fait à la Dorique, tout y eft mafle, ferme, & robufte: le troifiefme ordre, qui eft à l'Ionique reffent la fille mince, deliée, longue, & delicate: le quatriefme eft vn rang de colomnes à la Corinthienne, embellies de Chapiteaux & de fueillages: le cinquiefme eft vne compofite de fleurs, de fruits, & de trophees: tout ce riche appareil eft ombragé d'vne grande Agle, qui semble estre suspenduë en l'air pour le couurir de ses aisles contre les iniures du temps, & contre les foudres du Ciel, & pour contempler auec estonnement ces pilastres, ces colomnes de marbre, ces grandes portes, ces sales & ces cours parees à la Royale.

Puisque nous sommes si proches, nous verrons vn autre Palais des Consuls, où se traittent les affaires cõmunes de l'Empire & de l'Estat, & où l'on plaide dans vn lieu descouuert, à la façon des anciens Alemans qui rendoient la Iustice à la veuë du Soleil & des Astres; les Iuges voulans tesmoigner par cette ceremonie, qu'ils ne sont pas les arbitres de la vie & de la mort des hommes; mais qu'ils ne sont que comme les Greffiers, qui lisent en terre les Arrests, que Dieu a desia prononcé dans le Ciel.

Vous auez de plus le Palais de la Bourse, qui a pris son nom & son origine de la famille des Bourses, des plus riches Marchans de Bruges, qui auoient trois bourses plustost pour marques de leur maison, que pour armes de leur noblesse, dautant que les Marchans abordoient de tous costez chez eux, soit à cause de la correspondance & du trafic, soit pour terminer leurs differens par l'auis de ces personnes, qui s'estoient aquis beaucoup d'autorité par leurs grands moyens, & d'intelligence aux affaires par vne longue experience, on prit la coustume d'appeller par tout ailleurs le lieu où les Marchands s'assemblent, le Palais, ou la chambre de la Bourse. Il est vray qu'Elizabeth Reine d'Angleterre, cerchant quelque suiet de nouueauté conforme à son esprit ambitieux & remuant, fit publier vne defense sous de griefues peines par tout son Royaume, de ne point nommer la Bourse cette societé des Marchans, comme si c'eust esté vne espece d'affront aux Magistrats, qui auoiét charge de la police en ses terres, d'auoir emprunté les coustumes & les façons quoy que loüables des Estrangers. Mais nonobstant ces prohibitions, l'vsage a preualu, & on nomme encore auiourd'huy la Bourse de Londres, le lieu qu'elle vouloit estre nommé la place du change.

C'est vn ouurage soustenu de quarante trois pilliers de marbre pour brauer les siecles, & suruiure à l'Empire du temps; long de cent quatre-vingt pieds, & large de sept vingt, le corps de chasque colomne est si proprement arrondy, qu'on diroit que le marbre s'est rendu plus maniable que l'argille entre les mains des ouuriers, & qu'il a esté fait au tour, ou plustost sur vne rouë; & toutes sont si semblables les vnes aux autres, que les yeux se trompent en les considerant, & l'esprit en les discernant; en fin la voute de l'Edifice, les arcades, les frises, les chapiteaux, & les autres pieces de l'architecture sont si accomplies, qu'il est bien difficile de pouuoir garder ailleurs toutes les reigles de l'art dans vne si grande diuersité.

Outre cela il y a des galleries à l'entour, qui deuant les dernieres guerres estoient comme vne celebre Academie de ces anciens Philosophes, où l'on pouuoit entendre parler toutes les langues de l'Europe, & assister à vne conference de François, d'Espagnols, d'Italiens, d'Anglois, d'Allemans, & d'Esclauons, qui tous traitoient de leurs affaires auec les mesmes libertez, & du mesme langage, qu'à Paris, Madrid, Florence, Londre, Dantzic & Ragouze. Mais depuis que les diuisions ont gaigné l'esprit des Flamans, & que les guerres ciuiles ont partagé vn peuple en deux, le commerce n'y est plus si frequêt, les Estrangers n'y abordent plus comme ils auoient coustume, depuis qu'vne mesme nation ne s'entend pas: ces spatieuses galeries qui estoient pleines de marchandises, & de precieux meubles ne seruent maintenāt que de boutique aux araignées, pour y faire leurs toiles : & ces grands promenoirs, où l'on voyoit marcher tous les Royaumes en la personne des naturels des Pays, sont chāgés en vne affreuse solitude, où l'on ne remarque que des vestiges de l'insolence, & des traits de la fureur d'vn soldat.

Ie dis la mesme chose de la maison Hanseatique, qui auoit esté construite aux despens des villes & Republiques Hanseatiques, pour estre le magazin commun des Associés : & qui sert maintenant de corps de gardes, pour resserrer plus estroitement dans les liens d'vne triste seruitude vn peuple d'autrefois si glorieux & si ialoux de sa liberté. On y compte iusqu'à trois cens chambres, plusieurs hypocaustes pour l'hyuer, de grandes sales fraisches tendues superbement pour l'esté, des cours & des galleries appuyées sur des piliers de marbre pour la promenade: de sorte que le *Fontego* de Venise n'est qu'vn essay de ce chef-d'œuure.

Ceux qui se plaisent aux arts & aux manufactures, ont dequoy contenter leur esprit. Et premierement que voulez-vous que ie vous die de la Verrerie? vous croyez estre en l'Isle Murane pres de Venise, quand vous estes entré dedans: le feu ne s'esteint iamais, les fournaises regorgent tousiours de ces charbons liquides & coulans, vous iureriez que ce n'est point du verre, mais vne fontaine de feu, où chacun des ouuriers a sa tasche, l'vn gaigne sa vie en souflant, l'autre en tournant, les vns donnant la teinture au verre, les autres y appliquant l'or & l'argent. La matiere qui est susceptible de toutes les formes se ioüe de l'Esprit des artisans, prenant plus de figures que leur imagination n'en peut representer, & le feu qui ne semble estre bon qu'à destruire, fait des productions admirables, conuertissant du sable, des cailloux, de la cendre, du plomb en vn beau verre, ou en quelque autre vaisseau de parade pour le bufet d'vn Prince. S'il est vray ce qu'on dit de Tibere qu'il fit mourir celuy qui auoit trouué le secret de rendre le verre solide & malleable, il a bien tesmoigné qu'il estoit ennemy du genre humain, & que la nature ne l'auoit donné à l'Empire que pour estre le deshonneur de son espece, & la ruine de l'Vniuers. L'or, l'argent & la plus grande partie, des pierres precieuses, auoient interest que ce secret ne fust point connu puis qu'il leur eust osté le prix qu'elles possedent, & que la valeur & la gloire d'vn Diamant se tire de sa resistance & de sa fermeté.

Le lieu où l'on forge la monnoye, a pour inscription sur la grande porte, *Rerum neruus pecunia*. L'argent est le nerf des affaires. C'est vn bastiment digne d'vn Roy. Le reseruoir de l'eau peut passer pour vne des merueilles de Flandre, qui fournit suffisamment à toutes les chaudieres de la ville, dequoy brasser de la biere, bien qu'elles soient en grand nombre : aussi font ce les vandanges du pays-bas, & que iour & nuit on y trauaille, comme si c'estoit vn abysme inespuisable, qui se remplit à mesure qu'on tasche de la vuider, & qui se renforce tant plus qu'on tasche de l'amoindrir. Le corps humain n'a point tant de veines pour distribuer le sang du foye dans toutes les parties du corps, qui ont besoin de nourriture, que ce reseruoir a de pompes & de canaux pour conduire son eau dans toutes les boutiques de la ville & des faux-bourgs, où l'on prepare cette boisson.

Il y a vne autre maison destinée pour les Tapissiers, qui a plus de six vingt chambres pleines de Tapisseries de toutes les façons, les vnes de laine, les autres de soye, quelques vnes recamées d'or & d'argent, auec tant d'artifice qu'on est en peine de prononcer, qui est le plus naïf, ou le pinceau des peintres, ou l'esguile de ces ouuriers : & qui represente plus viuement les obiets, la peinture ou la broderie : toute la gloire d'vn tableau estant attachée à la main du peintre; mais la valeur & le prix d'vne piece de tapisserie se prenant & de l'ouurier & de la matiere, qui est maniée auec tant de delicatesse, & arrangée auec tant de proportion, que les richesses & la beauté y disputent la preference, & contestent pour l'honneur de l'ouurage. Qui voudroit faire comparaison du trauail des anciens auec celuy des modernes, troueroit que les vns ont fait leur apprentissage aux champs, & dans les bois, & que les autres sont passez maistres dans les villes, & ont fait leur chef-d'œuure dans les

salles

sales des Princes.

Ie passe viste sur les soixante quatorze ponts, qui sont dans les rues pour la communication des places, & pour la commodité des citoyens; ie ne voy qu'en passant les boucheries, le poids du Roy, les galleries des peintres & des orfeures, pour auoir plus de temps à contempler le huictiesme miracle du monde, qui est l'Imprimerie de Plantin. Ce qui vous arreste de prim'abord sont trois effigies faites de pierre, l'vne de Christophle Plantin, l'autre de Iean Moret, & la troisiesme de Iuste Lipse auec ses chifres, & sa deuise, *Moribus antiquis*, à l'antique: pour les grandes obligations que ces trois personnages ont les vns aux autres: deux Imprimeurs à vn sçauant homme, qui les a enrichis par sa composition; & cet homme sçauant aux Imprimeurs, qui l'ont rendu immortel par leur impression. Il y a plus de cent sortes de characteres, Syriaques, Hebreux, Grecs, Latins, & d'autres langues; toutes les Notes de la Musique, du plein chant, des instrumens: des planches de cuiure & de bois; des images, des histoires & des fables, des plans, des desseins, & des chartres, & generalement tout ce qui est necessaire pour l'assortiment de cet art admirable, qui rend la parole aux muets, donne aux viuans l'entrée dans la conuersation des morts. Douze presses trauaillent tous les iours pour cultiuer les esprits des hommes, & les remplir de la science, qui les rend plus semblables à Dieu. Plusieurs ont acquis de la reputation parmy les gens de lettres, par le moyen de l'Imprimerie, comme les Manuces en Italie, les Frobeins en Allemagne, les Estienes en France, mais Plantin les a tous surmontez. Tout ce qu'il a entrepris, a reüssi tres-heureusement. Neantmoins il est hors de doute qu'il n'a iamais rien fait approchant de la Bible Royale, qui ayant esté conceuë au pays des Latins, en Grece, en Palestine en Chaldée & en Syrie, est venuë naistre à Anuers, dans la maison de ce braue homme.

Plantin a de l'honneur d'auoir si bien representé l'Image des beaux esprits sur le papier : ie ne sçay si Ruben n'en a point autant, ou plus pour auoir tiré auec tant de perfection les beaux visages sur la toile : Il est vray que Plantin a entrepris vn mestier bien difficile de rendre les Doctes immortels dans la memoire des siecles: mais Ruben en a pratiqué vn autre, qui n'est pas moins considerable de donner la vie aux choses inanimées, & d'interdire la parole, & l'vsage du mouuement aux spectateurs de ses Tableaux, sans autres charmes, que ceux de son pinceau. Si quelqu'vn considere auec vn peu d'attention, la peinture du dernier Iugement où l'on void d'vn costé les Cieux ouuerts, & les bien-heureux attachez à la contemplation de Dieu; & de l'autre les enfers remplis de miserables, qui bruslent comme des tisons de souffre: auec la ioye & le contentement depeint sur le visage des vns, la honte, la rage & le desespoir empraint sur le visage des autres: ie m'asseure que cette veuë luy profitera dauantage que les discours estudiez d'vn celebre Predicateur, & que son ame sera plus viuement touchee de crainte, d'amour, de fuite & d'esperance par les yeux, que par les oreilles: & que ce Tableau n'est point assez prisé à cinq mil escus, qu'on l'a vendu, puis qu'il nous decouure si clairement les thresors de la iustice & de la magnificence de Dieu.

Enfin on peut connoistre en quelle estime y sont les lettres, puis qu'on y compte jufqu'à cent cinquante Colleges, d'où il semble que les fciences foient nées, & que les langues eftrangeres aient efté formees, puifque non feulement les hommes, mais encore les femmes parlent Latin, Italien, François, Efpagnol auec les mefmes auantages que les Cytoyens de l'ancienne Rome, & que les naturels de Tofcane, de France, & de Caftille. Tels font à plus prés les baftimens publics, que noftre voyageur doit aller voir : car s'il vouloit s'arrefter à mefurer toutes les places, à copier toutes les belles maifons des Bourgeois qui femblent des Hoftels de Princes, à niueller les ruës, & à compaffer tous les Iardins qui font comme autant de Paradis Terreftres, il n'auroit iamais fait, & moy ie me fentirois obligé d'efcrire le corps d'vne Hiftoire, pour le recit d'vn voyage.

Des maifons on vient aux habitans, dont le nombre eftoit de cent quatre mille neuf cens quatre vingt vn, fuiuant la fupputation qui en fut faite des treize cantons de la ville, l'an mil cinq cens foixante-huit, fans y comprendre les matelots du port, ny les manans des faux-bourgs, qui eftoient plus de cinquante mille ames. L'an mil cinq cens foixante-vn, on fit vn autre denombrement tant des naturels que des estrangers, & on en trouua iusqu'à deux cens mille. Guicciardin qui a descrit l'Histoire des pays-bas tesmoigne que de son temps il y auoit dans Anuers iusqu'à trois cens Peintres, six cens Tailleurs d'habits, plus de six vingt Orpheures, cent & dix Chirurgiens, cent soixante neuf Boulangers, tous chefs de famille, & maistres Iurez. On a veu pour vn coup deux mille cinq cens nauires au port, attendre vn mois à l'ancre sans pouuoir descharger, & quelquesfois on en a compté iusqu'à quatre cens prendre la mesme marée, & suiure la mesme route.

Ce grand peuple est conduit par des Magistrats souuerains & subalternes. Les Souuerains sont les Preuosts, les Consuls, les Escheuins auec les Thresoriers: les Preuosts sont deux, l'vn est le Marquis, & l'autre l'Aman: le Marquis est pour le criminel, & l'Aman pour le ciuil, ny l'vn ny l'autre n'est pourtant iuge, & ils n'ont aucun droit de porter sentence: mais seulement ils sont les denotiateurs des crimes & des affaires, qui demandent la presence & l'authorité des Iuges, & comme les curateurs du public qui procurent les droits des particuliers, & defendent leurs interests.

Il y a pareillement deux Consuls, qu'on nomme aussi Bourg-maistres, comme qui diroit les Maistres des Bourgeois. L'vn est externe, pour les affaires d'importance qu'il faut proposer aux Estats du pays, ou negotier dans la Cour du Prince : Et l'autre interne, qui est obligé de resider en ville & de vaquer à la paix des Estrangers & Domestiques, quand ils ont des differents ensemble. Les Escheuins sont dix-huict qui composent le corps du Senat, dont le chef est le Consul interne, pour administrer la Iustice, & terminer les procés. Aucun ne peut estre receu dans cette compagnie, s'il n'est du pays ; depeur qu'vn lait estranger ne luy donne des inclinations moins fauorables, que celles que nous donne la nature pour le bien de la Patrie. Non plus que les Bastards, depeur que les meurs ne soient gastées par la corruption du sang, & que les taches de la naissance ne s'estendent iusqu'aux actions de la vie, estant bien difficile qu'vn mauuais sauuageon produise de bós fruits. Ni les concubinaires publics, qui mesme sont deposés de leurs charge, quand ils sont conuaincus d'adultere. Car il est mes-séant, disent les loix, qu'vn corps apres s'estre soüillé dans le lict d'vne putain, s'aille reposer sur le lict de la Iustice & de l'integrité: & il est presque impossible que celuy qui ne garde point la foy à son espouse, qu'il luy auoit si saintemét iuré au pied des Autels, soit fidelle à vn homme inconnu. Ce Iuge auroit il bien le courage de condamner vn peché qu'il autorise par son exemple? & se pourroit-il bien faire que son ame fust long-temps incorruptible dans des membres pourris? où que son iugement ne s'attachast pluftost aux interests d'vn beau peché, que d'vne laide vertu, qui ne consulteroit que la chair & les yeux?

Semblablement ceux qui sont engagez dans le seruice du Prince, en qualité d'officiers de sa maison ou de Pensionaires, dautant que les interests du Prince sont pour l'ordinaire incompatibles auec le bon droit des subiets, & que le fisc est semblable à la rate, qui ne profite que de la diminution des autres membres. Comme aussi les parens & aliées, depeur que les loix de la parenté ne preuaillent contre les loix de la iustice, & que l'alliance du sang n'allie les volontez & les auis, &

D iiij

que l'amour n'arrache le bandeau des yeux de la Iustice, pour en voiler la verité. Il faut de plus estre habitué dans la ville depuis vn an, pour auoir entrée dans cette auguste compagnie : les arbres ayant besoin de temps pour prendre racines, & porter fruit : & les hommes aussi, pour prendre les humeurs d'vne Prouince, & en iuger auec discretion. Personne pour riche & conditioné qu'il soit parmy le peuple, ne peut tenir aucun rang parmy les Senateurs : les Planetes errantes ne montent iamais dans le Globe des Estoiles : & les sousleuemens qu'ont souffert les vieilles Republiques par la confusion des charges, & par le meslange du peuple auec les Magistrats, ont esté plus dangereux dans le monde ciuil ; que les secousses & tremblemens qui sont causez par la rencontre du plus haut & du plus bas des Elemens dans le monde naturel. Enfin le chemin des honneurs est ouuert à la vertu, & fermé à l'auarice, les charges y estant distribuées au poids des merites, & non pas au poids de l'or. L'argent qu'on met dans vn office, est vn hameçon pour pescher des thresors : Personne ne seme des grains d'or, que sous l'esperance d'vne moisson dorée: le son de ce metal resonne plus doucement aux oreilles d'vn Iuge qui se veut rembourser, que la voix d'vn Aduocat: la Balance de la Iustice n'est pas à l'vsage des banques, elle est pour peser les raisons & non pas la monnoye.

L'espargne a trois Thresoriers, le premier est choisi par le peuple du corps des Senateurs, & les autres deux sont choisis par les Senateurs des dixeniers du peuple, & ne sont continuez que trois ans dans cette charge.

On donne pour adioints aux Iuges, deux pensionnaires & vn Docteur ou licencié és loix, qui sont ainsi nommés pource qu'ils sont gagez aux despens du peuple, comme des Procureurs & Aduocats de la cause commune, qui haranguent en public, & en particulier assistent les Consuls de leurs auis, accompagnent le Consul externe dans ses deputations, & portent la parole au nom du peuple & de l'Estat aux Assemblees generales, & aux Ambassadeurs, & aux Princes, comme les interpretes des volontez du pays, & comme les Archiues viuantes & animees des droits & pretentions de la Republique.

Quatre Greffiers ont le soing de signer

les sentences & actes iudiciaires, d'enregistrer au Greffe les requestes des parties, & de receuoir leurs raisons pour les produire, quand ils en seront requis. Il y a pareillement quatre Secretaires establis pour la garde du petit Seau, pour faire les cōtrats, & pour signer les Arrests criminels & pour tenir la place des pensionnaires, ou Sindics en leur absence.

Pour les moindres Officiers, ils sont diuisez en trois Ordres : dont le premier & le plus honorable est de ceux qui ont esté d'autresfois Escheuins, tels qu'estoient les Consulaires parmy les Romains. Le deuxiesme est composé de vingt six Capitaines, deux pour chasque canton, & de quatre Gentils-hommes. Le troisiesme comprend cinquante quatre Dixeniers: qui ont l'intendance sur les vingt-sept mestiers iurez de cette ville. Ceux qui ont descrit l'Histoire des pays-bas, raportent amplement leurs tiltres, leurs qualitez & leur pouuoir, c'est là que ie renuoye les curieux, pour parler des meurs & des façons de faire de cette nation.

Les Bourgeois sont accorts, courtois, ciuils, doüés d'vn bel esprit, & qui prenent fort aisement les façons & l'alliance des estrangers : ils sont curieux d'apprendre les langues, & de sçauoir les chemins des Royaumes & des Prouinces, y en ayant fort peu parmy eux, qui n'ayent voyagé, & qui ne parlent le langage des peuples qu'ils ont veu : vous diriez qu'ils ont le don des langues, les hommes par estude, & les fémes par nature, plusieurs en parlent six, quelques vns sept. Ils sont accostables par dessus les autres nations, affables, doux en leurs cōuersations, ioieux & agreables en leurs discours, facetieux & plaisans en leurs repars, francs & sinceres en leurs traitez, & susceptibles de toutes les bonnes impressions, que l'estude & l'education peut former sur des esprits, qui n'ont rien de mauuais. Les hommes sont industrieux, inuentifs, & portez au trafiq : les femmes mesnageres, vn peu tenantes, & d'vn abord assez facile, neantmoins auec ces mines flatueuses, qui sont comme les characteres propres du sexe : les enfans sont tēdres & delicats, d'vn naturel docile & maniable : les filles sont pasles, gresles, assez gentilles, & parées comme des Temples deuant que d'estre mariées.

Scribanius fait vn raisonnement fauxrable aux Flamans, & prouue que leur temperament est le meilleur de tous, en ce que leur constitution estant visue & sanguine, ils ont la conception prompte, actiue & penetrante ; la melancholie suruenant là dessus, qui est comme vne terre grasse, les especes des choses s'impriment fortement dans leurs esprits, & y demeurent fermes. Et la bile, qui est semblable au feu qui se guinde tousiours en haut, eschaufant le reste des humeurs, les porte a de genereux desseins, & leur fait surmonter les difficultez qui se rencontrent dans l'execution. De sorte que le sang, qui est le principe de la vie abondant en eux, & leur donnant les forces, la melancholie qui arreste les fougues du sang, les rendant prudens & auisés : la bile les remplissant de feu : & le phlegme moderant ces ardeurs par sa froideur, compose vn naturel parfait & acheué, tel que l'ont eu les plus excellens esprits, qui ont paru auec esclat sur le Theatre de l'vniuers, & qui ont donné de l'admiration ou de la jalousie par l'eminence de leurs perfections.

Cet esprit si iuste & si reglé est la cause de l'inclination qu'ils ont à la marchandise, & aux arts mechaniques : la marchandise les fait riches, & les arts leur donnent de la reputation. Et pour dire le vray, c'est vne mine d'or inespuisable que la ville d'Anuers, & les coffres de ses Bourgeois, qui sont tousiours ouuers pour les affaires du Prince & de l'Estat, ne sont pas si dãgereux à creuser que les mõtaignes de Potossy ; ny si casuels que les flottes du nouueau monde, qui n'arriuent pas tousiours au port par la disgrace des vens & des corsaires, & sont presques autant vtiles pour la guerre & pour la paix. François I. Roy de France, qui auoit autant de courage & de grandeur qu'Alexandre s'il eust eu sa fortune, disoit à ce propos, qu'il y auoit trois empeschemés qui l'esloignoient de l'Empire, la vigilance infatigable de Charles-Quint son competiteur, la fidelité incorruptible des suiets du mesme Prince, & l'affection qu'ils auoient pour son seruice : & particulierement le port & la ville d'Anuers. Auant la reuolte des pays-bas, dit l'histoire des Estats, c'estoit vn lieu de grand trafic, & de telle importance, qu'on y faisoit plus d'affaires en vn mois, qu'à Venise en deux annees. En vn mot on appelloit Anuers, la place de change du monde.

Charles Quint a tiré pour vne fois de cette ville trois cens tonnes d'or, sans fouler les Marchans, ny affoiblir leurs commerce. On dit de luy que comme François I. luy vantoit les richesses qui sont sur les ponts de Paris, il respondit plaisamment, qu'il auoit vne ville & vn Bourgeois qui pourroient tous les iours luy en donner autant ; la ville c'est Anuers, le Bourgeois estoit Fugger. Scribanius est tesmoin qu'vn seul marchand a tiré de ses coffres en moins de vingt iours sept cens mil escus pour les frais de la guerre, & que le mesme pour vn mois a compté vn million d'or, & deux autres millions auec sept cens mil escus en moins de trois mois, pour les mesmes subuentions. C'est bien plus ce qu'il adiouste, que les guerres ciuiles ont consumé deux cens millions d'or dans la ville d'Anuers, comme si les bourses des Bourgeois, & les armes des soldats estoient deux gouffres, l'vn inespuisable, l'autre insatiable. Le mesme Autheur a fait vne recerche des despenses publiques, & de l'argent qu'on met aux ventes & aux achats, il a trouué sur son calcul cinq cens millions d'argent, cent trente-trois millions d'or, qui passe tous les ans par les mains des Marchans, sans compter l'argent du Change qui va & vient comme l'eau de la mer; se preste & se reçoit auec vsure, sans qu'on en fasse ny mise ny recepte. Ce que ie trouue de mauuais en tout cela, c'est qu'on dit, il a esté. C'estoit vn beau vaisseau, mais il a fait naufrage, & à peine nous en reste-il quelque table du debris. Les felicitez du monde sont incertaines & ses momens trompeurs: La pauureté est si ambitieuse, qu'elle se plaist de loger dans les maisons de l'opulence: & la misere prend souuent son repos dans le lict des Plaisirs: rien n'est asseuré que l'inconstance, qui ne change iamais.

Pour leur façon de viure, il en faut croire vn de leurs Pensionnaires, Guichardin l'Historien. Voicy ce qu'il en dit. Quoy qu'il se trouue encore quelqu'vn, qui garde les anciennes façons & les coustumes de ses ancestres: la pluspart neantmoins degenerent de cette frugalité qui leur estoit si recommandée, & se iettent dans des excés de bouche, & dans des profusions de table, qui surpassent leurs forces, & qui sont contraires aux regles de la bien-seance & de l'honneur. Les hommes, & principalement les femmes de quelque âge qu'elles soient, sont trop curieuses à se parer, se plaisent d'emprunter la mode des Estrangers, en perdant leur honneste simplicité, & se soucient peu d'estre moins vertueuses pour se rendre plus agreables. Il n'est point d'heure au iour, qu'il n'y ait des festins, des nopces, & des balets : l'opulence, la delicatesse, la magnificence & l'esclat de cette grande ville tasche de iour en iour de se produire, comme vn feu qui a esté caché long-temps sousterre, & qui enfin trouue quelque ouuerture.

Scribanius fait icy pluſtoſt vne leçon, qu'vn recit veritable : & disant quelles sont les mœurs des habitans, il tasche de leur enseigner quelles doiuent estre leurs actions. Il n'y a rien, dit-il, dans les hommes qui demente la grauité digne de leur sexe & de leur condition : leur port, leur maintien, leurs discours & leurs regards sont les images d'vn esprit posé, & les characteres d'vne ame vertueuse. Le corps de chasque Bourgeois est vn luth bien monté, chasque membre est vne corde, qui n'a point de faux ton, & toutes s'accordent pour faire vn concert merueilleux.

Les

Les femmes mariées disputent auec les hommes de la bonne grace, iointe à vne douce maiesté, qui n'ayant rien de bas ni de mesprisable, n'a aussi rien de mesprisant ni d'affecté. Les filles sont des copies de la chasteté tirées au naturel, où plustost elles mesmes en sont l'original: leurs yeux, leur marcher, leurs paroles & leurs habits n'ayans rien qui ne represente quelque trait de la Pudeur. Leur gloire est dans la modestie, qui retranche cette superfluité d'ornemens & de brauerie, qui est comme le peché originel des filles, qu'elles apportent du ventre de leur mere, auquel la voix des Predicateurs, & la censure des Edits n'a point encore iusqu'icy trouué de Baptesme. L'habit d'vne fille est l'Echo de son interieur, il repete la lubricité, ou la pudicité, que l'ame a proferée dans l'imagination par ses pensées, & dans la volonté par ses desirs. Leur soye c'est la probité, leurs dorures sont les atours d'vne sincere deuotion, leurs nœuds, leurs carquans & leurs pendans d'oreille, sont le silence, l'obeissance, & la moderation. Elles sont bien esloignées de commencer l'adultere de leur corps par celuy de leur visage, & de porter dans le lict de leurs espoux des membres soüillez par les yeux de dix mille impudiques ; qu'au contraire elles sont capables de donner des sentimens de pureté aux ames desbordées, & d'arrester par leurs regards les mouuemés desreglés de leur concupiscence. Elles sont presque toutes vestuës de noir, qui est la couleur d'vne vertu consommée, comme le blanc est le symbole d'vne Vertu naissante. En vn mot il est impossible de voir vne plus grande maturité de mœurs ; vne plus ferme chasteté dans les yeux, vne plus naifue modestie sur vn visage, vne plus aymable douceur en la voix, vne telle circonspection aux paroles, ni rien de si reglé dans les mouuemens de tout le corps. l'Oysiueté est le soufre des feux de la concupiscence : le vin est le laict de la paillardise; la conuersation est bié souuét la maistresse de l'impudicité : c'est pour cela que leurs mains sont tonsiours occupées au trauail : que leur haleine ne sent que l'eau, & que leurs plus longües promenades & leurs entretiens ordinaires sont les Eglises & les exercices de la pieté, le danger estant esgal pour vne fille, de voir & d'estre veuë.

Reste encore à dire vn mot des mariages, des baptesmes, & des funerailles, qui sont les portes de la nature, par où se font les entrées & les sorties du genre humain. Les nopces se font auec des festins somptueux, qui durent trois iours entiers, où assistent tous les parens : le marié est richement vestu, mais l'espousee incomparablement plus, qui change tous les iours d'habis & de parure. S'il arriue qu'vn homme & vne femme soient cinquante ans en mariage : c'est vn plaisir de voir ces vieilles souches reprendre vne nouuelle séue, & renouueler les cerimonies, & les festins des premieres nopces, auec autant d'appreft que des nouueaux fiancez, & auec autant d'ardeur que s'ils auoient repris leur premiere ieunesse, pour passer encore vn demy siecle en cette douce captiuité.

Si quelqu'vn se marie, & consomme le mariage hors du ressort sans la permission d'vn des Consuls, il deschoit deslors du droit de Bourgeoisie, & n'y peut rentrer que par argent ou par faueur. De mesme en est il d'vn, qui aura esté absent du territoire durant six semaines auec sa femme & ses enfans : il est tenu pour estranger, & ne peut plus se preualoir des aduanta-

E ij

ges & du lieu de sa naissance. Si vn Bourgeois quitte la ville pour aller loger ailleurs, il ne peut plus rien pretendre à ses priuileges, s'il ne declare qu'il est content d'estre mis au nombre des Bourgeois de la campagne, qui residans dans le destroit du Marquisat de l'Empire sont obligez de venir tous les ans communier à la ville, & de payer vn escu, pour recognoistre la Mere qui les a nourris. Si apres auoir demeuré vn an dans l'enceinte des murailles, quelqu'vn pretend d'aller ailleurs faire sa residence, il est obligé par les loix du pays, de payer la vingtiesme partie de ses immeubles à la republique, & la dixiesme, s'il sort de la Prouince de Brabant, si ce n'est qu'il aille demeurer à Lire, Bergezom, Breda, & Maldebourg, ou en quelqu'autre ville de celles qui se sont affranchies de ces imposts par vne transaction passee entre elles, & la Cité d'Anuers.

Les Baptesmes sont accompagnez de plus de parade, qu'il n'en faut pour faire vn Chrestien. Les parrains & les marraines, qui sont quelquefois le Pere & la Mere mesme de l'enfant font de beaux presens à l'accouchee, qui en reuanche les traite splendidement, apres qu'elle est releuée de ses couches. Les funerailles se font auec beaucoup de consolation pour les viuans, & de soulagement pour les defunts; car on donne l'aumosne aux pauures, on fait vn beau festin aux parens & alliez pour adoucir leur perte, & essuyer leurs larmes: & à tous les autres qui ont accompagné le mort en terre, on leur fait present d'vn sextier de vin, & d'vn plat de ris. Tel a plus pres est l'estat de la ville d'Anuers, qui porte le tiltre de Marquisat du S. Empire, enclaué dans le Brabant. Ie ne sçaurois croire ce qu'on dit d'vn Gean nommé Druon, qui tenoit cette place deuant la venuë de Cesar dans les Gaules, & coupoit la main droite à tous les marchans, s'ils ne luy payoient la moitié que valoient leurs marchandises. Pour mieux authoriser ce conte ou dit que les Armoiries d'Anuers sont deux mains, & qu'on garde encore auiourd'huy dans la maison de ville les os prodigieux de ce Geant, & qu'en fin le mot d'Anuers, vaut autant que main iettée, d'autant que ce voleur iettoit les mains qu'il coupoit dans la riuiere.

Le feu, la guerre, & la sedition populaire ont causé de grands dommages à cette ville. Le feu brufla tout d'vn coup la maifon des Marchans, & la forterefſe qui n'auoient point leur pareille en Europe; le Palais, ſept cens belles maiſons, & l'Egliſe de Noſtre-Dame furent enueloppees dans les meſmes ruines. La ſedition populaire, qui s'eſmut l'an mil cinq cens cinquante quatre, changea la face de cette floriſſante ville en vn horrible Theatre, où le peuple repreſenta la plus ſanglante Tragedie aux deſpens de la vie des plus nobles Bourgeois, qu'on ait veu ſur les Scenes de la vieille Grece. Les guerres ciuiles acheuerent le comble de ſes malheurs, quand les Eſpagnols s'en furent rendus les maiſtres, & qu'armés de feu, de fer, d'auarice & d'inſolence, comme des furies ſorties du profond des Enfers, ils ne parloient que d'oſter les biens, la vie, & l'honneur à ſes pauures Citoyens, qui voyoient le feu des canons ſur leurs murailles, & le feu de l'adulterre dans leurs maiſons ſans auoir d'autre eau pour l'eſteindre que les larmes de leurs yeux. Ces fureurs maintenant ſont appaiſees, & la ville à repris vne partie de ſon premier luſtre.

Noſtre voyageur, qui eſtoit logé a l'hoſtelerie *des trois Brochets*, ayant employé quatre jours à voir ces magnificences, s'embarqua pour aller à Malines, distante de quatre lieuës d'Anuers. La nauigation fut agreable iusqu'à Rupelmonde, où l'on quitta l'Escaut, pour entrer dans le conflent de la Delie, & monter iusqu'à Malines.

MALINES.

LA ville de Malines n'est pas ancienne, & comme les autres belles choses, elle s'est esleuee d'vn fort petit commencement à cette grandeur, qui la rend vne des places les plus considerables des Pays-bas, pour estre le siege du Parlement & du Primat. Ce n'estoit d'autresfois qu'vne hostelerie, sur le grand chemin d'Anuers & de Bruxelles. L'Enseigne estoit l'Image de S. Michel, & l'hoste auoit aussi nom Michel, que ceux du pays nomment Machiel, d'où la ville a pris son origine, & son nom, par le changement & par l'addition de quelques lettres. Ce n'est pas sans raison qu'on l'appelle le moyeu du Brabant, puis qu'elle est au milieu de ces trois grandes villes, Anuers, Bruxelles, & Louuain, qui composent vn triangle

E iiij

Isocele, dont Maline est le centre, distante esgalement des trois. Son assiete est dans vne plaine, & son terroir est assez bon, quoy qu'il soit sablonneux, pourueu qu'on le cultiue. L'air y est pur & fort commode pour la santé; d'où vient que Philippe I. & Charles Quint son fils y ont esté nourris. La riuiere Delie qui a le montant de la mer, aussi bien que l'Escaut, la trauerse par le milieu, & se partageant en ruisseaux comme vn arbre en plusieurs branches, forme des Isles & des viuiers dans les places publiques, & dans les maisons de quelques particuliers, auec des ponts pour passer d'vn costé de ruë à l'autre. La ville est forte, pource qu'on peut couurir d'eau toute la campagne voisine, noyer dans leurs retranchemens les ennemis qui l'assiegent, & faire parroistre en peu de temps vne grande mer en terre ferme.

Ses parties qui la composent sont les ruës & les maisons: les ruës sont longues, larges, droites & nettes, entrecoupées de ponts & de ruisseaux qui les rendent plus agreables. Des maisons, les vnes sont pour Dieu, les autres pour les hommes. Il y a sept paroisses: la Metropolitaine est consacrée sous le nom de S. Rumold, qui le

Roy Catholique Philippe II. fit ériger en Archeuesché, dont le Cardinal Perenot, qui estoit tout le conseil de la maison d'Austriche, fut le premier pourueu, en qualité d'Archeuesque & Primat du pays-bas.

Ce qu'on y peut voir de beau, c'est la grande Eglise, auec les voutes, les chapelles, les pilliers, les orgues, l'autel qui est artistement trauaillé, le chœur où sont depeintes les armes des Cheualiers de la Toison, le sainct Sepulcre, vne excellente image de S. Charles Borromee; & le Tombeau de Ian Bernard, dont l'Epitaphe vaut tout vn liure, *Fac quod velles fecisse moriturus*, faites durant vostre vie ce que vous voudriez auoir fait à l'heure de vostre mort. Le clocher seroit vn des plus hauts de l'Europe, s'il estoit paracheué: Toutes les heures sonnent en musique par le concert de diuers appeaux, pour encourager les citoyens au trauail, & rendre leurs occupations plus agreables par cette douce harmonie des cloches, comme on anime les soldats au combat par le son des Trompettes.

Les Peres Cordeliers y ont le plus grand & le plus beau Conuent de toute la Flandre; & les Clairines le premier de leur

Ordre. La guerre a ruiné vn parc & vn chasteau, qui estoit à la porte de S. Catherine, où logeoient plus de cinq cens femmes, comme dans vn Asyle d'honnesteté, qui gaignoient leur vie à coudre & à filer, ayant la liberté de finir leurs iours en cette retraite, ou d'en sortir pour se marier, & viure dans le monde. Les habitans de Malines iugeans que ce lieu pouuoit estre auantageux aux ennemis pour entreprendre quelque chose sur leur ville, aymerent mieux le demolir au peril des particuliers, que de le conseruer au detriment du public.

L'Arsenal estoit vne rare piece, plein de canons, de boulets, de charriots, de nauires, de pontons, & de tout l'equipage necessaire pour vne armée de terre & de mer: mais la guerre & les diuisions, qui ont trauaillé cette Prouince, l'ôt priuee de la meilleure partie de ses plus beaux ornemens; & l'ont renduë semblable à vn arbre despoüillé de ses fueilles & de ses branches par les passans, qui s'estans mis à l'ombre vn iour d'esté pour y prendre le frais, ne luy ont laissé que l'escorce. Le Palais de l'Empereur, de Nassau, d'Egmont, d'Hochstrat, d'Arebery logeoient d'autrefois de grands Princes, qui ne seruent plus maintenant qu'aux Arondelles, pour y former leurs plaintes, & y faire leurs nids.

Il y a deux Magistrats, & deux especes de Parlement. L'vn est le Parlement du Prince, qui fut estably par Charles de Bourgongne, l'an mil quatre cens soixante treze, dont luy mesme estoit le Chef, composé de trente quatre officiers, d'vn Chancellier, d'vn Assesseur, deux Presidens, quatre Cheualiers, six Maistres des Requestes, huit Conseillers Clercs, & douze Laïcs. Philippe premier Roy d'Espagne changea l'Ordre & le nombre des Iuges, & y mit vn President, seize Conseillers, deux Greffiers, & huit Secretaires, qui iugent en dernier ressort & sans appel, tous les procez de Flandre. Comme le Parlement de Paris en France est la Cour des Pairs, pour ce qu'ils y ont sceance, & qu'ils ne recognoissent point d'autre Iuges dans le Royaume : de mesme le Parlement de Malines est la Cour des Cheualiers de la Toison en Flandre, où leurs causes se plaident en premiere instance, & ne peuuent estre euoquées ailleurs, ni iugées que par commission. Tous les instrumens publics, les plaidoiez & les Arrests sont conceus en langue Françoise, pour la commodité des Flamans dont la pluspart parlent François.

Philippe le Bon Duc de Bourgogne, & Prince du Pays-bas, destacha Malines du Brabant, & en fit vne Prouince separee, & independante des autres, tant pour l'affection particuliere qu'il portoit aux habitans, que pour rendre plus celebre le lieu ordinaire de sa demeure, où il tenoit sa Cour. Mais pource que Maline est au milieu du Brabant, & que les Brabançons ont des priuileges qui ne sont point à mespriser, les femmes grosses, quand elles sont proches de leur terme, quittent Malines, & s'en vont acoucher en quelque ville du Brabant, afin que leurs enfans puissent iouyr des priuileges qu'ils acquierent par le droit de la naissance, & des autres qui leur seront deus à tiltres de domiciliés.

Le Senat ou Conseil de la ville est composé de douze personnages: les six premiers sont pris de la Noblesse, les six autres sont choisis des six compagnies de mestier, qui sont les plus considerables, & qui ont le plus de credit en ce petit estat,

Boulangers, Poissonniers, Teinturiers, Conroïeurs, Brasseurs de biere, & Bouchers, qui passent tous pour gens illustres, capables de gouuerner vne Prouince, & de donner tous les ans six Consuls de leurs corps, pour conduire la Republique. Les Conroieurs font plus du quart de la ville, aussi sont-ils les plus puissans, & leur autorité n'est pas moins consideree à Malines où ils ont les mesmes droits pour la pesche & pour la chasse que les plus vieux Gentil-hommes; ny leur nom moins respecté, qu'estoient à Rome les Gracques & les Pisons.

Les habitans y sont courtois & accostables, & retiennent encore vn certain air de la Cour de leurs anciens Princes. Ils trauaillét quasi tous, les vns à faire des toiles fines, les autres à faire des draps de toute sorte. On tient qu'il n'y a point au móde de meilleurs fondeurs de cloches & de canons; ny d'ouuriers mieux entendus à bastir des nauires. Le feu du Ciel tomba l'an mil cinq cens quarante six sur le magazin des poudres, qui tua beaucoup d'hommes, & endommagea force maisons. Les foudres de la guerre ne l'ont pas plus espargnées. Nostre Vlysse ayāt pris vn sōptueux disner à l'Enseigne *de Rome*, prit le chemin de Louuain par la voye du coche, ses cheuaux n'alloient pas si viste que ses desirs, qui le portoient auec impatience sur le Theatre des Muses Chrestiennes, & sur le Parnasse de nostre Europe.

LOVVAIN.

Louuain a cette prerogatiue de prester la premiere des villes de Brabant, le serment de fidelité au Prince, & de receuoir la premiere les asseuraces de ses soins & de sa protection. Elle a pris son nom du lieu de son assiete, qui est vne pleine arrousée des eaux de la riuiere Delia, qui passe par la ville, & du Torrent de la Vorte, qui se deborde assez souuent au pied d'vne colline couuerte d'arbres. Car *Ven*, en langage Flamen signifie vne campagne humide, & *Lo* vne colline ou eminence: de sorte que le mot latin *Louanium*, qui est emprunté des François n'exprime pas si bien la situation de cette ville que le mot Allemand *Louen*.

Les Muses ne pouuoient choisir vn seiour plus agreable, & plus auantageux pour leurs nourrissons, que ce climat, qui estant assez

Gallo-Belgique. 79

doux & temperé, rend la terre aussi fertile en fruicts, que les esprits y sont feconds en leurs pensees: & le pays aussi meslé, que les sciences qu'on y enseigne, sont differentes en leurs productions. Car si vous y voyez d'vn costé les champs pleins de moissons: les collines couuertes d'arbres ou de vignes, les vallees riches en pasturages, & le dessein formé d'vne seconde Rome: vous remarquez de l'autre des hommes qui partagent leurs estudes aux sciéces hautes & basses auec vn pareil succez, & semblent estre animez de l'esprit de ces vieux Romains, les Peres des bonnes lettres.

La nature & l'art auancent leur dessein. L'vniuersité, qui est fille de celle de Colongne, mais plus riche & plus noble que sa mere, & qui ne cede en science & en reputation qu'à celle de Paris, est logée dans vn lieu fauorable, où l'air est gay, l'espace ouuert & estendu, tel qu'il le faut à des gens d'estude, qui ne peuuent souffrir d'estre à l'estroit, & qui ressemblent aux Rossignols, qui ne chantent iamais en cage; les vignes les prés, les bois, leur donnent tous les diuertissemens, qu'on peut prendre à la campagne, & ne leur font cognoistre la ville, que par le tour des murailles, & par la frequentation des compagnies. Et s'il est vray ce qu'on dit, que les Philosophes cherchent le plaisir des solitudes, les Orateurs l'Echo des rochers, & les Poëtes le bruit des eaux, tout ce qu'on nous a chanté de l'ancienne Grece, n'est point à preferer aux forests aux montagnes, & aux fontaines de Louuain.

Le Recteur de l'Vniuersité n'est que six mois en charge ; quia vn plein pouuoir sur les Escoliers, & est leur Iuge souuerain en toutes leurs affaires. On le respecte bien tant, que l'Empereur Charlesquint luy ceda le premier rang à vne procession solemnelle, & creut que ce luy estoit beaucoup d'honneur de marcher à son costé. En cas de crime, le Promoteur peut emprisonner les Escoliers, leur faire le procés, & les condamner à mort, auec l'authorité du Recteur: quoy que iamais on n'en aye veu d'exemple, dautant que la ieunesse est tousiours excusée, & que d'ailleurs on fauorise les lettres. Si vn Bourgeois est demandeur contre vn escolier, c'est au Recteur à en cognoistre: mais si l'instance est au nom de l'Escholier, la cause

cause est euoquée deuant le Conseruateur des droits de l'Vniuersité, & qui que ce soit qui est cité, mesme des extremitez de la Prouince, il faut qu'il cōparoisse sur peine d'Excōmunication, qui leur est fulminée par vn Prelat deputé en cét Office, & c'est pour l'ordinaire l'Abbé de S. Gertrude.

Celuy qui tient le premier rang apres le Recteur aux assemblées publiques, c'est le Chancellier qui reçoit les Maistres és Arts, les Licenciés & les Docteurs, & leur confere l'honneur, qui est deu pour recompense à leurs trauaux. Le corps de l'Vniuersité est formé des cinq Facultés, qui sont comme ses membres; de la Theologie, du Droit Canon, du Droit Ciuil, de la Medecine, & des Arts. Le Doyen des Arts a le pouuoir de nommer le Recteur, & le Recteur est presque en l'Vniuersité, comme le Duc en la Republique de Venise, qui preste son nom, & reçoit ordre des Senateurs. Il y a trois lieux differens, où on lit publiquemēt: la Theologie, le Droit & la Medecine se professent dans l'Athenée, qui auoit d'autrefois servy de halles pour les Marchans, on enseigne la Grammaire, les Humanités, la Rhetorique, & la Philosophie dans les

F

Colleges du Lys, du Faulion, du Porc, & du Chasteau. Les trois langues, qui firent l'Eloge & l'Epitaphe de Iesus-Christ se monstrent dans vne autre College, qui fut fondé par vn fauory de Charles Quint Hierosme Buslidius. Il y a encore outre cela plusieurs Colleges, qui sont fondés pour l'entretien des pauures Escoliers, comme celuy du Pape Hadrien VI. Maistre & confesseur du mesme Charles, Professeur de Theologie en l'Vniuersité, & Doyen de S. Pierre.

L'inclination que i'ay pour les sciences, m'a porté à visiter les Escholes, deuant que d'auoir veu la ville, qui est d'vne grande estendue. Lan mil quatre cens vingt sept les Courtisans, qui se trouuerent à Louuain auec leur Prince, à l'occasion de la nouuelle creétion de l'Vniuersité firent vne gageure touchant la grandeur de la ville, les vns contestans qu'elle estoit plus grande que Gand, Liege, Paris & Cologne, qui sont tenues pour les plus vastes de l'Europe apres Constantinople en Grece, & Lisbone en Portugal, les autres au contraire qu'elle estoit plus petite. On trouua par des gens experts enuoyés tout exprés sur les lieux, que

Louuain estoit la premiere en grandeur, Gand la deuxiesme, Liege la troisiesme, Paris la quatriesme, sans conter ses faux-bourgs, & Cologne la moindre; & qu'il falloit plus de deux heures pour faire le tour de ses murailles, qui sont basties de brique, entrelassées de pierres blanches.

Ses fortifications sont assez bonnes, & la ville seroit capable de soustenir vn siege si elle estoit plus peuplée, par le moyen de ses murailles qui sont espaisses, de ses larges fossés, de ses terrasses, & casemates, de cinquante trois tours : dont la plus haute est la Tour de Depense perduë, ainsi l'appelle-ton, dautant qu'apres qu'elle fut acheuée, les calamitez publiques arresterent le dessein qu'auoient pris les Habitans d'en bastir six autres ; de treze bouleuars bien terrassez ; de seize ponts & douze portes qui la mettent en deffense.

Les principales Eglises de la ville sont, celle de S. Pierre, où l'on void le tombeau d'vn Duc, & où les anciens Princes du pays prenans possession de leur Duché prestoient le serment entre les mains du Thresorier du Chapitre, qu'ils seroient les Aduocats des Chanoines, & luy lais-

F ij

soient leur cheual pour gage de leurs promesses: Celle de S. Gertrude, dont le clocher a esté basty aux despens des drapiers, qui se cottiserent pour la construction de ce superbe ouurage: l'Eglise des Iacobins, où l'on void les Autels qu'Albert le Grand Euesque de Ratisbonne consacra de sa main, & le Pupitre où S. Thomas d'Aquin son Disciple chanta l'Euangile à la Messe. Celle des Cordeliers est venerable pour son antiquité, car on tient que ces bons Religieux y vinrent cinq ans apres la mort de S. François; & pour estre la depositaire des precieuses reliques de Iuste Lipse; duquel on ne peut voir l'Image, sans aymer la memoire de cet homme incomparable; ny lire son Epitaphe, qu'il composa luy mesme deuant que de mourir, sans regretter la perte, que firent les vertus, & les lettres, en le perdant.

Quis hic sepultus, quæris? ipse ediſseram.
Nuper loquutus & stilo & lingua fui,
Nunc alteri licebit. Ego sum Lipsius,
Cui litteræ dant nomen & tuus fauor.
Sed nomen. ipse abiui; abibit hoc quoque.
Et nihil hic orbis, quod perennet, possidet.
Vis altiore voce me secum loqui?

Humana cuncta fumus, vmbra vanitas,
Et scenæ imago, & verbo vt absoluam,
nihil.

Extremum hoc te alloquor,
Æternum vt gaudeam, tu ad'precare.

Les Chartreux sont aussi dans la ville, mais auec autant de repos & de silence, que s'ils estoient dans la plus reculée solitude, où dans le plus triste desert du monde. Les Peres Iesuistes y ont vn beau College, qui a esté merueilleusement accreu par les liberalitez de Læuinus Torrentius, qui les fit ses heritiers en mourant, comme il les auoit eus durant sa vie pour associés & compagnons de ses merites.

Ie crois estre obligé deuant que de sortir des lieux saints de raporter les statuts & ordonnances qui ont esté faites à Louuain pour l'aduancement du seruice & de l'honneur de Dieu. Qu'on n'infecte point les murailles des Eglises, ni les places des cimetieres d'excremens ou d'vrine, sur de griefues peines: Qu'on reuere les Temples, & les lieux consacrés à Dieu; & pour cet effet que personne ne iouë à la paume, ni au sabot proche diceux: Que les tauer-

F iij

nes & cabarets soient fermés aux iours de festes, iusqu'à l'issue de la grande Messe, & qu'on ne puisse ni vendre ni achepter durant tout ce temps là : Que personne n'aille la nuit masqué ou deguisé : Que les tauernes soient fermés le soir apres la retraite.

De l'Eglise à la Cour. La Chambre des Iuges est toute marquetée à la Mosaïque, embellie d'emblemes & de figures, & entre autres pieces, il y a la fable d'Andromede, qui represente le pays deliuré de la captiuité & de l'oppression par le courage & par la vigilance de l'Archiduc Albert. Les loix sont seueres contre les rauisseurs des femmes & des filles. Si quelqu'vn, dit la loy, est conuaincu d'auoir esté l'autheur ou le complice d'vn rapt, qu'il soit banny: mais si luy mesme a fait le rapt, qu'il aye la teste coupée d'vne scie de boys.

De la Cour au Chasteau, qui estoit le logis des anciens Comtes, où on esleuoit leurs enfans, à cause que l'air y est fort sain, & où l'on logeoit les Princes estrangers, comme Edouard III. Roy d'Angleterre y passa l'hyuer auec sa femme, quand il vint en Flandre chercher du secours contre le

Roy de France, & Charles-quint y fut nourry auec ses sœurs durant ses premieres années. Il y a vn puy qui a pres de sept vingt pieds de haut, auec vn Echo merueilleux qui vient du fond de l'eau. La riuiere Dilie, qui trauerse la ville, & la partage esgalement en deux arcs, auec deux demies lunes, s'arreste & s'escoule comme on veut en abaissant ou esleuant les pales des chaussées, qu'on a fait faire à dessein. Mais il faut bien prendre garde de les leuer promptement, quand les neiges se fondent, ou que les eaux se debordent, comme il est arriué d'autresfois, que les palles estant baissées, l'eau entrant bien auant dans la ville, a ruiné des maisons, noyé des hommes, & emporté vne grande quantité de meubles.

Tous ceux qui ont de l'amour pour les scieces, ont de la passion pour Lipse, & visitent sa maison auec les mesmes sentimens d'honneur, que s'ils entroient dans vn sanctuaire, où les murailles mesmes ont receu quelque docte impression de la presece de ce grād hōme, qu'elles communiquent à ceux qui les contemplent. En voicy des exemples. Ce sont les Eloges de trois beaux chiens qu'il aymoit ten-

F iiij

drement, neantmoins auec autant d'innocence, que le plus graues & les plus saincts personnages de l'antiquité ont eu des animaux priués, pour diuertir leur esprit des occupations serieuses, & comme on relache les cordes d'vn arc pour les rendre par apres plus roides & plus tenduës. Ils sont depeintes sur vne cheminée auec des inscriptions qui leur ont serui d'Eloges durant leur vie, & d'Epitaphes apres leur mort.

Nous lisons dans les Annales de Flandres, qu'au temps de Iean III. l'an mil trois cens cinquante, il y auoit plus de quatre mil boutiques de Tisserans à Louuain, & en chascune boutique plus de trente ou quarante personnes, pour escarder la laine, la filer, pour tendre les trames & les ourdir, sans conter les foulons qui estoient en grand nombre: les Moulins à cét vsage n'estans pas encore inuentés. De sorte que Lipse qui en fait la description, tire vne coniecture fort probable, qu'il y auoit plus de cent soixante mil personnes employez à ce mestier, & que les femmes retiroient leurs enfans des ruës sur les onze heures, quand la cloche sonnoit, de peur qu'ils ne fussent estouffés dans la presse de ce grand peuple, qui sortoient des boutiques, pour aller disner en leurs maisons. On en peut encore tirer vne autre coniecture, & dire que le nombre des Tauerniers, des Tailleurs, des Bouchers, des Cordonniers estant à proportion de celuy des gens de Iustice, & des autres vacations, Louuain estoit vn petit monde renfermé de murailles: Mais c'est le mal des grandes villes, de ne se perdre que par leur propre grandeur, de creuer desous le poids de leurs richesses, & de se ruiner par le luxe & par les diuisions, qui sont le poison des hómes &desEstats. Louuain a esté vne des belles fleurs de la Couronne de Flandres, elle est maintenant fanee; & de tout ce grand esclat qu'elle faisoit paroistre, elle n'en a plus que l'ombre & la figure.

Ayans veu la ville, voyons les fauxbourgs. Vous auez le Banc sur la main gauche, pour aller à Bruxelle, c'est vn monastere de filles de l'Ordre de S. Augustin qui sont obligées par leur reigle de iuger des lepreux, comme les Prestres du vieux Testament, & de nourrir & entretenir ceux de Louuain, & d'Heuerle qui sont atteints de cette maladie contagieuse. Le nouueau Prince, deuant qu'entrer en la ville & prendre poſſeſſion de ſon Eſtat, y va preſter le ſerment ſur l'Autel de S. George, & faire ſes prieres & ſes preſens à Dieu pour la proſperité de ſa perſonne, & pour la felicité de ſes ſuiects. Il y a vn autre Monaſtere de Celeſtins, qui ſe nomme le Parc, à cauſe qu'il eſt baſti dans vn Parc, où les Princes nourriſſent des beſtes fauues pour le deduit de leur chaſſe, & maintenant les Eſcholiers y vont paſſer les beaux iours d'Eſté dans la foreſt & dans les prés, le long des ruiſſeaux.

Le Chaſteau des Ducs d'Arſchot n'eſt diſtant que d'vn quart de lieuë de la ville par vn des beaux chemins du monde. C'eſt vn lieu de plaiſance, où la nature s'eſt efforcée de contribuer tout ce qu'elle a de rare pour la perfection de cette place: & l'Art a employé toutes ſes ruſes pour ſurpaſſer la nature en ſes naïfuetez. Vous ne ſçauez ce qu'admirer où tout eſt admirable; ny que choiſir, ou chaſque choſe eſt hors de prix. Les ruiſſeaux arrouſent les prés, & ſont comme des lignes d'argent ſur vne riche tapiſſerie de verdures & de païſages: Les collines ſont chargées de beaux arbres fruictiers plantez en eſchiquier : Les forests & les estangs vous conuient esgalement à la pesche & a la chasse: Les iardins sont des merueilles aux yeux, icy des tonnelles, là des labyrinthes icy des grottes, là des fontaines, & des tuyaux; & par tout dequoy vous satisfaire.

Si vous voulez recognoistre le Dieu de ces ouurages par vos adorations, vous n'auez qu'à entrer dans vne Eglise des Celestins, qui a esté fondée en ce lieu par les anciens Ducs d'Arschot & Princes de Croy, dont la Genealogie de leurs ancestres depuis Adam iusqu'au dernier de la famille est peinte dans le chœur auec leurs noms & leurs images. De tous les Epitaphes ie me côtente d'en raporter celuy du dernier Duc, qu'il côposa luy mesme deuant sa mort. *Carolus à Croy, nuper Dux Croy & Archoti, ex magna progenie natus, nunc putredo terræ, & cibus vermiculorum. obiit in Domino, expectans resurrectionem mortuorum,* anno cIɔ Iɔc xII. Charles de Croy n'agueres Duc de Croy & d'Arschot, né d'vne grande maison, n'est plus maintenant que pourriture de terre, & viande des vers. Il mourut au Seigneur attendant la resurrection des morts, l'an mil six cens douze : La sacristie est fort riche en ornemens & en reliques : On y monstre vn des trente deniers dont fut vendu le sang & la vie du fils de Dieu, qui est d'argent, de la grādeur d'vn quart-d'escu, Il porte d'vn costé l'image d'vne fleur auec ce mot Grec ΡΟΔΙΟΝ *Rose* : & de l'autre le visage d'vn Prince. Il y a quelque apparence, que cette monnoye auoit esté forgée en l'Isle de Rhodes, & qu'elle auoit cours parmi les Marchans de la Iudée, qui trafiquoient sur mer.

Si apres auoir rendu vos deuoirs à Dieu, vous voulez voir le dedans du logis, ie m'asseure que vous aduouërez en sortant, que tous les appartemens sont si bien compassez, tous les offices si magnifiques, toutes les chambres si riantes, que ce qu'ont supposé les fables des Chasteaux enchantez, est vne histoire aux portes de Louuain. Il faut neantmoins rompre ces charmes, & se haster de voir Bruxelle ; où nostre logis est marqué à l'Enseigne du vieux Loup : Le tiltre n'en est pas si superbe que celuy de l'Empereur à Louuain, mais on y est aussi bien, & mesme mieux traité.

BRVXELLE.

CEux qui affectent de philosopher sur la Grammaire, & de subtiliser toutes les lettres d'vn mot, taschent de faire passer leurs vaines imaginations pour des Oracles, & de nous faire croire sans aucune raison, que Bruxelle a pris son nom de ce fameux Brenus, qui la bastit, comme vne place aduātageuse pour courir & rauager les Gaules. Les autres pretédent qu'elle est ainsi nommée à cause des marais qui l'enuironnent; ou plustost des ruisseaux & des fontaines qui l'arrosent; & que c'est vne corruption de terme, de prononcer Bruxel pour Ruyssel. Iamais ie ne passay plus doucement le temps, que i'ay fait quatre iours à Bruxelle. Et à dire le vray, qui pourroit s'ennuyer auec vn si beau peuple, parmy les ciuilitez d'vne si grosse Cour, & dans la frequentation de si honnestes gens.

Il est impossible de trouuer vn lieu plus agreable & plus commode pour le sejour d'vn Prince, la terre estant partie esleuée en collines couuertes d'arbres, & partie estendue en campagnes fertiles, & en prés toufiours verds, rend le pays diuertiffant, & fournit abondamment tout ce qui eſt neceſſaire pour l'entretien de l'homme. De ſorte que iamais les viures n'y ont manqué bien qu'on y ait veu pour vne fois ſept teſtes Couronnées, Charles-quint l'Empereur, ſon fils Philippe Roy d'Eſpagne, Maximilian Roy de Bohëme, auec la Reine ſa femme, Eleonor Reine de France & Doüairiere de Portugal, Marguerite Reine d'Hongrie & Gouuernante des pays-bas, & vn Roy de Beleſie en Africque auec leurs Cours, & leur train, qui faiſoit plus de huit mille cheuaux.

La Foreſt de Soigne, qui n'eſt qu'à vn quart de lieuë de là, fournit le chaufage, & la venaiſon pour la maiſon & pour la table du Prince. La riuiere de Senne qui paſſe par le milieu de la ville, & ſe ioint par vn canal artificiel au fleuue de la Rochelle, reçoit tous les iours les nauires chargez de bleds, de vins, & des autres commoditez de la mer par l'Eſcaut. De façon que ce n'eſt pas ſans myſtere, que la ville de Bruxelle, qui a deux lieuës de tour, repreſente la figure d'vn cœur humain: puiſque comme toutes les parties du corps trauaillent pour la conſeruation du cœur, où eſt le siege de la vie & le thresor des esprits: aussi toutes les villes voisines contribuent leur industrie & leurs soings pour l'auictuaillement de Bruxelle, où est le siege du Prince, & l'ame de l'Estat :

Les Mathematiciens deferent beaucoup au nombre de sept, à cause des sept Planetes, qui ont vn certain Empire sur les corps sublunaires, qu'elles exercent par la force de leurs influences, comme par le ministere de leurs Agens. Bruxelle a toutes choses en pareil nombre, aussi bien qu'Auignon, sept fontaines publiques, sept grandes ruës qui vont abboutir au marché, sept grandes maisons qui sont aux extremitez de ces ruës, que le Senat loüe aux Bourgeois, sept Parroisses ; sept nobles familles anciennes, auec leurs Palais en diuers cartiers de la ville : sept Escheuins, qui ont l'intendance de la Police : Sept sages femmes, qui apres auoir fait experience de leur mestier, s'obligent par serment deuant le Senat, de contribuer charitablement & indifferemment leurs soings pour le soulagement des pauures & des riches : Sept portes, dont chacune a ses promenades ; la porte de Louuain sert pour aller voler l'oyseau, celle d'Algidomont conduit à la pesche : celle d'Obbru-xelle à la chasse du chien ; celle d'Anderlech vous donne la liberté des champs ; celle de Flandre, vous ouure le chemin des prés; celle de Lach, des vignes & des Fontaines, & celle de Malines vous meine dans les iardins.

La Parroisse de S. Goudoule est la plus celebre de toutes, pour les sepultures de plusieurs grands personnages, de deux Ducs, & de l'Archiduc Erneste : & pour les trois Hosties miraculeuses que les Iuifs percerent d'vne lance, renouuellans il y a quelques années sur les especes de son corps glorieux & immortel, la rage, que leurs ancestres ont exercée sur sa personne passible & mortelle il y a seize siecles. Quasi tous les Religieux y ont vne maison, & les Pauures neuf ou dix. En l'vne sont receus & traitez tous les malades de quelque condition qu'il soient ; en d'autres les passans & les pelerins : Il y en a vne pour les fols & phrenetiques, qui sont de condition : vne autre pour les enfans exposez. Il y a semblablemét quarante quatre Colleges, sans compter ceux des Peres Iesuistes & Augustins.

Les bastimens publics, qu'on doit voir
sont

l'Escurie Royale qui peut tenir cent vingt-sept cheuaux. Le cabinet d'armes, sur l'Escurie, plein d'espées, d'esperons, de mors, de brides, d'estriers, & de harnois, enrichis de perles & d'autres pierres precieuses, qui sont des presens des Princes Estrangers. On y peut voir entre autres choses le carrosse de l'Infante Isabelle, qu'on luy offrit pour son entrée, qui cousta quatorze mille escus. L'Espée de Charles le Hardy dernier Duc de Bourgongne que Charles-quint auoit coustume de ceindre aux Gentils-hommes, qu'il faisoit Cheualiers de sa main. Le harnois du cheual blanc de l'Archiduc Albert, sur lequel il se sauua à la bataille de Nieuport, auec sa grande queüe, qui luy traisnoit iusqu'à terre.

Le Palais du Prince est basty sur vn haut digne de loger vn Roy. La grande sale est pleine de trophées, l'vne des deux galeries est tapissée d'excellens tableaux des Empereurs, des Roys estrangers, des Roys & de quelques autres Princes: l'Empereur Ferdinand II. y est depeint auec son chien blanc, qui iamais n'abandonoit son Maistre, ny à la table, ny au Conseil, comme le plus fidele de ses gardes du corps. L'autre gale-

G

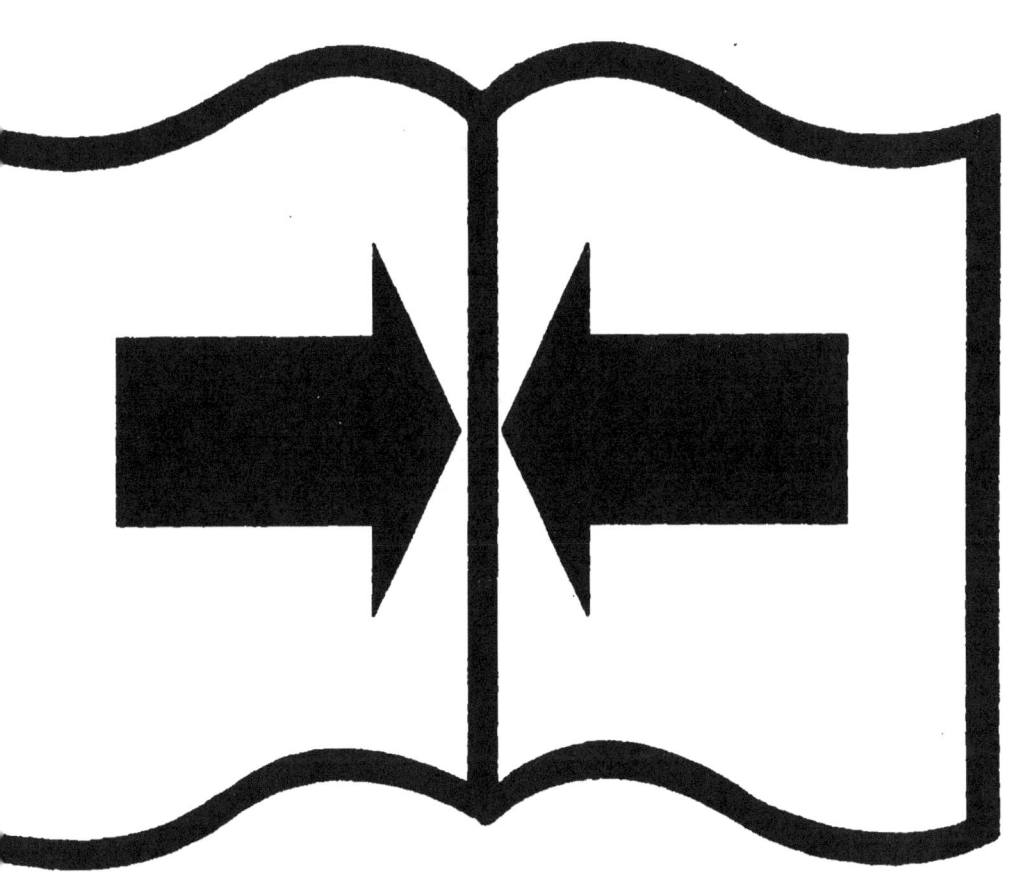

Reliure serrée

rie est comme vn cabinet rempli de mille raretez, de petits nauires, de tables precieuses, de vases, d'horologes, & de boules d'or & d'argent. Il y a vne voute proche de là, où est l'effigie de l'Archiduc Albert en son habit de S. François, auec lequel il fut enseuely sans aucune pompe funebre, comme vn simple Religieux. La Chapelle iette vn esclat insupportable, par la lumiere des Lampes qui bruslent de tous costez, & qui se reflechit sur l'or, & sur les pieres precieuses, qui sont enchassées dans les Autels. Le parc est plein de cerfs & de daims; les viuiers de truites & de cygnes, & les vollieres d'oyseaux.

Mais ce qui donne plus de satisfaction aux yeux, ce sont les grottes, ou l'on void vn Pegase battant la mesure & les Muses qui font vn concert de Musique: vn Orphée pinsant son luth auec plus d'honneur & de succez, que s'il attiroit encore les rochers & les bois par la douceur de ses airs; car il charme effectiuement les hommes, & rauit l'ame des Auditeurs par les oreilles: vn globe cœleste, qui garde ses periodes & reçoit de l'eau les mesmes reigles, & les mesmes mouuemens, que le Ciel des Estoilles de son Intelligence: des

Orgues qui ioüent dans la perfection, des Satyres qui sonnent du flageollet, des oyseaux qui chantent, des forgerons qui frapent sur l'enclume, à la cadence de leurs marteaux, des lyons qui vous estonnent, & l'eau qui donne l'ame, le mouuement, & la voix à toutes ces machines.

Le Palais des Senateurs n'aproche pas de celuy du Prince, il a neantmoins des attraits en quelque chose qui ne luy cedent point. Quand il n'y auroit que l'eau qu'on fait monter iusqu'au toit auec des pompes: l'Arsenal plein de iauelots, d'arcs, de fleches, & d'autres armes: les sales garnies des peintures des plus excellens Maistres, & entr'autres du Iugement de Salomó, qui est vn chef d'œuure de Ruben, où il s'est surmonté luy mesme, on pouroit dire que c'est vn bastiment incomparable. Ie me contenteray de nommer les Palais de quelques Seigneurs particuliers, sans vous en faire la description, comme celuy d'Aumale, de Cleues, de Barlemon, d'Arenberg, de Mansfeld, d'Egmon, de Sore, de Furstenberg, & de Spinola. Pour celuy du Comte de Culemburg, il fut rasé par Arrest de l'Inquisition, & vne pyramide de marbre fut erigée sur ses ruines, auec vne inscription en quatre langues, dont la Latine & la Françoise sont conceües en ces mots. *Regnante Philippo. II. Cathol. Hispan. Reg. in his suis inferioris Germaniæ regionibus; gubernante verò Ferdinando Aluarez de Toledo, Aluæ Duce &c. Florentij de Pallant Comitis Culenburg quondam domum solo æquari sancitum est, ob execrandam memoriam repetitæ in ea coniurationis aduersus religionem Eccles. cathol. Roman. Regiam Maiestatem, & ipsas regiones, anno à salute* CIↃ IↃ LXVIII. *quinto Calend. Iunij.* Le Roy Catholique Philippe II. regnant en Espagne, & Ferdinand Aluarez de Tolede, Duc d'Albe gouuernant les pays-bas pour sa Maiesté, la maison de Florent de Pallant d'autrefois Comte de Culébourg a esté rasée par Arrest en memoire de l'execrable coniuration, qu'on y auoit formé contre la Religion de l'Eglise Catholique Romaine; contre sa Maiesté, & contre l'Estat de Flandres, l'an du salut 1568. le 28. iour de May.

Ie ne dis rien de l'horologe de S. Nicolas, qui fait vn discours de Musique, deuant que de sonner les heures, ny des douze pons de pierre qui sont sur la riuiere; ny des iardins de fleurs qu'on ordōna plustost pour la defpenfe, que pour la recreation y ayant des parterres qui ont coufté huict mille efcus. Deuant que de fortir de la ville, ie veux vifiter les Magiftrats, qui font fept Efcheuins choifis des fept familles les plus illuftres de la Province: Deux Confuls, l'vn Gentil-homme, & l'autre du tiers Eftat auec fix Confeillers qu'õ tire des artifans, pour adminiftrer la Iuftice au peuple, à la requefte du Lieutenant Ciuil, qui eft vn perfonnage d'honneur & de reputation. Apres ceux cy, viennent en ordre les fix Threforiers generaux, dont il y en a deux plus qualifiés que les autres, qui ne font que des fimples Bourgeois; leur charge ne dure qu'vn an, & font obligez de rendre compte en fortant de leur adminiftration. Il y a de plus la compagnie des Drapiers compofée de deux Doyens, & de huict Affeffeurs: & celle des huict Preudhõmes qui ont le foing d'accorder les differens, & de terminer les querelles qui prouiennent des batteries.

Le refte du peuple eft partagé en deux: les plus riches font rangés en cinq bandes, de l'Arbalefte, de l'Arc, du Moufquet, de l'Efpée, & du Iauelot, dont chafque

G iij

bande est de cinq cens hommes. Les artisans sont diuisez en cinquante deux classes, & chasque classe en neuf nations, comme ils les appelent: où les Armuriers & les Brodeurs sont les premiers. Tel est le plan, & la description de Bruxelle en Brabant, qui a esté souuent incommodée par les maladies populaires, par la peste, par le feu, par les seditions, & par les guerres.

On ne sçauroit dire combien de monde fut emporté l'an mil cinq cens vingt-neuf par vne maladie, qu'on nomme la Sueur Angloise, qui n'eut aucun remede que les ieusnes & prieres publiques, qui furent ordonnées par le commandement de la Princesse. La peste de l'an mil quatre cens quatre-vingt neuf fut incomparablement plus cruelle, qui moissonna en peu de temps plus de trente trois mille hómes: Le feu encor plus affligeant que tout cela, qui brusla pour vne fois pres de trois mille maisons, & vne autrefois plus de quinze cens boutiques de tisserans. Dans les maux qui sont de cette sorte, on a cette consolation, que comme on ne peut pas les preuenir, estans les effects des Astres, des Elemens, des Saisons, & des autres causes necessaires, il faut les receuoir comme des Loix indispensables, & communes à tous les subiects de ce grand Estat du monde, où la nature nous a fait naistre dans la seruitude de tous ces accidens: mais quand nos maux nous viennent de nos semblables, & particulierement de ceux qui sont attachez à nos interests par les liens du sang ou de la patrie, ils nous semblent insupportables. Telles sont les guerres ciuiles, & les seditions internes & domestiques, qui ont fait paroistre assez souuent dans Bruxelle, ce que peut vn mauuais citoyen contre ses compatriotes, & vn subiet rebelle contre son Prince. Les Tisserans se sont plusieurs fois bandez contre les Nobles, & les Bouchers & les Tailleurs de pierre contre le Senat: c'est vne beste farouche à plusieurs testes qu'vn peuple mutiné. Si le Duc n'eust fait vn Edit sur peine de la vie qu'aucun Tisseran n'eust à coucher en ville, cette canaille eust esgorgé tous les gens d'honneur & de condition: Et si le Prince de Parme n'eust eu les armes en la main, il n'y auroit maintenant dans Bruxelle ny Prestre, ny Autel.

Ayant mis trois iours à cognoistre l'Eſtar de cette ville, & le naturel de ſes habitans, nous partiſmes le matin en carroſſe pour noſtre Dame d'Haux, où nous arriuaſmes ſur le Midy, & priſmes noſtre logis à l'enſeigne du Cerf, prés de l'Egliſe.

NOSTRE DAME D'HAVX.

ON commence à parler François en cette ville, qui prend ſon nom de l'Egliſe noſtre Dame, qui en eſt la Tutelaire: & de ſes grandes & ſpacieuſes Halles, où les Marchands ont leur trafic, ſemblables à celle de Louuain, qui ont depuis pluſieurs années changé de maiſtre, quand elles furent oſtées à Arachne, & adiugees à Pallas par l'authorité du Prince, pour eſtre employées à des vſages plus honorables, & à vne negotiation plus illuſtre des belles lettres & des hautes ſciences. Nous dirons vn mot de ſa ſituation, de ſon chaſteau, de ſon Egliſe, & de ſa Chapelle.

La ville eſt aſſiſe ſur les confins du Haynaut, à trois lieuës de Bruxelle, dans vn terroir aſſez bon, arrouſé de la riuiere de Senne, qui eſtât accreuë de pluſieurs autres riuieres s'en va paſſer à Bruxelle, où elle commence a porter des nauires. Hal doit tout ce qu'elle est, à nostre Dame, qui luy a donné de la reputation parmy les estrangers par les miracles, qui se font dans sa Chapelle: car ses bastimens sont peu de chose, & son enceinte est fort petite.

Le Chasteau estoit d'autrefois la demeure ordinaire des Princes: on dit que Philippe le Hardy Duc de Bourgongne, Frere de Charles V. Roy de France y mourut allant visiter ses villes de Flandres, qu'il possedoit du mariage de sa femme, pour contrequarrer les pratiques du Duc de Gueldres, principal appuy du Duc d'Orleans. Ses entrailles furent mises dans l'Eglise de nostre Dame, son cœur fut porté à S. Denys pour estre enterré auec les Princes du Sang de France; & son corps à Dijon, la Capitale du Duché de Bourgongne. Marguerite sa femme, compagne de son ambition aussi bien que de sa fortune, ne luy suruesquit pas vn an entier: & neantmoins craignant de trouuer trop de debtes de son mary, elle renonça à tous ses biens meubles, en mettant sur la representation sa ceinture auec sa bourse selon la coustume: & en tira vn acte public par main de Notaire.

L'Eglise est la seule piece qui soit remarquable, pour la deuotion des peuples, qui accourent de toutes pars visiter la Chapelle de Nostre Dame ; pour les riches presens que les villes & les Prouinces font tous les ans à son image, & pour les grands miracles, que le doigt de Dieu y opere tous les iours en faueur de sa Mere. La matiere de l'image n'est que de simple boys : mais la forme l'a rendu plus incorruptible, que celuy de Sethim ; que le fer & le feu n'ont peu iamais endommager, & où la rage des impies, & la fureur des heretiques a perdu ses forces, & s'est brisee comme vn flot au pied d'vn rocher. On garde en cette Eglise comme des témoignages de la puissance Diuine, & comme des marques de la foiblesse humaine, cent boulets de canon du poids de quarante, de cinquante, & de soixante liures, qui ont esté tirez contre l'autel, sans pouuoir forcer la resistance du bras de Dieu, qui luy sert de rempart.

L'Image est dorée, qui represente la Vierge soustenant son Fils d'vne main, & vne fleur de Lys de l'autre : elle a six grosses perles & vn rubis sur la poitrine ; vne couronne de fin or en teste, auec vne precieuſe robbe, qui eſt vne des douze, que luy apportent tous les ans, comme vn tribut de pieté, les Deputés de douze villes & bourgs, qui ſe ſont iettez ſous ſa protection. Il fait beau voir les principaux Bourgeois d'Ath, de Tournay, de Bruxelle, de Valentiennes, de Condé, de Namur, de Lembec, de Quiurane, de Creſpin, de Branc, de Buſgni, & de Sancti, venir le premier Dimanche de Septembre rendre les deuoirs & les hommages d'humbles ſubiects à la Mere de Dieu, & apres luy auoir preſenté leur vœux, & s'eſtre fidellement acquittés de leur commiſſion, prendre cette image auec reſpect, & la porter par la ville ſur leurs eſpaules; comme ces ſoldats qui eſleuoient leurs Princes ſur des boucliers, & les monſtroient aux peuples pour exiger d'eux les reſpects & les ſoubmiſſions, qu'i ſont deus à vn Souuerain. Le threſor eſt immenſe, ce ne ſont que tableaux & figures d'or & d'argent de Princes, d'Empereurs, de Saincts, & meſmes des Anges qui rendent ſur la terre en effigie les meſmes ſubmiſſions, qu'ils rendent au Ciel en perſonne, à la Reine des hommes & des Anges, Marie Dame du Ciel & de la Terre.

On y voit les douze Apostres faits d'argent sur l'Autel; deux Anges tenans deux grands chandeliers en leurs mains; vn canalier & vn soldat armés de toutes pieces: vn gendarme auec sa lance, & vn autre auec sa hache d'armes de fin or: l'Empereur Maximilian, la couronne en teste, la croix en la main gauche, son espée en la droite, & deux clefs d'argent qui sont attachées au pommeau, qui est vn present de ce Prince, recognoissant que ses victoires, & que la subiection des peuples qui luy ouuroient les portes de leurs villes, auec celles de leurs cœurs, qu'ils luy auoiét fermées en leur reuolte, estoient des bienfaits de la Mere de Paix, & des effets de sa conduite. Iamais on ne vid tant de lampes d'argent, de cottes d'armes, d'estandars, de Calices, de Croix, de masts de nauires, de chaisnes, de menotes, qui sont les vœux & les recognoissances des Capitaines sauuez des dangers de la guerre: des nautonniers deliurez des tempestes & des naufrages, des victoires remportées, des prisonniers remis en liberté, des malades gueris, & d'vne infinité de miserables soulagez par les intercessions de cette Vierge.

Mais ce que i'ay le plus prisé parmy tous ces presens, c'est la deuotion de Iuste Lipse qui apres auoir passé sa vie sur les liures, & s'estre fait cognoistre à tous les peuples de l'Vniuers par ses doctes escrits, fit vne protestation publique que l'honeur de ses estudes, & la gloire de son esprit estoit deuë seulement à la Vierge, de qui il tenoit la vie & la science, & pour rendre cét acte plus authentique, luy consacra sa plume d'argent, qui pend encore auiourd'huy sur l'Autel à vne chaisne de mesme estoffe.

Ayant disné à Hal, à l'Enseigne du Cerf, assez bien & à bon compte, nous prismes la route de Mons, & passames par vne petite ville, qui se nomme Bréne le Comte, de cét ancien Brennus, le destructeur de Rome, duquel on void encore vne Tour, que le temps & les années n'ont peu abbatre. Elle est esloignée de trois lieuës de Hal, & Soigne est vne lieuë plus loing, où nous soupasmes au Dauphin d'or, & dés le point du iour nous montâmes sur nos cheuaux pour gaigner Mons, ny ayant rien à Soigne de remarquable, que le Chapitre de S. Vincent, où il y a d'excellens Musiciens, & il semble que les enfans de cette ville ne naissent pas en pleurant, comme les autres ; mais en chantant : car ils sont tous chantres, & le Prince en tire les principaux de sa Musique.

MONS.

Mons, la Capitale de la Prouince de Hainaut, est bastie d'vn costé sur vne haute montaigne qui luy donne auec le nom, la veuë des campagnes & des forests, & vn lieu de promenade & de diuertissement pour la ieunesse, & de l'autre elle est entourée d'vne petite riuiere, la Troulle, qui passe au pied de ses murailles & entre mesme dedans la ville; où elle se iette en sortant dans la Haïne. Si la ville n'estoit point si vaste, ny par consequent si difficile à garder, ce seroit vne place considerable qui a de bonnes murailles, trois grands fossez qu'on peut remplir d'eau quand on voudra, & vn Chasteau. Ses maisons sont bien basties, les ruës longues & larges, vn beau marché, force fontaines, le logis de l'Euesque imparfait, qui porte sur son entrée pour inscription, *Forte a bello pax*, peut estre que la guerre nous donnera la paix.

Ce ne fut au commencement qu'vn

Temple fondé en l'honneur du Dieu Pan, que les Pasteurs de l'aueugle antiquité auoient en reuerence: mais Iules Cesar fit vn fort, où estoit le Temple, qui s'estant accreu auec le temps, fut erigé en Comté par Charlesmagne, & honoré du tiltre de Chef de la Prouince. Il y a vn College de Chanoinesses, qui fut fondé par Geltrude Princesse de Lorraine, où l'on ne reçoit que des filles de haute naissance, qui employent tout le matin à faire le seruice & chanter dans le chœur: mais des aussitost que l'Office est fini, elles quittent leur habit blanc, & comme si c'estoient des personnages empruntés sur le Theatre, elles despoüillent l'esprit auec la robbe, & de l'Eglise elles s'en vont au bal, aux festins, aux compagnies, & partagent ainsi le iour, en donnans vne partie à Dieu & l'autre au monde; leurs premieres années à la Religion sous l'authorité d'vne Abbesse, & le plus beau de leur age à vn homme, quand elles peuuent se marier comme elles en ont toutes la permission, beaucoup la volonté, & fort peu le moyen.

Le Conseil de la Iustice y est souuerain, composé du Gouuerneur, de quatre Senateurs & du Baillif, qui iugent en première instance, & en dernier ressort de toutes les affaires ciuiles & criminelles de la Prouince, sans recognoistre le Parlement de Malines, qui n'a que voir sur les Arrests de Mons. Cette paucité de Iuges, & cette independance de Iurisdiction termine plus d'affaires en vn iour, que les autres en vn mois; les Aduocats n'y sont point en danger de perdre la voix à force de crier: les viperes ny sislent point; les vautours couuerts d'vne longue robbe n'y trouuent point leur proye: les frais d'vn procés ne surmontent point la somme du principal; & les Iuges de Flandre, sçauent naturellement bien boire sans beaucoup d'épices.

Le Comte Ludouic, la Nouë, Saucourt, & Ienlis, à qui le Roy de France Charles IX. auoit donné les principales commissions de la guerre de Flandres, se resolurét d'attaquer Mons, se persuadans que tout le pays suiuroit la fortune de cette bôneville, & que les membres secoueroiét facilemét le ioug de la domination d'Austriche, le chef s'estant mis en liberté. Ce qui fauorisa leur dessein, ce fut l'aduis que luy donna vn certain Oliuier, heraut & Peintre du Duc d'Albe, qu'auec fort peu de troupes il pouil pouuoit se rendre maistre d'vne ville, dont les habitans estoient desia gaignés, & qui n'attendoient que la commodité de rompre leurs fers, & sortir de la prison. Le Comte embrasse cette occasion, comme l'entrée d'vne heureuse conqueste, fait ses aproches tout tard auec cinq cens cheuaux, & mille mousquetaires qu'il cache dans vn bois; enuoye douze soldats des plus resolus dans la ville, en habit de marchans, qui trompent si bien leur hoste, qu'il leur fit ouurir vne des portes deuant le iour, comme s'ils eussent deu faire entrer quelques tonneaux de vin, qu'ils craignoient d'exposer à la chaleur du Soleil, de peur qu'il ne s'aigrist. Ces Marchands de ville & non de vin, iouerét si bien leur ieu, que trouuants la porte ouuerte à l'heure assignée, ils tuérent le Portier; & le Comte de Nassau gaignant les rües auec quelques cheuaux, cria par tout, Liberté, Franchise, Immunité d'imposts & de gabelle, Paix & Repos, iusqu'à ce que son frere le Prince d'Orange fust venu auec le reste de ses troupes se saisir des portes, & des murailles, & fit assembler les Magistrats, ausquels il representa par vne harangue estudiée, qu'ils ne veloient point, comme ennemys, mais en qualité de liberateurs & de Protecteurs de la patrie, & que leur dessein ne tendoit qu'à la destruction des iniustes vsurpateurs de la liberté commune, & d'vne prison des esclaues du Duc d'Albe en faire vne florissante Republique. Ce mot de liberté, & tant de belles promesses gaignerent les cœurs & les esprits d'vn peuple, dont il auoit desia gaigné la ville & les maisons par surprise : mais comme il se defioit d'eux, & que son Empire n'estoit pas encore bien estably dans vne ville accoustumée à l'obeyssance, & aux loix d'vn autre Prince, il desarma tous les Bourgeois, & leur fit faire commandement à son de trompe de vaquer à leur trauail, & de continuer leurs occupations, & defense à ses soldats sur peine de la vie, de commettre aucune insolence, ou d'outrager aucun. On y trouua vne grande quantité d'armes, force precieux meubles, force vaisseaux & images d'or & d'argent, qu'on y auoit apporté de toutes les Eglises voysines, comme dans vn lieu d'asseurance, apres que Brile eut esté prise, ce qui manquoit, c'estoient les bleds, & les autres munitions de bouche, qui est vn défaut assez ordinaire aux places frontieres. Le Duc d'Albe reprit Mons la mesme annee mil cinq cens septante deux, surprit Ienlis au despourueu, défit ses troupes, l'arresta prisonnier auec plusieurs autres, & luy tua vn grand nombre d'hommes. La mesme ville a esté encore prise & reprise en ces dernieres guerres de la France & de l'Espagne.

Nous dinasmes salement & maigrement au Singe dans vne vraye hostellerie, & à vne table de Singe, & de là gaignasmes Valenciennes, qui en est à sept lieuës, où nous fusmes logez bien au large: mais traitez fort à l'estroit.

VALENCIENES.

LEs Empereurs ont eu cette curiosité de bastir des villes, qui portassent leur nom, iugeans bien, ce qui est arriué, qu'elles suruiuroient à leur posterité, & que leurs ouurages seroient d'vne plus longue durée que leurs enfans: & pareillement que leur memoire se conserueroit mieux sur les murailles d'vne ville, & dans l'vsage des habitans, que dans les liures, & sur des inscriptions. On raconte à ce propos que l'Empereur Valentinian, on ne dit point lequel, se plaisant sur le conflant de l'Escaut & de la Ronelle à cause de la beauté du pays, & de la temperature de l'air, s'y arresta quelque temps, & y fit bastir Valentiennes, comme qui diroit Valencinienes.

La place est forte, & ne peut estre assiegée que par deux armees, encore fort difficilement, à cause de l'Escaut qui la separe en deux, & de la Ronelle, qui remplit ses fossez d'eau, & s'écoulant dans la ville par diuers petits canaux, forme vne grande quantité d'Isles, où l'on peut dresser des forts & faire des retranchemens de defense, capables d'arrester les ennemis au plus beau lieu de leur victoire, quand ils auroient gaigné les portes & les murailles de la ville. Elle a son Arsenal & armement bien garni pour la guerre.

La principale Eglise est dediée à la Vierge, d'vne structure fort ancienne, les colomnes sont de Marbre & de Porphires qui soustiennent de grandes arcades, auec des galeries superbes, qui regnent tout au tour de l'Eglise n'y ayant point de lumiere dans tout cet edifice, que par vne ouuerture, qu'on nomme la Lanterne, qui

Gallo-Belgique. 117

fait que vous estes saisi d'vne sainte horreur à la presence d'vne Diuinité cachée dans ce demy-iour, tel qu'on le void dans ces espesses forests, dont les arbres sont assez hauts pour arrester les rayons du Soleil; mais non pas assez forts pour empescher la penetration de ses lumieres. L'autre Eglise est vn ouurage de Pepin Pere de Charlemagne, qui la fonda à l'honneur de S. Iean. Les Comtes de Hainaut, & les Seigneurs de Valenciennes sont enterrés dans l'Eglise des Cordeliers, & Iean d'Auenne nepueu de l'Empereur Baudoüin dans celle des Iacobins.

Le Palais est magnifique, basty par Guillaume le Bon Comte de Haynaut, Hollande, & Zelande, auec vne merueilleuse Horologe, qui ne monstre pas seulement les heures, mais le cours des Planetes, les Saisons, les Moys, & la lōgueur des iours. Il y a des ponts sur l'Escaut garnis de maisons cōme des ruës, où logent les Thresoriers & les autres principaux Officiers de la Prouince, qui sont exempts par leurs charges de tailles & d'impofts. Pour le gouuernement Ecclesiastique les habitans de Valenciēnes recognoissent l'Archeuesque de Cambray: & pour la Iurisdiction temporelle

H iij

ils vont plaider au Parlement de Malines, en derniere instance. Ils ont neantmoins leurs Magistrats & leurs Iuges ordinaires, divisés en trois Chambres, dont la premiere a vn President auec douze Assesseurs des principaux de la ville: La deuxiesme, qu'on nomme le Magistrat Particulier est composé de vingt cinq personnages de bonne vie, & d'honneste naissance, qui ont principalement l'œil sur les affaires de la ville, & sur le gouuernement Politique; Le troisiesme est vne conuocation generale de tout le Peuple, qui s'assemble au son de la cloche, pour dire librement son auis sur les poincts qui leurs sont proposés par le Syndic, sans qu'aucun en soit exclus, les petits aians autant d'interests que les grãds en la conseruation de leur Estat.

Quoy qu'il y ayt beaucoup de Gentils-hommes retirez dans la ville; neantmoins la plus part des habitans sont de mestier, qui font les toiles de Cambray, les camelos ondés, les tabis, le mocaïar, & semblables estoffes, qui se debitent dans les Royaumes auec vn grand trafic.

Nous sortismes de Valenciennes le lendemain matin apres nostre arriuée, où nostre logis estoit à la ville d'Orleans, & prismes des cheuaux pour aller à Cambray. Ayants passé la Selle, nous rencontrasmes sur le chemin le village d'Auennes le Sec, où sont les carrieres de cette belle pierre blanche, qui semble du marbre, & qui est si aysée à tailler, qu'on en fait ce qu'on veut. Mais d'autant qu'elle n'est pas pour pour resister aux iniures de l'air, & qu'elle se corrompt fort aysement aux vens & à la pluye, les Sculpteurs se seruent d'vne certaine mixtion d'huile, de gomme de genieure, & d'autres drogues pour l'endurcir; reuestans leurs statuës d'vne crouste, qui est plus luisante que le marbre, & dure autant que le bronze.

CAMBRAY.

La ville de Cãbray distante de 7. lieuës de Valenciennes, est vne ville Imperiale; toutefois l'Espagnol en a les clefs & les serrures, l'Euesque les tiltres & le nom de Comte de Cambray. On croid qu'elle fut fondée par Cambro Roy des Cimbres deuant la venuë de Cesar dans les Gaules: voire mesme selon quelques Autheurs du temps de Seruius Hostilius Roy des Romains, vn peu apres Marseille. Ce fut la la premiere place que Clodion conquit pour l'establissement de son Royaume de France: mais qui luy cousta bien cher, car il y perdit quantité de bons hommes, & ceux qui ont escrit l'histoire de ce temps là, en comptent iusqu'à cinquante & trois mille, qui moururent de part & d'autre, dans la defense & dans l'attaque. Elle fut saccagée & bruslée par les Danois long-temps apres ; puis mise sous l'Empire par les Empereurs, & en ces derniers siecles elle a esté le Theatre des armes Françoises & Espagnolles, dont elle a ressenti diuersement les cruautez.

La ville est assez bonne : mais la Citadelle est vne des plus fortes & des plus regulieres de l'Europe, pratiquée sur vne eminence par l'Empereur Charles-Quint. Il auoit conduit toutes les forces Imperiales deuant Landrecy, dix-huict mil Allemans, dix mil Espagnols des vieilles bandes, six mil Vualons, dix mil Anglois, treize mil cheuaux des Ordonnances de ses Pays-bas, Cleuois, & hauts Allemans. Le Camp logé, & l'artillerie placée, l'Empereur auoit dressé trois batteries de quarante cinq pieces contre le bouluert d'Orleans, contre le Chasteau, & contre le boulueit de Vendofme: mais les François qui fouftenoient le siege, se moquans de cette grande multitude de soldats eftrangers qui eftoient venus cercher leur sepulture dans les foffez d'vne ville, & ayans mis des bornes à l'ambition defreiglée & au *Plus outre* de ce Monarque, l'obligerent de defloger, & de se retirer dans Cambray, où il gaigna beaucoup plus fous la peau de renard, qu'ils n'auoit fait en celle de Lyon.

Car par les inductions de leur Euefque, qui eftoit de la maifon de Croy, ayant fortement perfuadé aux Citoyens que le Roy de France auoit deffein de furprendre leur ville, & de les fpolier de cet ancien droit de neutralité, & les incorporer à fa couronne, il les fit condefcendre à la conftruction d'vne Citadelle, par laquelle de libres qu'ils eftoient auparauant, les voicy deformais en feruitude. Cette Citadelle eft fi curieufement gardée, & les Efpagnols, qui font dedans, en font bien fi ialoux, qu'ils ne permettent pas aux Eftrangers d'y entrer; ny mefme de contempler fes murailles & fes baftions par le dehors; comme fi les places fe prenoient par les yeux; & que les regards d'vn homme fufsent capables de renuerser des fortifications, que le tonnerre des canons ne sçauroit abbatre. Telle est la preuoyance Espagnolle, qui craint tout, faisant semblāt de ne rien craindre, & voulant nous faire passer les mysteres de son iniquité pour des mysteres du Temple de Dieu qu'il n'y a qu'elle & le grand Prestre qui ose les regarder. Ils font les mesmes mines à Milan & à Siene, où s'il y auoit quelqu'vn qui se promenast le long des fossez sans la permission du Gouuerneur, on l'arresteroit à coups de mousquets.

L'Eglise Cathedrale est dediée au nom de la Vierge, où les Euesques ont leurs sepultures : ce n'estoit d'autresfois qu'vn Euesché suffragant de l'Archeuesché de Reims ; mais comme si les terres de Iesus Christ auoiens les mesmes bornes que celles de Cesar : le Pape à l'instance de Philippe II. Roy d'Espagne, l'erigea en Archeuesché, independante de son ancienne Mere. Les Euesques ont esté Princes temporels, aussi bien que Prelats spirituels de la ville & du territoire : & bien qu'ils prenent encore les qualitez d'Archeuesques & Ducs de Cambray, Princes du S. Empire, & Comtes du Cambresis, l'Espagnol neantmoins qui se porte tousiours pour Curateur de ceux qui sont en maiorité, & qui n'ont pas besoin de sa Tutele, prend le tiltre de protecteur du pays, & vsurpe effectiuement l'authorité du Maistre.

Ce qui est de beau dans cette Eglise, c'est l'horologe, & vn tableau de la visitation de Nostre Dame, qu'on croit estre de la main de l'Euangeliste S. Luc. Il y a plus de neuf Parroisses, trois Abbayes, quatre Monasteres d'hommes, & trois de filles, auec plusieurs Hospitaux richement fondés, particulierement celuy de S. Lazare pour l'entretien des pauures Lepreux du Pays. Le Palais de l'Archeuesque n'est point à mespriser: vous y auez sur l'entrée les armes des six Electeurs de l'Empire, les Archeuesques de Mayence, de Cologne, & de Treues: le Duc de Saxe, le Marquis de Brandebourg, & le Comte Palatin, & au milieu paroist vne statuë de Charles-Quint, comme vn Soleil au milieu des six autres Planetes.

Les habitans sont riches, à cause de leurs toiles, plus blanches que la neige, plus fines & deliées que celle des araignes, & plus precieuses & plus cheres que la soye, dont il se fait bié vn tel trafic, que ceux qui sont commis pour visiter les marchandises qui se transportent, en comptent pour chasque année plus de soixante mille pieces, dont il n'est aucune, qui ne vaille trois & quatre cens florins.

L'an mil cinq cens quatre-vingt-vn les Espagnols assiegerent Cambray, & presserent de si prés, qu'on ne mangeoit plus d'autre chair dans la ville, que des cheuaux, des chiens, & des rats: vne vache s'y est venduë deux cens florins, vne brebis cinquante, le beure, le fromage, les œufs, & le sel y estoient hors de prix. Le Duc d'Anjou estant accouru au secours des assiegez auec vne florissante armée, fit leuer le siege, & fut receu dans la ville auec toute sorte d'honneurs comme le Pere de la Patrie, & le liberateur des oppressez. Elle demeura long-temps sous l'obeïssance des François iusqu'à l'an mil cinq cens nonante cinq, que le Cõte de Fuente y ayãt planté le siege, prit la ville par la desloyauté des habitans qui esperoient vn meilleur traitement & plus de liberté sous la domination d'Espagne, que sous la protection de France, & la Citadelle par la composition du sieur de Balagny crée Prince de Cambray, qui luy remit entre les mains. Ainsi s'est flaistry cét vnique triomphe d'vn fils & frere des Roys de France, qui luy a seruy de bornes, iusqu'aux dernieres conquestes de Louys XIII. qui prenant Hesdin, Bapaume & Arras, a tesmoigné que rien n'est impossible à ses armes.

Nostre Vlysse ayant pris son disner dans les terres de l'Espagnol, à la teste du Porc, se prepare à voir la France, & cómence par Perone qui est vne ville frontiere à huict lieuës de Cambray : mais d'autant qu'il y a quelques-vns de sa suite, qui ont pris vne autre route, ie retourneray sur mes pas pour les aller trouuer, au lieu où se font les honnestes hommes du temps, ie veux dire en Hollande & en Zelande, qui est l'Eschole des gens de cœur, & l'Academie des braues de l'Europe. Cependant il estudiera la langue Françoise, & se façonnera l'esprit & le corps iusqu'à ce que ie vienne le reprendre à Peronne, où ie le laisse.

LES ESTATS DV PAYS-BAS.

LA Basse Allemagne, ainsi nommée, pource que les mœurs, les loix, & le langage du Pays ont beaucoup de rapport auec les Allemans; & que la contrée est plus proche de la Mer Oceane, que la haute Allemagne, est partagée en dix sept Prouinces: qui ont eu chacune leurs Princes, comme chasque Planete a son intelligence, qui conduit & regle ses mouuemens. Le Brabant, Limbourg, Luxembourg, & Gueldre, auoient des Ducs; la Flandre, l'Artois, Haynaut, Hollande, Zelande, Namur, & Zutphanie estoient gouuernees par des Comtes: Anuers, qui est le Marquisat de l'Empire, obeissoit à vn Marquis: la Frise, Vtrecht, Transisulanie, Maline, & Groninges n'auoient que des Seigneurs. Tous ces Estats furent enfin reduits sous la domination d'vn seul, par le moyen des mariages, qui vnissants les corps par vn lien d'affection, vnissent bien souuent les maisons, & les terres par le lien de l'interest, & de la loy. Charles dernier Duc de Bourgongne, qui mourut deuant Nancy, n'ayant laissé qu'vne fille, luy laissa vne des riches successions du môde. La Bourgongne, & les Pays-bas: l'Austriche qui se propose tousiours pour la deliberation de ses Conseils, & pour le traité de ses Guerres, la Monarchie Vniuerselle, qu'elle pretend former pour vn de ses enfans, recherchant cette heritiere en apparence, attrapa son heritage, & sans s'exposer aux dangers des Argonautes remporta la Toison d'Or. Ainsi Philippe premier Roy d'Espagne, l'Empereur Charles-quint son fils, & Philippe II. adiousterent à leurs qualitez les tiltres & la possession de la Basse Allemagne.

Les corps Politiques ont leurs maladies aussi bien que que les corps Naturels, & celles là sont d'autant plus dangereuses que celle-cy ; qu'il faut guerir les esprits, pour appliquer vn remede profitable aux peuples, & que tous les maux d'vn Estat sont contagieux, qui se renforcent par la frequentation des malades, & s'enflamment à la presence des Medecins. Philippe II. qui auoit tousiours des pretextes de conscience fort specieux, & qui sçauoit prudemment couurir ses vlceres d'vn crespe d'or, apres auoir foulé ses suicts du Pays-bas de tailles & d'imposts intolerables à des peuples, qui se croyent Maistres de plus de la moitié de leurs libertez, & qui n'ont iamais autrement obey à leurs Princes, que comme des honnestes femmes à leurs marys, non pas en chambrieres, mais en compagnes; se resolut d'introduire l'Inquisition d'Espagne dans ces Prouinces de Flādres, pour seruir d'vn preseruatif contre le venin de Luther, qui commençoit à se respandre dans les Royaumes, & auoit desia presque gaigné le cœur de l'Europe.

Ce mot d'Inquisition, dont les Iuges ont fait brusler plus d'innocens que de coulpables, reueilla les esprits qui estoient abbatus sous la tyrannie des Ministres d'Espagne, & fit reprendre le courage & les armes à ceux qui auoient perdu la voix & la parole, pour se plaindre, & l'vsage des larmes pour pleurer dans leur oppression. Ils presentent leurs Requestes, on les reiette: ils enuoyent leurs Deputez, on les traite comme des Gueux: ils font interuenir les Roys & les Princes, pour estre les arbitres de leurs differens, ou les Mediateurs de leur Paix, on ne veut point de tels Aduocats, où le Iuge est interessé. Enfin les Prouinces resoluës de maintenir leur liberté, de conseruer leurs Priuileges, & de viure à la Flamande, font vne Ligue, choisissent le Prince de Nassau pour chef & conducteur de leurs armees, implorent le secours de leurs voisins, se iettent sous la protela protection du Roy de France, & apres plusieurs sanglantes batailles, plusieurs prises & reprises de villes, forment vne Republique, qui est auiourd'huy vne des plus florissantes, des plus riches, & des mieux policées de l'Vniuers.

Les Prouinces vnies sont Zelande, Hollande, Frise, Vtrecht, Groninge, & les terres d'alentour. Oueryssel, Drente, Zutphen, quasi toute le Gueldre, auec quelque parties de la Flandre, & du Brabant. Tous ceux qui ont enuie d'estre estimés, en vont cercher les occasions en ces pays-là; c'est vn Temple d'honneur pour les Gentilshommes: & vn champ de palmes pour les soldats. Vn de nos voyageurs qui n'a quitté son pays qu'à ce dessein, de se faire honneste homme, & de former ses mœurs & son courage sur plusieurs originaux, & d'imiter ce Peintre qui voulant faire vn chef-d'œuure, estudia tous les visages de la Grece, & raporta toutes les beautez de plusieurs Graces sur son Tableau, est resolu de voir au moins la Hollande, & la Zelande, pour estre demy François, deuant que de passer en France.

LA ZELANDE.

LA Zelande auec les Isles voisines sont assises entre les emboucheures de la Meuse & de l'Escaut, & ont pour leurs bornes du Nort la Hollande, du Leuant le pays de Brabant, du midy la Flandre, & du couchant la mer Germanique. Il y a sept Isles, trois au delà des bouches de l'Escaut vers le Brabant, qui se nomment Orientales, pource qu'elles sont plus proches du leuer du Soleil, sçauoir Scalde Duualande & Iolen, & quatre deçà l'Escaut tirant vers l'Occident, Vualcheren, Zuyrbeuelandes, Nortbeneuelande & & Vuolferdijch. Cette Prouince a dix villes, & cent villages, qui apres auoir beaucoup souffert des hommes & des Elemens, ses terres rauagées par les inondations de la mer, les leuées du pays percées par la violence des flots, ses villes forcées par la famine, ses habitans immolés à la fureur d'vn Prince impitoyable, apres auoir veu les batteaux voguer sur ses maisons dans le debordement des eaux : l'air l'Occean, & le feu bandés contre vne motte de terre : & ses riuages couuerts des corps de ses enfans, s'est enfin desmeslée sortant de la misere, & florissant en trafic, en biens, & en peuple, suiuant sa deuise *Luctor & emergo*.

Et bien qu'à dire le vray, tous les habitans du Pays-bas ayent l'esprit plus subtil & plus actif, que ne porte leur climat, qui est assis sous vn air grossier & pesant, neantmoins cóme dans vne mesme terre, il y a des plantes qui portent plus les vnes que les autres, & des fleurs dans vn parterre qui ont plus de couleur & plus d'éclat, que d'autres qui les touchent: semblablement toutes les Prouinces d'vn mesme Estat n'ont pas le mesme temperament, & la loy des esprits ne suit pas tousiours celle du corps. On dit que les Brabançons sont gaillards, & d'vne agreable conuersation, si leurs paroles auoient vn peu moins de sel: les Flamans ayment leur ventre, & ce qui est au dessous: l'yurognerie & l'impureté sont tousiours d'vn party: les Hollandois passoient d'autrefois pour des niais, grossiers, estourdis, & faineans: Et les François ont emprunté l'iniure de badaut, du mot latin *Batauus*, qui signifie vn Hollandois; maintenant ils sont plus ciuilisez, hauts à la main, & courageux: Ceux de Zelande sont fins matois, deliez, comme si la nature auoit voulu recompenser la pauureté des pays par l'industrie des habitans, & leur donner de l'esprit pour de la terre: comme les Peres qui ont des filles à marier, donnent fort peu de dot à celles que la nature a desia doüées d'vne exquise beauté; & font les laides toutes dorées, encore ont-ils bien de la peine à trouuer des marchans, qui les veuillent pour rien. La Mer engloutist des villes & des Isles entieres; les Zelandois en font d'autres par leur trauail, & s'ils perdent d'vn costé par la violence des eaux, de l'autre ils reparent leurs pertes par l'industrie de leurs mains.

LA HOLLANDE.

LA Hollande a pour ses bornes d'Occident la mer Britanique, du Nort la Cimbrique, du leuant vn destroit qui descouure la Frise, du Sudest le pays d'Oueryssel, & du Midy celuy d'Vtrecht. Son circuit est de soixante milles, sa largeur fort petite, veu qu'on tient que du milieu du pays vn voyageur, peut aller iusqu'à ses extremitez en trois heures, &

mesmes il y a des lieux, d'où l'on ne compte pas vn mille, iusqu'à la mer.

On y void bien souuent trembler la terre sous les chariots & les cheuaux. Voicy vn accident, qui monstre combien ce pays est creux, vne vache estant tombée dans vn trou, fut trouuée morte en la mer au bout de trois iours. Elle est diuisée par plusieurs estangs & marais, & par beaucoup de canaux, tirés par artifice de ses estangs, & de la mer: de sorte que l'humidité a fait tomber, ou mourir ces anciennes forests, qui couuroient toute la terre; & bien qu'elle abonde en pasturages, en bœufs & en cheuaux, elle est neantmoins sterile en bleds & en fruicts, & si les autres Prouinces ne moissonnoient pour elle, il faudroit qu'elle vescut d'herbes.

Toutes les affaires d'Estat des Prouinces vnies des Pays-bas, sont conduites par la direction des Seigneurs, qui se trouuent aux Estats generaux, qui sont les Principaux de la Noblesse, des Magistrats, & Surintendans des villes: que les Estats particuliers de chacune Prouince deputent tous les ans, auec plein pouuoir de resoudre en l'Assemblée sur chasque poinct

I iij

qu'on proposera pour le bien du public. Les principaux poincts, qui se traitent dãs ces Assemblées des Deputez, sont pour le fait de la guerre, pour les contributions des deniers, pour la reformation des abus qui se peuuent glisser dans vn Estat populaire, pour le repos & tranquillité du pays, pour conseruer l'intelligence & l'vnion entre toutes les villes, & generalement pour tout ce qui touche la Religion, la Iustice, la Police & les Domaines.

Par tout le pays que les Estats occupent, l'exercice de la Religion Catholique est interdit; la Foy & la verité en sont chassées, les Eglises de Dieu sont conuerties en Temples d'erreur & de mensonge, & les Ministres de la nouuelle opinion y preschent, & font la Scene à leur mode. Que si l'on surprend quelque Catholique dans les exercices de sa religion, comme il y en a plusieurs, particulierement à Vtrech, où il se celebre tous les iours plus de soixante Messes, on le condamne à de grosses amendes.

Ceux donc, qui veulent voir les Isles de Zelande, & de Hollande, partent de Calez, & s'en vont à Graueline, de Graueline à Donkerque, de Donkerque à

Nieuport, & à Ostende, & d'Ostende se rendent en vn iour à l'Escluse, qui est à l'extremité de Flandre.

L'ESCLVSE.

L'Escluse a emprunté son nom des Cataractes ou escluses, que les Flamens appellent *Sluys*. C'est vne ville sur le bord de la mer, qui a vn Port fort commode, capable de receuoir cinq cens Nauires, & vne grande Tour que Charlemagne fit bastir, pour y allumer vn flambeau toutes les nuits, qui seruit de conduite aux vaisseaux. Les Estats qui en sont les Maistres, depuis que le Comte Maurice la prit apres la perte d'Ostende, & qu'il gaigna vne ville & vne flotte pour vn cimetiere, y ont vne forteresse, qu'ils ne laissent pas aisément voir aux Estrangers, pour l'importance de la place qui leur sert de rempart du costé de la Flandre, & de porte pour entrer dans la mer.

L'Escluse a esté le rendez-vous des armées naualles de plusieurs Roys de France, comme de Charlemagne, & de Loüis le Debonnaire, quand ils singlerent contre les Danois, qui rauageoient les costes, & couuroient la mer de brigadages. Nous lisons vn tres aspre combat, qui fut liuré entre Philippes de Valois qui defendoit le party du Comte de Flandres, & Edoüard d'Angleterre, qui soustenoit Iean d'Arteuelle, Port-enseigne & Tribun d'vn peuple rebelle à son Prince legitime. La victoire demeura à Edoüard, qui neantmoins l'achepta cherement par vne grande perte de sa noblesse, & vne blesseure honorable qu'il portoit pour preuue de sa valeur. Philippes y perdit trente mil hommes tant François que Flamans, son Admiral Hugues de Quieret eut l'aduantage d'auoir bien commencé. Cette iournée aduint l'an mille trois cens trente sept au mois de May signalée du nom de l'Escluse, où se dona la bataille.

Si la mer est calme, on passera dans l'Isle de Valacrie, la premiere des Isles de Zelande qui sont de ce costé, il n'y a qu'vn traict fort estroit, on y verra trois belles villes murées, & vn des riches ports de l'Europe, en moins de dix lieuës qu'elle a de circuit.

FLESINGVE.

FLesingue n'est qu'à trois ou quatre lieuës de l'Escluse; ce n'estoit d'autrefois qu'vn simple passage de Zelande en Flandre; maintemant qu'elle est ceinte de fortes murailles, auantagée d'vn Port de mer, enrichie par son trafic, & peuplée de Citoyens, elle peut estre nommée le grand Passage du monde: dautant qu'elle reçoit tous les iours sur son Port les nauires, qui viennent de l'Orient, de l'Occident, du Nort & du Midy, chargées des richesses du nouueau monde, & des commoditez qu'elle retire des Prouinces voisines, qui semblent ne cultiuer les terres, que pour le seruice des Hollandois. Les Comtes de Zelande l'ont possedée les premiers, comme vn membre de leur Estat: qui la donnerent à l'illustre maison des Boursaux auec des Priuileges & immunitez dignes de la liberalité d'vn Prince, qui veut obliger ses subiets. Cette famille estant esteinte par faute d'enfans masles, Flesingue retourna dans la possession de son Souuerain le Duc de Bourgongne, qui la vendit quelques temps apres auec le Marquisat de Verie au Comte Guillaume de Nassau. Charles-quint qui sçauoit l'importance de cette ville pour ses affaires, & qui la tenoit pour vne des clefs, qui ferment & ouurent les portes de l'Ocean Belgique, entre les instructions secretes qu'il donna à son fils Philippes II. luy recommanda tres particulierement de conseruer cette place, côme vne fleur de sa Couronne. Ce qu'il y a de rare à voir outre le Port, c'est la maison du Prince, & le Palais de la Iustice. De Flesingue à Middebourg il n'y a qu'vne lieuë.

MIDDEBOVRG.

Middebourg est assise au milieu de cette Isle, comme le centre autour de sa circonference; & ceux qui ont pensé qu'elle auoit pris son nom de Metellus ce celebre Romain, ont eu plus de flaterie pour cette ville, mais non pas tant de solidité pour defendre leur opinion, que ceux qui disent qu'elle a esté nommée du lieu de son assiette. Ceux qui contemplent les fleuues à leur emboucheure, & les grandes forests dans leur exaltation, ont de la peine à croire que les vns tirent toutes leurs eaux d'vne fontaine: & que les arbres des autres n'ayent esté que des brins d'herbes: & ceux qui sçauent que c'est que Middebourg, vne des plus belles, des plus riches, & des plus fortes places du Paysbas; n'auront iamais la pensée, qu'il n'y auoit il y a quatre cens ans que des Moynes, vn cloistre & des cellules, où l'on void maintenant vn monde de peuple, des maisons qui ressemblent à des Palais; & vn abord de Marchands, & de vaisseaux à ses deux ports, dont l'vn est fort estroit: mais l'autre, qui a esté pratiqué depuis peu d'années, est large & profond, pour receuoir des nauires de cinq cens tonneaux.

Le plus superbe edifice de cette grande ville, est vne Abbaye de Premonstré, qui fut fondée par Godebaud Euesque d'Vtrecht; rebastie, accreue, & enrichie par Guillaume Roy des Romains Comte d'Hollande & de Zelande, où il voulut estre inhumé auec la Reyne Isabeau son espouse. L'Abbé estoit le seul de tous les Ecclesiastiques, qui eust sceance dans les Estats du pays, n'y ayant que les Gentilshommes & le peuple qui eussent droict d'y assister, pour dire leurs auis sur les propositions que faisoient les Deputez touchant les affaires publiques. Philippes II. y fit eriger vn Euesché, où neantmoins l'Euesque n'a iamais porté sa crosse, estant Pasteur sans troupeau, Pere sans enfans, à cause des guerres, qui ayans partagé les volontez du Prince & des subiets, ont diuisé l'heritage de Dieu, & codicillé le Testament de son Fils. Le Monastere où estoient logés les Moynes, sert de maison de Ville pour les assemblées de la Prouince, la monnoye du Pays se forge où l'on voüoit la pauureté; la chambre des Comptes, & celle de l'Admirauté sont establies, où les ames choisies viuoient dans le silence hors des troubles & du tracas du monde. Il y a vne excellente horologe, qui a cousté plus de cent cinquante mille florins. L'Estappe des vins de France, & d'Espagne est à Middebourg, où apres auoir veu les rues bien alignées, les maisons bien basties, le Port fort frequenté, les habitans assez polis, vous irés à Verie, qui n'en est qu'à vne lieuë.

VERIE.

Verie est vn Marquisat, qui fut vendu auec Flessingue cent quarante six mille florins, l'an mil cinq cens quatre-vingt vn. On l'appelle auſſi Campuerie, parce que c'eſtoit d'autrefois vn paſſage pour la ville de Camp en Norbeuelande, qui fut entierement ſubmergée, il y a quelques années : car *Veer* en Allemand ſignifie vn paſſage ou traict d'eau. Le Marquis de Verie a ces priuileges dont il iouït ſans conteſtatiõ, de repreſenter la Zelande & de parler pour tout le pays dans les Eſtats generaux, dont le corps eſtoit compoſé de trois membres, d'vn Prelat qui repreſentoit tout le Clergé, c'eſtoit l'Abbé de S. Nicolas de l'Ordre de Premonſtré de Middelbourg. Du Marquis de Verie pour tous les Gentils-hommes. Et de l'vnion des villes, Middelbourg, Ziericzee, Vera, Fleſſingue, Tolen, Martensdijch, Rommerſuael, & Goaſe. Le Port y eſt fort bon, & c'eſt là que viennent aborder toutes les marchandiſes d'Eſcoſſe qui ſe debitent dans les autres Prouinces au profit des habitans. Il y a vn foſſé d'eau depuis Verie iuſqu'à Middelbourg, qui eſt côme vne ligne de cõmunication pour entretenir le cõmerce entre ces deux villes. On y void vn Arſenal des plus beaux de Zelande, garny de canons, & de toutes les autres provisions necessaires pour l'armement d'vne flotte Royale. La pesche des harans est leur moisson, qu'ils recueillent tous les ans; & qu'ils resserrent en des caques ou Tonneaux, qui sont leurs Greniers, pour les distribuer par tous les Ports de l'Europe, comme le pain du pauure peuple.

ARNEMVDE.

ARnemude n'est effectiuement qu'vn Bourg entre Middebourg & Verie, mais c'est bien le plus beau Port; & le mieux situé qui soit dans toute l'Europe, où l'on void tous les iours entrer & sortir des flottes, qui vont & viennent d'Angleterre, de France, de Barbarie, des Indes, des Terres neuues, comme des cheuaux de poste, qui sont tousiours en chemin, & iamais ne s'arrestent que pour changer de routes ou de courriers. Vous en voyez tous les iours de neuues qu'on dresse sur le Quay, & qu'on iette dans l'eau: vous en voyez tous les iours d'autres qui abordent auec des nouuelles bannieres: & la fumée des canons, qui rendent les complimens de la nauigation au Haüre

Gallo-belgique.

à l'arriuée, & au retour, est plus épesse que les vapeurs de l'Occean, & l'odeur du Salpestre y est plus forte que celle de la marine & du gouldron.

Pour monstrer plus clairement la commodité de la situation du port d'Arnemude, on a esté curieux de sçauoir, combien il est esloigné de tous les autres, ou au moins des principaux, qui ont quelque correspondance auec les marchands du lieu. Il est donc à nonante & trois lieuës de Breme, à cent d'Hambourg, à cent & octante de Zoudam en Dannemarch, à deux cens cinquante quatre de Dantzic, à trois cens de Riga, à trois cens trente cinq de Riuale, qui sont vers le Septentriõ; & du Midy, il est à vingt trois lieues de Calés, à quarante deux de Londre, à soixante deux d'Antone, à cinquante quatre de Diepe, à soixante quinze de Rouen, à cent vingt cinq de Brest, à cent nonante quatre de la Rochelle, à deux cens dix de Bordeaux, a deux cens vingt six de Bilbao, à deux cens septante de la Corogne à trois cens octante de Lisbonne, à quatre cens quatre vingt de Caliz, à cinq cens de Seuille, à sept cens octante de Liuorne en Toscane.

Vous pouuez voir en vn seul iour vn monde nouueau : c'est ainsi que i'appelle cette Isle, eu esgard à nos Prouinces, où vous estes réfermés d'eau de toutes parts, auec de grandes leuées que l'Art a dressé du costé de la terre, & des Dunes fort exaucées, que la nature a formé du costé de la mer, comme autant de rampars contre la violence des flots, qui forcent assez souuent ces barrieres, & gaignent bien auant dans l'Isle, rauageant le plat pays, où les paysans n'ont point de retraite plus asseurée, que des eminences de terre, qui ont esté pratiquées en diuers endroicts, comme des lieux de refuge. Ayant ainsi parcouru la principale Isle de Zelande, il faut repasser à l'Escluse, & venir à Bruges Gand, Bruxelle, Louuain, Malines, Anuers, & de-là descendre au Fort de Lilo, qui est sur l'Escaut, où les Estats qui l'ont fait bastir, entretiennent garnison, tant pour la conseruation de la place, que pour arrester les vaisseaux qui viennent d'Anuers, & prendre garde, que rien ne passe au preiudice de leur Republique. De Lilo on gaigne Bergobsom, ville glorieuse pour auoir soustenu courageusement le siege, les forces, & la presence du Prince de Parme.

Parme. De Bergobfon on se rend à Breda, qui en est distante de six lieuës.

BREDA.

BReda est vne ville située en la campagne, qui fait vne partie du Duché de Brabant, c'est vne riche Baronie, dont les illustres Princes de Nassau portent le Tiltre de Barons, qui a sous sa Iurisdiction dix sept villages; proche de Stemberge, Rosenthl, & Oostarhaut, esloignée d'Auneau de neuf lieuës, de Berghe sur Zoon six lieuës, & de Taunhaut cinq lieuës, de Hauemberg, & de Gertrudemberg deux lieuës. Elle fut prise sur l'Espagnol auec son chasteau l'an mil cinq cens nonante, le 30. de Mars par la pratique du Comte Philippes de Nassau. L'an mil six cens vingt quatre, le Marquis de Spinola General pour le Roy d'Espagne aux Paysbas, y mit le plus memorable siege qui se soit veu de memoire d'homme, & la prit malgré les plus redoutables forces de l'Europe, qui defendoient le party des Estats. Mais l'Espagnol ne la garda pas lóg temps. Car l'an mil six cens trente sept, le Prince d'Orange l'inuestist, non sans de grands

K

combats qu'il luy fallut rendre contre l'armée du Cardinal Infant, où le Prince d'Orange perdit trois à quatre mille hommes, & enfin s'en rendit le maistre dans moins de trois mois, ayant accordé la mesme composition aux assiegez, que celle que le feu Marquis de Spinola accorda l'an mil six cens vingt-cinq, à la garnison Hollandoise.

On y void dans vne des sales du Chasteau le Nauire sur lequel aborderent les Hollandois, qui surprirent autrefois la place, desguisés en charbonniers. Dans la cour on nourrissoit vn cheual Cerf, il n'y a pas encore long-temps, qui alloit de Breda à Bruxelle, & retournoit en vn iour quoy qu'il y ayt plus de vingt lieuës de l'vne à l'autre. Il n'est point de leurier qui le peut deuancer à la course. De Breda l'on se rend à Gertrudenberghe, qui est vne place frontiere de ce costé du Brabant à deux lieuës de Breda, que la nature & l'art rendent presque inaccessible, pour estre entourée de la mer, & des marais, & renforcée de bonnes murailles, & de forts bastions. C'est icy qu'on s'embarque pour passer en Hollande, où l'on aborde à Dordrecht, le traict n'est pas large, & si le vent n'est point contraire, il ne faut pas deux heures pour faire ce chemin.

DORDRECHT.

Dordrecht est la Capitale du Pays, assise sur la riuiere de Meruë, qui se forme des eaux du Rhein, de la Meuse & de Linge, qui coulent le long de la ville pour se rendre à la mer: d'où vient que plusieurs Geographes la posent sur ces quatre riuieres, comme vn Parterre du iardin d'Eden, arrousé des quatre fleuues qui vont roulants leurs eaux auec beaucoup de majesté sur ces terres delicieuses. C'est ainsi qu'on peut nommer la Hollande pour la fertilité de ses pasturages, où vne vache rend à son maistre vingt & deux septiers de laict, chacun iour d'Esté. Et Guichardin rapporte qu'il se tire autant de laict par an de quatre Bourgades voisines d'Assendelph, qu'on transporte de vin du Rhein de la haute Allemagne en la ville de Dordrecht, qui en est l'Estape, comme elle est aussi le grenier des bleds de Gueldre, de Cleue, & de Iuiliers.

La ville represente en sa situation la figure d'vne Galere, & certes fort à propos, puis qu'elle est si bien prouisionnée, & qu'elle est toute dans l'eau comme vne Isle dans l'Ocean, depuis l'an mil quatre cens vingt & vn, que la mer se desbordant dans le Canal de la Muse & du Vahal, les ietta hors de leurs lits, & noya toute la plaine qui estoit entre Dordrecht & le Brabant, changeant la terre en eau, & detachant par vne prouidence particuliere, les limites de deux Prouinces, dont les Peuples deuoient vn iour se desunir dans les interests de leur gouuernement. La desolation que causa ce funeste accident fut si sensible, qu'on ne peut encore ietter les yeux sur cette nouuelle Mer, sans verser des larmes au souuenir de soixãte deux riches bourgs, qui furent submergez, & de plus de cent mille personnes, qui perdirent la vie auec leurs biens dans cette inondation.

Tout ce qui peut rendre vne ville recommandable est à Dordrecht, la preéminence par dessus toutes les autres dans les Estats Generaux des Prouinces vnies, l'asseurance contre ses ennemys par l'aduantage du lieu, & par les fortifications de l'Art : L'estenduë de son enceinte, la beauté de ses bastimens, & le nombre de ses Citoyens riches & opulens par le commerce, & par le priuilege qu'ils ont d'arrester toutes les marchandises estrangeres, qui passent deuant leur Port, & de les garder iusqu'à ce qu'elles soient venduës, ou eschangées, sans qu'on en puisse transporter ailleurs sur d'autres vaisseaux que sur ceux des Bourgeois. De Dordrecht on peut aller par mer ou par terre à Roterodam.

ROTERODAM.

Roterodam peut se vanter d'estre vn des beaux Ports du Pays-bas, & où il y a plus de trafic, pour estre assis sur la Meuse proche du Conflans de Rotere, qui luy communique son nom, & luy donne la commodité du commerce. Elle peut rechercher son origine dans les Annales des vieux François, & prouuer par des conieçtures fort receuables, & par la deposition de plusieurs graues tesmoins, qu'elle a esté bastie par Roterus le vingt-troisiesme Roy de cette nation victorieuse. Elle peut encore produire le plan de ses magnifiques Eglises, la hauteur prodigieuse de son clocher, la beauté de ses edifices, la netteté de ses ruës, & le nombre de ses Citoyens, qui sont tous occupés au trauail, ne perdans ni le temps ni les occasions d'auancer leurs affaires. Mais elle croid estre assez glorieuse, sans emprunter des tiltres du lieu de son assiete, de la noblesse de son fondateur, & de la structure de ses maisons, d'auoir veu naistre dans ses murailles celuy que Basle à veu mourir, & de posseder dans vne de ses places, la statuë de celuy, dont les escrits seruent d'ornement aux plus riches Bibliotheques, Erasme ce grand soleil des belles lettres, mais qui n'a pas esté sans tache.

Il n'y a pas beaucoup d'années que le feu se prit à la ville, qui brusla plus de neuf cens maisons, & quantité de nauires sur le port, qui furent refaites dans moins d'vn an, sans qu'il parust, que le feu y eust iamais touché : Tel est le soing de ces peuples à reparer les dommages qu'ils reçoiuent tous les iours des inondations de l'eau & du feu qui s'attachant à leurs maisons, dont la plus grande partie n'est que de bois, se respand aussi viste par l'air, que la mer desbordée gagne auant sur la terre; comme on raconte de l'image de Diane en l'Isle de Chio, qu'on couuroit tous les soirs de diuerses peintures, & qui se trouvoit tous les matins de la couleur naturelle du marbre blanc, dont elle estoit formée.

DELPHE.

DE Roterodam il faut venir à Delphe, le chemin est de deux licuës, voir vn nouueau Phenix, qui renaist de ses cendres auec plus de vigueur, & vn Astre, qui ne parut iamais plus beau, qu'apres son Eclipse. Car cette ville qui a esté fondée par Geoffroy le Bossu Duc de Lorraine, & qui a pris son nom d'vn Canal de la Meuse conduit iusqu'à ses portes, que ceux du pays appellent Delf, fut premierement demantelée par le commandemét d'Albert de Bauiere surnommé le Cruel, & l'an mil cinq cens trente six, reduite en cendres par vn embrasement inopiné: Mais ces pertes luy ont esté auantageuses, & iamais elle n'a paru si glorieuse sur ses premiers fondemens, que sur ses dernieres ruines.

La chose est digne de memoire, qui fut veuë & remarquée par tous les habitans. Les Cicoignes nichent aux toits des maisons de Delphes, comme ailleurs les arondeles : On dit bien que les petits sont si recognoissants enuers leurs Peres, qu'ils les nourrissent & les portent sur le dos en leur vieillesse, & taschent par des soings incroyables de conseruer la vie à ceux qui leur ont donnée. Mais iamais on n'auoit veu vne telle adresse des hommes pour leurs enfans, qu'en tesmoignerent les Cicoignes dans ce grand embrasement, qui suruint au commencement du mois de May, lors que ces oyseaux font leurs couuées. Le feu gaignant tousiours le haut, & les flammes touchant desia leurs nids, les Peres & les Meres firent des efforts extraordinaires pour sauuer leurs petits du danger, & les porter en lieu d'asseurance : la force manquant au courage, l'amour tousiours industrieux & tousiours inuentif, leur enseigna de les couurir de leurs ailes, comme si vn feu deuoit espargner l'autre, & les flammes respecter les plus adorables sentimens de la nature : Enfin l'amour estant trop foible, les Peres ne voulurent point suruiure à leurs enfans, & les vns & les autres trouuerent leur tombeau dans le lieu de la vie.

LA HAYE.

IL n'y a qu'vne lieuë de Delphe à la Haye, qui n'est effectiuement qu'vn bourg, le premier de l'Europe, mais qui vaut mieux que plusieurs belles villes, & qui est le plus delicieux seiour des dix-sept Prouinces du Pays-bas: les surpassant en richesses, superbes edifices, places Royales, plaisans iardins, & en grand nombre de Noblesse: où il y a plus de deux mille maisons, dont la plus magnifique est le Palais, où se tient la Cour du Prince; où s'assemblent les Estats Generaux des Prouinces vnies, où s'administre la Iustice par les Presidens & Conseillers Deputez pour cette charge, & où ceux du Conseil Prouincial, & de la Chambre des Comptes font leur residence ordinaire. La Sale de ce Palais est lambrissée d'vn certain bois, qui a esté porté d'Irlande où les vers ne s'engendrent iamais, les araignées n'y font iamais leurs toiles, & il demeure tousiours incorruptible comme les arbres de Sethim.

Ce qu'on doit voir à la Haye, outre le

Chasteau, les bois, les viuiers & ses autres appartenances, sont Scheflinge, & Lausdun deux villages assez proches. A Scheflinge les charriots & les carosses roulent sur terre auec des voiles enflées par le vent, comme les bateaux voguent sur l'eau. L'on void à Lausdun le tombeau de la plus feconde de toutes les femmes, & de la plus malheureuse de toutes les meres, Marguerite Comtesse de Hollande, qui enfanta d'vne ventrée trois cens soixante cinq enfans, masles & femelles, qui furent tous baptisez par le grand Vicaire de l'Euesque d'Vtrech, les garçons furent nommez Iean, & les filles Elizabeth, la mere mourut en ses couches, & les enfans le iour de leur baptesme, qui furent tous mis dans vn mesme tombeau. Dieu punit assez souuent les mauuaises femmes de sterilité, & cette-cy fut punie par vne prodigieuse fecondité pour auoir porté son iugement auec trop de precipitation & de temerité contre l'honneur d'vne pauure femme, qui auoit enfanté deux iumeaux, disant qu'il falloit que ces deux enfans eussent deux Peres, vn seul n'en pouuant engendrer qu'vn. Soit que la Princesse creust la chose comme elle le disoit, ou qu'elle vouluſt ſeulement ſe railler, eſtant du naturel des autres de ſon ſexe, qui tiendroient plus aiſément vn charbon allumé, qu'vn bon mot dans la bouche. La pauure femme iniuſtement ſoupçonnée d'Adultere, pour les deux enfans qu'elle portoit entre ſes bras, ietta ſa malediction ſur la Princeſſe outrageuſe, & pria Dieu de luy en faire naiſtre la premiere fois qu'elle accoucheroit, autant qu'il y a de iours en l'an. L'innocence fut reconnüe, & la calomnie vangée par ce miracle.

LEYDEN.

Leyden n'eſt qu'à trois lieües de Delphe, & à deux de la Haye, ſur le milieu de l'embouchure du Rhein, entourée de tous coſtez de canaux, où les Eſcoliers vont prendre leurs diuertiſſemens, & chercher leurs promenades ſur l'eau, qu'ils ne peuuent trouuer ſur terre, pource que le pays eſt trop mareſcageux, & preſque auſſi moüillé au chaud qu'à la pluye. Car c'eſt vne des floriſſantes Academies de l'Europe, & vne des plus renommées pour le grand nombre des hommes doctes qu'elle a porté, pour les beaux liures qu'elle a donnés au iour, & particulierement pour vn Daniel Heinsius le Dictateur des belles lettres, qui est encor viuant chargé d'années & de merites, semblable au Soleil qui luit aussi glorieusement au bout de sa carriere, qu'à ses premieres démarches, & qui ne perd iamais rien de sa vigueur pour vieillir.

A voir la situation de cette ville, on la prendroit pour ce qu'elle est, pour le cœur de la Hollande, qui est dans le milieu de ce beau corps politique, pour distribuer esgalement l'esprit & la chaleur à toutes les parties animées de la loy de l'Estat. Et que sont toutes ces ruisseaux & tous ces branches du Rhein qui la trauersent, sinon des veines qui luy fournissent le sang, & la nourriture? ie veux dire les commodités de la vie, qui luy viennent de toutes parts, & qu'elle renuoye aux autres membres de la Republique, apres qu'elle a choisi le meilleur & le plus pur pour elle. Cent quarante cinq ponts qu'elle a dans l'enceinte de ses murailles, dont il y en a cent quatre de pierre, & les autres de bois, sont comme des passages necessaires pour entretenir la communication des parties. Et à considerer la forme & l'aspect de cette place, on diroit qu'elle est l'œil des Prouinces vnies: car elle est ronde, & ceinte de rempars & de fortifications, qui la conseruent comme vne piece delicate & importante des attaques de l'Espagnol, qui l'assigea dés le commencement des troubles de Flandre, sans autre fruit que les frais d'vn long siege, & la honte d'vne prompte retraite. Les plus exquises beautés du Septemtrion sont à Leyden, comme autant d'agreables especes, que l'œil reçoit de ses obiets: & les plus beaux esprits s'y rencontrent comme vne infinité de rayons qui se concentrent dans vn poinct. De Leyden iusqu'à Harlem il n'y a que cinq lieuës.

HARLEM.

C'Est la plus grande ville, & le plus agreable sejour de la Hollande, en plat pays, & dans vn climat des plus temperés, arrousée du Sparn, tapissée de prairies, releuée de colines & de côtaux, couuerts de boys, d'où l'on descouure quantité de bourgs & de chasteaux de tous costés, qui bornent agreablement la veuë. Si la situation en est auantageuse,

& la fondation tres ancienne & tres celebre, la structure en est encore plus admirable. Que peut on voir de plus splendide, & de mieux compassé que cette suitte de maisons de mesme syimmetrie? & de plus magnifique que cette excellente Eglise, la premiere de tout le Pays, qui estoit consacrée à Dieu sous le nom de S. Bauon, esleuée pres du marché, comme vn superbe monument de pieté, & appuyée sur des colomnes comme vn trophée de la Religion de nos Peres, deuant que l'heresie en eust osté le nom, les images, les armes, & les deuises de Dieu & de ses saincts?

On luy donne la gloire d'auoir inuenté ce bel Art, qui forme la parole aux muets, la presence aux absens, la vie aux morts, qui nous rend la cognoissance & la communication des sçauans hommes aussi familiere que celle de nos domestiques: qui nous conserue la memoire des siecles passez, & nous ouure l'entrée pour penetrer bien auant dans l'auenir: qui nous porte par mer & par terre iusqu'aux extremitez du monde, sans peine, sans danger, ni mesme sans changer de place. Ie veux dire l'Imprimerie, dont l'inuention est d'vn Citoyen d'Harlem, qui estant mort de

Gallo-belgique. 159

uant que d'en auoir publié le secret, vn sien domestique se retira comme l'on tient à Mayence, & rauit à son maistre la gloire de son esprit, & à sa ville l'honneur & le fruit de son education. Cette ville se vante encore d'auoir pris d'autrefois Damiete en Egypte par vn stratageme fort extraordinaire, dont elle conserue la memoire en ses armoiries, qui sont deux cloches, qu'ils nomment pour ce subiet, *Damittes*.

Ce qu'on dit des Tritons & des Sirenes n'est point vne Fable. L'an mil quatre cens trois, les Pescheurs Hollandois pescherent dans vn lac vne Sirene, qui auoit la forme & les parties d'vne femme. Elle fut conduite à Harlem, où ayant esté trouuée capable de discipline, on la nourrit de pain, de lard, & de viande, on l'habilla, on luy apprit à coudre & à filer, & à former le signe de la croix: & vescut assez long temps tousiours muette, sans auoir compris l'vsage d'aucune langue pour exprimer ses pensées. Il n'y a pas encore vn siecle qu'on prit vn Triton dans la mer de Frise, qui auoit vne parfaite ressemblance auec l'hõme; excepté qu'il estoit plus farouche & plus sauuage, il fut emporté par vne maladie populaire.

De Harlem, où l'on est bien traité à la Toison d'or, on vient à Alcmar, qui n'en est qu'à cinq lieuës: & de là on se rend à Enchuse, vne des plus fortes places de la Hollande, & vn des plus beaux Ports de toute la mer du Nort, que les Citoyens firent creuser & eslargir à leurs despens, il y a quelques années, pour la commodité des vaisseaux, qui abordent de tous costez, chargés des marchandises, qui luy sont apportées comme des tributs volontaires, en recognoissance du pouuoir que cette place exerce sur l'Ocean.

D'Enchuse à Horn, il n'y a que trois lieuës de chemin, qu'on fait à cheual, & plus commodément en coche. C'est vn tres-bon Port, où se debite vne si grande quantité de beurre & de fromage, qu'il n'est pas croyable combien d'argent on retire de ce trafic: la place est si bien fortifiée, & peuplée de si bons hômes, qu'on la croid imprenable. Adrian Iunius excellent Poëte, subtil Philosophe, fameux Medecin, & tres bien versé en toutes sortes de sciences en estoit natif. Sortant d'Horn vous auez le plaisir de voir rouler vostre coche, où les vaisseaux voguoient à pleine voiles il n'y a pas long temps, & de

marcher

marcher à trauers d'vne campagne couuerte de moissons, qui n'estoit qu'vn lac
de sept lieuës d'estenduë au siecle passé,
qui vous meine au fort de Pomerande, où
vous trauersez vn bras d'eau sur vn bac,
pour gaigner vne leuée, & de là vous embarquer pour Amsterdam.

AMSTERDAM.

AMsterdam est vne autre Venise pour
son assiete, n'estant bastie que sur
des pilotis iettés dans l'eau de la riuiere
Tya, qui se partageant en diuers canaux,
arrouse toutes les ruës, & forme ce grand
lac, où les vaisseaux viennent se rendre du
Nort & du Midy; comme à l'assemblée
des Estats generaux de l'Ocean. Qui pourroit dessecher les eaux où est assise la ville
d'Amsterdam, il verroit la plus belle forest
du monde plantée dans ses fondemens, à
cause de la grãde quantité des gros arbres,
qu'il a fallu couper pour seruir de soustien
à tant de bastimens, qui n'estans appuyés
que sur des pieces de bois, sont neantmoins aussi fermes & inesbranlables, que
des rochers au milieu de la mer. Le plus
superbe edifice est le Palais des Marchãs,

L

qu'on nomme la Bourse, dont le nom & le dessein ont esté pris sur la Bourse d'Anuers.

Ce n'estoit d'autrefois qu'vn hameau, où les Pescheurs se retiroient, mais comme il n'y a que les merueilles de Dieu, qui n'ayent point besoin de temps, ni de moyens empruntez, pour estre conduits à leur perfection: les plus florissants Empires ont veu leurs forces bornées par des ruisseaux, & les plus grandes villes ont esté tracées sur la poussiere auec la houlete d'vn Pasteur: Amsterdam s'est accru peu à peu, & il y a trois cens ans ou enuiron que Gilbert Amstel la fortifia, & y fit de bons rempars, & des portes, & des tours : mais le tout ayant esté bruslé per l'enuie de ses voisins, elle commença d'estre fermée de murailles, l'an 1482. Elle est maintenant habitée de toute sorte de nations, & a osté tout le trafic, & toute la reputation à Anuers. On y void non seulement des Italiens, Espagnols, Portugais, Anglois, Escossois, François, Polonois, Danois, Suedois, Noruegeois, Liuoniens, & Allemans, mais encore des Indiens, Americains, Orientaux, & des Mores. On peut dire qu'elle est comme l'ancienne Rome, où chasque peuple auoit ses loix, ses coustumes, & sa maison, & où tous les Dieux auoient vn Temple & des Autels, excepté le vray Dieu des Iuifs, qui iamais n'y peut estre receu. Ainsi toutes les nations du monde trouuent leur pays dans Amsterdam, & toutes les Religions y ont la liberté de leurs exercices; il n'y a que la Catholique qui en soit bannie, ou prisonniere.

D'Amsterdam il faut venir à Vtrecht, qui sont cinq lieuës de chemin fascheux & difficile, à cause des riuieres qu'il faut souuent passer.

VTRECHT.

LA ville d'Vtrecht, dont le pays retient son nom, est assise sur l'ancien canal du Rhein, en forme d'vn fort basti par les Romains, augmenté & accreu en Bourg par les habitans, & clos de murailles comme vne ville par les François. Le Rhin arrousoit d'autrefois ses murailles deuant qu'il eust changé de lict pour se ietter dans celuy de Beccha, d'où les Bourgeois ont conduit vn fossé, & le Clergé & la Noblesse vn autre, qui passant au milieu de la ville, luy apportoient les mesmes commoditez pour le commerce, que fesoient deux belles riuieres, qui estant jointes au Rhein, luy ouurent les portes de la mer, pour auoir la communication plus libre auec les Estrangers. C'estoit vn passage commun, où se payoient les Doüanes des marchandises, qui se transportoient de part & d'autre: ce fut pour ce suiet qu'on la nomma *Traiectum* en latin, & depuis on y adiousta le mot de *vetus Traiectum*, qui signifie Traiet ou passage ancien, pour la discerner d'vn autre du mesme nom: d'où est enfin formé Vtrecht par vne corruption de termes.

Guicciardin raconte pour vne merueille de la situation de cette place, que vous pouuez aller en vn iour à quelle ville vous voudrez de cinquante, qui l'enuironnent en esgalle distance. Les Euesques en estoient les Seigneurs temporels, deuant qu'elle tombast entre les mains de l'Empereur Charles-Quint, qui pour conseruer par la force des armes, vn pays qu'il ne pouuoit tenir par la iustice des loix, y fit bastir vne forteresse, qui fut demolie l'an mil cinq cens septante sept par les Citoyens, pour se descharger de la garnison, qui faisant semblant de garder leurs murailles, ruinoit leurs maisons: Iean d'Austriche Gouuerneur des Pays-bas consentant tacitement à cette demolition, parce qu'il preuoyoit bien, que les Hollandois se saisiroient vn iour de la place, & que les Espagnols fairoient comme l'Aigle, qui donne ses plumes aux chasseurs pour empenner les fleches, qui la doiuent percer. La ville est grande, peuplée, riche, & bien fortifiée de murailles faites de brique, de grands fossez, de bons rempars, & de neuf bastions.

Elle auoit de magnifiques Eglises, dont la principale estoit dediée à la Vierge Mere de Dieu, fondée par l'Empereur Henry IV. ou comme veulent d'autres par l'Empereur Federic Barberousse: superbe en son architecture, & plus admirable encore en ses fondemens. Car on dit qu'en creusant la place, on trouua vne espece d'abysme, qui ne pouuant se combler arrestoit le dessein de l'edifice; si on ne se fust auisé d'y ietter quantité de cuirs de bœufs, sur lesquels on posa les fondemens. Il y auoit encore deux riches commanderies, l'vne des Cheualiers de Malthe, & l'autre de l'Ordre Teutonique auec vne opulente Abbaye dont les reuenus ont esté distraits par les Estats à d'autres vsages, & le sanctuaire de Dieu a esté conuerty en vne

L iij

Cour prophane, où les Aduocats tiennent la place des Prestres, & où les loix de Iustinien sont subrogées au Testament de l'Euangile.

Quand cette ville n'auroit iamais produit d'autres braues Citoyens, que le Pape Adrien VI. Professeur en Theologie à Louuain, & Precepteur de Charles V. elle meriteroit plus de gloire, que n'en ont iamais possedé la Grece & l'Italie pour auoir donné des Orateurs au Senat, & des Philosophes à l'Academie. Ce sainct Pontife releua la bassesse de sa maison par la grandeur de sa vertu, & illustra l'obscurité de ses parens par l'esclat de sa science, qui le porterent l'vne & l'autre sur le siege de S. Piere par les degrez du merite, pour remedier aux desordres qui affligeoient l'Eglise, par la diuersité des nouuelles opinions, qu'il eust accordées, si Dieu luy eust donné autant de vie, que de courage pour executer ses desseins. L'homme est né pour commander, & il faut auouër que les Platoniciens auoient bonne raison de dire, que le desir de l'excellence estoit la derniere robe, que nostre ame despoüille; mais ce grand homme n'eut iamais rien de si contraire à ses inclinations que l'eminence de sa personne, & il auoit ce sentiment au cœur aussi bien que ces paroles en la bouche, que le iour le plus malheureux de sa vie estoit celuy qui l'auoit esleué sur la teste de tous les hommes. Son Epitaphe, qui est pour l'ordinaire le plus fidelle tesmoin des actions de la vie, le dit ainsi. *Hadrianus VI. hic situs est, qui nihil sibi infelicius in vita duxit, quam quod imperaret.*

RHENEN.

SVr le mesme bras du Rhein à cinq lieuës d'Vtrecht est Rhenen ville tres ancienne, dont Tacite fait vne honorable mention sous le nom de Grimes, qui a esté fortifiée depuis les guerres ciuiles, qui ont obligé toutes les Prouinces du Pays-bas d'esleuer des murailles pour defendre leurs limites contre l'iniuste vsurpation des armes. De Rhenen à Arnheim on compte quatre lieuës, il est basti proche du lieu où le Rhein se diuise en deux auec autant d'aggreemens de la nature, que de fortification de l'Art: Les prez, les bois, les collines, & les ruisseaux y ont logé les plaisirs innocens. Les Hollandois en ont

L iiij

fait vne place d'armes, ceinte de murailles, & garnie de bastions pour le Dieu de la guerre. Nieumehen n'est distante que de trois petites lieuës d'Arnhein dãs la Duché de Gueldres, sur les bords du Vahal, au plus profond de son lict. Elle est forte & bien munie tant pour l'assiete, que pour la main de l'ouurier. Elle est riche & opulente tant à cause de la bonté du sol, que par l'industrie des habitans, qui se seruans de la commodité des riuieres s'addonnent au commerce. Du costé qu'elle regarde le pays de Cleues, elle s'esleue sur vne montagne de difficile accez, gardée d'vne ancienne forteresse, qu'on croit estre vn des ouurages de Cesar: & de l'autre elle panche sur vn marais, qui abboutit à des collines chargées de forests, & arrousées de ruisseaux, qui rendent l'aspect agreable.

GRAVE.

Ayant veu successiuement ces places, on vient de Nieumehen à Graue, qui n'en est esloignée que de trois lieuës. C'est vne frontiere de la Duché de Brabant, tres importante pour son assiete, considerable pour ses fortifications, & agreable pour son terroir. Elle est assise sur le bord de la Meuse, à douze lieuës de Ruestein, & à quatre de Bosleduc sur les marches de Cleue & du Brabant. Elle est aysee à defendre, n'ayant pas plus d'vn quart de lieuë de tour: & difficile à attaquer à cause de la Meuse qui luy sert de fosse, & de sept grands bouleuars reguliers accompagnez de demies lunes, & de toutes les inuentions de l'art militaire, où les estats des Prouinces vniés n'ont rien espargné pour rendre cette place imprenable. Elle est ordinairement assignée pour quartier d'hyuer à la Caualerie, qui trouue le meilleur foin du monde dans ces spatieuses preés que fait la Meuse, & qu'elle couure d'eau quand elle se deborde tous les ans comme vne grande mer. Guillaume Prince d'Orange receut cette ville auec le pays de Cuyckan, dont elle est la Capitale pour le dot de sa femme, fille vnique de Maximilien d'Egmont Comte de Burie, qui l'auoit achetee du Duc de Brabant de ses propres deniers. Les Espagnoles la prirent en renards l'an mil cinq cens quatrevingt six par la lascheté du Gouuerneur, qui la rendit sans faire resistance, & la garderent iusqu'à l'an mil six cens deux, que les Estats la reprirent en lyons sous la conduite du Comte Maurice, qui se porta d'autant plus courageusement à se siege, qu'il y estoit poussé par les considerations de l'Estat, & par les interests de sa personne, tirant deux auantages de cette conqueste, l'vn pour la conseruation du bien public, & l'autre pour l'agrandissement de sa famille, qui iouyst maintenant des fruits de cette terre.

Ayant passé la Meuse, on vient sans s'arrester de Graue à Cleue, de Cleue à Emmeric, à Rees, à Vesel, à Duysseldorp, à Nuys, & enfin à Cologne.

COLOGNE.

COlogne Capitale du Diocese & de l'Electorat, que les Allemans appellent en leur langue Stifft Colln, a pris son nom d'vne peuplade de vieux Guerriers, qu'Agrippine y fit conduire, voulant faire voir aux peuples associez l'authorité qu'elle auoit dans l'Empire, & le rang qu'elle tenoit auprès de son fils Neron. Les forces des Romains s'estant peu à peu diminuées & le courage des Conquerans de l'Vniuers s'estant esteint comme vn flambeau, qui ne laisse de tout ce grand esclat qui auoit fait vn autre iour dans la nuit, que de la fumée & de la cendre ; ces Aigles qui auoiét si long temps volé par toutes les Prouinces portant la foudre aux pieds, & les Lauriers au bec, ayant esté plumées par les autres oyseaux : les François chasserent de la Gaule ceux qui auoient chassé tous les Princes de leurs Estats, & conseruerent Cologne iusqu'à l'Empereur Othon I. qui l'ayant enleuée de la main des François, la rauit a l'Empire, & ordonna (comme disent quelques vns sans beaucoup de fondement) que l'Archeuesque seroit vn des Electeurs, qui ont le droit de creer vn Empereur, quand le throsne est vaquant.

Ces six Electeurs sont l'Archeuesque de Mayence Chancellier d'Allemagne, l'Archeuesque de Cologne Chancellier d'Italie, & l'Archeuesque de Treues Chancellier des Gaules. Le Duc de Saxe Grand Mareschal de l'Empire, le Marquis de Brandebourg Grand Chambellan, le Comte Palatin du Rhein Grand-Panetier, quoy que ce dernier ait esté depossedé de ses terres & de sa charge par la Maison d'Austriche, qui est de l'humeur des Aigles qu'elle porte pour blasons, dont les plumes ont cette proprieté de manger les plumes des autres oyseaux; l'Empereur a retenu vne partie de sa Comté, l'Espagnol garde l'autre, le Duc de Bauiere a trouué que la dignité d'Electeur faisoit vn beau tiltre, & que le voisinage du haut Palatinat estoit à sa bien-seance. Le Roy de Boëme grand Eschanson de l'Empire, interuient comme arbitre, quand les Electeurs ne peuuent s'accorder, ou que les voix sont my-parties, & par son suffrage fait pancher la balance du costé qu'il luy plaist.

Cologne est assise sur la riue du Rhein, d'vne grande estenduë, dont la figure represente vne demie-lune, tres agreable pour la beauté des edifices, pour la netteté des ruës pour la grandeur des places, & pour l'aspect du paysage. Tres considerable pour ses defenses ayāt le Rhein qui luy sert de tranchée, estant ceinte d'vn double fossé, reuestuë de bonnes murailles, & peuplée d'vn grand nombre d'habitans, dont le courage vaut mieux que les rempars. Tres bien policée, pour auoir force raport au gouuernement ancien de la Republique Romaine, par l'authorité qu'elle donne à ses Consuls, Proconsuls, Censeurs

Tribuns, chefs du Guet, Thresoriers, & Surintendans aux viures auec la verge inflexible de Iustice semblable aux faisseau de verges, que les Huissiers portoient deuant les Magistrats; & par la distribution des Ordres & des lignées qui representent vne nouuelle Rome.

IVLIERS.

DE Cologne on descend à Iuliers, qui est vne forte place soustenue d'vn bon Chasteau, qui a esté le suiet des querelles meuës entre les pretendans à l'heritage de Iean Guillaume Duc de Iuliers, Cleues, & Bergges, Comte de la Mark, & de Rauenspurg, decedé sans enfans, apres auoir esté prise par le Marquis de Brandebourg, & par le Duc de Neubourg, & qui eust esté le Theatre des victoires d'Henry le Grand, si le cousteau d'vn parricide, qui luy osta la vie au milieu de ses prosperitez, ne luy eust point coupé ses palmes & ses lauriers, au poinct qu'ils ne faisoiét que naistre. Le Duc de Saxe soustenoit que les Duchez de Cleues & de Iuliers luy appartenoient pour estre descendu de Sibile fille aisnée de l'ayeul du deffunt. Le

Duc de Neuers defendoit son droit sur la Duché de Cleues par le nom & par les armes qu'il portoit: Le Comte de Mauleurier pour la mesme raison pretendoit sur la Comté de la Mark. Les armes de Cleues sont de gueules à huict bastons fleurdelisez d'or, se rencontrans au centre de l'escu sur vn petit escu d'argent chargé d'vne esmeraude. Celles de la Mark sont d'or à la fasce eschiquetée d'argent & de gueulles de trois traits. Les supports & cimiers de la maison de Cleues sont trois Cignes d'argent ayant des couronnes d'or au col, à cause dece qu'on dit, qu'vn Cygne amena d'autrefois miraculeusement vn Cheualier par le fleuue du Rhein au chasteau de Cleues, qui gaigna les bônes graces de la Princesse du païs par sa vertu & par ses genereux exploits, & l'ayant espousée, en eut des enfans, dont les Ducs de Cleues tirent leur origine. Ce fut à l'ocasion de cette histoire, ou plustost de cette fable qu'Adolf Seigneur de Rauastein frere de Marie de Cleues Duchesse d'Orleans se fit appeller le Cheualier au Cygne, quand il tint le pas à l'Isle l'an 1454.

Cependant l'Empereur donna l'inuestiture des Duchés de Iuliers & de Cleues à Leopold d'Auſtriche Eueſque de Strasbourg & de Paſſau, comme fiefs de l'Empire, qui ne pouuoient tomber en quenoüille. Tous les Princes pretendants à cette ſucceſſion armerent pour defendre en bataille à la pointe de leurs eſpées, le droit qu'ils ne pouuoient debatre en Iuſtice par la force des loix; s'accordans neantmoins à exclure Leopold, qui vouloit tout pour luy, à l'excluſion des autres, & qui deſia s'eſtoit ſaiſi de la ville de Iuliers. Henry IV. que Dieu & le bonheur des armes auoient choiſy pour eſtre l'Arbitre des differens des Princes, & le Maiſtre des Peuples, auoit deſia mis ſur pied vne armée de quarante mille combatants, & fait tirer de l'Arſenal de Paris cinquante pieces de canon, auec l'equipage & munitions neceſſaires, que ſix mille Suiſſes vinrent ioindre en Champagne, attendant que le Roy les allaſt conduire en perſonne auec la fleur de ſa Nobleſſe, & le Regiment de ſes Gardes; tout cela en apparence pour remettre Iuliers en ſes droits, mais effectiuement comme pluſieurs ont creu, pour remettre l'Empire en France.

De Iuliers on vient à Aix la Chapelle en deux journées,

AIX LA CHAPELLE.

LEs Allemans l'appellent Aken, les François Aix, & les Latins *Aquæ* à cause des Bains chauds, & des Estuues, qui sont dehors & dedans la ville, fort salutaires pour le corps humain, & fort excellentes contre plusieurs maladies. Elle a esté d'autrefois le siege le plus ordinaire, & le sejour le plus agreable de Charlemagne: elle est encore auiourd'huy la depositaire de son tombeau & de ses cendres, qui sont couuertes d'vn riche drap de velours parsemé de fleurs de lys releuées en or. On fait de plaisans comptes de ce grand Prince, qu'estant charmé des beautez d'vne Dame par le moyen d'vne bague enchantée qu'il portoit au doigt: & sa bague estãt tõbee dans vn lac qui est proche de la ville d'Aix, la passion qu'il auoit euë pour vne femme, changea d'obiet, & la beauté du pays & de la ville luy rauit entierement le cœur, qu'il auoit engagé dans les amours de sa Maistresse. Il n'y a pas long temps qu'on ouurit son sepulchre, où cet inuincible Monarque parut assis sur vne chaire, reuestu de ses habits Imperiaux, auec le
camail

camail & la panctiere d'vn Pelerin, comme on l'auoit veu d'autrefois entrer dans Rome triomphant de soy mesme; & le liure des Euangiles sur ses genoux fait de fueilles de Til: mais toutes ces marques de pompe funebre & de pieté Royale se dissiperent en poudre & en fumée incontinent apres auoir pris l'air. Si cette ville a fait vn des beaux corps de l'Empire, elle n'en a plus que l'ombre: & de cette grande & fameuse cité, qui a esté si renommée en paix & en guerre, il n'en reste plus rien que l'image & le nom.

Elle conserue neantmoins cet honneur par dessus toutes les villes Imperiales, qu'elle met la premiere couronne sur la teste de l'Empereur, & le sacre apres qu'il a esté nommé par les Electeurs à Francfort. Car c'est l'ordre qu'ayant esté esleu, il aille à Aix, où l'Archeuesque de Coloigne luy oint d'huile sacrée la poitrine, le chef, les aisselles, & les paulmes des mains, l'habille des vestemens d'vn Diacre, luy met l'espée nuë en main, & l'anneau d'or au doigt, luy recommandant le peuple Chrestien, qu'il doit aymer comme son espouse, & deffendre comme son heritage, luy donne le Sceptre & le Globe qui

M

represente le monde, & enfin ledit Archeuesque accompagné de ceux de Mayence & de Treues luy mettent la couronne sur la teste. Quelques vns disent qu'elle est d'argent, & qu'il en reçoit vne deuxiesme a Milan qui est de fer, & la troisiesme d'or a Rome de la main du Pape. Tous les Empereurs ne vont pas si loing cercher leurs Couronnes ; neantmoins Charles-quint voulut obseruer les anciennes coustumes, & se seruant de l'occasion de sa presence à Rome & à Milan, il voulut estre couronné d'or & de fer, tout couuert de lauriers qu'il estoit par le bon heur desarmes.

Ces ceremonies acheuées, l'Empereur & les Electeurs s'en retournent au Palais, où ils disnent somptueusement dans vne mesme salle, chascun ayant sa table à part. L'Archeuesque de Treues, qui represente les Gaules est assis vis à vis de l'Empereur, celuy de Mayence pour l'Allemagne est à sa droite, & celuy de Cologne à la gauche, tenant le lieu de l'Italie. Le Marquis de Brandebourg donne à lauer à sa Majesté, le Palatin sert les viandes, & le Roy de Boheme luy verse la premiere fois à boire en qualité d'Eschanson, puis va s'asseoir pres l'Archeuesque de Mayence

ayant sous luy le Palatin: & de l'autre costé
est le Duc de Saxe, & le Marquis de Brandebourg. J'oubliois à dire qu'on a fortifié
la ville d'Aix depuis quelques années, &
que tous les iours on trauaille à la rendre
asseurée contre les forces Françoises, que
le Mareschal de Guebriant conduit pour
la liberté de l'Allemagne, & pour la deffense des Alliés de la Couronne du Roy
son Maistre. L'on compte quatre lieues
d'Aix à Mastricht.

MASTRICHT.

Mastricht, qui est vn des plus fameux passages de la Meuse, d'où
elle a pris son nom; & qui la trauerse par
le milieu sous vn beau pont de pierre, est
assis sur les confins du Brabant & du pays
de Liege, & comme elle est partagée en
deux habitations par la riuiere, elle a esté
aussi diuisée en deux dominations par les
loix des Princes : la haute ville recognoissant le Duc de Brabant pour son Seigneur
naturel & legitime : la basse appartenant à
l'Euesque du Liege, depuis que Porus
Comte de Louuain en fit present à sainct
Seruat l'Apostre du Pays-bas, pour l'auoir

M ij

miraculeusement guéry d'vne incommodité qui le rendoit punais. S. Hubert transfera le Siege Episcopal de Mastricht au Liege par l'authorité du Pape Sergius, en punition de l'execrable attentat commis sur la personne du S. Euesque Lambert par ses propres Diocesains, l'an mil sept cens treize.

Iamais Eglise ne merita mieux de porter l'illustre nom de Basilique, que celle de S. Seruat, puisque les Princes de Brabant en sont Chanoines, & y tiennent leur rang, & exercent leur charge en qualité de Ministres & Officiers de la maison de Dieu, qui estant le Roy des Roys, a des Roys à sa Cour pour Seruans. On y peut voir le superbe & riche bastiment des Cheualiers Teutoniques, qui se nomme Bissen, plus semblable à vn Palais Royal, qu'à vn Monastere, & plus propre à loger vne armée de Gentilshommes, qu'vne compagnie de Religieux: aussi sont-ils institués pour combattre les infideles, & leur vœu est attaché à la pointe de leur espée pour défendre le titre de la Croix, & les interests de la Religion. Il ne faut pas oublier les carrieres, qui ne sont qu'à vne demie lieue de la ville, où vous voyés vne haute montagne toute couuerte de fruits, & iaune de moissons, auec vne magnifique maison de l'Ordre de S. François, bastie sur le milieu comme vn beau diamant enchassé dans vne bague. Le dedans de la montagne, n'est qu'vne voute, d'où l'on tire vne si prodigieuse quantité de pierres molles & blanches, qu'on diroit que c'est vne source inespuisable de bastimens.

Les Estats se sont emparés de Mastricht depuis quelques années, & la conseruent soigneusement comme vn passage qui leur donne l'entrée dans la haute Allemagne, & ouure les portes de Limbourg, de Iuliers, de Gueldre, de Liege, & de Treues à leurs soldats. Ie ne raporte point icy l'histoire du siege, le courage des assiegez, la valeur des assiegeans, ny les autres particularitez, qui se sont passées depuis la reddition de la place; estant pressé de partir pour le Liege.

LIEGE.

LE Diocese du Liege tire son nom de sa principale ville, nommée par les Latins *Leodium*, & par les François, Liege, soit qu'elle ait receu ce nom de la Legion

Romaine, qui fut taillée en pieces dans la vallée, où elle est maintenant bastie: ou du ruisseau Legia, qui deuant que de se perdre dans la Meuse, auec plusieurs autres petites riuieres, qui viennent de la Forest d'Ardenne, passe par les ruës de cette opulente ville: où toutes à l'enuy luy offrent leur poissons, & la commodité des eaux, dont les Citoyens se seruent auantageusement pour conduire des fontaines & des viuiers dans leurs maisons, & faire de leur ville, comme vn Archipelague en terre ferme entre-coupé d'vn grand nóbre d'Isles. Philippes de Comines cópare Liege à Roüen pour la grandeur: neantmoins ceux qui ont pris les dimensions des deux, asseurent que Liege a beaucoup plus d'estenduë, quoy qu'elle ne soit pas si peuplee, y ayant de grandes places desertes, dont les vnes sont attachées à la nature du lieu, qui est inhabitable: les autres sont des effects de la guerre, & des restes de la cruauté de Charles le Hardy dernier Duc de Bourgongne, qui l'assiegea l'an 1468. & la prit comme fit d'autrefois Pompée Hierusalem, vn iour de Dimanche, quand le peuple disnoit, pensant que ce Dimanche luy d'eust estre vn iour de repos. L'armée composée d'enuiron quarante mille hommes entra dedans par les deux bouts, & trouuant la nape mise, tua les premiers qu'elle rencontra, sans distinction d'age, de sexe, ny de condition, viola femmes, filles, Religieuses, pilla la ville & les lieux Saincts. Le peuple fuit de là le pont, & croyant se sauuer aux Ardennes, il tomba entre les mains de certains Gentilshommes, qui iusques alors auoient tenu leur parti : mais comme les esprits interessés se changent auec la fortune, ils les detrousserent, en tuerent quantité, prirent les principaux, & par ce perfide stratagême firent leur appointement auec le Duc. Plusieurs moururent mattez de faim, de sommeil, & de froid, qui fut si extreme, que l'histoire remarque, qu'vn Gentilhomme de l'armée y demeura paralityque, deux doigts tomberent de la main à vn autre : le vin se gela dans les tonneaux, & durāt trois iours, on le coupoit comme des pieces de bois auec des coignées pour le faire fondre au feu, & le rendre potable. Pour le dernier acte de cette sanglante Tragedie, le Duc fit abbatre le pont de la Meuse, brusla la ville, excepté les Eglises, & les maisons du Clergé, & combla les fossez de ses murailles. La cholere & la victoire n'oublient iamais aucune espece de vangeance, quand elles sont engagées dans vn mesme parti. S'il faut croire ce qu'aucuns escriuent, plus de cinquante mille ames perirent en cette guerre, cruelle par delà les bornes de toute humanité.

Leçon au peuple de se contenir en l'obeyssance de ses Souuerains, & de ne s'embarquer iamais dans les querelles des Grands, qui se releuent aysement du bourbier, où ils laissent plongés les petits, qui leur ont donné la main. Tableau, où les sujets peuuent remarquer le iuste iugement de Dieu sur vne ville reuesche, ennemie de souueraineté spirituelle & temporelle, & qui de tout temps est en possession de frequentes reuoltes contre son Euesque son Prince vnique & legitime, qu'elle ne recognoist que par bienseance autāt qu'elle veut, & qu'elle ne reçoit qu'en papier & en peinture. On dit que ceux de Dinand, peuple du pays de Liége, arrogans & glorieux d'auoir en diuers temps soustenu dix-sept sieges d'Empereurs & de Roys, sans iamais estre conquis, hereditaires, & capitaux ennemis de la maison de Bourgongne, aussi-bien que les Liegeois, pource qu'elle soustenoit le party de l'Euesque contre la felonnie de ses suiets, firent vne statuë de relief du Comte de Charolois, pourtrait au naturel & vestu de ses armes, la porterent pres de Bouines en la Comté de Namur, & dresserent à la veuë des habitans vn haut gibet, où ils pendirent cette effigie, crians à gorge desployée en leur langage vvallon. *Vez là le fils de vostre Duc le faux traistre Comte de Charolois, que le Roy de France a fait ou fera pendre, ainsi comme il est icy pendu. Il se disoit fils de vostre Duc, il mentoit: ains estoit vilain, bastard, changé en son enfance, au fils du Seigneur Hainsberge nostre Euesque, cuidoit-il ruer sus le noble Roy de France?* Philippes Duc, le Pere du Comte ne fut pas mieux traité par ces insolens, qui porterent pareillement son effigie à la voirie deuant Bouines, & la posans sur vne piece de bois, *Vez icy,* disoient-ils, *le siege du grand crapau vostre Duc.* Tel a tousiours esté, & est encore auiourd'huy le naturel de ce peuple remüant & factieux.

Mais rentrons dans la ville, qui a esté reparée, accreuë, & embellie apres ses pertes par le peuple ialoux de la gloire de son Estat, où les Bourg-Maistres, & les autres

Magistrats gouuernent, comme dans vne Republique libre: quoy que l'Euesque prenne le tiltre de Duc de Liege, Prince de l'Empire, Duc de Boüillon, Marquis de Francimont, Comte de Lorent, & Hasbanie, Seigneur de plus de douze cens places qui releuent de sa crosse. Elle a huict Eglises Collegiales, dont la principale est le Chapitre de S. Lambert, Les Chanoines sont les Conseillers du Prince, qui ne peuuent estre receus en cette compagnie, que par les suffrages de leur noblesse, & de leur doctrine, deuans tous estre Docteurs, au moins Licentiez, & Nobles de plusieurs races: ce qui est fort à propos, puis que l'Eglise est l'espouse du Roy de la gloire, & fille du Maistre des sciences. Elle a encore dans ses murailles huict grosses Abbayes, trente deux parroisses, & plusieurs autres Monasteres, & Hospitaux richement fondez: d'où vient qu'on la nomme *le Paradis des Prestres*: & le grand seau de l'Euesque, dont on seelle les plus importans affaires, porte cette inscription latine, qui est vn tesmoignage certain de l'antiquité & des prerogatiues de cette Eglise: *Leodia Romana Ecclesiæ vnica filia.* Liege fille vnique de l'Eglise Romaine.

Le Pays, qui est compris entre le Brabant, le Duché de Limbourg, la Comté de Namur, & la France, & borné de la Meuse abonde en toute sorte de bons fruicts, en bleds, & mesme en vins, excepté vers les Ardennes, où l'on ne void qu'vne triste image de l'horreur & de la sterilité de la plus grande forest du monde, au raport de Cesar. Les montagnes, qui semblent n'estre esleuées que pour seruir de bute aux foudres du Ciel, & d'obiet aux maledictions de la terre, ne sont point inutiles en ses contrées, & on peut dire qu'elles ne sont grosses que des Thresors qu'elles renferment dans leurs entrailles pour l'espargne du Prince, de fer & de plomb pour les vsages de la guerre, d'Albastre & de marbre pour dresser des tombeaux magnifiques aux excellens personnages, qui seruent de recompense à leur vertu, & d'esguillon au courage de leurs conc.toyens: & de grosses pierres noires propres à faire du feu pour la commodité des familles. On appelle cette sorte de pierre charbon de Liege, qui s'esprend peu à peu, s'esteint auec l'huile, & s'enflamme par l'eau. Les Liegeois se vantent de trois choses, d'auoir du pain meilleur que pain, du fer plus dur que fer;

& du feu plus chaud que feu.

De Liege on monte durant cinq lieuës par la Meuse iusques à Huys petite ville, mais renforcée d'vne Citadelle, & diuisée en deux par la Meuse, qu'on passe sur vn pont de pierre, de là on continuë de voguer contre le cours de l'eau iusqu'à Namur, qui en est à cinq lieues.

NAMVR.

NAmur capitale du Duché qui porte son nom, a pris son origine de l'Oracle Nanus, qui perdit la parole à la naissance de Iesus-christ, de sorte que de Nadus-muet, on en fit la ville de Namur : où plustost d'vn nouueau mur, que les Romains bastirent, pour arrester les courses de ces nations farouches, qui ialouses de leur liberté, ne pouuoient souffrir le voisinage d'vne domination estrangere, dont leurs Peres n'auoient iamais ouy parler. La ville est assise entre deux montagnes, sur le riuage de la Meuse, où elle reçoit la Sambre, elle est assés bien bastie, & fortifiée d'vne bonne Citadelle contre les desseins des ennemis : les habitans sont nés aux armes, & la plus part d'eux aymét mieux porter l'espée auec la pauureté, que d'amasser du bien en trauaillant : à les ouir parler, ils sont plus nobles que les Paleologues, & il n'y a gueres de pauure Gentil-homme, qui ne trouue vn Prince en sa race.

De Namur il faut aller à Mons, à Valenciennes, & à Cambray, & enfin se rendre à Peronne pour reprendre nostre Vlysse, qui nous attend auec dessein d'aller de compagnie à Paris, & visiter les principalles villes de ce florissant Royaume, les Delices de l'Europe, & le Fort de la Chrestienté. Mais deuant que d'entrer dans le pays, il le faut voir sur le papier, & faire comme ces Princes, qui voulans se marier dans les Royaumes estrangers, où les affaires de l'Estat ne leur permettent pas d'aller en personne, se font apporter le tableau de leurs Maistresses, pour les voir en peinture, deuant que de recueillir les fruicts de leur beauté.

LA FRANCE.

LE Royaume de France est borné d'vn costé de la mer Oceane, depuis les frontieres de Flandre jusqu'à S. Iean de

Luz; & de l'autre de la mer Mediterranée, depuis Leucate iusqu'à Nice en Prouence. Entre ces Mers les Pyrenees luy seruēt de rampart contre l'Espagne, & le ferment depuis Bayonne iusqu'à Narbonne: & les Alpes, qui s'estendent depuis Aigues-mortes iusqu'en Sauoye, le diuisent de l'Italie & des Suisses: Le surplus de ses confins est terminé par quatre grandes riuieres, le Rosne, la Saosne, l'Escaut, & la Meuse: Encore qu'à dire le vray il n'a point d'autres bornes, que la rondeur de la terre renfermée dans le cercle de la couronne de ses Roys, ny d'autres limites que la pointe de leur espée.

Quiconque aura veu la magnificence de ses Eglises, la maiesté de ses autels, la saincteté de ses ceremonies, & le grand nombre des Ecclesiastiques, qui se font remarquer par leur excellente doctrine, & par leurs eminentes vertus, comme les Estoilles se font cognoistre par leur lumiere & par leurs influences, dira que c'est le Sanctuaire de la Religion, & la maison de Dieu. Qui aura eu l'entrée dans ces augustes compagnies de Iuges, qui portent la verité sur leurs levres, & l'innocence dans leurs mains; auoüera que c'est le Temple

de la Iustice, & le refuge de l'innocence.
Qui pourra parcourir ces Vniuersitez fameuses, & conuerser familierement auec
ces grands Docteurs, dont les sentimens
sont des Décisions, & les propositions des
Oracles, confessera que les doctes fables
de l'ancienne Grece sont des veritables
expressions de la France, où les Muses
Payénes ont embrassé le Christianisme &
où Platon & Aristote ont appris l'Euangile.
Qui lira les histoires, trouuera que les François naissent Soldats & Capitaines; &
qu'auec leur espée ils ont planté les Lys sur
toutes les terres de l'Vniuers. Qui frequentera les belles cōpagnies, le cours, & le bal:
cognoistra que ce Royaume est le pays de
la courtoisie, & de la ciuilité. Qui goustera
la douceur du climat, la beauté des Prouinces, la fertilité des terres, l'abondance des
fruicts, les villes, les riuieres, les forests,
& les montagnes, iugera que c'est la region des miracles, dont le plus remarquable est de voir parmy tant de delices des
humeurs moderées, des esprits sublimes,
des courages insurmontables, vn peuple
obeissant, vne Noblesse hardie, & vn sexe,
qui tient l'empire des cœurs dans ses yeux
& dans ses mains, honneste, accostable, &

complaisant. Et qui considerera chasque partie de cet Estat, se persuadera que c'est vn Ciel reglé dans ses mouuemens par vne souueraine Intelligence.

Il y a quinze Archeueschez en France dont les sept pretendent droit de Primatie & 102. Eueschés pour l'economie de la Religion. Les quinze sont Paris, Rheims, Sens, Lyon, Bourges, Tours, Narbonne Ausch, Touloufe, Rouen, Bordeaux, Ambrun, Vienne, Aix, & Arles. Les Primats sont Sens, Lyon, Bourges, Narbonne, Rouen, Bourdeaux & Vienne. Sous l'Archeuesque de Paris sont les Euesques de Chartres, d'Orleans, de Meaux, qui ont esté demembrés de l'Archeuesché de Sens. Sous l'Archeuesque de Lyon sont Autun, Chaalons sur Saone, Mascon, Langres, Sous celuy de Vienne : Viuiers, Valence, Die, Grenoble. Sous celuy de Sens, Neuers, Auxerre, Troye en Champagne, Sous celuy de Rouen: Bayeux, Auranche, Eureux, Sées, Constances, Lysieux. Sous celuy de Tours Nantes, Rhenes, S. Brieu, S. Malo, S. Pol de Leon, Vannes, Trequier, Cornoüaille, Dol, le Mans, & Angers. Sous celuy d'Ausch : Oleron, Lescar, Bayonne, Dacqs, Bazas, Aire, S. Bertrand

trand de Cominges, S. Legier de Couserans, Tarbe, Lectoure. Sous celuy de Narbonne : Nismes, Vsez, Lodeue, S. Pont de Tomiers, Aleth, Montpellier, Beziers, Agde, & Carcassonne. Sous celuy de Rheims: Laon, Chalon sur Marne, Soissons, Beauuais, Noyon, Senlis, Amiens, & Boulongne sur mer. Sous celuy de Bourges: Clermont, S. Flour, Limoges, Tulles, Mende, le Puy en Auuergne, Alby, Castres, Rhodés, Vabres, & Cahors. Sous celuy de Bordeaux, sont Poitiers, Maillezay, Lusson, Xaintes, Angoulesme, Perigueux, Sarlat, Agen & Comdom. Sous celuy de Toulouse: Pamiers, Mirepoix, S. Papoul, Montauban, la Vaur, Rieux, & Lombés. Sous celuy d'Arles : Marseille, Tolon, Trois-chasteaux, & Orange. Sous celuy d'Aix : Apt, Riés, Freius, Cisteron, Gap, & Grasse. Sous celuy d'Embrun : Glandeue, Senes, S. Pol de Vences, Bellay en Bresse sous l'Archeuesque de Bezançon, & Mets, Toul, & Verdun sous l'Archeuesque de Treues, sans compter l'Euesque de Betlem, qui n'a que sa Crosse, sans peuple & sans Eglise.

 Le Roy nomme au Pape tous les

Euesques & Abbez de son Royaume par le concordat fait entre le Roy François I. & le Pape Leon X. l'an 1515. & ainsi la coustume des anciennes Elections, qui se faisoient par les Chapitres, Conuents, & Religieux a esté abolie. Le tiltre de Tres-Chrestien est vne marque de la Religion, que les Roys de France ont tousiours suiuie & conseruée depuis Clouis I. La prerogatiue de Fils aisné de l'Eglise est vn tesmoignage de l'obeyssance & des seruices qu'ils ont rendus à leur Mere, & les priuileges dont ils iouyssent sont des recognoissances de la deuotion & de la liberalité de leurs ancestres, qui ont enrichi le S. Siege, & qui ont souuent passé les Alpes pour la cause des Papes.

Il y a dix Parlemens où Cours Souueraines establies pour l'administratiõ de la Iustice, qui iugent dffinitiuement des causes agitées dans les Presidiaux, Seneschaussées, & autres Cours subalternes : dont le premier & le plus ancien est celuy de Paris qui est nommé par excellence le Parlement, pource que d'autrefois il estoit seul, & ambulatoire deuant Philippes le Bel, qui l'an 1302. le fit sedentaire à Paris, & pource que c'est encore auiourd'huy la Cour

Souueraine des Pairs, qui n'eſtoient que douze au commencement de la troiſieſme race, inſtitués pour aſſiſter au Sacre des Rois. Les ſix ſont Eccleſiaſtiques: l'Archeueſque & Duc de Rheims, qui fait le Sacre, l'Eueſque & Duc de Laon, l'Eueſque & Duc de Langres, l'Eueſque & Comte de Beauuais, l'Eueſque & Comte de Chaalons l'Eueſque & Comte de Noyon. Les autres ſix eſtoient Laïcs, le Duc de Bourgoigne, le Duc de Normandie, & le Duc de Guyenne, le Comte de Toulouze, le Côte de Flandre, le Comte de Champagne, qui ſont repreſentés par autant de Princes ou Seigneurs François, depuis que cinq de ces Prouinces ont eſte vnies à la Couronne, & que la Flandre s'eſt diſpenſée de la Souueraineté du Royaume de France. Les autres Ducs & Pairs ſont en grand nombre, la plus-part de nouuelle erection.

Le ſecond Parlement eſt celuy de Thoulouſe, qui fut inſtitué par Philippes le Bel, & depuis reſtably par Charles VII. Le Parlement de Grenoble eſt le troiſieſme crée par Louys XI. l'an 1433. Bourdeaux le quatrieſme par Charles VII. l'an 1461. & par ſon fils Louys XI. l'an 1462. Dijon le cinquieſme par le meſme Louys l'an

1476. Le sixiesme est Rouen par Louys XII. l'an 1499. Le septieme Aix par Louys XII. 1501. & 1502. Rennes est le huictiesme par Henry II. l'an 1553. Les deux derniers sont Pau en Bearn, & Mets en Lorraine, institués par Louys le Iuste l'an 1620. & l'an 1633. La Nauarre a esté annexée au Bearn, & le Parlement a esté depuis peu transferé à Verdun.

Outre ces dix Parlemés, il y a des Conseils en France, le Grand Conseil, & le Conseil du Roy. Le Grand Conseil est vne Compagnie Souueraine dont les Arrests sont executés par tout le Royaume, & cognoist de certains cas, où par son establissement ancien, ou par attribution, ou par renuoy. Le Chancellier en est le premier President, qui est le chef de la Iustice, & preside en tous les Conseils du Roy, il est le depositaire des grands seaux du Roy: selle ou refuse toutes lettres de Finance ou de Iustice: les Edits irreuocables en cire verte, les lettres patentes, & autres expeditions communes en cire blanche, ou iaunes, les Prouisions qui côcernent la Prouence & le Dauphiné en cire rouge. Il est assis aux pieds du Roy, quand il tient son lict de Iustice, parle pour luy, & apres luy, pour declarer ses intentions dans les Parlemés

& dans les Estats Generaux du Royaume. Le Garde des Seaux prend la mesme authorité que le Chancellier, qui ne pouuant estre priué de sa charge, que par mort ou forfaiture, les Roys commettent à la garde des Seaux quelque personnage de merite, ou pour le desauthorer, ou pour le soulager à cause de sa vieillesse, ou de ses maladies.

Les Maistres des Requestes assistent par cartier le Chancellier au Seau, & ont table chez luy, qui a estat & pension pour cét effet: ils iugent des causes que le Preuost de l'Hostel a instruites entre les Officiers & commensaux de la maison du Roy, Ils sont Presidens nés au Grand Conseil du Roy; ils ont seance dans les Parlements deuant le Doyen des Conseillers; ils President dans tous les Presidiaux, & gardent les Seaux de toutes les Chancelleries, où ils se trouuent: ils ont plusieurs commissions extraordinaires dans les Prouinces, & dans les armées en qualité d'Intendans de Iustice.

Le Conseil du Roy est distingué en Conseil d'Estat, pour les affaires des Prouinces, & pour les estrangeres, où les Conseillers qui y assistent, sont les vns par naissance, comme les Princes du Sang: les autres par dignité, comme les Ducs & Pairs, les Cardinaux, les Euesques, les Cheualiers du S. Esprit, les Gouuerneurs des Prouinces, les Mareschaux, les Officiers de la Couronne, auec les Secretaires d'Estat: Les autres par Offices, comme les Maistres des Requestes, & Presidens des Cours Souueraines: quelques vns par expresse commission. Vn Conseil des Finances. Et vn Conseil Priué, pour les affaires euoquées concernans les particuliers en reglement de Iuges sur le conflict des iurisdictions, ou pour d'autres causes. Le Roy a encore vn Conseil secret de ses plus confidens Ministres, composé de Presidens, Maistres, Correcteurs, & Auditeurs.

Pour le gouuernement des Finances, il y a les Chambres des Comptes qui examinent les comptes des receptes generales & particulieres, & autres de tous les Fermiers generaux & particuliers, verifient & enregistrent les contrats des mariages de Roys, fils & filles de France, dots, pensions, lettres de naturalization de leurs Prouinces: reçoiuent les Thresoriers de France, Receueurs generaux & particuliers, Thresoriers du Domaine, & autres Officiers des Finances, & seruent par Semestres de Ianuier & de Iuillet. Les Cours des Aydes iugent les procez, qui se meuuent au fait des tailles, aydes, gabelles, impositions foraines, douanes, equiualens, octrois pour leurs deniers, munitions garnisons, fortifications, emprunts, decimes, & choses semblables. Les Elections doiuent asseoir & imposer les tailles sur les parroisses, & en iuger tous les procez & differens: les Collecteurs amassent ces Tailles, & portent les deniers qui en prouiennent aux Receueurs particuliers des Dioceses & des Elections: & ceux-cy à des Receueurs generaux dans les Generalités de chasque Prouince, qui remettent ce qui reste de bon entre les mains d'vn Thresorier de l'Espargne, qui le distribuë enfin par les mandemés du Roy, pour la despense de sa maison, & pour les autres necessitez du Royaume. Ces mandemens sont controollés par le Controolleur general des Finances, pour estre acquittés par les Receueurs generaux, ou passés dans les Chambres des Comptes. Chascune des Generalitez a certain nombre de Thresoriers, qui sont les directeurs des deniers du Roy pour arrester les Estats des Receueurs generaux, & donner leurs Ordonnances pour le payemens des assignations. Ces Generalités sont Paris, Soissons, Amiens, Chaalons, Orleans, Tours, Poitiers, Limoges, Bourges, Rion, Moulins, Lyon, Roüen, Caen, Bourdeaux, Montauban, ausquelles il en faut adiouster six autres petites, qui portent moins que les autres, Nantes, Dijon, Aix, Grenoble, Toulouse, & Montpellier, qui se gouuernent par Estats, & qui n'ont point d'Elections, pource que les trois Ordres, l'Eglise, la Noblesse, & le Tiers Estat s'assemblent tous les ans, pour donner au Roy les deniers qu'il demande. Outre ces Officiers il y en a encore d'autres, comme le Thresorier des parties casuelles, qui reçoit le droit annuel, que tous les Officiers de France payent à sa Maiesté, pour estre dispensez des quarante iours qu'ils doiuent viure apres la resignation admise, & mesme les deniers qui prouiennent de la vente des Offices pour lesquels le droit annuel n'a pas esté payé, qui sont vendus aux parties casuelles.

Adioustés à tous ceux là ces Thresoriers generaux de l'ordinaire & extraordinaire des guerres, dont les vns reçoiuent les deniers ordinaires imposez pour le fait de la guerre de la main des Receueurs du Taillon. Ils payent la Gendarmerie, & les Compagnies entretenuës, & les gages des Officiers establis pour l'ordinaire des guerres : les autres payent la solde des Capitaines, Lieutenans, Enseignes, & autres Officiers & Soldats marchans en guerre, ou mis en garnison, sonçent aux reparations, fortifications, auitaillemēts des places frontieres, & autres parties inopinées dependantes du fait de la guerre. Toutes ces finãces sont dirigées par vn Surintendant General, assisté des Intendans.

Pour la Police, toutes les Communautez ont vn Preuost des Marchans, & des Escheuins, comme à Paris & à Lyon ; vn Maire auec des Escheuins, comme à Poictiers & autresfois à la Rochelle ; vn Maire auec des Iurats, comme à Bourdeaux; des Capitoux, comme à Thouloufe, des Consuls, comme en plusieurs lieux de Prouence, de Dauphiné, de Languedoc, & de Guyenne. Mais quand le mal est respandu par tout l'Estat, & qu'il faut pouruoir aux desordres du Royaume, on assemble les Estats generaux, composes de trois Ordres, l'Ecclesiastique, la Noblesse,

& le Tiers Estat. Et pource que le Prince qui est l'ame de ses suiets, ne peut pas estre present à toutes les parties de son Estat, les Prouinces sont gouuernées sous le nom & authorité du Roy, par des Princes ou Seigneurs qualifiez commis à cette charge, pour autant de temps qu'il plaira à sa Majesté. Ils n'ont pouuoir que sur les armes, & ne se meslent point de la Iustice, quoy qu'ils ayent seance dans les Parlemens de leur ressort, où ils ont coustume de prester le serment, si ce n'est le seul Gouuerneur du Dauphiné, qui a des pouuoirs particuliers, & signe les Arrests de la Cour.

Les plus remarquables Prouinces, qui cōposent le corps du Royaume, sont l'Isle de France, la Picardie, la Comté d'Oye auec le Bolonnois, la Normandie, la Bretaigne, l'Anjou, la Touraine, le Mayne, le Perche, la Beausse, la Brie, la Champagne, le Retelois, le pays Messin, la Bourgongne, la Bresse, le Forests, le Lyonnois, le Niuernois, le Berry, la Sologne, le Poitou, le pays d'Aulnis, la Xaintonge, l'Angoulmois, l'Auuergne, le Boulonnois, la Prouence, le Languedoc, le Viuarais, la Gascogne, le Limosin, le Quercy, le Perigord, le Dauphiné, la Guyenne, le

Bordelois, le Medoc, les pays d'Agenois, de Condomois, Albret, les Lanes, le Bearn, & la basse Nauarre, qui contient en forme de lozange, vingt deux iournées de latitude & dix-neuf de longitude.

Pour l'ordre de la guerre, le Connestable estoit le chef des armes, & le Lieutenant General des Roys, auec vn plein & absolu pouuoir tant aux armées, que dans les Prouinces & dans les places, pour luy estre renduë obeïssance par toutes sortes de personnes apres celle du Roy. Il gardoit l'espée de sa Maiesté, & luy en faisoit hommage lige, pour la tenir en fief à vie, & la receuoit toute nuë, auec serment qu'il prestoit en la Cour de Parlement. Quand le Roy faisoit son entrée dans les villes de son Royaume, il marchoit à cheual deuant luy, auec l'espée nuë : comme aussi aux actions solennelles des Estats generaux, & quand les Roys tenoient leurs licts de Iustice, il estoit à leur main droite en la mesme posture comme s'il eust voulu donner à entendre, qu'il estoit prest d'escrire auec la pointe de son espée les Arrests de son Maistre, & de les seller auec le pommeau. Cette charge fut suprimée par l'Edict du Roy de l'an mil six cens vingt sept.

Sous le Connestable estoient les Mareschaux de France, ses Assesseurs, & Conseillers, qui cognoissent des choses militaires, des crimes & des excés commis par les gens de guerre, tant de pied que de cheual, au camp, en leurs marches, en garnison, & des efforts qu'on leur peut faire. Ils cognoissent aussi des prisonniers de guerre, des butins, des soldats vagabons, deserteurs, & desbandez. Ils portent le baston pour marque de leur charge. Au commencement il n'y en auoit qu'vn, puis on en fit deux, trois, & quatre, & de nostre temps il y en a iusqu'à douze ou treze, estât bien raisonnable que les honneurs s'auancent auec les vertus, & que le nombre des recompenses croisse auec celuy des seruices, les merites d'vn fidele subiet ne pouuans point estre mécogneus sans vne iuste indignation des peuples, & sans vne iniustice du Prince.

Le Colonel de l'Infanterie est vn Office de la Couronne depuis le Duc d'Espernon, qui fut pourueu de cette charge. La Iustice se fait en son nom dans les armées sur les gens de pied, par vn Preuost des bandes : & il nomme les Capitaines au Roy, & fait les Sergens Maiors, les Preuosts, les Mareschaux des logis, & les autres Officiers des compagnies dans les Regimens. La Caualerie legere a de mesme son Colonel General, qui est le Comte d'Alez Gouuerneur de Prouence, par la demission du Duc d'Angoulesme son Pere, qui ne pouuoit disposer plus iustement de sa dignité, qu'en faueur de l'heritier de ses perfections.

Le Grand Maistre de l'Artillerie, est comme l'Aigle de Iupiter, qui porte les foudres de la terre; qui fait fondre, esprouuer, & monter l'artillerie : qui fait faire les poudres en tous les magazins du Royaume, & qui defend les droits & l'authorité du Roy par la bouche des canons auec beaucoup plus de succez, que les Iuges & Aduocats auec leurs loix : & qui se fait plus craindre par vn seul mot, que tous les Orateurs d'vn Pays auec leurs beaux discours. C'est aussi la deuise du grãd Maistre, *Ratio vltima regum*, que la principale raison des Roys se tire des canons.

L'Admiral, qui ne quitte iamais sa charge qu'auec la vie, est chef & Lieutenant General du Roy en toutes armées de mer, & en a la conduite, ou par soy mesme, ou par ses Vice-Admiraux : Il a la surintendance de tout ce qui s'y entreprend; & cognoist de toutes les fautes qui s'y commettent. Il iuge de tous les differens de la Marine & de la Pesche, & enterine les remissions des crimes commis sur mer, ou sur les costes. Il prend le dixiesme de toutes les prises, & de tous les profits qui se font sur la mer, & c'est à luy qu'il appartient de donner la permission d'aller aux terres neufues pour la pescherie des harans & des moruës. Cette charge fut aussi supprimée en France l'an 1627. apres que le Roy eut erige en Office de la Couronne vn grand Maistre, Chef, & Surintendant general du commerce & de la nauigation, en faueur du feu Cardinal Duc de Richelieu, premier Ministre de sa Maiesté, auec tout pouuoir & authorité pour l'establissement du commerce par Mer & par Terre, & de faire toutes traites & entreprises d'eau, & pour donner tous pouuoirs & congez necessaires pour voyages de long cours; sa Maiesté s'estant seulement reserué de pouuoir au commandement des armées naualles.

Pour l'auancement des belles lettres, & des sciences, que la France, la Mere des ciuilités, & le refuge des Princes miserables & despoüillés, a recueilliés auec honneur comme des Reines chassées de leur Empire par la cruauté des Turcs, & par la lascheté des Chrestiens: les Roys ont fondé des Vniuersitez en plusieurs villes de leur Royaume pour loger ces Nobles Princesses auec le train & l'equipage conuenable à leur naissance. L'vniuersité de Paris fût establie par Charlemagne, où fut posé le throsne de la Sacrée Theologie par quatre disciples du venerable Bede; & s'estant abastardie par la loy du temps, qui corrôpt toutes les beautés du môde ciuil & naturel, elle fût restablie par S. Louys, & acreuë de plusieurs Professeurs Royaux, en Hebreu, & en Grec, en Mathematique, en Medecine & en Philosophie par les liberalitez du Roy François premier, le Pere des armes, & le Tuteur des lettres. Celle de Tolouze fut instituée vn peu apres celle de Paris. Celle de Montpellier l'an 1196. où le Pape Vrbain V. fonda vn College, qu'on nomme encore du Pape. Martin V. & le Roy Charles VIII. l'annoblirent de plusieurs priuileges. Celle d'Orleans fut erigée par Philippes le Bel, l'an 1312. Celle d'Angers 1398. Celle de Caen en Normandie, l'an 1418. celle de Poictiers l'an 1431. celle de Valence en Dauphiné fut fondée par Louis Dauphin de France, & depuis confirmée par luy mesme Roy onzieſme du nom, accruë & enrichie par l'vnion de celle de Grenoble ſous l'authorité de Charles IX. l'Vniuerſité de Tournon fut donnée aux Peres Ieſuites, par François de Tournon Doyen des Cardinaux, 1561. & celle du Pont à Mouſſon fut fondée par le cardinal de Lorraine, qui fit auſſi venir des Ieſuites de Paris pour y enſeigner la Theologie, & la Philoſophie auec les langues. Depuis elle a eſté accruë de la Iuriſprudence & de la Medecine par Henry Duc de Lorraine, & d'vn Seminaire Eſcoſſois par Gregoire XIII.

Vn ſi beau reglement qui s'obſerue dans toutes les parties de l'Eſtat, me fait conſiderer la France comme vn grand Ciel, où les Intelligences donnent le mouuement & la conduite aux Globes: où les Officiers ſont comme des aſtres enchaſſez dans leurs Orbes: les vns fixes, & qui ne changent iamais de place qu'en mourant, comme les Eſtoiles du firmament; les autres ſe hauſſent & s'abbaiſſent, comme les Planetes, & ont dans les diuers rencontres de la fortune, leurs oppoſitions, & leurs conionctions: leurs ſplendeurs, & leurs Eclipſes;

Eclipses: leurs exaltations & leurs cheutes: tous neantmoins empruntent leurs influences & leurs lumieres de la seule Maiesté Royale, qui communique ses faueurs comme il luy plaist. La Iustice & la Religion sont les deux Poles, sur qui roule cette grande machine d'Astres, le petit Peu est la terre, qui donne ses sueurs & ses trauaux au Prince, comme les bas Elemens leurs vapeurs, & leurs exhalaisõs au Soleil pour en receuoir l'abondance & la fertilité: Et s'il est vray ce que disent quelques Philosophes, que les semences de toutes choses sont renfermées dans les Astres, ie suis confirmé dans ma pensée, que la France est le Ciel de la terre, puis qu'elle a dans son sein tous les thresors de l'vniuers, & qu'elle possede toutes les riches productions de la nature.

Les bleds de la Beausse, de Sologne, de Dauphiné, de Xaintonge, de Champagne & de Prouence, sont des mines inespuisables: Les vins d'Orleans, d'Anjou, de Gascogne, de Frontignac, & de Bourgongne, sont des fleuues de benediction: Les pasturages d'Auuergne, de Limosin, & de la Normandie nourrissent des toisons d'or: le terroir de Beauuais ses lins, pour ses toiles, & le Languedoc ses pastels pour les estoffes ; la Bretagne, le Niuernois, & le Forest ont leur plomb, leur fer, & leur acier pour les usages de la guerre; l'Angoulmois a son saffran, Montpelier a ses simples : les Landes ont la poix & la resine ; & il n'est point de Prouince, qui n'ait receu quelque faueur particuliere, qui la rende recommandable : les Huiles decoulent des Oliuiers dans la Prouence, & dans le Langnedoc : le Sel croist sur les costes de Brouage & de Pequay : les voiles & les cordages des Nauires estrangers sont tissus des chanures de Calais, de la basse Bretagne, de Rouergue & du Quercy : les fins draps se font des laines de Sologne & de Berry : les bons cheuaux se tirent du Poitou, du Limosin, & de l'Auuergne : les fruits viennent par tout. Nous n'auons pas en France de si excellentes mines que le Perou : mais il y a plus d'or & d'argent dans les coffres des Financiers, & des Partisans, qu'il n'y en a dans les montagnes de la Plata : si la rubarbe, le sené, & quelques autres drogues luy manquent, les bains, & ses fontaines medicinales sont mille fois plus salutaires, & plus innocentes, que ces autres remedes que la terre produit auec regret pour estre de la nature des enchantemens, qui font tousiours beaucoup de mal pour faire vn peu de bien. Il n'est pas mesme iusques aux sablons ny aux deserts qui partout ailleurs sont infertiles, qui ne fournissent le gibier & la venaison pour les plus delicieuses tables des Grands & des Princes de France: & les vers, qui font horreur dans les pays estrangers, filent icy la soye pour parer les Autels, & vestir les Roys.

Quant au naturel des habitans, on peut dire qu'ils ont quelques vices parmy beaucoup de vertus, comme le Soleil a quelques taches dans ses lumieres, & comme la nature laisse eschaper par fois des monstres de ses mains, en faisant des chef-d'œuures. Ils sont addonnez aux femmes, portez au jeu, enclins à la cholere, & suiets aux blasphemes & aux reniemens. Quant à leur legereté, on peut dire qu'ils sont sages sans le paroistre, & que n'estans pas si rusez que les Italiens, ny si arrogans & fastueux que les Espagnols, ils sont plus agissans que les vns, & plus moderés que les autres. Ils sont propres, & comme nez à tout ce qu'ils entreprenent, aux letres, aux armes, aux arts: & sont comme la cire qui represente tousiours mieux, & plus naïuement les characteres & les figures, que le cachet mesmes qui fait l'impression. Ils sont fort curieux en leurs habits & en leur table, & la plus part sont comme ce vieux Philosophe, qui portoit tout son vaillant sur ses espaules: tous leurs biens sont meubles; quand ils marchent, tout se remuë: ils songent bien moins à garder les deuoirs de la Iustice qu'à s'aiuster, & ne se soucient point de se faire pauures, pour se faire gentils: leur corps est côme celuy de la matiere, qui reçoit toutes les qualitez auec vn pareil agreement, & iamais ne se despouille d'vne forme, que pour en reuestir vne autre, auec autant de bonne grace. Ils nourrissent leur cheuelure auec vn tres-grand soing, & en cela ils sont les vrais imitateurs de leurs Peres, qui chasserent les Romains des Gaules, & planterent les Lys sur les lauriers de ces vieux Conquerans. Les hommes y sont plus beaux, & plus grands, & plus forts que les Espagnols, & que les Italiens, mais non pas que les Flamans, Anglois, & Allemands: les femmes y ont toutes les perfections du sexe, & l'honeste liberté dont elles sçauent vser auec discretion rend leur vie autant exempte du soupçon, & esloignée de la ialousie de leurs maris, que leur beauté les rend aymables, & leur douce conuersation agreables aux estrangers.

Tant de Temples richement fondez, & & superbement bastis sont des marques de la religion des François: les estendars de la Croix arborez sur les murailles des villes infidelles, & les Lis semez sur le Caluaire: l'Europe conquise ou protegée par la force, ou par le bon-heur de leurs armes, publient le courage de la Noblesse, qui a vn soin fort particulier de son honneur, iusque mesme à l'excez dans la damnable coustume des duels, que les Gentilshommes, & d'autres à leur exemple pratiquent auec vne grande licence, sans que les Edits du Prince soient capables d'arrester cét ardeur, qui les porte au combat. Les petits sont portez d'vn respect, qui aproche de l'adoration enuers les grands, de la Noblesse, de la Iustice, & des Finances; si ce n'est qu'on veuille dire que la Robe y est plus honorée par le peuple pour la necessité, que pour l'opinion. Aussi le Marchand, & l'Artisan, mesme, s'il est vne fois riche, pousse ses enfans sur les sieges de la Iustice, pourueu que sa fa-

O iij

mille est bien parée, si quelqu'vn des siens peut porter vne robe de Conseiller. Des Aduocats, qui sont sans langue, sans cause & sans sac, des Procureurs, des Clercs, des Greffiers, des Notaires, & des Sergens inutiles; on en fairoit vne armée assez puissante pour porter la terreur iusqu'au Leuāt, & ie crois que ces seuls noms d'Offices seroient plus redoutables, que les armes des soldats. En vn mot le peuple y est presque par tout assez bon, ciuil, & courtois enuers les Estrangers. Les Poiteuins vont vn peu viste, mais ils gaussent de bonne grace : les Parisiens ayment l'argent par dessus toutes choses : les Angeuins sont dissimulez : les Chartrains courtois, qui tiennent de la bonté de leur pays : Ceux d'Orleans sont aigres & piquans : les Piquars & Champenois ont la teste vn peu chaude : les Tourengeaux sont gentils : les Manceaux rusez : les Normans rafinez en la science des procez : les Bretons sociables : les Limosins laborieux : les Auuergnas violens : les Bourguignons têtus : les Prouençaux grands parleurs : les Languedociens catholiques, mais faciles à esmouuoir : les Gascons ont de l'esprit, & veulent qu'on les croye : les Engourmoisins ont presque tous vn cœur de Gentilhomme, & vne bourse de page.

PERONNE.

PEronne est la premiere ville de France, qu'on rencontre de ce costé là dans vn petit pays, nommé la basse Picardie; qui fut ainsi nommée de l'inuention des Picques, où du mot Grec, *Picracardia*, qui signifie vne humeur prompte & facheuse, comme si on vouloit tirer vn tesmoignage du nom pour authoriser le Prouerbe commun touchant le vice du pays: Que les Picards ont la teste chaude. Cette ville est assise sur la riuiere de Somme, qui prend sa source dans vn village du Vermandois: & passant à S. Quentin & à Peronne, de là gaignant Corbie, Amiens, & Abbeuille, elle va se ietter dans la mer entre Crotoy & S. Valery. De sorte qu'arrousant toute la Prouince, elle engraisse les terres, & les rend si fertiles en bleds que c'est le Grenier de Paris, comme la Sicile l'estoit d'autrefois des Romains. Et c'est merueille, que le sol estans assez propre pour produire du vin, les Picards qui ne l'abhorrent point, aymét mieux se passer de cidre, ou de biere, que de trauailler aux vignes.

Peronne est renommée dãs les histoires, pour auoir esté la prison de Charles le Simple, qui ayant quitté son droit de la couronne en l'assemblée des principaux du Royaume, choisis & conuoqués par Hebert Comte de Vermandois, qui l'auoit arresté, s'acquitta de la debte commune de la nature, & mourut de tristesse pour se sentir ignominieusement flaistry par cet affront, qui luy fut fait par la supercherie d'vn sien vassal. Il est enseuely dans l'Eglise de nostre Dame, qui semble releuer la gloire du deffunt par son chapitre, qui ne recognoist que le S. Siege, & par son Architecture admirable, qui n'a rien de semblable dans le Royaume: comme aussi par son chœur enrichy d'or depuis quinze ans, qui est vn des plus beaux de toutes les Eglises de Picardie.

Les articles de la Ligue furent dressez à Peronne, l'an mil cinq cens soixante six contre l'authorité des Roys, & contre le droit naturel des veritables & legitimes heritiers: quoy que desguisez sous des pretextes fort specieux, pour ietter la pousssiere aux yeux de ceux qui voudroient les examiner auec attention. Que c'estoit pour restablir la loy de Dieu en son entier, remettre & conseruer son sainct seruice, maintenir le Roy & ses successeurs en l'Estat, splendeur & obeissance qui luy sont deus par ses subiects; restituer aux Estats de ce Royaume les droits, preeminences, franchises & libertés anciennes: Et pour l'execution de ce que dessus, fut proposé certain formulaire de serment, qui portoit peine d'anatheme, & de damnation eternelle aux associez, qui sous quelque pretexte voudroient se destacher de cette ligue: à ceux qui s'y feroient enrooller, d'éployer leurs biens, personnes, vies, pour chastier & courre sus par toutes voyes aux ennemis & perturbateurs d'icelle: & de punir les defaillans, ou dilayans par l'authorité du Chef, & suiuant son ordonnance.

Nous fusmes tres mal logés à l'enseigne du Cerf, le iour suiuant nous reprismes nos armes à la porte de la ville, qu'on nous auoit fait quitter, comme c'est la coustume, & continuasmes nostre chemin vers Nesle, qui est vne forteresse sur la riuiere d'Ygnon, & vn ancien Marquisat du Bailliage de S. Quentin, qui a presbien d'autre fois de vaillans hommes, qui ont merité par leur courage l'alliance de la maison de Courtenay, sortie d'vn puisné de France. Nostre disnée fut à Roye au cheual blanc, qui est vne autre place forte sur les frontieres du Royaume, à sept lieuës de Peronne: & enfin nous arriuasmes le soir à Gournay, qui n'est esloigné de Roye que de cinq lieuës, où nous fusmes commodément logés, & assez bien traitez encore au Cheual blanc. Dés le poinct du iour, qui estoit la Feste de Pentecoste, nous nous mismes à pied par forme de promenade iusques à Compiegne, où le Roy touchoit des escroüelles.

COMPIEGNE.

COmme nostre principal dessein estoit de voir ceste auguste ceremonie, ie commenceray aussi par la description des choses remarquables, que nous vismes à Compiegne, & raporteray ce qu'en dit Barbier Aduocat general au Parlement de Grenoble, en son liure des effets merueilleux de la main sacrée des Roys de France. Clouis, dit-il, premier Roy Chrestien, fut le premier, qui en receut les tesmoignages incõtinent apres sa cõuersion, ayant esté attiré au christianisme par les aduis & par les prieres de la Reine Clotilde sa femme, & par les vœux du bien-heureux S. Remy Archeuesque de Rheims, qui en mesme temps receut la saincte Ampoulle, qui luy fut apportée du Ciel par le ministere d'vn Ange, pleine du sainct Cresme, duquel il oignit le Roy, qui fut nommé Louys. Cette onction fut bien tost suiuie de miracles, comme il apert par la lettre du Pape Hormidas à S. Remy, conceuë en ces termes.

Nous te commettons par ces presentes nostre pouuoir, & te constituons nostre Vicaire par tout le Royaume de nostre bien aymé fils Louys, lequel a esté depuis peu & tout son peuple conuerti à la foy Chrestienne à l'aide de la grace & faueur celeste, auec grand nombre de miracles, qui peuuent estre comparez à ceux qui se faisoient du temps des Apostres. S. Thomas au liure 2. du Regime des princes confirme ces miracles operez en la conuersion de Clouis, & Genebrad se sert de son autorité au liure 3. de ses Chroniques. Mais pour le suiet que nous traitons maintenant, cette Histoire est digne de remarque, qui est rapportée par Forcadel au premier liure de l'Empire & philosophie des François.

Clouis cherissoit grandement vn sien Escuyer nommé Lanicet, qui se trouua atteint & griefuement malade des escrouëlles, qui pour sa guerison auoit recherché toutes sortes de remedes, mesme suiuant le conseil de Corneille Celse, il auoit aualé vne couleuure, mais sans aucun effet : car le mal s'opiniastrant, s'augmentoit par les remedes. Ce qui rendit Lanicet si honteux, qu'il n'osoit plus paroistre aux compagnies. En mesme temps le Roy songea qu'il manioit la gorge de son Fauori, & que sa chambre estant pleine de flammes & de lumiere, le malade s'estoit trouué guery. Le lendemain le Roy voulant essayer si ses songes ne seroient point de veritez, & s'il ne fairoit point en veillant ce qu'il auoit resué en dormant : il se prepara par prieres & bonnes œuures à cet attouchement miraculeus, qui fut suiui de l'entiere guerison du malade, & de la communication de la mesme vertu à tous les Roys ses descendans. Ce qui pourroit estre facilement prouué, si les exemples n'estoient trop communs pour en douter; & si les estrangers mesmes n'estoient forcez de publier, que les Roys de France sont des Toutpuissans, qui portent la mort & la vie en leurs mains, puis qu'ils triomphent de leurs ennemis en les combattant; les guerissent en les touchant; leur donnent la mort par la pointe de leurs espées, & leur rendent la vie, par l'impression du signe de la Croix.

Nous lisons que François I. quand il estoit detenu prisonnier en Espagne, guerissoit les Espagnols atteints de cette contagion; la prison pouuant bien luy oster la liberté, & la veuë de ses subiets: mais non pas vn present qui luy auoit esté donné par l'huile de son Sacre, & conserué par les graces de Dieu, dont le bras s'estend en tous les lieux, où sont ses seruiteurs.

La façon que le Roy garde en touchant les malades, est cette cy. Ils se mettent tous à genoux en rond dans vne cour, ou dans vne salle, comme ils sont ou plus ou moins, attendant leur Medecin. Le Roy ayant ouy la Messe deuotieusement, s'estant confessé & communié, pour vn tesmoignage que cette grace luy vient de Dieu, & qu'elle doit estre meslangée auec vne grande pureté, les vient trouuer, c'est pour l'ordinaire vn iour de feste solemnelle, de Noel, de Pasque, de la Pentecoste, & de Toussaints. Ses Suisses marchent deuant en ordre, auec les Officiers de sa Maison, on porte deuant luy son Sceptre, sa Couronne & sa main de Iustice. Luy vient apres ayant au col le collier de ses Ordres, & auec deux doigts de sa main droite dont il les touche, il fait ce que tous les Medecins du monde ne sçauroient faire auec les secrets de leur art, & en disant auec vn signe de croix, *Dieu te guerise, le Roy te touche. Au nom du Pere, & du Fils, & du S. Esprit*, il guerit les vlceres d'vn mal contagieux, qui s'est mocqué de toutes les consultations & ordonnances d'Hippocrate & de Galien. Et au lieu que les autres Medecins reçoiuent la recompense de leurs malades, cetuy-cy donne aux siens de l'argent par aumosne, apres leur auoir donné la santé par miracle.

Ie viens maintenant aux particularitez de la ville, qui estoit anciennement appellée des Latins *Compendium*, que les Picards prononcent Compiegne, l'vn des seiours des Roys de France, à cause du plaisir de la chasse. Clotaire premier fils de Clouis ayant esté deffait en bataille par les Saxons & Turingeois, se retira à Compiegne, où poussé du desir qu'il eut de prendre ses diuertissemens à la chasse, & d'attrapper plus aysement les bestes, qu'il n'auoit fait les hommes, il s'eschauffa si fort qu'il tomba dans vne fiebure continue, & mourut l'an cinq cens soixante sept, prononçant ces paroles: O que la main de Dieu est redoutable, qui se iouë ainsi de la pompe & du pouuoir des Roys!

Charles le Chauue la fit rebastir sur le modelle de Constantinople, & voulut qu'elle fust nommée *Carlopolis*, de son nom, comme l'ancienne Byzance fut nommée Constantinople du nom de son restaurateur. Et pour rendre cette ville plus recommandable par sa pieté, qu'elle n'auoit esté par la presence de Louis le Debonnaire, & de Charles Martel; il y fonda la riche Abbaye de S. Corneille, où il mit l'vn des trois Suaires, dont N. Seigneur fut enueloppé dans son Sepulchre: les autres deux sont à Turin en Piedmont, & à Bezançon dans la Franche-Comté.

Philippes Auguste, vn peu deuant que son Pere le pouruseust de ses Estats, estant allé à la chasse du Sanglier, s'esgara seul dans les boys, & fut deux iours entiers broſſant, ſans trouuer ny guide ny ſentier pour le ramener de la foreſt. Enfin s'eſtant recommandé à la Vierge Marie, & à S. Denys Patron des Roys, & Tutelaire du Royaume de France, & ayant fait le ſigne de la croix ſuiuant la pratique de nos anceſtres, il apperceut a ſon coſté vn grand Payſan, qui ſouffloit du feu, ayant le viſage tout noir, auec vne grande coignée ſur ſon eſpaule. Il eut peur d'abord, mais s'eſtant approché, & le payſan l'ayant recogneu, le ramena dans Compiegne.

Le Roy S. Louys, qui auoit des maximes d'vne ſainte Politique, ſe perſuadant que la plus belle garde, & le plus ſeur reuenu du Prince eſt la bienveillance de ſes ſubiects : que les plus fortes barrieres pour arreſter ſes ennemis, & leur empeſcher l'entrée de ſes Eſtats, ſont la Iuſtice & la Religion ; & que les prieres des Saincts font plus de coup que les armes de ſes Soldats, & que les maiſons conſacrées au ſeruice de Dieu valent mieux que toutes les Citadelles du monde pour contenir vn peuple dans le deuoir, fit à Compiegne ce qu'il auoit deſia fait en pluſieurs autres lieux, & y fonda les Egliſes & les Conuens

uens des peres Cordeliers & Iacobins. Henry III. ayant esté malheureusement assassiné, son cœur & ses entrailles furent mis en vn caueau de l'Eglise de S. Cloud, & son corps ouuert & embaumé fut porté à Compiegne, où il a esté gardé, comme vn precieux depost, iusqu'à l'an mil six cens dix qu'il fut transporté à S. Denys en France aupres des autres Roys ses ancestres & deuanciers.

Sortans de Compiegne nous crusmes pouuoir arriuer à Senlis, qui en est esloigné de douze lieuës: mais ayans esté surpris par la nuit, nous n'eusmes point d'autre logis que la maison des Trepassez, ny d'autre enseigne que celle des Estoilles, car nous couchasmes à descouuert dans vn cimetiere sur la tombe d'vn mort.

SENLIS.

Senlis ville tres ancienne du Duché de Valois a pris son nom de la forest de Rez, qui l'entoure de tous costez. Charles VI. Roy de France desirant d'eterniser la memoire de la prise qu'il auoit faite en cette forest de Senlis d'vn grand Cerf, qui auoit au col vne chaisne, ou collier de cuiure doré, auec cette inscription en vieilles lettres, *Hoc Cæsar me donauit*, prit pour deuise vn cerf volant accollé d'or, & pour supports de l'Escu de ses armes, deux cerfs de carnation. Cette place est memorable pour auoir soustenu courageusement le siege contre la Ligue, dont elle auoit secoué le ioug, & pour le combat qui s'y liura entre les Ducs d'Aumale chef des Ligueurs, & de Longueuille Chef des Royaux assisté de la Nouë : où ceux-cy dónerent si à propos, que le Duc d'Aumale mettant en pratique l'vsage des longues molettes d'esperons inuentees depuis peu, sauua sa personne à la course de son cheual, ne pouuant sauuer son honneur par les armes.

Nous deslogeasmes le matin de Senlis, & quoy que le iour fût beau, & que le chemin ne fust que de dix lieuës, il ne laissa pas de nous enuyer beaucoup, pour l'extreme desir que nous auions de voir bien-tost Paris le Theatre des belles choses, & l'abregé de tout le monde, où nous fusmes receus à bras ouuerts par l'hoste de la croix de Fer, en la ruë S. Martin. La description de cette grande ville demanderoit vn volume entier, & les raretez qu'on y doit voir, demandent beaucoup de temps pour les considerer. La frequentation de cette grande ville est vne estude plus profitable à vn homme d'esprit, que la plus-part des sciences qui remplissent les Escholes de bruit & de poussiere; & i'ose dire qu'on peut plus apprendre marchant dans vne ruë, que parcourant tout vn liure. Il faut donc plustost cognoistre ses dehors, & visiter tous les lieux d'alentour, iusqu'à ce que nos estrangers se soient perfectionnez dans la langue, & qu'ils ayent fait amitié auec quelque honneste homme, dont cette ville est remplie, qui leur serue de conducteur & d'interprete. Le plus beau lieu est Fontaine-bleau, à quatorze lieuës de Paris; mais qu'on fait aisement en vn iour; allant disner à Essonne au Lyon d'or, & entrant au delà du Pont d'Hiery dans la forest qui dure huict lieuës, & vous mene droit au chasteau du Roy.

Les escriuains de l'histoire de France raportent vn cas estrange arriué dans cette forest. Comme le Roy Henry IV. chassoit en la forest de Fontainebleau, voicy qu'il oyt enuiron à demy lieuë de luy, l'aboy de plusieurs chiens, le cor & le cry de gens qui chassent, & tout soudain ce bruit s'approche pres de sa personne. Le Roy s'estonne qu'aucun soit si hardi, que de luy vouloir troubler son passetemps, & d'entreprendre de chasser à son desceu en vn lieu reserué pour le plaisir des Roys de France. Il commande au Comte de Soissons, & à quelques autres d'aller recognoistre ces chasseurs. Ils s'aduancent, & oyent le bruit, mais n'en voyent ny les autheurs, ny l'endroit, vn grand homme noir parle à eux du plus fort des haliers, mais comme les choses inopinées, & non preueuës donnent du trouble à l'esprit, ils ne peurent distinctemét entendre sa voix, pour l'affinité des vocables, que les vns rapportent auoir ouy: *M'attendez-vous*, ou *M'entendez-vous*? & les autres peut-estre auec plus de vray semblance, *Amandez-vous*. Mais ce que le phantosme disparut aussi-tost que la parole fut ouye, leur fit iuger qu'il n'estoit pas expedient de poursuiure plus outre. Si cette rencontre n'auoit pour tesmoins & les yeux & les bouches de personnes irreprochables, on la rangeroit parmy les Romans & comtes fabuleux. Les manœuures, charbonniers, bucherons, pastours & paysans d'alentour rapportent qu'ils voyent aucunesfois vn grand homme noir, qui meine vne meutte de chiens, & chasse par la forest, sans leur faire neantmoins aucun mal, & appellent cé esprit errant, *le grand Veneur*.

Au bout de la forest est Fontainebleau, où nous fusmes loger au Croissant.

FONTAINEBLEAV.

FOntainebleau est ainsi nommée à cause des eaux claires & viues qui y coulent de tous costez : c'est vn bon bourg contenant enuiron sept cens feux, assis au milieu des bois & des rochers, dans vn lieu sablonneux : le Chasteau a esté vn des lieux de plaisance de tous les Roys; Sainct Louys le nommoit son desert, & sa solitude : François premier commença de l'embellir, & y dressa vne tres-riche Bibliotheque, qui a depuis esté transportée à Paris. Henry le grand la conduit à la perfection, & à ce haut poinct d'excellence qui le fait passer au iugement des bons esprits, pour vn des plus superbes bastimens de l'Europe.

Son circuit est de mil quatre cens cinquante toises, sans y comprendre les maisons, iardins, & parcs. La grande galerie

P iij

qui a soixante toises de long & trois de large, que Charles IX. fit faire, & embellir d'Emblesmes & de deuises, vous represente à l'entrée l'inscription du Havre de Grace pris par les ruses d'Elizabeth Reine d'Angleterre, & repris par la valeur de Charles IX. & par la sage conduite de Catherine de Medicis sa mere : à l'autre extremité elle vous fait voir la ville d'Amiens gaignée auec des noix par les Espagnols, & regaignée à coups de canon par les François. La galerie du Roy François qu'on nomme la petite galerie qui regarde sur la cour de la Fontaine, fait voir la pluspart des belles maisons Royales peintes en perspectiue, à sçauoir S. Germain, Monceaux, Amboise, Chambourg, Madrid, & autres : c'est-là que fut tenuë cette celebre conference entre le Cardinal du Perron, qui n'estoit encore qu'Euesque d'Eureux, & du Plessis, où assista le Roy auec ses Princes, Officiers de la Couronne, Conseillers d'Estat, & plusieurs autres Seigneurs de marque. La galerie de la Reine est enrichie d'vne quantité d'excellens tableaux, qui representent les batailles & combats du Roy Henry VI. De-là on regarde dans la volliere, qui a trente huict toises de long, & trois de large, au milieu de laquelle est vne Tour ronde, qui estant ouuerte presque de tous costez, reçoit l'air & le iour, auec des treillis deliés, qui empeschent les oyseaux, qu'on y void de toutes sortes, de pouuoir sortir de leurs prisons, pour se mettre en liberté. Il y a quantité d'arbres disposez, & des hayes pour y faire nicher les oyseaux, & deux belles fontaines, qui departent diuers ruisseaux pour les abbreuuer: Deux Anges sont d'vn costé, auec vne couronne & vn pannier plein de roses, qui publient que le Roy Henry IV. a autant combattu de peuples ennemis, qu'il y a d'innocens prisonniers en ces cages.

Tot populos victor iusto Rex Marte subegit,
Regius iste tenet quot sibi career aues.

Deux autres Anges sont d'vn autre costé tenans en leurs mains vne couronne auec vn peroquet: qui disent en vers latins, que cét inuincible Monarque ayant fermé les portes du Temple de la guerre, a renfermé ces oyseaux, pour chanter ses victoires.

P iiij

Qui tanquam clausit: Volucres hic sponte re-
clusas,
Detinet, æternamque suaf. Et a canens

Dans la Gallerie des cerfs, vous voyez diverses chasses de Loups, de Cerfs, & de Sangliers, & pres de cinquante grands boys de Cerfs attachez aux murailles de part & d'autre.

Parmy les Sales on remarque celle de la garde, auec vne tapisserie peinte à la main fort delicatement, representant tous les combats de Charles VII. & les victoires obtenuës sur les Anglois. Dans la Sale des festins ou de la belle cheminee, qui a vingt toises de long & cinq de large, est la figure du Roy Henry IV. à cheual, estimé 18000 mille escus de marbre blanc. La Clemence & la Paix sont à ses deux costez d'vn pareil marbre: & sur des colomnes de marbre, sont deux lyons de bronze auec deux couronnes, & toutes sortes d'armes.

La troisiesme Sale est celle des bals, qui a les deuises de Henry III. depeintes à la voute, vn Croissant auec ceste ame, *Donec totum impleat orbem.* La quatriesme

Gallo-Belgique 231

est celle des Comediens, qui est vne representation du Ciel par ses machines.

Il y a diuerses basse cours. La cour de la Fontaine a plusieurs antiquitez, sur la fontaine est posée vne statuë de Mercure, & deux autres de bronze. La cour du Donjon, dite de l'Ouale, a vne tres belle horologe, où il y a deux statuës l'vne du Soleil, & l'autre de la Lune, qui vous monstrent les heures, & le cours des Planetes. Celle des Officiers sert de promenade aux Courtisans. La basse Court, qu'on nomme aussi la court du cheual Blanc, d'vne figure d'vn beau cheual de plastre qui n'est appuyé que sur deux pieds, de la couleur & de la taille d'vn autre cheual sauuage qui fut pris d'autrefois dans la forest à ce qu'on tient, a quatre vingt toises de long, & cinquante huict de large.

Les iardins qui accompagnent la maison sont celuy de la Reine, où est vne figure de Diane posée au piedestal de la fontaine auec plusieurs autres belles figures de bronze. Le grand iardin du Roy, a cent quatre vingt toises de long, & cent cinquante de large, au milieu est la fontaine du Tibre, & grande figure de bronze, auec vne louue allectant Romulus & Remus. Aux quatre coings du jardin est vne fontaine & vne figure de Cleopatre en bronze. Le jardin de l'estang represente vn Hercule en marbre blanc. Le jardin des Pins a cent soixante toises de long, & quatre vingt de large. Ce sont les principaux, outre lesquels on en void d'autres, auec plusieurs alleées, estangs, fontaines, boys, & parcs. Le Parc du Roy contient 166. arpens, en fonds de terres ou en prez. D'arbres fruictiers de toutes les especes, on en compte iusques à six mille. Il y a dans toute la maison 704. tuyaux de cheminées, & plus de neuf cens sales, galeries, chambres ou cabinets.

MELVN.

DE Fontainebleau il faut aller voir Melun, ville capitale d'vn petit pays qu'on nomme le Hurepois. Elle a deux ponts de pierre sur la riuiere de Seine, qui fait vne Isle, où est basty le chasteau : le reste de la ville est situé dans vn lieu haut, desorte qu'elle est faite comme Paris & partagée en trois. C'est la commune opinion, qu'elle auoit nom Isis, d'où est venu celuy de Parisis, pource que Paris fut desseigné sur le plan de Melun. Apres Melun, Paris, disent les bonnes gens du pays. Le Roy Robert ayant posé le siege deuant, les murailles tomberent d'elles mesmes, par l'effort des Hymnes & des loüanges qu'il chantoit à Dieu dans sa tente auec les Prestres, comme celles de Ierico furent renuersees au son des Trópetes. Quelques Historiens disent que ce fut deuant Orleans.

De Melun l'on vient à Corbeil, assis sur la Seine, & sur l'Essonne, qui partagent la ville en deux, Corbeil le vieux & Corbeil le nouueau. On y void vne Tour fort haute, & des ruines de quelqu'ancien bastimét. On vient apres à Charenton, qui est vn village à deux lieuës de Paris, où l'on passe la Marne sur vn pont. Les masures qu'on y void encore auiourd'huy font aysement croire que c'estoit d'autrefois vne place fort agreable. Vn peu au dessous est Conflans, où la Seine & la Marne se ioignent dãs vn mesme canal, pour venir de compagnie offrir leurs eaux à Paris, cóme vn tribut qu'elles rendent à la Capitale du Royaume. Entre Conflans & Charenton s'entendoit vn Echo des plus merueilleux de l'Europe, auant que les Carmes Reformés y eſſent fait baſtir. L'Hiſtorien de la Nature raporte pour vne grande merueille l'Echo d'Athenes, qui reſpondoit iuſqu'à ſept fois, & cettuy-cy reſpondoit iuſques à dix, auec tant de violence, que les boulets de canon animés du feu & de la poudre ne ſifflent pas plus fort.

On peut voir icy vne belle maiſon, qui a eſté d'autrefois à Monſieur de Ville-Roy Secretaire d'Eſtat. Les Chambres ſont meublées à la Royale, les Galeries ſont enrichies de rares pieces, qui ſont venuës d'Italie. Et les iardins repreſentent vn Paradis terreſtre, couuert de fleurs & d'orangers. Ceux qui ont la curioſité de voir vn des plus beaux lieux de plaiſance, où les Roys prennent leurs diuertiſſemens ordinaires, retournent ſur leurs pas, & paſſent prés de Paris pour tomber dãs le chemin de S. Germain en Laye, qui n'en eſt qu'à quatre lieuës.

S. GERMAIN EN LAYE.

CE lieu, bien qu'il ſe puiſſe vanter d'auoir emprunté ſon nom d'vn S. Prolat, Apoſtre d'Angleterre & Eueſque d'Auxerre, il n'a iamais neantmoins eu tant d'esclat, ny tant de reputation que depuis que les Roys l'ont fait baſtir pour vn Palais de la Maieſté, ou Meſſieurs leurs enfans ſont eleués, & ou ils paſſent eux meſme la plus agreable partie de leurs beaux iours. Charles V. ietta les premiers fondemens du vieil Chaſteau, qui ayant eſté pris par les Anglois durant les troubles de l'Eſtat cauſés par les deſreglemens du cerueau de Charles VI. ſe rendit depuis à Charles VII. moyennant vne notable ſomme d'argent, qui fut donnée au Capitaine Anglois, qui le gardoit. François I. le fit rebaſtir comme en font foy les F F. couronnées, qui ſont peintes ſur les manteaux des cheminées.

Ce Prince s'y plaiſoit fort à cauſe des longues & larges routes de boys voiſins, faites exprés, pour courir auec plus de plaiſir le Cerf, le Sanglier, & le cheureul: mais l'accompliſſement & la perfection de cét ouurage eſtoit deuë à Henry IV. qui n'auoit des penſées & des deſſeins que proportionés à la grandeur de ſon courage & de ſon nom. Il fit baſtir vn nouueau chaſteau ſur cette croupe de montagne pratiquée ſur les flancs du rocher plus proche de la riuiere, auquel il n'a rien espargné de ce qui pouuoit releuer son honneur, & sa memoire. Si ie voulois m'arrester à descrire tout par le menu, les Galleries, les Sales, les chambres, les Anti-chambres, les cours, les Offices, le jeu de Paume, l'Eglise, les vignes, les boys, les routes, les montagnes, les valons, les prez, & la petite ville bastie au pied, que la riuiere de Seine arrouse de ses eaux, il me faudroit entreprendre vn gros volume, qui fut au delà du temps & des occupations d'vn voyageur.

Le Roy & la Reine y ont leurs departemens separés. Dans la galerie du Roy, ce ne sont que plans & descriptions des premieres villes du monde, auec les Emblémes & les deuises du grand Henry, deux Sceptres en sautoir croisez d'vne espée, dont l'ame porte, *Duo protegit Vnus.* Qu'vne espée en la main d'vn si grand Prince est capable de garder deux Royaumes, la France & la Nauarre. La galerie de la Reine est vne vraye Metamorphose, ce qu'Ouide a descrit dans ses vers, le Peintre l'a icy representé par ses couleurs. Tout y est rare & excellent: mais qui dit, les Grottes de S. Germain, semble auoir exprimé toutes les inuentions de l'art.

Les anciens ont esté nos Maistres en plusieurs choses, & nous ne bastissons que sur leurs fondemens: neantmoins ils ignoroient le moyen de faire monter l'eau plus haut que sa source, & quiconque eust ouuert cette proposition à ces fameux Mathematiciens de la Grece, il eust esté reietté, comme vn homme ignorant des premieres maximes de la science. Mais depuis que le Sieur de Maconis President des Finances en la Generalité de Lyon, nous en a descouuert les secrets, nous ne sommes plus en l'erreur de nos ancestres, qui croyoient que l'Art & l'industrie s'estant d'autrefois espuisez à faire des miracles, ne produisoient plus rien de nouueau, & qu'il n'y auoit que la nature, qui eust cette auantage d'enfanter tous les iours de nouueaux monstres.

Par le moyen de cette eleuation d'eau: les grottes hautes & basses pauées & encroustées d'huistres, & de coquilles sont si plaisamment & innocément trompeuses que les regardans se sentēt pluftost moüillés, qu'ils n'ayent veu les nuées. Dans la premiere est vne table de marbre, ou par l'artifice d'vn entonnoir s'esleuent en l'air des coupes, des verres, & autres vaisseaux bien formez de la seule matiere de l'eau. Proche de là vous voyez vne Nymphe de bonne grace, & d'vn visage riant, qui laissant aller ses doigts au mouuement que l'eau leur donne, fait iouer des orgues auec autant d'harmonie & de concert, que ceux qui les mirét les premiers en vsage dans les Eglises de France sous Loüis le Debonnaire. Il y a pres de la fenestre vn Mercure, qui a vn pied en l'air, & sonne d'vne trompette, comme s'il auoit changé de naturel pour s'accommoder à l'humeur guerriere du Prince qui l'a receu dans son chasteau, & qu'il animast les François au combat, luy qui ailleurs porte les marques de la paix en la main, & les traités en sa bouche.

Si vous entrés dans vn autre, vous rencontrés d'abord vn Dragon, qui battant des aisles, iette des torrens d'eau de la bouche, il n'a point d'autre venin. Autour du Dragon vous auez vne quantité d'oyseaux, que vous iureriez estre naturels & sans artifice, qui font vn ramage plus agreable, que celuy des forests; sur tout le Rossignol se tuë d'emporter le dessus, comme s'il vouloit charmer ce Dragon

par la

par la douceur de son chant. D'vn autre costé vous aués le plaisir de considerer dans le bassin d'vne fontaine l'appareil d'vn triomphe marin, mille poissons les vns en escailles, les autres en coquilles, repliés & entortillés les vns dans les autres, comme les flots qui les portent, & au milieu de cette troupe, s'esleuent deux Tritons, qui iouent de leur trompe, deuant le chariot d'vn Neptune qui le suit en posture de Roy, la couronne de ionc en teste, le Trident en vne main, les resnes de ses cheuaux en l'autre, qu'il manie & gouuerne en Maistre. Vous voyez aussi des forgerons, le visage tout crasseux, & barboüillé de suye, qui battent le fer sur vne enclume à grands coups de marteau. On pouroit dire que ce sont des Cyclopes, qui forgent des armes au Roy, cóme ils en ont forgé chez les Poëtes pour Achille & pour Enée.

Vn peu plus bas se void vne autre grotte, qui est la Sale d'Orphée, où ce chantre anime les bois, les rochers, les bestes, & les oyseaux, & leur inspire vn certain mouuement de ioye, qui leur fait allonger les flancs & la teste, tremousser des ailes, hausser & abbaisser les bouches, & danser à la cadence, comme dans vn balet. Les douze signes du Zodiaque y marchent auec les mesmes regles que les Estoilles au Ciel. Bacchus assis sur son tonneau, & tenant le verre en main conuie les assistans à boire à la santé du Prince: mais fort peu luy font raison: car ses caues ne sont pleines que d'eau.

A vne lieuë de S. Germain tirant vers Paris, on void vn bois taillis diuisé par vn chemin: si vous prenés des branches d'vn costé, elles flotteront sur l'eau, comme tout autre bois: si vous en prenez de l'autre, & que vous les iettiés dans la Seine, elles iront au fonds de l'eau, comme des pierres. Le peuple le nomme le bois de la Trahison, se persuadât que cette pesanteur est vn effet de la vengeance de Dieu pour vne trahison commise en ce Bois. Quelques historiens tiennent que ce fut de ce Galenon, qui trahit la maison des Ardennes, les Pairs de France, & les plus braues Capitaines de Charle-magne. Et de vray on monstre encore en ce bois vne grande table de pierre, sur laquelle on dit que fut conceuë & formée la detestable iournée de Ronceuaux, au passage des Pyrenées. Reuenant de S. Germain

Paris, vous passez par Madrid, qui n'est qu'à vne lieuë de cette grande ville.

MADRID.

Madrid est vn Chasteau Royal, que le Roy François premier fit bastir dans les bois de Boulogne, sur le modelle du bastiment, où il fut prisonnier à Madrid en Espagne apres la funeste iournée de Pauie. Entr'autres choses on y void la fenestre grillée, semblable à celle, où ce grand Prince seruoit de risée aux Courtisans de Charles-quint, qui le traitoient, comme les enfans font vn hibou qu'ils ont pris & renfermé dans vne cage. Sur l'entrée du logis est cette inscription, *Hodie mihi, cras tibi*, auiourd'huy à moy, demain à vous, qui est la deuise du monde, suiet aux changemens de la fortune, qui se plaist auiourd'huy de briser vn sceptre, & de fouler aux pieds la couronne d'vn Roy, & demain changera la houlete d'vn Berger en lance, & la pannetiere en manteau Royal. Charles-quint passant par la France fut voir ce Chasteau, & dit-on qu'il eut peur ayant leu ces paroles, qui sembloient l'aduertir qu'à son tour vn Roy d'Espagne pourroit estre logé dās le Madrid de France, cōme vn Roy de France auoit esté mis dans le Madrid d'Espagne. Mais iamais cét incomparable Prince François, ne manqua de foy ny de parole en ses prosperités, non plus que de force ny de constance en ses aduersitez.

S. CLOV.

VOus pouuez vous destourner vn peu du droit chemin pour voir S. Clou, C'est vn bourg, qui a pris son nom de Clou, ou Cloüaud fils de Clodomire Roy d'Orleans, qui s'aquit plus de gloire renonçant aux grandeurs de la terre, que sa naissāce & sa fortune luy presentoiēt, pour embrasser l'humilité dās la maisō de Dieu, que les autres n'en possedent auec tous les tiltres, que leur donne l'ambition de leur esprit, & la condescendāce des peuples, & qui esclata plus sous le capuchon d'vn simple p̄le Moyne, qu'il n'eust fait sous la couronne d'vn grand Roy. Son ame bien-heureuse remplit le Ciel de loüanges, sa memoire & son nom sanctifient nos Autels, & son sepulchre rend son Eglise venerable.

Gallo-belgique.

Le cœur de Henry III. est inhumé au mesme lieu, pource qu'il s'y trouua, lors qu'vn execrable parricide, qui sous vn habit de Religieux portoit vne ame de damné, & qui par l'Anagramme de son nom confesse encore que c'est l'Enfer qui la crée, luy enfonça vn cousteau dans le ventre, feignant de luy vouloir communiquer vn secret important au bien de ses affaires. La deuise de ce Prince est grauée sur son tombeau: ce sont deux couronnes accompagnées de ces paroles, *Manet vltima cælo*, qui veulent dire qu'Henry possedoit deux couronnes sur la terre, l'vne de France, & l'autre de Pologne: mais qu'il en attendoit vne troisiesme dans le Ciel. Son Epitaphe fut composé par Monsieur Benoist son Secretaire d'Estat, & Maistre des Comtes.

D. O. M.

Æternæque memoria
Henrici III. Gall. & Poloniæ Regis.
Asta Viator, & dole Regum vicem,
Cor Regis isto conditur sub marmore,
Qui iura Gallis, iura Sarmatis dedit.
Tectus cucullo hunc sustulit Sicarius,

Abi viator; & dole Regum vicem.
Quod ei optaueris tibi eueniat,
  C. Benoise, Scriba regius, & Magi-
  ster rationum, Domino suo benefi-
  centissimo meritiss. P. A. 1594.

Ce qu'il y a de plus rare en ce Bourg, est le logis de Monsieur de Gondy. Les iardins diuisés en estages, comme vn amphitheatre : les compartimens, les Grottes, les cascades, les plantes, les fleurs, les fontaines, les grandes allées, les figures, & vne excellente perspectiue qui trompe les plus fins par vn faux iour, sont capables de contenter la veuë des curieux. Vous descouurez de là Paris, auec ses Eglises, ses Tours, & ses Palais : qui n'en est qu'à deux lieuës.

Les autres lieux qu'vn Estranger doit voir autour de cette florissante ville sont,

MEVDON.

CE village est à deux lieuës de Paris, vn des plus agreables, pour estre esleué sur vn haut, d'où l'on descouure iusqu'à Montmorency. Du costé de l'Orient, sur vne haute terrasse est le Chasteau basty par le Cardinal Sanguin, & dans le boys vne merueilleuse grotte, enrichie d'appuis, & d'amortissemés de pierre taillée à iour, & de petites tours faites en cul de lampe, pauées d'vn Porphire bastard, moucheté de plus de cent couleurs, & nettoyé par des canaux faits en gargoüilles & à meufles de Lion. Le frontispice a grandes colomnes canelées, garnies de leurs bases, chapiteaux, frises, corniches, & mouleulures, d'vne iuste proportion, auec le reste des ornemens, qui se peuuent mieux remarquer sur le lieu, que sur le papier.

Vanures n'est qu'à vne lieuë de Paris. C'estoit d'autrefois la retraicte des pescheurs de la Seine: maintenant ce lieu fait gloire de ses belles fontaines, de son beurre, de son laitage, & de ses beaux iardins: entre lesquels celuy de Monsieur des Portes Abbé de Tyron, le fauory des Muses, est l'vn des plus magnifiques pour les les fontaines, parterres, allées, compartimens, collines, boys, plantes, arbres, & fleurs qu'on y void.

Gonesse est à cinq lieuës de Paris, d'où l'on y apporte le bon pain. François premier faisant responce à vne lettre de Charles-quint, qui auoit vne grande page de

Q iiij

tiltres, ne prit autre qualité pour soy que Seigneur de Gonesse. François premier par la grace de Dieu Roy de France, de France, de France, & Seigneur de Gonesse.

Issy est pres de Vanures, qui fut fort chery & consideré des Romains, quand ils estoient Maistres des Gaules, pour les bonnes fontaines qu'il y auoit dés ce temps là.

GENTILLY,

Gentilly estoit le seiour delicieux des Rois de la premiere & seconde race, tant il estoit gentil & plaisant. Ils y tenoiét les assemblées publiques du Royaume, & mesme leurs Parlemens, quand ils auoient quelque affaire d'importance à decider; mais la fureur des Normans, qui rauagerent la France, osterent toutes les beautez de ce lieu, & n'y laisserent que la place & le nom. On y void encore quelque beaux iardins, arrousez des eaux de la riuiere de Bieure, qui sont les meilleures du monde pour taindre en escarlatte. Prés de cette riuiere, qu'on nomme aussi des Gobelins, ont esté trouués depuis quelques annees des tombeaux de belles pierres pleins d'ossemens d'hômes grands outre mesure, que quelques vns pensent estre de ces anciens Normans, qui ont rendu leur memoire illustre en France, par le sang & par le feu. Henry IV. qui estoit autât ennemy des glorieux, qu'il cherissoit les bons courages, escriuit d'icy au Roy d'Espagne, qui a accoustumé de faire encherir l'ancre & le papier en ses Estats par le denombrement de ses qualitez, & la souscription de la lettre estoit presque semblable à celle de François premier, *Henry par la grace* de Dieu, Roy de Gentilly.

Au haut de ce village se voyent encore les restes du Royal Chasteau de Vincestre, basty par Iean Duc de Berry sous le regne de Charles V. qui fut pillé, & demoly par les Bouchers & Escorcheurs de Paris, armés & souleués en faueur du Duc de Bourgongongne, sous Charles VI. De sorte qu'il n'en resta rien que les ruines, qui furent rasées l'an mil six cens trente deux, pour y faire vn Hospital enclos de murailles, où les Soldats estropiez aux guerres pour le seruice du Roy peussent estre entretenus: & dés lors on commença la closture auec des pauillons aux quatre coings du bastiment, & vne Chapelle qui fut beniste par l'Archeuesque de Paris, l'an mil six cens trente trois. Sa Maiesté fit vne Declaration, par laquelle il se portoit pour Fondateur d'vne Commanderie de sainct Loüis, dont le Cardinal de Lion deuoit estre le grand Administrateur. Les allignemens furent pris pour les bastimens qui doiuent estre en carré; les Offices sont acheués, le costé qui regarde Paris est fort auancé: les autres corps de logis sont hors de terre: Il ne reste plus rien qu'vne bonne Paix pour donner l'accomplissement à cét ouurage, le soulagement au Peuple, des iambes & des bras aux Estropiez, & vne Couronne d'Oliue au Roy, pour ombrager ses Lauriers & ses Palmes.

Le Peuple nommoit ces ruines le Chasteau de Bissestre, & en faisoit vne Eschole des Sciences noires, où le Diable auoit douze Escoliers, ausquels il monstroit tous les iours les secrets de la Magie, a cette condition, que le premier de ces douze Disciples, qui apres force tours & force rondes qu'ils faisoiet dans vn cercle, tomberoit d'estourdissemét, seroit à luy corps & ame, pour recompense. Et adioustoit, qu'au mesme temps que Luther commença à declamer contre l'Eglise Romaine, ce

Gallo-belgique. 251

Docteur abandonna sa chaire, & ne professa plus dans cette Eschole ; comme l'Huyssier se taist, quand le Iuge prononce ; & quand le Ciel tonne, les grenouilles ne disent mot.

Arcueil estoit aussi vn des lieux de plaisance de ces vieux Romains, qui se seruans de la commodité des fontaines, firent des arcs ou aqueducts pour conduire l'eau dans la ville : comme Iulien l'Apostat en fit couler par des tuyaux de plomb iusques dans son Palais, qui est auiourd'huy l'Hostel de Clugny, pour remplir ses bains. La defuncte Reine Marie de Medicis fit rompre des vieilles murailles de brique, qui seruoient d'autrefois de soustien pour les aqueducts, & fit faire des canaux pour porter l'eau dans l'Hostel de Luxembourg, & trois regards, sçauoir deux au faux-bourg de S. Iacques, l'autre au faux-bourg S. Michel : & de ces eaux on a fait quantité d'autres tuyaux de plomb, dont ont esté faites les fontaines, qui se voyent à present aux Chartreux, aux Carmelines, aux Capucins, en diuers lieux du faux-bourg S. Germain, de la ville, & de l'Vniuersité. Si vous voulez aller d'vn autre costé, vous pourrés voir, Vincennes.

LE BOIS DE VINCENNES.

LE Bois de Vincennes n'estoit au commencement enuironné que de fossez: les Religieux de Grandmont y furent fondez par Louys VII. qui leur assigna six muids & demy de bled de rente à prendre sur la grange de Gonesse, les mit en possession du Bois, & des bastimens que possedent maintenant les Minimes, ou Bons-hommes, dignes enfans & parfaits imitateurs des vertus de leur Pere S. François de Paule. Philippe Auguste fit renfermer ce bois de fortes murailles, & y ietta les premiers fondemens du Chasteau. Philippe de Valois esleua la Tour iusqu'au rez de chaussée, que le Roy Iean poursuiuit iusqu'au troisiesme estage, & Charles V. son fils l'acheua: il semble que ce Chasteau ayt esté choisi de Dieu pour y faire naistre, viure, regner, & mourir les plus grands Roys. Ieanne de France fille de Charles V. y prit naissance. S. Louys y rendoit la Iustice à son peuple au pied d'vn chesne qu'on monstre encore auiourd'huy auec plus de raison que l'Areopage d'Athenes, ou que le Senat de

Rome. Charles VI. y fit porter toutes les chaifnes des ruës de Paris, pour arrefter la fedition des habitans. Yfabeau de Bauiere bandée contre fon fils Charles VII. y tenoit fes Eftats: Philippe le Bel, Louys Hutin, Charles le Bel, Charles Dauphin du Viennois y rendirent l'efprit, & le dernier de tous Charles IX. apres vne grande effufion de fang qui luy fortit par diuers conduits de fon corps y endura tous les combats, que la vigueur de l'aage peut fouftenir contre la mort.

C'eft le cours de Paris, où tous les foirs d'efté vous voyez le beau peuple, qui va prendre le frais dans ces allees: Si les forefts eftoient toufiours auffi charmantes, ou fi les animaux des deferts eftoient auffi agreables aux yeux, que font ceux des bois de Vincennes aux plus beaux iours de l'année: i'ofe affeurer que la plus part des Courtifans fe feroient Hermites, & que les folitudes de la Paleftine, & de la Thebaide n'auroient iamais efté fi peuplés de folitaires, que les forefts & les deferts de France. Mais fi le Bois eft vn petit Paradis: le Chafteau eft maintenant vn Purgatoire pour quelques vns, & a feruy mefme d'enfer à quelques autres. L'an mil six cens dix sept le Prince de Condé detenu prisonnier au Chasteau du Louure, & mené à la Bastille, fut conduit dans ce Chasteau de Vincennes, où Madame la Princesse sa femme s'enferma auec luy, choisissant d'estre captiue en sa compagnie, puis qu'elle ne pouuoit iouyr d'vne entiere liberté sans luy, qui tenoit son cœur en prison, & l'an 1620. il en sortit. Quelques temps apres le Mareschal d'Ornano y fut mis : & y mourut de Maladie. L'an 1626. le Duc de Vendosme & le grád Prieur son Frere, arresté à Amboise, furent conduits à Vincennes, où le Cheualier dans peu de temps fut deliuré par vne maladie de la prison du corps, pour entrer dans la vraye liberté des Enfans de Dieu, & le Duc ne sortit de la sienne que l'an six cens trente & vn. L'an 1635. le Duc de Puilaurent y fut conduit, & le desplaisir de se voir renfermé, luy osta la vie. Du depuis le ieune Coloredo pris en Lorraine par le Marquis de la Force y fut mené, & en sortit l'an 1637. par vn eschange auec le Marquis de Longueual. Iean de Verth, qui auoit vne passion extresme de voir les Dames de Paris, eut dequoy se contenter quand le Duc de Vueymar l'ayant deffait, au combat de Rhinsfeld l'an 1638. l'envoya prisonnier à Paris, où il eut l'honneur d'estre conduit & visité dans le Boys de Vincennes, par plusieurs Seigneurs & Dames du Royaume. Le General Lamboy y est encore detenu prisonnier, par la victoire du Mareschal de Guebriant, qu'il remporta sur les Imperiaux l'an 1642.

MONTMARTRE.

Montmartre est vne colline aux portes de Paris, ou les Parisiens adoroient l'Idole de Mercure, où de Mars, deuant que S. Denys la gloire de l'Areopage, & le Soleil de France qui en a chassé l'Idolatrie par les lumieres de la foy, y seellast la verité de ses predications par l'effusion de son sang, & y perdit la vie auec la teste, pour n'auoir pas voulu rendre les honneurs à vne Idole, qui ne sont deus qu'à Dieu. Ce grand Apostre ayant esté decapité, prist sa teste entre les mains, comme ont fait S. Valerie à Liomges, S. Aubain à Mayence, & Boëce en Italie, & la porta depuis Mont-martre iusqu'au lieu qui porte son nom. Il y a sur le chemin des Môt-ioyes qui sont de grandes Croix où l'on tient qu'il se reposa, & mesme aux funerailles des Roys de France, quand on porte leurs corps de Paris à S. Denys, dans leurs sepultures, on y fait des stations, depuis qu'on y planta ces croix, & qu'on y erigea ces statuës aux obseques de S. Louys. Mont-martre vaut autant à dire que le mont des Martyrs, où il y a vne chapelle, vne Eglise, & vne Abbaye de Religieuses de l'Ordre de S. Benoist. Le plastre dont on bastit les maisons de Paris se tire à Mont-martre, d'où vient le Prouerbe: Il y a plus de Mont-martre à Paris, que de Paris à Mont-martre.

S. DENYS.

LA ville de S. Denys qui est à 2. lieuës de Paris, n'estoit d'autrefois qu'vne ferme appellée *Catulliaeus*, de la vertueuse Catulle, qui enterra dans son fonds S. Denys auec ses compagnons Eleuthere & Rustique, apres qu'ils eurent esté decapitez pour la deffense de Iesus-Christ. Elle s'accreut peu à peu iusqu'au Roy Dagobert, qui en recognoissance des faueurs qu'il auoit receuës par l'intercession de son Apostre, y fit bastir vne superbe Eglise, qu'il qu'il couurit d'argent, sur le lieu où reposoient les sacrées reliques de ce sainct personnage dans vne chasse d'or, enrichie de perles, que S. Eloy, qui depuis fut Euesque de Noyon, luy auoit faite: estant bien raisonnable qu'vn Sainct trauaillast pour vn si grand Sainct.

Quand l'Eglise fut acheuée, & que le peuple fut assemblé de toutes parts pour assister à la ceremonie de la Dedicace, qui deuoit se faire le lendemain par l'Euesque de Paris, le Souuerain Pontife des ames, Iesus-Christ luy mesme la consacra de nuit, assisté de ses Apostres, & d'vn grand nombre de Martyrs, & d'Anges; & imprima sur les murailles les characteres visibles de sa consecration, & rendit la santé à vn lepreux qui s'estoit caché derriere vne des portes, de peur d'estre chassé, s'il estoit veu de iour dans l'assemblée. Ainsi cette Eglise fut estimée la plus venerable & la plus riche de France; & le peuple commença deslors à dresser le plan d'vne ville, dont le Roy Dagobert donna la souueraineté à l'Abbé, auec vn tel empire & vn pouuoir si absolu sur les biens, les corps, la vie, & l'honneur des habitans qu'ils estoient esclaues de l'Abbé.

R

Charlemagne ordonna que les Euesques de France obeïroient à l'Abbé, & que les Roys ne seroient point couronnés, ny les Euesques sacrés sans son consentement : Il fit hommage de son Royaume à S. Denys, & obligea tous ses subiets de luy payer tous les ans vn certain tribut pour chasque maison de leur appartenance : & consentit que tous les Serfs qui volontairement s'acquiteroiét de ce tribut, fussent affranchis & nommés *Les affranchis de S. Denys.* Charles le Chauue luy donna la Seigneurie de Ruel auec ses appartenances, pour l'entretenement de quinze cierges, qui doiuent brusler dans le refectoire de l'Abbé, quand il est necessaire : & de sept lampes qui doiuent brusler iour & nuict deuant l'Autel de la S. Trinité : & conceda à l'Abbaye tous les droicts de Iustice haute, moyenne & basse en toute leur iurisdiction, & en l'estenduë de neuf grande lieuës autour de la riuiere de Seine & nomma cette Iustice, la Cour de Sainct Denys. Les anciens Roys auoient encore accordé ce priuilege aux Abbés d'estre les Maistres de leur Chappelle, & les premiers Aumosniers de leurs Maiestés : & de nostre temps c'est vn honneur sans contredit, que quiconque est Abbé de S. Denys, est Conseiller au Parlement de Paris, & y a voix deliberatiue, ainsi que les Conseillers & Pairs de France, par la concession de Philippe le long, qui ferma la porte de ce grand Temple de Iustice, à tous les autres Prelats de son Royaume, & l'ouurit aux Abbés de S. Denys, qui sont les depositaires de la Couronne, dont les Roys sont couronnés le iour de leur Sacre, du Sceptre, de la main de Iustice, & des autres ornemens Royaux.

Les Papes ont octroyé aux mesmes Abbés la puissance de conferer les moindres Ordres, & de benir les ornemens des Autels, & peuuent commettre cette authorité à vn de leurs Religieux pour les mesmes fonctions. Entre autres le Pape Estienne III. leur donna le pouuoir à l'instance de Charle-magne, de bastir des Abbayes en tel lieu qu'il leur plairoit, d'eslire vn Euesque qui presidast sur les Religieux, & que l'Abbaye ne releueroit que du S. Siege. Enfin les Roys de France auoient cette saincte coustume d'aller prendre sur l'Autel de S. Denys l'Auriflamme, qui estoit vne banniere de vermeil toute semée de fleurs de lys d'or, pour

R iij

estendart de leurs armees dans les guerres estrangeres: Mais la France perdit ce riche present, que le Ciel auoit fait à Clouis, dans vne guerre qu'elle eut contre les Flamans. Et au milieu des batailles, le cry des François estoit, S. Denys Mont-ioye; depuis que le mesme Clouis se trouuant en danger de sa personne à la iournée de Tolbiac, reclama l'assistance de S. Denys Apostre du Royaume, & protecteur de la Couronne, en disant, S. Denys Mont-ioue, ou Mont-ioye: comme s'il eût voulu dire, que s'il fauorisoit ses entreprises, & secondoit le bon-heur de ses armes, il l'auroit en mesme reuerence que son Iupiter, qu'il adoroit encore comme Payen, n'ayant pas voulu suiure les aduis salutaires de S. Clotilde, qu'il embrassa neantmoins apres la victoire, & laissa pour mot du guet, S. Denys Mont-ioye, à ses successeurs, qui l'eurent ordinairement dans la bouche iusques à Charles VII. sous qui la Pucelle d'Orleans ayant esté blessée deuant Paris, offrit ses armes à S. Denys, & comme elle respondit à ses Iuges, les Trompetes & les Tambours n'animoient point auec tant de succés les Soldats au combat, que le cry, S. Denys Mont-ioye.

L'Eglise a trois cens quatre vingt dix pieds de longueur, cent de largeur, & quatre-vingt de hauteur, le tout dans l'œuure. La seule nef a de longueur cent trente pieds. Les voûtes sont soustenues de soixante piliers. Il y a trois portes de bronze, qui ont esté d'autresfois dorées. Le chœur est diuisé en trois, dont le premier ou sont les chaires des Religieux, est long de soixante huit pieds, & large de trente-cinq: le deuxiesme a de longueur 45. pieds & de largeur 35. le troisiesmo n'a que 25. pieds de longueur, mais il est aussi large, que chacun des autres deux.

Dans le premier Chœur sont les Tombeaux de Charles le Chauue, de Louys & Dagobert son Pere, de Charles Martel, de Hugues Capet, & d'Eude qui fut Roy par vsurpation. Dans le second on void encore les marques des Tombeaux du Roy Philippe Auguste, de Louys VIII. dit de Montpensier & de son fils S. Louys, qui estoient d'autrefois couuerts d'argent, mais qui furent pillés & demolis par les Anglois du temps de Charles VI. Dans le mesme chœur sur la main gauche, est le Tombeau de Philippes le Hardy, & vn autre tout ioignant, qu'on dit estre celuy de

R iij

Philippe le Bel, auec ceux d'Elizabeth d'Arragon femme de Philippes le Hardy, de Pepin & de Berthe sa femme, de Carloman, & de Louys le fils de Louys le Begue. A la main droite sont ceux de Louys Hutin, de Ieanne Reine de Nauarre, de Robert & de sa femme Constance, & de leur fils Henry, de Louys le Gros, de son fils Philippes, & de Constance d'Espagne, de Carloman fils de Pepin, d'Hermintrude femme de Charles le Chauue: & celuy de Charles VIII. fait de cuiure doré, auec sa statuë à genoux qui le represente au naturel, & son Epitaphe qui declare ses victoires sur le Breton, ses triomphes dans l'Italie, ses conquestes de Naples, & le secours qu'il ietta dans l'Angleterre pour le party d'Henry.

Hic Octaue iaces Francorum Carole Regum,
Cui victa est forti Britonis ora manu,
Parthenope illustrem tribuit captiua triumphum
Claraq; Fornouio pugna peracta solo.
Cœpit & Henricus regno depulsus auito
Bellare auspicijs sceptra Britanna tuis,
O plures longinqua dies si fata dedissent,
Te nullus toto maior in orbe foret.

Gallo-Belgique. 263

Dans le troisiefme chœur, à la main droite du grand Autel, sur les degrez du second au troisiefme se voit representée en figures la vision que Iean l'Hermite eût de de l'estat de l'ame de Dagobert, auec l'Epitaphe du Roy. De l'autre costé sont les Tombeaux de Philippes le Long, de la Reine Ieanne d'Eureux, femme du Roy Charles le Bel, & celuy du mesme Charles, de Philippes de Valois, de sa premiere femme Ieanne de Bourgongne, & de son fils Iean qui luy succeda au Royaume, & aux malheurs.

Deuant le grand Autel de la mesme Eglise repose le corps de Marguerite femme de S. Louis. Hors du chœur à main droite on void le riche Mausolée de François premier, de la Reyne Claude son Espouse, & de Messieurs François & Charles leurs enfans. Leurs corps sont representez sur leur lict funebre, & leurs statuës sont de genoux sur la voute du lict à costé de leur Pere, qui deceda à Ramboüillet aagé de soixante six ans, le dernier iour de Mars 1546. selon l'Eglise Gallicane, qui ne commençoit alors l'année qu'à Pasques, comme d'autrefois aux festes de Noel, & maintenant le premier iour de Ianuier,

R iiij

suiuant l'vsage de l'Eglise Romaine.

Deuant le Tombeau de ce grand Roy on en void vn autre de Marguerite Comtesse de Flandre, qui fut mariée à Philippes le Long. Dans la Chapelle du Roy Charles V. sont inhumés le Roy Charles V. dit le Sage, auec Ieanne de Bourbon sa femme. Charles VI. *le Bien aymé* & Ysabeau de Bauiere son espouse. Charles VII. *le Victorieux*, & la Reyne sa femme, Marie fille du Roy de Sicile, & Duc d'Anjou. Le Connestable du Guesclin receut cet honneur d'estre enseuely proche du Roy Charles V. son Maistre, comme il estoit bien raisonnable, que ne l'ayant iamais abandonné durant sa vie, il ne le quittast point apres sa mort, & que ceux qui n'auoient eu qu'vn cœur & vne ame partagée en deux corps, eussent leurs corps conioints & renfermés dans vne mesme sepulture. Il mourut deuant le siege de Randan en Languedoc, qui estoit vn fort des Anglois, & vne retraite de voleurs, & rendit l'esprit à Dieu, au mesme instant que la place se rendoit à son Roy : mais pour tesmoigner que la reddition de cette place estoit deuë à sa valeur & à sa sage conduitte, les Capitaines apporterét les Clefs du Chasteau sur son cercueil. Le Roy Charles honora la memoire d'vn si fidele Ministre d'vne ceremonie signalée, faisât enterrer son corps auec les Roys à S. Denys, & proche de sa sepulture, au pied de laquelle est celle de du Guesclin, auec vne lampe ardante entertenue par fondation nommée la lampe du Guesclin.

Dans la Chapelle de S. Hippolyte sont enterrées Madame Blanche Royne de France, & Ieanne sa fille. Autour de cette sepulture il y auoit d'autresfois des statues d'albastre de vingt-quatre personnes descendues de S. Louys: dont la pluspart sont brisées, & les inscriptions si biffées qu'il est impossible de les lire. Hors de ladite chappelle se voit le magnifique tombeau du Roy Louys XII. surnommé *Pere du peuple*, & d'Anne de Bretaigne sa femme, qui sont representés diuersement de genoux & en prieres sur le haut du tombeau, & au dessous estendus, morts & comme demy pourris, auec les figures des vertus Cardinales aux quatre coings, & des douze Apostres à l'entour, & les victoires de ce bon Prince releuées en bosse sur le bas de l'ouurage. Le corps de Henry IV. est couuert d'vn drap de veloux noir, attendant les derniers honneurs de la sepulture, qui ne sçauroient estre assez grands, s'ils doiuent estre proportionnés à ses merites. Si i'estois obligé de faire vne inuentaire de tous les precieux meubles, & de toutes les richesses de cette Eglise, il me faudroit plus de loisir que ie n'en ay: les heures d'vn voyageur sont contées, & il seroit à souhaiter, qu'il peût suiure le Soleil, qui visite toutes les parties du monde sans s'arrester.

Ayant ainsi parcouru les principaux lieux qui sont autour de Paris, il faut maintenant comtempler les beautez, qui se voyent dãs cette florissante ville, qui est à la Frãce ce qu'est l'œil est au corps humain & l'ame à la raison: qui est vn abregé du Royaume, & mesme vn petit monde, ou personne n'est estranger: qui est, auec plus de raison que l'ancienne Rome, la maison dorée des Dieux, & la premiere entre les villes. C'est elle qui a le cœur de tous les plus grands du Royaume, qui ne s'estiment point estre François en France, s'ils n'ont pris leur naissance, ou n'ont succé le laict dans cette grande ville, grande en peuple, grande en son assiete, grande en ses richesses, & plus grande en ses commoditez, qui luy vienent de toutes parts.

S.gifmond l'Empereur eftant venu en France, comme il fut de retour en fon pays, dift qu'il y auoit veu trois merueilles, vn grand monde, vne grande ville, & vn grand village: entendant Poictiers par le village, Orleans par la ville, & Paris par le monde. Que fi long croid pouuoir porter vn iugement affeuré de fa grandeur fur les tefmoignages des vieux hiftoriens, dont l'vn efcrit que le peuple de Paris, durant que le Roy eftoit deuant Bourges affiegeant le Duc de Berry, fit vne proceffion generale depuis Paris iufques à S. Denys, où les hommes & les femmes eftoient nuds pieds & nuds teftes, en fi grand nombre que les Efcoliers eftoient defia arriuez à S. Denys, que le Recteur de l'Vniuerfité eftoit encore aux Mathurins: l'autre raporte, que Louys XI. voulant fçauoir combien Paris pourroit fournir d'hómes d'armes, il en fortit de la ville foixante & dix mil tous armez pour la guerre: vn autre raconte, que Charles VI. retournant de Chartres à Paris les habitans vinrent au deuant de luy iufqu'au nombre de deux cens mille, tant hommes que femmes. Il faut l'auoir veu, l'auoir frequenté long-temps, s'est re trouué en toutes les Eglises, & dans tous les Conuens, & Colleges de l'Vniuersité, au Palais, à la Cour, au Cours, aux Comedies, aux assemblées publiques, auoir mesuré l'estenduë de ses murailles, compté le nombre de ses maisons, consulté les Quarteniers, mis en registres tous les carrosses, & mesme s'il estoit besoin d'vne armée presque aussi nombreuse que celle de ce Persan, il ne faudroit qu'enroller tous les Estrangers, tous les faineans & vagabons, tous les cochers, tous les portiers, tous les laquais: & s'il estoit question de se croiser pour la conqueste du S. Sepulchre, l'Archeuesque de Paris pourroit fournir dix mille Prestres sans interrompre, ou amoindrir le seruice des Eglises.

PARIS.

Paris est vne ville diuisée en trois, la Cité, la Ville, & l'Vniuersité, separées par la riuiere de Seine, qui se diuisant en deux fait deux Isles au milieu de son Canal: l'vne de Nostre Dame, & l'autre du Palais, où sont fondés ces deux Sieges l'vn de la Religion & l'autre de la Iustice

Ces trois villes sont conioinctes ensemble par le moyen de plusieurs Ponts.

La Cité se peut nommer la vieille ville, comme la vieille Rome, non pas ensevelie dans ses propres ruines, mais nombreuse en Citoyens, superbe en edifices, & magnifique en Eglises & en Autels. Cette Cité est le premier Paris, & l'ancienne Lutece, entourée des deux bras de la Seine, où sont les vestiges de la demeure des premiers Roys, & la maison de S. Louis: l'Eglise Cathedrale, & le Parlement des Pairs. Ce qu'on appelle la ville, c'est le nouueau Paris, qui a la Seine, comme Rome le Tibre, dont il retire de grandes commoditez, où se font les commerces, & les trafics: ou est le beau peuple, où sont les grandes Eglises, où est le Louure, qui est la maison des Roys; dont la seule galerie, qu'Henry le Grand a commencée pour ioindre le Louure aux Tuilleries est le dessein du plus superbe bastiment de l'Europe. L'Vniuersité est la troisiesme ville, & qui se peut nommer vne autre Nardea, c'est à dire, le fleuue des sciences, comme les Iuifs appelloient d'autrefois l'Vniuersité de Babylone. C'est elle qui par la plume & par la voix de ses Docteurs,

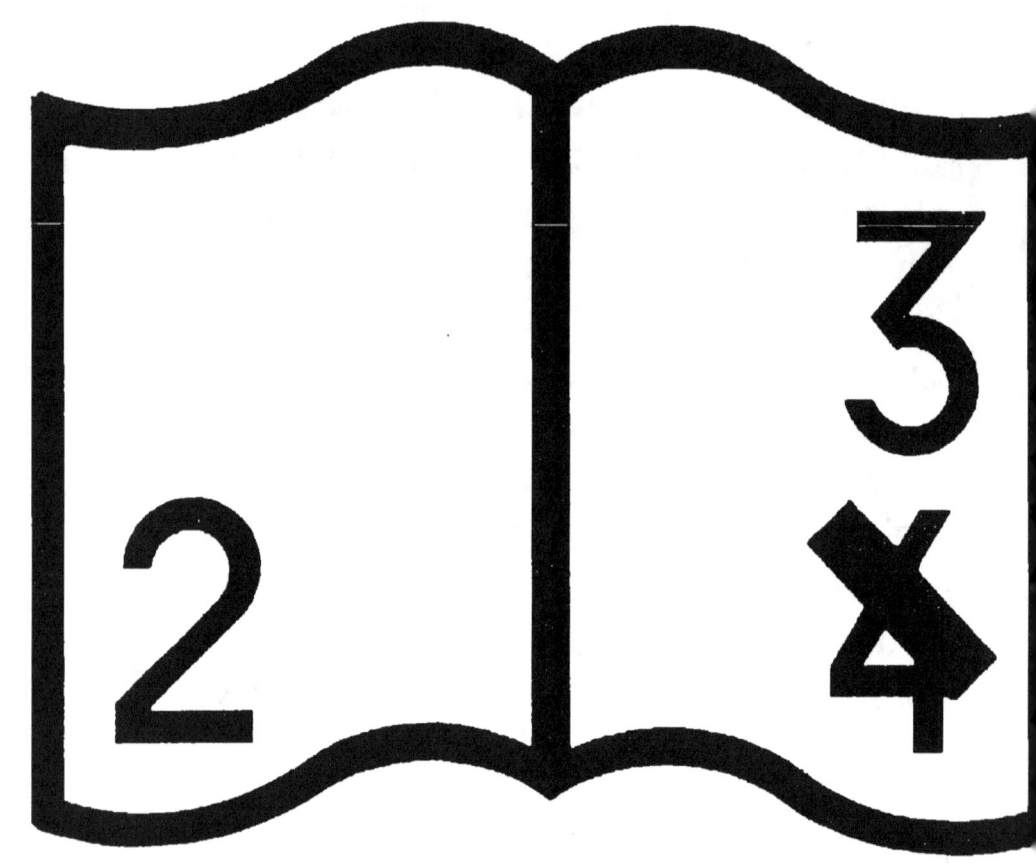

Pagination incorrecte — date incorrecte

NF Z 43-120-12

fut consacrée par S. Denys fut celle de Nostre-Dame des Champs, où sont les Carmelites. Quoy que c'en soit, les deux ont eu l'honneur d'auoir esté fondées par ce S. Personnage, auec celle de la Trinité, qu'on nomme maintenant sainct Benoist dans l'Vniuersité, où il y a vn Chapitre de Chanoines, & vne parroisse. Du regne de François premier le maistre Autel fut placé, où estoit anciennement la porte de l'Eglise, & à la place dudit Autel fut basti ce beau portail, qui se voit dans le cloistre: c'est pour cela qu'on la nommé sainct Benoist le bien-tourné.

La grande Eglise de N. Dame fut acheuée par Philippes Auguste, qui auoit esté designée & entreprise par le Roy Robert. C'est la plus auguste du Royaume. Elle a ses fondemens posés sur des pilotis, & toute la masse est soustenue de six vingt pilliers, qui font cinq grandes allées. Sa longueur est de 174. pas, sa largeur de 60. & sa hauteur de 100. Le chœur est ceint & basty de pierre, auec les Histoires du vieux & nouueau Testament grauées. Elle contient 45. Chapelles treillissez de fer, & a onze portes. Sur les trois grandes du frontispice sont les statues releuées en pierre de

28. Roys, à commencer par Childebert iusques à Philippes Auguste. Dans les deux grandes Tours, où l'on monte par 389. degrés, sont huit grosses cloches, & six autres petites dans le petit clocher. On y conte 42. Chanoines, auec huit dignitez : outre lesquels sont encore six grands Vicaires, dix Chanoines de S. Denys du Pas. Six Chanoines & deux Curez de S. Iean le Rond, deux Chanoines & deux Vicaires de S. Agnan, douze enfans de chœur, les Clercs des Matines, & cent quarante Chapellains fondez pour l'Office de ses quarante cinq Chapelles. Comme les Hierarchies du Ciel ont leur chef, ainsi sur cette venerable compagnie preside vn Euesque qui fut honoré du tiltre d'Archeuesque, l'an 1622. par le Pape Gregoire XV. à la requeste du Roy Louys XIII. tousiours victorieux en guerre, tousiours religieux en paix, & par tout incomparable, Euesque qui a le droit de seance & de voix deliberatiue, comme premier Conseiller en la Cour de Parlement: Qui precede les autres Euesques consacrés deuant luy: qui est le Curé des Roys, pour estre le Pasteur de la ville capitale de leur Royaume. Ie laisse les riches Tombeaux de tant

de Princes,

de Princes, Princesses, Cardinaux, Euesques, & Seigneurs, qui ont desiré que leurs corps reposassent dans cette saincte maison de la mere de Dieu, pour auoir plus d'accés auprés du Fils. Ie me contente de flechir les genoux deuant la vraye Croix, deuant la chasse de N. Dame, deuant les corps de S. Marcel & de S. Iustin, deuant le Chef de S. Philippes, & deuant le tableau de S. Sebastien. On exige plustost d'vn venerable adorateur les sentimens de l'ame, que les mouuemens des levres. Ie ne fais que voir en passant la statuë de Philippe de Valois à cheual contre vn pillier: qui ayant defait vingt deux mille Flamans en bataille rangée sousteuez contre leur Prince, entra tout armé & monté à l'aduantage dans l'Eglise, pour offrir ses armes & son cheual à Dieu le Seigneur des armées, & à sa Mere comparee dans l'Escriture à vn camp d'ordonnance. Ie ne m'estens point sur les discours qu'on pourroit faire des vœux & des presens que les Roys viennent offrir sur l'Autel à leur premiere entree, de leurs funerailles qui s'y celebrent auec vn si somptueux appareil, des assemblées qui s'y font pour les processions generales, où souuent leurs

Maiestez se trouuent en personne, pour seruir d'exemple à leurs suiets. Ie ne veux que m'arrester deuant l'Autel de la Vierge, pour offrir mes prieres à celle deuant qui les peuples de Paris viennent tous les iours se presenter, pour luy rendre vn hommage continuel de leur affection à son seruice, & recognoistre par le tribut de leurs cœurs & de leurs levres, les faueurs que le Royaume reçoit continuellement de ses obligeantes mains, & luy rendre les loüanges des victoires que le Roy a remportées sur ses ennemis, & du bon heur qui accompagne ses armes, depuis qu'il a mis son Estat & sa personne sous la protection de Marie, & qu'il a rendu sa declaration à la veuë de ses suiets, qu'il entendoit que sa Couronne releuast d'elle par cy apres, comme par cy-deuant elle n'auoit iamais releué que de Dieu.

L'Abbaye de S. Geneuiefue a esté fondée à l'honneur de S. Pierre & de S. Paul, par Clouis premier Roy Chrestien, qui voulut que cette Eglise possedast son corps apres sa mort qui auoit desia possedé son cœur durant sa vie. Son Tombeau est au milieu du chœur, auec son Epitaphe traduit du latin ; Cy gist le cinquiesme

Roy de France, premier Roy Chreſtien, dit Cloüis auant ſon Bapteſme, que S. Remy Archeueſque de Reims baptiſa & nomma Louys: & à qui vn Ange apporta du Ciel vne Ampoulle pleine du Chreſme dont il fut oinct, & dont ſes ſucceſſeurs ſont pareillement oincts au iour de leur couronnement. Il fonda cette Egliſe par les ſollicitations de Saincte Clotilde & de Saincte Geneuieſue, & la fit ſacrer par S. Remy: c'eſt la premiere Egliſe que iamais Roy de France ait fondée. Il conquit Tholoſe & Aquitaine, iuſqu'aux monts Pyrenées. Les murailles d'Angouleſme tomberent miraculeuſement à ſa preſence. La Thuringe & la haute Allemagne luy furét tributaires. Il inſtitua Paris chef du Royaume de France, deliura & affranchit ſon Royaume de la main des Romains: ce fut à cét illuſtre Roy, que l'Empereur Anaſtaſe enuoya le manteau Imperial, & la Couronne d'or, dont il fit preſent à S. Pierre de Rome. Il veſquit, & mourut ſainctement, & regna quinze ans auant ſon Bapteſme, & autres quinze apres: & fut icy enterré par ſes quatre fils Roys, Theodoric, Clodomire, Childeric & Clotaire, l'an trentieſme de ſon regne.

S ij

Saincte Genouiefue fut enterrée aussi dans la Caue, qui est sous le premier chœur, où sa Tombe est en veneration. Et d'autant que cette Saincte Vierge auoit obligé les Parisiens durant sa vie, & qu'elle continua les mesmes soings apres sa mort, elle attira leurs esprits par la grandeur de ses miracles, & gaigna tellement leurs cœurs par la continuation de ses bienfaits, qu'ils luy offrirent l'Eglise de sainct Piere & de sainct Paul, & voulurent qu'elle portast son nom, puis qu'elle auoit desia l'honneur de garder ses reliques. Elle fut premierement deseruie par des Chanoines, qui s'oublians peu à peu de la modestie qu'ils deuoient à la Sainteté des Autels, & au charactere de leur consecration, obligerent par leurs mauuais deportemens le Pape Eugene, de deputer Suger Abbé de S. Denys pour les reformer. Il en fit vne Abbaye de S. Augustin, qu'il peupla de nouueaux Religieux tirés du Monastere de S. Victor, à laquelle les Papes & les Roys ont donné de tres grands Priuileges.

L'Abbé ne releue que du S. Siege: aux processions publiques il marche à costé de l'Euesque de Paris: & a sa chambre Apostolique esgale en puissance & en Souueraineté à celles des Primats, dont les appels vont directement en la Cour de Rome. Quand vn Pape fait son entrée à Paris, comme il s'est veu du temps de nos Peres, il a luy seul cét aduantage de le receuoir par cette porte murée, qui respond à son iardin, entre les portes de S. Marcel & de sainct Iacques. L'Euesque de Paris ayant esté Sacré dans l'Eglise de S. Victor, suiuant l'ancienne coustume, il est obligé de venir se presenter au Conuent de saincte Geneuiefue, deuant qu'il ait esté receu par les Chanoines de Nostre-Dame, & le Dimanche des Rameaux, à la procession, où il assiste auec Messieurs du Chapitre, il ne porte en sa main, que du buys benist par l'Abbé.

Cette Eglise a pour sa seconde en noblesse & en prerogatiues l'Abbaye de S. Germain des Prez, dont les premiers fondemens furent posez par Childebert fils de Clouis pour y mettre la Tunique de S. Vincent, qu'il auoit apportée d'Espagne, auec vne Croix d'or massif. Il est inhumé derriere le grand Autel: Chilperic fils de Clotaire dans le chœur, & Clotaire à l'entrée du chœur. Elle changea de nom sous

Pepin, & au lieu qu'elle estoit sous le tiltre de S. Vincent, elle fut dediée à S. Germain, lors que par le commandement de ce Prince, le corps de S. Germain Euesque y fut transporté de la Chapelle de S. Symphorien, où il reposoit. Le Pape Alexandre III. persecuté par l'Empereur d'Allemagne, s'estant ietté entre les bras de la France, comme la fille aisnee de la Religion, benist & consacra cette Eglise, & l'exempta de la iurisdiction des Euesques.

L'Abbaye de S. Victor est encore de fondation Royale, de Louys le Gros: ce fut vne Eschole de toutes les sciences sous Louys VII. car apres que deux Conciles l'vn tenu à S. Iean de Latran, l'autre conuoqué à Reims sous Eugene III. eurent ordonné d'instituer des Vniuersitez dans toutes les bonnes villes, Paris voulant faire paroistre son obeyssance à l'Eglise, & l'inclination qu'elle auoit aux lettres, se diuisa en deux partis, comme des contendans dans vne lice; les vns se rangerent en l'Eglise Cathedrale, les autres en l'Abbaye de S. Victor, où parurent bien-tost sur ce Theatre de science, & de vertu les Adam, les Hugues, les Richards, surnommez de

S. Victor, dont il estoient Religieux, tous graues Theologiens, & Professeurs publics. L'Epitaphe d'Adam de S. Victor enseuely dans la Chappelle de S. Denys merite d'estre rapportée.

Hæres peccati, naturâ filius iræ,
  Exilijq; reus nascitur omnis homo
Vnde superbit homo? cuius conceptio culpa,
  Nasci pœna, labor vita, nec sse mori.
Vana salus hominis, vanus decor, omnia vana
  Inter vana, nihil vanius est homine.
Dum magis alludit, præsentis gloria vitæ
  Præterit, imo fugit: non fugit, imo perit.
Post hominem vermis, post vermem sit cinis, heu, heu!
Sic redit ad cinerem gloria nostra simul,
Hic ego qui iaceo miser & miserabilis Adam
  Vnam pro summo munere posco precem,
Peccaui fateor, veniam peto, parce fatenti,
  Parce pater, fratres parcite, parce Deus.

Sainct Loüis, qui sçauoit que la Iustice & la pieté sont deux sœurs germaines, nées d'vn mesme pere, & nourris d'vn mesme laict, comme ses ancestres auoient coustume de rendre leurs iugemens au peuple à la porte de leurs chambres, voulut aussi

S iiij

que la Pieté & la Iustice eussent vn mesme Temple, comme l'honneur & la vertu l'auoient eu proches l'vn de l'autre dans l'ancienne Rome, & fit bastir la saincte Chapelle tout ioignant le Palais, où ceux qui demandent Iustice, & ceux qui sont establis pour la rendre, vont inuoquer le S. Esprit. Les Architectes admirent ses bastimens, & les Vitriers qui ont consideré ses vitres, tiennent pour asseuré que l'vsage & manufacture d'icelle s'en est perduë. La basse & haute Chapelle sont portées l'vne sur l'autre par des Colomnes, qui semblent foibles, sans aucun appuy au milieu : de sorte que l'ouurage est iugé tres hardy, s'il y en a en France, & deça les Monts. Le Thresorier du Chapitre porte la Mitre, l'Anneau, & les autres ornemens Pontificaux, excepté la Crosse, & donne la benediction comme vn Euesque. Les Chanoines recueillent les fruits & reuenus des Regales par la liberalité d'Henry II. qui leur en fit vn present irreuocable ; ses deuanciers ne leur en ayant iamais accordé la iouyssance, que pour certaines années. Mais ce qui rend cette Eglise venerable, sont les Reliques.

S. Germain l'Auxerrois fut fondé par

Clouis à l'honneur de ce grand Prelat d'Auxerre: c'est la parroisse des Roys depuis qu'ils font leur demeure au Louure, comme l'estoit d'autrefois l'Eglise de S. Barthelemy, quand ils logeoient dans le Palais. Henry premier fit bastir S. Martin des Champs, & y fonda vne Abbaye de S. Augustin, en memoire d'vn illustre miracle que ce grand Thaumaturge de France y opera sur la personne d'vn ladre, qu'il guerit par son attouchement. Philippes I. son fils desirant de voir cette Royale maison mieux reglée, la donna à S. Hugues Abbé de Cluny, qui depuis y mit vn Prieur & des Moynes de l'Ordre de S. Benoist. S. Magloire, a esté fondé par Hugues Capet. S. Catherine du Val des Escoliers, où ont fleury les bonnes lettres, Le Prieuré des Blancs manteaux, ou Guillemins. Le Prieuré de saincte Croix, ou des Religieux croisez de l'Ordre de S. Augustin: Le Prieuré de saincte Geneuiefue des Ardens, qui a pris son nom de la guerison de plusieurs malades affligés du feu sacré, gueris par l'intercession de cette Vierge ont esté bastis & fondés par S. Louys aussi-bien que les filles-Dieu. Le Prieuré des Billetes fut basty & renté par Philippes le Bel, à l'occasion d'vn Iuif, qui ayant pratiqué vne femme Chrestienne pour luy mettre entre les mains la Saicte Hostie, transperça ces venerables especes de nostre Redemption de coups de canifs, qui ietterent vne grande quantité de sang, puis les ietta dans le feu, d'où elles sortirent aussi entieres que du ciboire: il les mit dans de l'eau boüillante, qui fut incontinent teinte de sang; & luy remply de rage & de confusion, ne pouuant plus cacher l'enormité de son crime, donna suiet à la Cour de le condamner à estre bruslé tout vif, & sa maison rasée, où le Roy Philippes le Bel, pour rendre le miracle remarquable à toute la posterité, fit bastir & renter cette maison de prieres, où l'on monstre encore le canif teint du sang miraculeux de l'Hostie; tous les premiers Dimanches d'apres Pasques, & l'Hostie fut portée en l'Eglise de S. Iean de Greue, ou elle est religieusement gardée.

Le Prieuré de S. Denys de la Chartre, où l'on croit que S. Denys fut emprisonné, fut donné au Religieux de S. Martin des Champs par le Roy Louys le Gros. Le Roy Robert fonda l'Eglise de

Gallo-Belgique.

S. Nicolas des Champs, où il alloit ordinairement chanter au cœur auec les Prestres. Les SS. Innocens sont aussi de fondation Royale. Les Iuifs ayant crucifié vn petit enfant durant le regne de Philippes Auguste, furent bannis de France, & leur habitation confisquee à Dieu, où a esté bastie cette belle Parroisse, qui a vn cimetiere bien remarquable, enceint de tous costez d'vn cloistre, où l'on tient que les corps sont consommez en huict iours.

Il y a plusieurs autres parroisses que le voyageur curieux pourra voir, comme de S. Eustache, qui est la plus grande de Paris: de S. Merry où il y a des Chanoines, de S. Geruais, qui estant trop grande, & si peuplee, qu'elle ne pouuoit exercer ses fonctions, obligea l'Euesque de Paris l'an 1212. d'eriger S. Iean de Greue en vne autre parroisse, pour la soulager. S. Paul, où les Roys alloiēt d'autresfois ouyr la Messe, comme Paroissiens, & où les cheualiers de leur Cour posoient leurs Enseignes & leurs blasons, au sortir des ioustes & des tournois, qui auoient de coustume de s'ouurir dans la ruë de S. Antoine pour le plaisir des Dames, deuant que l'esclat d'vne lance eust arrachée l'ame par les yeux à

Henry II. & eust fait tomber sous ses ruines l'Hostel des Tournelles. Il y a plusieurs autres parroisses, que nostre voyageur pourra voir à son loisir, & recueillir vn grand nombre d'Epitaphes illustres, qui valent bien autant pour le moins, que ces vieilles reliques que Gruterus a ramassées auec tant de diligence dans les cendres de l'Antiquité.

LES MONASTERES.

LA seconde iournée comme elle ne peût mieux estre employée, qu'à la visite des Monasteres, qui sont les Archiues du Ciel, où se gardent les instrumens publics & animez de la maison de Dieu, les actes de son Fils, & les veritables copies de son dernier Testament; aussi ne peût elle estre plus heureusement commencée, que par la maison des Chartreux: où l'obeïssance repare le Paradis Terrestre, que la Desobeïssance auoit perdu; & où la grace rend solitaires ceux que la nature auoit faits sociables. Ie m'asseure que les personnes, qui entrent dans ce lieu auec vn esprit libre & desinteressé, auoüeront que cette saincte horreur, que le silence leur imprime, leur donne vne satisfaction qu'ils ne sçauroient exprimer par paroles, & qu'en voyant la modestie de ces grands hommes qui psalmodient dans vn cœur d'Eglise, ils les prendront pour des statuës immobiles, & considerants les eleuations de leurs ames, ils les prendront pour des pures intelligences, qui n'ont point de cōmunication auec les impuretez de la terre.

S. Loüis sollicité par le Prieur de la grāde Chartreuse, retira ces bons Religieux de Gentilly où ils estoient, pour les loger en l'Hostel Royal de Vauuert, où ils sont à present. Cét Hostel estoit bien si infecté de fantosmes & de Lutins, que les tesmoignages nous en restent encore dans le prouerbe du Diable de Vauuert: mais comme les oyseaux de nuit, & les animaux de carnage se retirent dans leurs terriers, & dans leurs trous au leuer du Soleil, n'ayants pas l'asseurance de paroistre deuāt ce bel astre: de mesme ces Esprits de tenebres quitterent la place aux enfans de lumiere, & ne peurent souffrir l'esclat de leurs vertus. Les femmes n'en osent approcher, & s'il y a quelqu'Adam dans ce nouueau Paradis, il ne doit point craindre les suggestions du Diable, ny les sollicitations d'Eue : l'vn en est chassé par les prieres & par le ieusne, & l'autre en est repoussée par les retranchemens des murailles & de la regle.

Ce qu'on y void de plus auguste, sont les Tombeaux de tant de Seigneurs, Archeuesques, Euesques, Presidens, Conseillers, qui ont choisi leurs sepultures dans ce Monastere, auprès des saincts qui estant morts au monde & à eux mesmes, viuent à Dieu : & ont renoncé à l'vsage de la vie commune, deuant que d'auoir abandonné le corps : & se sont renfermés dans vn sepulchre, pour y prendre vne nouuelle naissance. On y peut lire l'histoire espouuantable de ce miserable Docteur, dont la damnation a seruy de motif & de cause au Salut de plusieurs, representée sur les murailles du petit cloistre. Les cellules si bien partagées pour l'habitation des Religieux, les cloistres, le Preau, les Offices, & toutes les dependances de cette maison des Saincts vous donnent de la deuotion, & vous remplissent l'ame de precieuses images, qui valent incomparablement plus que toutes les beautés du Cours.

Ce fut aussi S. Louys qui fit bastir le Conuent des Freres Prescheurs, d'où sont sortis les Alberts, les SS. Thomas, & tant d'autres soleils, qui ont esclairé l'Eglise par la lumiere de leurs escrits, & eschaufé les ames par le feu de leurs discours. Vne partie de cette maison estoit d'autrefois le lieu du Conseil de la ville, & l'on void encore vn vieux logis, qui s'auance dans les fossez, entre la porte de S. Michel, & celle de S. Iacques, qu'on nomme *Le Parloir aux Bourgeois*, parce que ce fut là que les Bourgeois de cette grande ville parlementerent auec le Seigneur de l'Isle-Adam, pour receuoir Charles VII. leur Prince Legitime, & renuoyer l'Anglois dans ses Isles, comme vn iniuste vsurpateur de la Couronne. Il faut entrer dans l'Eglise, & visiter les chapelles, pour y voir les sepulcres de plusieurs Roys & Princes du sang de France: La statuë de Charles frere du Roy Philippes de Valois, qui est de marbre blanc, esleuée en armes auec la cotte semée de fleurs de lys, & en pur chef, sur vn pilier, entre deux Escuyers. La tombe où furent inhumees les entrailles du Roy Philippes le vray catholique, comme porte l'inscription, les trois premiers Princes de Bourbon, Robert, Louis premier & Pierre, formés en alabaître : & le tombeau de Humbert de la Tour Prince

Dauphin, qui renonçant aux grandeurs de la terre, pour viure dans vn Cloiſtre, donna le Dauphiné de Viennois à la Couronne, à condition que l'heritier preſomptif du Royaume, en ſeroit le Seigneur ſouuerain par les droits de ſa naiſſance, & qu'il porteroit le tiltre de Dauphin auec la qualité de fils aiſné de France.

Les Reformez du meſme Ordre ont vn autre Conuent dans le fauxbourg de ſaint Honoré, dont l'Egliſe eſt grande & ſpatieuſe, l'Autel richement trauaillé les chapelles bien parées : & particulierement celle de S. Hiacynthe garnie d'vne grande quantité de tableaux, qui ſont les vœux ou les recognoiſſances de ceux que cet illuſtre ſainct a guery des maladies, ou ſauué dans les dangers, par ſes fauorables interceſſions.

Les Cordeliers furent fondés par le meſme S. Loüis, qui les tira du lieu, où eſt maintenant baſty le College de Nauarre, pour les mettre plus commodemét auprés de la porte de S. Germain, dans cette auguſte maiſon, qui eſt la depoſitaire de pluſieurs Roys, Princes, Seigneurs, & gens de Iuſtice inhumez dans ſes Chapelles; l'Eſchole publique, & l'Academie communs mune de l'Ordre où l'on a veu iusqu'à sept cés Religieux assemblez des quatre coings du monde pour vacquer aux bonnes lettres: & la pepiniere, d'où sont sortis tant de grands hommes, qui ont esté portez aux premieres dignitez de l'Eglise, & quelques vns mesme sur le Siege de sainct Pierre, Vicaire de Iesus-Christ. Nicolas de Lyra, qui a si doctement interpreté le corps de l'Escriture saincte, repose dans le Chapitre, sous vne tombe de marbre eleuee enuiron d'vn pied de terre.

Les Augustins sont encore redeuables au plus sainct des Roys de France, pour les auoir establis dans le lieu qu'ils possedent, & leur auoir donné la place, qui estoit aux Templiers, deuant qu'ils eussent esté condamnez, & leurs terres & possessions confisquées, par l'authorité d'vn Concile Oecumenique tenu à Vienne en Dauphiné sous le regne de Philippes Auguste. Henry III. voulant recognoistre deux excellens benefices, qu'il auoit receus de Dieu, qui l'auoit honoré des Couronnes de deux Royaumes, le propre iour de la Pentecoste, a vn an l'vne de l'autre, celle de Pologne l'an mil cinq cens soixante & treze, par l'election des Estats du mesme Royaume, & celle de France l'an mil cinq cens soixante & quatorze par la succession du Roy Charles IX. son frere decedé sans enfans legitimes, institua l'Ordre des Chevaliers du S. Esprit dans l'Eglise des Augustins l'an mil cinq cens septante huit. Le nombre des Chevaliers est de cent, sans conter les Ecclesiastiques, qui sont quatre Cardinaux, le Grand Aumosnier de France, & quatre autres Prelats: ny les Officiers du mesme Ordre, le Chancellier, le Grand Preuost Maistre des Ceremonies, le Grand Thresorier, & le Greffier. Tous lesquels ont esté institués sous le tiltre de Commandeurs, parce que le dessein du Fondateur estoit de leur donner les meilleures & les plus opulentes Abbayes de France, en tiltre de Cômanderie, si le Clergé ne s'y fust point opposé. Il y a aussi vn Heraut d'armes, & vn Huissier, qui portent le cordon noir, au lieu que les autres le portent bleu.

Le Roy chef de l'Ordre fait vœu de viure & mourir en la foy de l'Eglise Romaine: De maintenir l'Ordre de tout son pouuoir, & de ne souffrir point qu'il soit amoindry. De iamais n'alterer les statuts, de n'en dispenser point les Cheualiers, particulierement de l'obligation qu'ils ont de receuoir le precieux corps du Fils de Dieu en la communion, le premier iour de l'an, & à la Pentecoste: ny du statut, qui porte qu'ils soient Catholiques, & Gentilshommes de trois races paternelles, dont ils font preuue. Les Cheualiers & Commandeurs font aussi voeu de viure & mourir dans le sein de l'Eglise Romaine: de rendre vne tres fidelle & tres prompte obeissance au Roy; de deffendre son honneur, ses droits & les querelles: de le seruir en temps de guerre auec l'equipage de cheualier, & toutes les fois qu'ils seront mandés par sa Maiesté: de n'abandonner iamais sa personne, ny le lieu où ils auront commandement de seruir, sans expresse permission escrite ou signée de la main de sa Maiesté: de ne prendre gages ny presens, ny receuoir estat d'aucun autre Prince, ny s'obliger à personne du monde sans son congé; de porter la croix d'argent cousuë en leurs habits, & celles d'or au col. Le collier est d'or entrelassé de flammes, & de chiffres du Roy; l'image du S. Esprit representé sous la figure d'vne colombe est eleuée au milieu de la croix, qui en depend. On void les Tableaux de quelques promotions dans vne chapelle des Augustins, où elles se sont faites.

Les voyages d'outre mer du mesme S. Loüis ont fait cognoistre à l'Europe, les Religieus de nostre Dame des Carmes; & les ont tiré de la Palestine, où ils estoient cachés dans les grottes du mont Carmel, pour les exposer comme des flambeaux à la veuë des peuples. Ce bon Prince, qui taschoit par tous moyens d'amplifier le Royaume de Iesus-Christ, au mesme temps qu'il combatoit contre les Indelles auec les armes & le courage de sesSoldats, leua ces Religieux comme vne compagnie d'eslite, les conduisit en France, & leur assigna ce beau Conuent, qu'ils ont dans la place Maubert, d'ou ils se sont respandus par tous les Royaumes voisins, pour maintenir les Chrestiens dans leur deuoir, & gaigner les pecheurs à Dieu par les armes de la parole & de l'esprit. Ce fut encore luy qui fonda le Monastere des Mathurins, dont le but principal est de retirer les pauures esclaues des fers & de la seruitude des Mahometains. C'est là que l'Vniuersité s'assemble pour ses processions.

Les Celestins, qui furent fondés par

Charles V. proche de l'Arsenal, (pource que les armes de France qui sont soustenuës par les oraisons des gens de bien, ne combattent iamais plus glorieusemét que sous les estendars du Seigneur des armees) ont vne maison aussi belle en son Architecture, que glorieuse en son Cloistre & en ses iardins : & vne Eglise aussi magnifique en ses Tombeaux, que deuote en ses Ministres. Le plus bel ornement de ce S. lieu, c'est la Chapelle d'Orleans, où l'on void au milieu le Tombeau de Loüis de France Duc d'Orleans, Fondateur de la Chapelle, & de Valentine de Milan sa femme, & de Charles Duc d'Orleans & de Philippes d'Orleans Comte de Vertus ses fils, qui ont leurs statuës couchées sur vn Tombeau d'vn tres beau marbre, si subtilement trauaillées, qu'on les prendroit plustost pour les Originaux, que pour les Portraits, si la main ne corrigeoit la deception de l'œil. On raconte de ce Charles fils de Loüis, qu'il auoit de coustume tous les Vendredis de donner à disner à treize pauures, leur lauant les pieds deuant que de se mettre à table. Son fils Louis XII. Roy de France surnommé *Pere du Peuple*, voulut que son cœur fust mis aprés sa mort, auprés des corps de ses parens, où estoit le meilleur de son thresor. Sa deuise estoit vn Porc-espic, qui auoit esté l'Ordre de son Pere; mais qu'il abolit, ne la receuant que pour deuise auec ces mots, *Cominus, & Eminus*, donnant à entendre qu'il se defendroit & de pres & de loing, contre ses ennemis qui voudroient attaquer ses Estats.

Quiconque voudra parcourir toutes les Epitaphes, les Armes, les Chifres, & les Deuises des autres Princes, dont les corps, où les cœurs reposent dans cette Eglise, il apprendra beaucoup de choses, & confessera qu'il y a quelquesfois plus de plaisir, & plus d'vtilité de viure auec les morts, que de conuerser auec les viuans. On y void la deuise de François I. qui fut vne Salamandre dans les flammes auec ces paroles *Nutrisco, & extinguo*, parce que cét animal, à ce qu'on dit, est d'vne nature si froide, qu'il passe à trauers le feu, sans se brusler, & quelquefois l'esteint : Symbole de la generosité de ce grand Prince en toutes ses entreprises. Celles d'Henry II. & de sa femme la Reine Catherine de Medicis, dont l'vn portoit vn Croissant, animé de ces mots *donec totum impleat or-*

lem : pour monstrer que comme la Lune croist tousiours, iusqu'à ce qu'elle soit dans vne rondeur parfaite, de mesme son courage ne se proposoit autre lieu de repos, que les limites du monde, pour borner ses conquestes, & finir ses trauaux : L'autre auoit vn arc en Ciel, auec ces mots Grecs. φῶς φέροι, ἠδὲ γαλήνην, qui promettoient la lumiere & la serenité dans les affaires obscures & embroüillées de l'Estat par le mesme signe que Dieu prit, pour donner la paix aux hómes : Celle de François II. vne colomne ardente descrite par ces paroles, *lumen rectis*, signifiant que Dieu enuoye tousiours sa lumiere aux vertueux, pour leur seruir de guide, comme il donna la colomne de feu dans les nuées au peuple d'Israël, pour les conduire dans la Terre promise, & sous chascune le cœur de son Prince. C'est icy que vous pouuez aborder les plus grands Monarques, sans crainte d'estre repoussez par les Gardes du corps, qui vous feront cette leçon profitable, pour la direction des mœurs, que la felicité des hommes est passagere, & que rien ne nous profite apres la mort, que les vertus de nostre vie.

Ie m'asseure que l'effigie de l'Admiral

Chabot, qui est à main gauche dans la chapelle d'Orleans, releuée en marbre, auec ses armes, les deux colliers des Ordres de S. Michel, & de la Iartiere d'Angleterre, son Ancre, & son balon, qu'il portoit pour deuise, vous fairont cognoistre qu'il n'y a point de plus fortes armes, que l'innocence, pour abbatre la calomnie des enuieux. Mais cette superbe colomne appuyée de trois statuës de bronze, sous laquelle repose le cœur d'Anne Duc de Montmorancy, Pair, Marechal, Grand Maistre, & Connestable de France vous tesmoignera l'estime que faisoit Henry II. de ses seruices, ayant voulu que leurs cœurs fussent inhumez dans vn mesme lieu. En voicy l'Epitaphe.

Cy dessous gist vn cœur plein de vaillance,
Vn cœur d'honneur, vn cœur qui tout sçauoit,
Cœur de vertu, qui mille cœurs auoit,
Cœur de trois Roys, & de toute la France.
Cy gist ce cœur qui fut nostre asseurance,
Cœur qui le cœur de Iustice viuoit,
Cœur qui de force & de Conseil seruoit,
Cœur que le Ciel honnora dés l'enfance,
Cœur non iamais, ny trop haut, ny remis,
Le cœur des siens l'effroy des ennemys,

Cœur qui fut cœur du Roy Henry son
Maistre,
Roy qui voulut qu'vn Sepulchre commun,
Les enfermast apres leur mort, pour estre
Côme en viuant deux mesmes cœurs en vn.

Comme si ces bons Peres estoient tout cœur pour la France, où qu'ils possedassent les cœurs de tous les Grands, ou que semblables aux Aigles ils ne voulussent que les cœurs, sans rechercher les corps, vous ne voyez dans le chœur, & dans la nef de leur Eglise, & dans le Chapitre, que des Tombeaus de cœurs, comme de Iean Roy de France, de Ieanne de Bologne sa femme, de Ieanne de Bourbon Reine de France, de Marie d'Espagne Comtesse d'Alençon, de Louys d'Eureux son fils, de Philippes le Bon Duc de Bourgogne, du Cardinal de Foix, de Charles d'Amboise, des Seigneurs de Luxembourg: où s'ils ont quelques corps, on peut dire qu'ils ont renfermé de grands cœurs, comme de Leon de Luzignan Roy d'Armenie representé en marbre blanc, au costé gauche du grand Autel, ayant en teste la couronne d'or à hauts fleurons, & le sceptre en main, couché sur vn tombeau de marbre noire, les Seigneurs de S. Gelais, le Marquis de Noirmonstier qui fut doüé de toutes les vertus, qui semblent estre propres & naturelles à l'illustre sang de la Tremoille, d'Alexandre Stuart Duc d'Albanie, de Timoleon de Cossé, de François d'Espinay Seigneur de S. Luc, & de plusieurs autres que nostre voyageur doit voir & remarquer, comme vn riche subiect d'histoire, & vne ample matiere d'entretien pour les doctes.

Ie suis pressé de courir d'vne extremité de ville à l'autre, pour voir les Minimes de la place Royale auec leur bel Autel: Les Capucins du Fauxbourg S. Honoré, où sont enseuelis dâs l'enclos du sanctuaire le Pere Ange de Ioyeuse, & le Pere Ioseph, l'vn remarquable pour auoir procuré le bien de l'Estat par ses negotiations publiques, & l'autre loüable pour s'estre deliuré des miseres du monde par vne humble retraite, tous deux nous enseignans qu'on peut aller à Dieu, par des chemins qui nous semblent contraires. Les Fueillans, qui ont vne des plus belles Eglises de Paris, encore que celle de la Maison Professe de Peres Iesuistes l'emporte de beaucoup ; car il ne faut que ietter l'œil sur ce frontispice, considerer ce Dome, mesurer ces grandes galeries, qui regnent tout autour de l'Eglise, contempler ces statuës animées par la main du Sculpteur, embrasser ces colomnes de marbre, estudier ces tableaux, s'agenouiller deuant le grand Autel, s'approcher auec respect de ce beau Tabernacle, où l'art & la matiere contestent pour l'honneur de la piece, enfin il ne faut que regarder ces voûtes, ces frises, ces piliers, ces coronemens, & s'arrester deuant la chaire du Predicateur, où les yeux reçoiuent vn merueilleux contentement à la veuë de cét ouurage, à mesure que l'oreille est charmée par la parolle de verité qu'on y presche de bonne grace, pour iuger que ce sont les liberalitez d'vn Roy tres magnifique & tres Chrestien.

Pour les Monasteres de filles, iamais on n'en vid tant, ie crois que ce sont les onze mille Vierges, elles croissent comme les reiettons des arbres, pour vn qu'on coupe, il en vient deux, ie ne conseille pas à mon voyageur de les visiter toutes, il n'auroit iamais fait, & s'il se trouuoit vne fois engagé dans le recit des particularitez de son voyage, pour satisfaire à leur curiosité, il pourroit bien s'arrester pour long temps, sans passer outre. Vous en auez neantmoins quelques-vnes des plus remarquables, qu'on peut voir à loisir côme celles de l'Aue Maria, où repose le cœur de Dom Antonio Roy de Portugal qui mourut à Paris, l'an 1595. & au dessous l'on void l'effigie de Charlote Catherine de la Tremoilie, Princesse de Condé, fille de Louis III. Seigneur de la Tremoille, premier Duc de Thoüars, & de Ieanne de Montmorency; espouse d'Henry de Bourbon Prince de Condé: & Mere d'Henry de Bourbon aussi Prince de Condé, premier Prince du Sang, & premier Pair de France, qui voulut estre inhumée dans la Chapelle, qu'elle auoit fait bastir. Vous auez les Filles-Dieu, les Cordelieres, les Clairines, les Carmelines, les Filles de S. Marie, les Religieuses du Caluaire, les Filles Bleües, & vne si grande quantité d'autres, qu'il en faudroit faire vn grand Registre pour les nommer. Mais ie m'oubliois de vous mener au Temple.

C'est vne espece de ville ceinte de murailles, & garnie de tours, où logeoient les anciens Templiers, deuant qu'ils eussent esté supprimés au Concile de Vienne, pour leurs crimes enormes, & leurs biens confisqués, comme nous auons dit. Nos Roys se seruants de cette occasion, occuperent la place, comme vaquante par la mort ciuile de ses premiers possesseurs, y establirent leur demeure, & de la grosse Tour qui s'eleue au milieu des autres en firent leur Thresor & leurs Archiues pour la garde de leurs papiers: jusqu'à ce qu'ils en gratifierét les Cheualiers de Malthe, qui l'ont embellie de plusieurs bastiméns: où ils celebrent les Assemblés & Chapitres de l'Ordre sous l'adueu du grand Prieur de France, & y tiennent continuellement vn certain nombre de Religieux, pour faire le seruice diuin. Henry IV. ayant destiné Alexandre Monsieur son fils naturel à cet Ordre, le fit receuoir dans l'Eglise du Temple, auec vne somptueuse ceremonie où se trouuerent les Grands Prieurs de France & de Champagne, accompagnez de douze Commãdeurs, & de seize Cheualiers, & de tout ce qu'il y auoit de plus beau dans Paris, comme les Princes & les Princesses, les Cardinaux, le Nonce du Pape, plusieurs Euesques, les Ambassadeurs d'Espagne, & de Venise le Connestable, le Chancellier, les sept Presidens du Parlement, les Cheualiers du S. Esprit, les Ducs, Pairs, & Officiers de la Couronne. Ceux qui ont de l'inclination pour le Sepulchre du fils de Dieu, en peuuent voir icy la veritable expression, auec la porte, la petite fenestre, le paruis & la voute, dans les mesmes dimensions, qu'elles se voyent dans le Caluaire, où elles ont esté coprées, pour la deuotion des François, qui estant les Gardiens hereditaires des lieux de nostre Redemption, ont esté curieux d'en auoir le plan dãs la Capitale de leur Royaume, comme d'vne ancienne possession, qui est iointe aux terres de leur domaine. On y void encore les Tableaux de tous les Grands Maistres de l'Ordre, & le Portail fait assez cognoistre par les armes de quelques Grands Prieurs, que c'est la Maison des Cheualiers.

LES HOSPITAVX.

AYant visité les pauures d'élection & de volonté, nostre Voyageur employera la troisieme iournée a la visite des pauures par fortune & par necessité. Charlemagne ce grand Pelerin, qui faisoit gloire d'aller auec le camail & le bourdon planter sur le Sepulchre des Apostres les trophées des victoires qu'il auoit remportées sur les ennemis de la Religion auec l'espée, fit bastir l'Hospital de S. Iacques en la ruë S. Denys, pour y receuoir les Pelerins qui vont en Compostelle. S. Loüis fonda les Quinze-vingt: car ce seroit pecher contre la pieté de nos ancestres de parler autrement, pour les trois cens Cheualiers Chrestiens, a qui les Infidelles auoient croué les yeux. C'est vne merueille de ces Aueugles, qu'ils sachét mieux comter les ruës de Paris, que les Commis des Postes pour la distribution des lettres: & que sans autre guide que d'vn baston, ils se rendent dans les Eglises sans iamais se fouruoyer; qu'ils sachent toutes les stations toutes les Indulgences, toutes les grandes & petites festes, & particulierement toutes les oraisons de l'Eglise propres à chasque iour de l'année auec plus de perfectiõ que ceux qui sont obligez de les apprendre par le deu de leur charge.

Les premiers fondemens de l'Hostel-Dieu furent aussi iettés par S. Loüis l'an mil deux cens cinquante huit, & depuis Messire Antoine du Prat, premierement Chancellier de France, & apres Cardinal

& Legat en ce Royaume, le fit accroistre vers le costé du Nort, où est la Sale, qu'on nomme du Legat, & y donna de grands biens tant pour la nourriture des malades, que pour l'entretien des Religieuses, qui en ont le soin. C'est vn des plus beaux & des plus riches Hospitaux de la France: le grand nombre des pauures qu'on y porte de tous costez, les excessiues despenses qu'on y fait auec la diligence des Medecins, Apotiquaires & Chirurgiens sont incroyables à ceux qui n'ont pas veu les comptes. Il fait beau voir les femmes des Orfeures parées comme des Temples materiels, seruir le iour de Pasques aux Temples viuans de Dieu, en vaisselle d'argent.

Il y a de plus les Hospitaux du S. Esprit, des Enfans Rouges, & de la Trinité pour les pupilles, où ce pauure petit peuple est nourry, eleué, instruit & auancé iusqu'à vn aage capable de quelque honeste mestier qu'on leur fait apprendre. Les Enfans trouués, les Ladres, les Innocens & les fols, y ont aussi leurs Hospitaux, & leurs aumoines. Mais vn des mieux reglés, c'est l'Hospital des Freres de la Charité: où ces braues Religieux animés d'vn courage heroique, heroïque, & d'vn esprit de Martyre, vsant leur vie au seruice des pauures, & font paroistre que l'ignorance qu'ils affectent dãs les cognoissances humaines, est vne science consommée en l'eschole de la croix. C'est là que vous voyez les Illustres Dames de Paris incitées par leurs exemples, se porter aux plus malades, & sentir la puanteur auec plus d'agreement qu'elles ne prenent l'air de la Cour, & des parfums. C'est là que vous voyez les plus rares beautez triompher de la vanité par ses propres armes, & celles qui ont vn monde de seruiteurs à leur suite, se faire les chambrieres des pauures. La neteté des Sales, la propreté des licts, le bel ordre des seruices addoucissent vn peu la difficulté que des complexions tendres & delicates pourroient ressentir dans ces exercices: & les sermons qui s'y font tous les Vendredis de l'année, auec la veneration qu'on rend à la memoire de ce Bien-heureux Prestre le Pere des pauures, le Sauueur des Criminels, & l'ornement de nos jours, dont le Tombeau paroist aux yeux des spectateurs comme vn trophée de charité, occupent les sens, & gaignent les esprits, pour ne cognoistre & ne gouster que

V

les plaisirs de la vertu. Celuy de S. Louïs marque par la magnificence de ses bastimens, pauillons, cours, fontaines, & corps de logis separez, que c'est l'ouurage d'vn Roy, grand de courage, & de nom, Henry IV. qui le fonda pour les pestiferez.

LES COLLEGES.

LE quatriesme iour est destiné pour voir les Colleges qui composent le corps illustre de l'Vniuersité. Pour donner quelque Idée de cette florissante Academie à nostre Voyageur, ie conuocquerois volontiers toutes les sciences dans quelqu'vne de ses maisons, pour les entendre parler par leur bouche de ce docte Theatre, où elles ont paru, & paroissent encore auiourd'huy dans leur perfection, iettant les lumieres dans les esprits, & le feu dans les cœurs. La Theologie me presenteroit les sainctes Escritures clairement interpretées, les Conciles sainement entendus, les Peres doctement expliqués, & tous les mysteres du salut & de la grace retirez de l'ignorance & de l'oubly. La Philosophie auoüeroit qu'elle a trouué dans Paris, ce qu'Esdras recerchoit si curieusement dans la Iudée, qu'elle a mesuré les Cieux, aulné les vens, pesé le feu, comté les veines de l'abysme, & nombré tous les mouuemés du cœur humain. L'Eloquêce se glorifieroit d'y estre appliquée à des vsages plus honnestes & plus vtiles, qu'au temps, qu'elle ne seruoit qu'à decrediter les vertus, authoriser les vices, & corrompre le monde par les charmes de sa parole. Et toutes les lettres s'iroient ietter entre les bras de nos Docteurs, & se reposer dans leur sein, comme ceux qui les ont rappellées dans les grandes villes, d'où elles auoient esté chassées par les mœurs corrompues, & par les heresies des siecles.

Ie voudrois parcourir les nouueaux mondes, pour apprendre que ce sont les enfans de cette digne Mere la premiere Vniuersité de France, qui ont porté le flambeau de la Foy parmy les plus espesses tenebres de la Gentilité, qui ont amplifié le Royaume de Iesus-Christ par la conqueste d'vne infinité de Prouinces, & qui ont porté Dieu en triomphe sur le chariot de leurs predications, animeés de leurs voix & de leurs plumes, dans les esprits & dans les cœurs des peuples qui ne l'auoient iamais cogneu. I'ouurirois toutes les bibliotheques

& produirois au iour plus de six cens mille volumes, qui portent le nom de la sacrée Faculté de Paris : Ie prierois les Parlemens & les Cours de Iustice de me donner l'entree dans leurs Compagnies pour leur faire auoüer, que c'est de ce grand Soleil qu'ils ont receu les lumieres de l'erudition, qu'ils vôt tous les iours resp̄ ād̄ās sur la teste des peuples : Ie me presenterois à la porte des maisons Religieuses, où i'aurois cette consolation de comter autant d'Anges incarnés, & autant de copies de Iesus voyageur sur la terre, & attaché en croix, que de bons Religieux, qui ont receu les premiers commencemens de S. Bruno, de S. Thomas, de S. Bonauenture, de S. Ignace, & de plusieurs autres Fondateurs éleués dans cette Eschole. I'assemblerois les Conciles œcumeniques, où i'entendrois parler le langage de la Sorbonne au S. Esprit par la bouche des Papes, des Legats, des Euesques, & des Prelats, qui composent ces assemblees : & enfin ie m'en irois tres volontiers par toutes les ruës de Paris, pour trouuer en la personne de nos Docteurs, & de nos Bacheliers la verification du tesmoignage de l'Apostre des nations, que la parole de Dieu a recouuré de nos iours la liberté, qu'elle sembloit auoir perdue aux siecles passez, pour se respandre dans les esprits des grands & des petits, des ieunes & des vieux, & trouuer par tout autant d'honneur que de docilité.

L'Vniuersité estoit d'autrefois respandue par tous les quartiers de la ville, comme nous apprenons du College des Bonsenfans en la ruë S. Honoré, de l'Eglise de S. Germain l'Auxerrois, qu'ō appelle l'Eschole : du Prieuré de S. Catherine, qu'on surnomme du Val des Escholiers, & de plusieurs Monasteres, où le Recteur fait les processions, comme en des membres du corps de l'ancienne Vniuersité. Mais depuis que Ieanne Reine de Nauarre femme de Philippes le Bel, eut fait bastir le College somptueux & superbe de Nauarre, tous les Docteurs choisirent ce mesme quartier, cōme le plus propre aux gens de lettres, estant plus eleué. Le College de Sorbonne est plus ancien, qui fut basty par Robert de Sorbonne familier du Roy S. Louis, & qui a esté refait auec plus de magnificence, par les liberalitez du defunt Cardinal de Richelieu, où il repose dans l'ancienne Eglise, attendant que la nouuelle soit acheuée où ce grand Promoteur de la gloire de l'Eſtat, & des droits de la Sorbonne, auoit choiſi ſa ſepulture.

Les Ordres Religieux des Bernardins, de Premontré, de Cluny, & des Mandiens, y ont leurs Eſcholes, pour l'inſtruction de leurs Religieux. Ceux de Harcour, des Choſets, du Cardinal le Moine, de Bayeux, de Preſle, de Montagu, des Dormans où de Beauuais, de Narbonne, de Bourgongne, du Pleſſis, d'Arras, des Lombards pour les pauures Eſcholiers d'Italie, de Tours, d'Autun, le Mignon, de Cambray, de Boncourt, de Tournay, de Iuſtice, de Boiſſy, de Damuille, de Geruais, de Cornuailles, de Fortet, de S. Michel, de Trequier, de Leon, de Liſieux, de Reims, de Rhetel, de Coqueret, de la Marche, de Sees, du Mans, de S. Barbe, des Allemans, des Graſſins, portent les noms & les tiltres de leurs Fondateurs, Abbés, Chanoines, Eueſques & Cardinaux. Celuy des Peres Ieſuiſtes fondé par Guillaume du Prat Eueſque de Clermont, eſt vn des plus beaux, & des plus frequentez, où ils ont vne riche Bibliotheque, dreſſee du debris de pluſieurs autres, & d'vne grande quantité d'Eſcholiers, qui prénent auec les belles lettres les principes de la plus sincere deuotion.

LES PALAIS ET CHAMBRES
DE IVSTICE.

FRançois premier ne pût rien monstrer à l'Empereur Charles-quint de plus magnifique, & qui fit mieux paroistre la grandeur & la gloire du Royaume de France : & ie ne sçaurois aussi voir rien de si auguste, que le Parlement de Paris, où il semble que la maiesté du vieux Senat Romain, que cet Ambassadeur d'Epire prenoit poer vne assemblee de Dieux mortels, se soit iointe auec l'integrité de l'Areopage d'Athenes, pour former vn Temple à la Iustice Françoise, proportionné à la dignité de sa personne, & aux merites de ses Officiers. Le Palais où se tient le Parlement fut basty sous le Roy Philippes le Bel, qui rendit ce Parlement sedentaire, par Enguerrand de Marigny Surintendant des Finances: le bastiment en est fort beau, & d'vne grande estanduë : on y void vne fort belle salle, voûtee & soustenue par vn rang de piliers, dite la sale des Procureurs, qui fut rebastie apres l'embrasement de l'an mil six cens dixhuit. La

Table de Marbre y fut consumée: c'estoit vne des plus belles pieces de l'Europe, où le Connestable, les Mareschaus, & l'Admiral auoient leur Iurisdiction, comme ils l'ont encore, & où les Roys venoient faire le festin de leurs nopces, & de leur premiere entrée dans cette grande ville. Les statuës des Roys y estoient auparauant releuées en leur proportion naturelle, auec celle du mesme Enguerrand, qui fut pendu & estranglé au gibet de Mont-faucon, pour le mauuais mesnagement des deniers du public, & son effigie fut roulée tout le long des degrés, où elle estoit posée aux pieds du Roy son Maistre dans vne niche. Il reste encore vne image du mesme, contre vne Tour, prés de ce petit escalier, qui conduit dans la grande Salle, auec ces deux vers grauez sur la pierre.

Chascun soit content de ses biens,
Qui n'a suffisance, n'a rien.

Dans cette Salle il y a des Libraires comme en celle de Rome, & tout au tour du Palais il y a de grandes galeries pleines de boutiques, comme on dit qu'il y en auoit cent dans celuy de Constantinople.

Ce Parlement est composé de la grande Chambre, de cinq chambres des Enquestes, de deux des Requestes, de la Tournelle, & de la chambre Royale. C'est dans la grand Chambre, qu'on nomme aussi la chambre dorée pour auoir esté lambrissée de culs de lampes dorez d'vn merueilleux artifice, par Louys XII. Pere du peuple, où le Roy tenant son lict de Iustice est assis dans son Throsne ayant les Pairs Ecclesiastques & seculiers à ses costez: c'est là que les Conseillers & Aduocats prestent le serment, deuant ce beau Crucifix qui est posé sur la teste des Iuges, côme le tesmoing de leurs intentions, & le côtroolleur de leurs Arrests: C'est là qu'ô a d'autrefois veu des Princes courônés plaider leurs causes, & soûmettre vne partie de leurs Estats à l'authorité de ces venerables Senateurs, qui n'ont des yeux que pour penetrer dans les interests de la vertu, ny des mains que pour punir le vice. C'est là qu'aspirent tous les autres Conseillers des Enquestes, comme au sommet des grands honneurs, où ils arriuent bien tard chargés d'age & de merites, lors qu'vne longue experience consommée dans les affaires les a rendus capables de tout, & qu'ils semblent estre confirmés dans la grace de l'incorruptibilité par l'espreuue des grandes occasions.

Cette auguste compagnie a des Presidens, des Conseillers, des Aduocats, & Procureurs Generaux, qui font paroistre la force de leur esprit dans leurs iugemens, comme les Aduocats, qui plaident à leurs pieds, font voir tous les iours la Maiesté de l'Eloquence dans ses Triomphes. Ie ne peux passer sous silence le Priuilege, qu'ōt receu des Papes, Messieurs de la Cour, de pouuoir tenir des benefices en vertu de leurs Indults, l'Eglise les recognoissant comme ses Prestres, qui font sur leurs sieges les mesmes fonctions, que les autres font à l'Autel: & qui exercent le propre mestier du Fils de Dieu, qui est de Iuger les hommes en qualité de ses Assesseurs: dont les autres renouuellent tous les iours les derniers actes de sa vie, & distribuent à ses enfans le fruit de son heritage, comme ses executeurs Testamentaires. Les Roys leur donnoient anciennement des robes neuues en estrenes, pour leur apprendre qu'ils prenoient de leur main le vestement d'honneur, qui les defendoit de toutes sortes d'iniures, & qu'ils se des-

Gallo-Belgique.

poüilloient de leurs propres interests, pour prendre les interests du Prince & du public. Leurs Arrests sont comme des Oracles prononcez par la bouche de Dieu & les volontez du Roy n'ont point d'effet, sans l'approbation du Parlement.

Au mesme temps que la grand Chambre du Parlement fut dorée, on acheua la Chambre des Comptes, dans l'enceinte du Palais Royal, deuant la saincte Chapelle. Elle a sur le deuant cinq grandes statuës, la Temperance, qui tient vne Horologe & des lunettes en main auec cette inscription, *Mihi spreta voluptas.* Ie mesprise les voluptez. La Prudence qui tient vn Miroir, & vn crible auec cette deuise, *Consilijs verum speculor.* Ie contemple la verité dans mes Conseils. La Iustice, vne Balance, & vne Espée, auec cette ame, *Sua cuiq; ministro.* Ie rends à chacun le sien. La Force embrassant vne Tour d'vne main, & vn serpent de l'autre, auec ces mots. *Me dolor, atque metus fugiunt.* Ie chasse le regret & la crainte. Au milieu de ces quatres vertus, qui sont comme les quatre Elemens du monde Politique, & comme les quatre colomnes qui soustiennent le poids d'vn Estat, paroist le Roy

Loys XII. reuestu d'vn manteau Royal, tenant d'vne main le Sceptre, & de l'autre le Bras de Iustice. Les armes de France y sont grauées au dessus d'vn Porc Espic couronné par deux cerfs volans. Ie ne repete point icy, quels sont les droicts & les charges de la chambre des Comtes.

La Chambre des Aydes fut establie en France, apres que les Roys de la troisiesme race eurent mis leur Royaume en paix, & que pour maintenir la grandeur de leur Couronne, ils eurent introduit parmy les peuples les Impostes & les Tailles, qu'ils nommerent Aydes ou Subsides. On en donne la premiere institution à Charles VI. qui ayant ordonné, que tous ses sujets contribuassent à la Taille, excepté les Ecclesiastiques, les Gentilshommes, & les Mandiens, commit de ces fauoris pour la leuée de ces deniers.

Le Domaine de la Couronne se nomme le Thresor, comme estant le vray Thesor sur lequel les Roys doiuent establir leurs esperances: & ceux qui en ont la direction, s'appellent Thresoriers. La Chambre des Monnoyes prend la cognoissance de l'alloy, du pris, & du poids des Monnoyes. La Chambre de l'Edit fut instituée par Henry IV. en faueur des Religionnaires, pour leur rendre la Iustice sans aucun soupçon de haine, ou de faueur. Elle est composée d'vn President & de seize Conseillers du Parlement. Toutes ces Chambres mentionnées sont dans l'enclos du Palais de Paris, comme les Iurisdictions de la Connestablerie, & Mareschaussée de France, de l'Admirauté, des Eaux & Forests.

Il faut voir hors du Palais le grand Chastelet que Iulien l'Apostat Gouuerneur des Gaules fit bastir, & que Philippe Auguste fit rebastir pour estre le siege ordinaire du Preuost de Paris, chef de la Iustice & de la Police de cette grande ville, & de la Vicomté, qui a sous luy trois Lieutenans, le Ciuil, le Criminel, & le Particulier, vn procureur, vn Aduocat du Roy, grand nombre de Conseillers, le Conseruateur des priuileges Royaux de l'Vniuersité, les Commissaires distribuez par les seize quartiers de la ville, les Greffiers, les Notaires, & Tabellions, & les Sergens à verge & à cheual, qui tous les ans font vne monstre fort magnifique le lendemain de la Trinité. Charles IX. accreut la ville d'vne nouuelle Iurisdiction, composée de cinq notables Bourgeois, dont le plus ancien se nomme le Iuge des Marchands, & les autres Consuls, qui iugent sommairement des debats & procez, qui se forment entre les Marchans pour le fait de leurs Marchandises, sans estre astrains à tant de Loix & Ordonnances, qui sont presque aussi dommageables au bien public, que le grand nombre des Medecins à la santé des malades: & dont les remedes affoiblissent plus le corps que les symptomes du mal.

Philippes II. qui merita le surnom d'Auguste par ses actions glorieuses se preparant au voyage de la Terre Sainte, fit fermer de murailles la ville de Paris du costé du petit pont, & en donna le gouuernement à cinq graues personnages, qui se nomment Escheuins, & leur chef le Preuost des Marchans, & voulut que leurs armes fut vn Escu de gueules à la Nef d'argent, au chef d'azur, semé de fleurs de Lis d'or, pour monstrer que Paris est la capitalle des villes de France, & que le Roy est dans son Royaume, comme vn patron dans son vaisseau: ce sont eux qui ont la charge des fortifications & bastimens publics, qui mettent la taxe au bled, au vin, & au bois, qui gardent les clefs de la ville comme les Maistres de la maison, qui donnent le mot du guet en temps de guerre, & qui distribuent les passe-ports. Quand les Roys & les Reines font leur premiere entrée dans la ville principale de leur Estat, c'est à eux de porter le daiz d'azur semé de fleurs de Lis d'or sur leurs Maiestés.

LES EDIFICES PVBLICS.

CE qu'il faut voir apres les Sieges de Iustice, sont les Bastimens publics. Le Louure, qui est le logis ordinaire du Roy, quãd il est à Paris, dont les premiers commancemens sont de Philippes Auguste, qui donna des murailles à la ville, paua les ruës, & fit bastir les Halles. Charles V. dit le Sage le repara, & l'accrut de beaucoup. François I. & Henry II. luy donnerent vne nouuelle face, que Louis XIII. continue tous les iours auec tant de merueilles, que comme il a surmonté ses deuanciers par les arts de la guerre, il oste à ses successeurs les moiens de l'esgaler dans les ornemens de la Paix. Le bastiment en est superbe, & d'vne riche architecture, qui sert d'estude aux sçauants du mestier,

& d'admiration à tous les Estrangers. On y void vne Sale dite des Antiques, remplie de pieces curieuses, comme est vne Diane d'Ephese, qui demandent bien d'estre considerées. On remarque les Pauillons, comme de tres beaux ouurages, & s'il est vray que le Louure fut ainsi nommé comme si on eust voulu dire l'œuure par excellence, & en perfection, c'est auiourd'huy qu'il merite mieux que iamais ce beau nom.

L'hostel des Tuilleries est ioint au Louure par vne grande & superbe galerie, peinte & enrichie de plusieurs rares tableaux, qui font reuiure les Roys de France en leurs images par l'ame des couleurs. A cette galerie en est attachée vn autre, qui va le long de la riuiere, & conduit iusqu'aux Tuilleries, où se void vn beau iardin, & vn escalier fait en coquille de limaçon, suspendu en l'air sans noyau, qui soustienne les marches. C'est vn chef d'œuure d'Architecture, & qui passeroit pour vn miracle du monde, si Vitruue ou quelqu'vn de ces vieux Escriuains, qui n'ont d'autre auantage sur les modernes, que de pouuoir mentir impunement sans danger d'estre repris, l'auoit descrit dans ses liures.

liures. Le Roy Henry IV. a fait pourſui-
ure ces baſtimens, que le Roy ſon fils fait
acheuer, comme eſtant celuy que la Nature a choiſi pour l'accompliſſement de ſes
Merueilles, & qui ſeul peut mettre la derniere main aux Ouurages, que ſes Anceſtres ont fait gloire de pouuoir ſeulement
entreprendre où deſſigner. On a dreſſé
depuis quelques années ſous cette grande
Galerie, vne Imprimerie Royale, qui ef-
face tous les trauaux de l'Italie, & de la
Flandre, eſtant bien raiſonnable qu'vn
Prince qui fait des actions plus dignes de
l'hiſtoire que toutes celles des Conquerans, ayt auſſi ſon nom graué ſur des lettres
& ſur des eſcrits proportionnez à la grandeur de ſes victoires; & que ſes armes
ſoient auſſi illuſtres ſur le papier aux yeux
de la Poſterité, que ſon bras eſt redoutable ſur la terre aux ennemys de ſon Sceptre. Au bout du grand iardin on peut
voir quantité de beſtes, comme des Lions,
des Tigres, des Loups ceruiers, que le
Roy tient renfermez en des cages: l'Afrique enuoyant ces monſtres de nature, cōme des Tributs, à cét inuincible Hercule,
que le Ciel a fait naiſtre pour eſtre le de-
ſtructeur des monſtres d'Eſtat.

X

La Bastille est vn Chasteau bien basty, assis contre la porte de S. Antoine, de forme quarrée, flanqué de quatre tours, & entouré de bons fossez. Celuy qui le fit bastir, nommé Aubriot, l'eut le premier pour prison, & depuis on y a tousiours gardé les prisonniers d'Estat, & les personnes d'vne plus haute condition. On raconte le mesme d'Enguerand de Marigny Seigneur de Longueuille, qu'il fut pendu le premier au gibet de Montfaucon, qu'il auoit fait dresser : & depuis ayant esté refait par le commandement d'vn nommé Pierre Remy, le mesme y fut pendu : & du Cardinal de Balüe, qu'il fut le premier renfermé dans les cages de Loche, qu'il auoit fait faire sous Loüis XI. tant il est vray que la France, le pays naturel de la douceur & de la ciuilité, ne peut souffrir les Busiris, ny les Amans.

L'Arsenal est assis contre la riuiere : ses bastimens sont vastes, auec vn beau logement pour le grand Maistre, des iardins, & des salles : Il a d'vn costé ses veuës sur le mail, & sur la riuiere, de l'autre sur les fossez de la ville, & sur les fauxbourgs de S. Antoine. L'Hostel de ville qui est d'vne mesme architecture, que le principal ba-

stiment du Louure, fut refaict par Hen-
IV. auec sa sale, ses Pauillons, ses colomnes, & la tour de l'horologe. On void sur
vne des portes l'effigie de ce bon Prince à
cheual, qui cause encore des sentimens
d'honneur & de respect en l'ame de ceux,
qui le contemplent dans la place de Greue, qui est comme le Theatre de la Iustice, ou elle exerce sa vangeance sur les criminels.

De tous les Pôts, le Pôt-neuf est le premier
qui est entre le Louure & le Conuent des
Augustins qui fut cômencé à bastir sous le
Roy Henry III. qui posa la premiere pierre des fondemens: mais l'ouurage estant
demeuré imparfait par l'iniure du temps,
qui demandoit plustost des espees & des
boulets de canon, que des marteaux & des
truelles, Henry IV. son successeur ayant
establi la Paix dans son Estat, le fit acheuer. Il contient douze arcades, sept du
costé du Louure, & cinq du costé des Augustins. Au milieu se termine l'Isle, qui
occupe la place presque de deux arcades.
C'est là qu'est eleuée la statuë de bronze
du grand Henry monté sur vn cheual, trauaillée auec autant d'artifice, que les pieces de l'antiquité, dont se vante la ville de

Rome; elle luy fut enuoyée de Florence par Ferdinand premier, & par Cofme fecond son fils, Oncle & cousin de la defuncte Reine Marie de Medicis, Mere du Roy regnant. Aux quatre faces du pied-d'estal sont grauées sur le bronze les victoires de ce valeureux Prince, auec des inscriptions latines.

L'allee du Pont est diuisée en trois. Au milieu passent les carrosses & les cheuaux: les deux costez sont comme deux especes de galeries qui s'eleuent de deux pieds plus que le milieu: auec vn accoudoir tout du long, d'où l'on a veuë sur la riuiere, & des culs de lampe sur chaque pile, qui s'auancent sur l'eau. A la deuxiesme arche du pont du costé du Louure, est eleuée vne pompe, qui fait monter l'eau de la riuiere, & represente la Samaritaine versant de l'eau au fils de Dieu. Il est vray qu'elle est trop liberale, & qu'il n'en faut point tant pour esteindre la soif d'vn homme. Au dessus est vne horologe fort belle, & fort industrieuse, qui marque les heures deuant midy en montant, & celles d'apres midy en descendant, auec le cours du Soleil & de la Lune sur nostre horizon par vne pomme d'ebene. Les mois, & le douze signes du Zodiaque y sont aussi representez, par six espaces en montant, & par six en descendant. Elle sonne les quart d'heures, & il ny a pas encore long-temps qu'il se faisoit vne douce Musique par le concert de certaines clochetes qui donnoient le signal vn peu deuant que l'heure sonnast: mais ie ne sçay si le Maistre de la Salete est mort, ou si les voix sont demontees, il n'y a plus maintenant que le tacet de toute cette harmonie.

Le Pont de nostre Dame & celuy de S. Michel ont esté bastis de pierre: le premier sous le Roy Loüis XII. par Iean Iucundus Cordelier Veronnois auec six arches, & soixante huit maisons aux deux costez, de mesme largeur, & de mesme hauteur; ce qui fait vne symmetrie agreable, & apporte vne tres grande commodité aux Marchans qui les habitent. Celuy de S. Michel fut aussi rebasty ces dernieres années, apres qu'il eut tombé par deux fois en la riuiere, auec toutes les maisons, qui estoient dessus. Nous passons legerement sur les autres ponts, pour considerer auec plus de loisir les Hostels des Princes.

LES HOSTELS.

LA Personne des Princes a quelque charactere de Maiesté qui les tire du commun, & comme leur ame est logee dans vn corps formé d'vne plus noble matiere que le reste des hommes; il semble aussi que leur corps veuille auoir vne maison proportionnée à leur noblesse; & que puisqu'ils sont obligés par les communes loix de la Nature de respirer le mesme air, & de receuoir les mesmes lumieres que leurs suiets, ils recerchent de se faire vn monde nouueau dans le vieux, & de viure comme s'ils estoient dans vn estage plus haut que la terre. C'est ce que veulent dire tous ces grands Palais, qui ont vne autre forme, & vn autre nom que les maisons des particuliers, & qui s'appellent ordinairement Hostels. Il y en a dans Paris vn beau nombre.

Les Principaux sont l'Hostel de Luxembourg de la Reine Marie de Medicis, où l'on void vn excellent iardin, des Fontaines viues, des Cours superbes, des Chambres, des Sales, & des Offices dignes d'vne Maiesté de France, auec toutes les principales actions de la vie de cette heroique Princesse, depeintes dans vne grande Galerie: & plusieurs rares Tableaux, que les estrangers sont curieux de voir dans son cabinet, lambrissé d'or & d'azur. L'Hostel de Cluny en la ruë des Mathurins; qui sert depuis long temps à loger les Nonces du Pape, estoit d'autrefois le Chasteau des Thermes, où logeoit l'Empereur Iulié, qui auoit fait cōduire vne fontaine du village de Rougis dās les appartemens de son Palais, pour ses vsages domestiques. Les autres sont l'Hostel de Guise, de Nesle, ou de Neuers, de Soissons, de Condé, de Vendosme, de Lorraine, d'Orleans, de Cheureuse, de Longueuille, & de Richelieu nouuellement basty, où l'on trauaille encore dans la ruë de S. Honoré.

On peut dire que la place Royale où estoit l'Hostel des Tournelles, demóly par le commandement de Catherine de Medicis, apres la mort de son cher espoux Henry II. qui mourut dans cét Hostel de la blesseure, qu'il auoit receuë à l'œil en vn tournoy dressé dans la ruë de S. Antoine, a autant de Palais que de maisons, toutes d'vne semblable structure, auec les

arcades, & allées couuertes, qui l'enuironnent comme vn cloiſtre. Au milieu de
cette place eſt dreſſée vne tres belle ſtatuë
iettée en bronze du Roy Louis XIII. en
poſture & en habit de vainqueur.

Si noſtre Voyageur vouloit conſiderer
par le menu les beautez de cette ville, il y
auroit danger que ſes voyages ne fuſſent
terminez, & qu'au lieu de paſſant, il ne deuint habitant de Paris, charmé par les obiets qui ſe preſentent de tous coſtez capables d'emouuoir les eſprits forts, & de
faire changer d'opinion à toute la ſecte des
Stoïciens, qui auoücroient ſi l'ancienne
Rome euſt eſté auſſi delicieuſe, que le
nouueau Paris; que le Sage peut bien eſtre
à couuert des traits de la Fortune, mais
qu'il n'eſt pas inſenſible aux attaques de
la volupté. Il faut donc quitter Paris pour
gaigner Roüe, & delà viſiter les autres villes
de ce Royaume. En voicy le chemin.

Quelques vns deſcendent par la Seine,
& paſſent par les lieux ſuiuans ; qui ſont
Madrid, S. Clou, Argenteuil, à trois lieuës
de Paris, où l'on garde comme vn Threſor
la robe du fils de Dieu ; S. Germain en
Laye, Poiſſy, Mante, bonne ville, auec
vn Siege Preſidial, & vne Egliſe dediée

à N. Dame, semblable à celle de Paris, & vn fort beau Conuent de Celestins, Vernon, Gaillon, vne tres belle maison, qui appartient à l'Archeuesque de Rouën, où l'on void vn iardin qui n'a guere son pareil en France, vne galerie pleine d'excellentes peintures, & dans la basse court vne table de marbre, dont les Venitiens firent present à Loüis XII. qui fit bastir cette maison, Louuiers, & Pont-de L'arche deux villes bien assisses, & fortifiées, & de là ils entrent dans Roüen, Capitale de Normandie.

Les autres se seruent des cheuaux du Messager, qui marche tous les iours, & fait le voyage en deux iournées, allant disner à Pōtoise, qui est vne ville tres agreable & assez forte, ainsi nōmée du Pont, quelle a sur la riuiere d'Oyse, & coucher en la petite ville de Magny, qui est en egalle distance de Pontoise, que Pontoise l'est de Paris. Le lendemain apres auoir fait sept ou huit lieuës l'on peut aller disner à Ecoüy, à l'espée Royale: où attendant que les viandes soient preparées, on va visiter l'Eglise des Chanoines fondée par Enguerand de Marigny, qui voulut y estre enseuely aupres de son Frere, Archeuesque de Rouen. L'on y void leurs Tombeaux de marbre auec leurs effigies; l'vne en habit d'Euefque, & l'autre de Capitaine. Les Eftrangers nous veulent faire croire qu'ils y ont leu vne Epitaphe, qui paffe pour Enigme: auffi eft-ce vn myftere d'iniquité, fi l'hiftoire, qu'ils nous racontent, eft veritable.

Cy gift le fils & la Mere,
La fille & le Pere,
La sœur & le frere,
La femme & le Mary,
Et il n'y a que trois corps icy.

Pour l'interpretation de la Fable, ils difent qu'vne Dame inceftueufes eftant fuppofée en la place de fa feruante, conçeut de fon propre fils, & enfanta vne fille, que le Pere efpoufa par apres fans fçauoir qui elle eftoit fur les fimples depofitions de fa beauté, & fur l'aueu de la Mere, qui conduifoit cet affaire des tenebres. A fix lieuës de là l'on trouue Rouën.

ROVEN.

SI iamais l'histoire s'est degradée pour appuyer ses raisonnemens sur les foiblesses de la Grammaire, c'est en la fondation de la ville de Rouen, Capitale de la Duché de Normandie, que les vns font aussi vieille que les Fables de Magus deuxiesme Roy des Gaules. Les autres taschét de nous persuader, qu'elle a pris son origine & son nom latin des anciens Druides les Sages des Gaulois, qui auoient de coustume d'y faire leurs assemblées, & qu'ainsi *Roromagus*, signifie autant que Cercle, ou Compagnie des Sages. Il y en a mesme qui ont inuenté, qu'il y auoit d'autrefois vn Temple d'Idoles basti en rond, comme celuy de la Deesse Vesta, dont les adorateurs faisoient leurs prieres en se tenans tous par la main, & dansans autour des Autels, d'où est venu Roüen. La ville est assez belle sans cercher ces empruns du mensonge pour se parer; & son Archeuesché, son Parlement, sa grandeur, ses richesses la rendent assez recommandable, sans qu'elle ait besoin de fables ny de flateries pour acquerir de la reputation.

Elle est assise d'vn costé sur la Seine, & au leuant elle a d'autres petites riuieres, Robec, Aubette, & la Renelle, qui entrans dans la ville, arrousent les ruës, & ayant fait moudre onze ou douze Moulins, se vont descharger dans la Seine. Elle a vn Pont, soustenu sur treize arcades, qui passe pour vn des beaux de France, où abordent les Nauires d'vn costé, qui viennent de l'Occean; les bateaux de l'autre, qui viennent de Paris. Du Leuant & du Midy la ville est dominée des montagnes voisines. Et bien qu'elle soit fortifiée de murailles, de tours, & de fossez, munie de bouleuars, de bastions, de casemates, de rempars, & de terrasses, elle a encore vn vieux Chasteau sur la riuiere, que les Nauires saluënt à leur abord de trois coups de canon. Au chemin de Paris on void sur vne colline le Monastere & le Fort de S. Catherine, qui fut demoli sous le regne d'Henry IV. pour mettre la ville en liberté, & les habitans en asseurance: ce bon Prince aymant mieux regner par amour dans le cœur de ses suiets, que par crainte dans les places de son Empire.

La Ligue auoit fermé par vne erreur cómune les portes de la ville à ce bó Prince que Dieu luy ouurit par vn miracle particulier. Son Pere Antoine de Bourbon Roy de Nauarre l'assiegea l'ã mil cinq cens soixante trois contre les Huguenots qui s'en estoient saisis au preiudice de la Religion, & de l'authorité Royale, & y mourut d'vne arquebusade qu'il receut dans les tranchees. Ce sang versé pour vne si iuste cause ammolit les murailles qui tomberent en la presence du Fils, & luy ouurirent deux breiches raisonnables, par lesquelles il eût entré à la teste de son armée, si la victoire qui luy preparoit d'autres lauriers, ne l'eût obligé de leuer le siege pour aller battre le Duc de Parme, auec asseurance que la ville estoit à luy, & que bien tost il moissonneroit les Lys dans les espines, & que toutes les difficultez que le Ciel luy faisoit naistre au commencement de son regne, n'estoient que des nuées pour renforcer l'esclat de ses vertus, & de sa gloire. Ce qui parut apres au contentement de tous les vrays François.

L'Eglise de nostre-Dame est vn des premiers bastimens de la ville, tres recerché au dedans & au dehors de son architecture. Elle est couuerte de plomb, & a vn chœur fort sõptueux reuestu de cuiure,

Ses orgues sont prodigieuses, son thresor incroyable, ses ornemens & ses habits Pontificaux tous couuerts d'or & de perles. Trois grandes Tours qui s'eleuent dans l'air, la rendent remarquable, & particulierement la Tour de beurre, qui fut ainsi nômée, pource qu'elle fut bastie des deniers recueillis du peuple pour la dispence obtenuë par le Cardinal d'Amboise Legat en France de manger du Beurre en Caresme. On y void vne cloche qui est la plus belle de France, haute de treize pieds, large de trente deux, pesante quarâte mille liures, auec cette inscriptió.

Ie suis nommée George d'Amboise,
Qui plus de trente-six mille poise;
Et qui bien me pesera,
Quarante mille il trouuera.

La Tour de la Pyramide a 600. marches, l'aiguile seule qui est de bois reuestu de plomb doré, en a deux cens. Il faut voir l'Epitaphe du Cardinal d'Amboise, auec les riches Tombeaux des anciens Ducs de Normâdie, & des Archeuesques, enseuelis dans la Chapelle qui est derriere le chœur où l'on void depeinte l'histoire du Dragon qui apres auoir longuement infecté le pays & trauaillé cruellement les habitans, fut enfin vaincu par S. Romain Archeuefque de la ville, aſſiſté de deux priſonniers, d'vn larron qui s'en fuit à l'abord du monſtre, & d'vn meurtrier qui le prit & l'attacha comme vn captif à l'Eſtole du ſainct, le mena triomphant dans la ville, le bruſla dans la place publique, & ietta les cendres dans la riuiere. D'où vient que S. Ouën ſon ſucceſſeur en la charge Paſtorale, pour conſeruer la memoire de ce miracle, obtint du Roy Dagobert ſon Maiſtre, dont il eſtoit le Châcellier, que tous les ans, au iour de l'Aſcenſion du Sauueur des hommes, le criminel qui auroit leué la chaſſe, ou cóme ils parlent le Fierte de S. Romain le Sauueur de ſon peuple, fût abſous de ſes fautes, & retiré des mains de la Iuſtice, cóme ayant receu ſa grace du Liberateur de la Prouince.

Les Ceremonies en ſont fort belles, & on y fait vne proceſſion en memoire de la deliurance de ce Dragon, où le Criminel eſt obligé d'aſſiſter par procureur ou en perſonne durant ſept ans. Ie m'eſtois preſque oublié de vous môſtrer l'arc de triomphe, qui fut dreſſé deuant l'Egliſe à l'honneur d'Henry IV. où cet incomparable Prince est representé comme vn Pasteur, qui garde son troupeau, ayant donné la chasse aux lyons & aux loups. La Ligue y est aux fers, comme vn chien à l'attache, qui ronge ses liens: & le Roy d'Espagne est appuyé sur vn Tambour, tesmoignant assez par sa contenance melancholique, les sentimens qu'il a dans l'ame.

L'Eglise & l'Abbaye de sainct Ouën est aussi fort belle auec des colomnes fort hautes, & bien trauaillées, des iardins tres-agreables, qui en sont proches & des bastimens superbes, où le Roy loge, quand il est à Rouen. On y void deux fenestres opposées l'vne à l'autre, representans la figure d'vne rose, & verifiant le tesmoignage de cet ancien Prophete, Que la mort entre par les fenestres. Car l'Epitaphe, qu'on lit dans la Chapelle de saincte Agnes, porte que le seruiteur du maistre Architecte, qui auoit entrepris la conduite du bastiment, voyant quelle reputation son maistre s'estoit acquis parmy le peuple, pour auoir fait vne fenestre en forme de rose, le pria de luy permettre de trauailler à vne autre, qui estoit necessaire pour la symmetrie & proportion de l'ouurage.

tirage. Son dessein luy succeda si heureusement, que le Disciple surmonta le Maistre, & luy rauit l'honneur de son trauail. Dont l'autre fut si picqué, qu'il le tua sur le champ, ne pouuant supporter l'ennemy de sa gloire : mais la Iustice, qui a des verges en vne main, & des palmes en l'autre, honora la memoire du defunt d'vn illustre Tombeau, & fit estrangler le meurtrier, recompensant les vertus & punissant les laschetez.

Il y a plus de vingt mille Communians à Pasques en la Parroisse de S. Maclou; les murailles du cimetiere ne sont que d'ossemens de morts. Si ie deuois parcourir toutes les autres Eglises, les Monasteres, les Hospitaux, & les Chapelles, ie passerois plustost pour vn deuot Pelerin, que pour vn Voyageur curieux qui veut voir le monde, & non pas si tost le Paradis. Ie veux neantmoins rapporter les Confrairies de la Conception de N. Dame, & de S. Cecile, qui s'assemblent dans Roüen, l'vne dans l'Eglise des Carmes, & l'autre dans l'Eglise de nostre-Dame, où se tient le Puy comme on l'appelle, & l'eschaffaut ouuert à tous les Poëtes en toutes langues, pour la distribution des prix à ceux qui rencontrent le mieux à loüer la Mere de Dieu, & S. Cecile par Hymnes, Odes, Sonnets, chans Royaux, Rondeaux, Ballades & autres fortes de Poëmes.

Le Palais où se tient la Cour de Parlement, est magnifique en ses sales & en ses chambres, & sur tout en celle qu'on nomme la chambre dorée. L'hostel de ville, les portes & les maisons de plusieurs Officiers y sont tres-bien basties, quoy que pour le commun les maisons n'y soient pas fort splendides. Il y a aussi quelques hostels, comme la maison du Gouuerneur, le Chasteau du Baillif, le Palais de l'Archeuesque, le Palais de S. Oüen, les Hostels de Tescam, d'Aumalle, de Lisieux, & plusieurs autres que nostre voyageur pourra voir : aussi bien que la place, où les Anglois firent brusler la Pucelle d'Orleans, qui les auoit battus, estant vne chose si nouuelle qu'vne ieune Bergere deffit vne armée de Conquerans, que pour couurir leur honte, ils firent passer ses actions pour magie, & sa vertu pour des enchantemens : Mais Dieu qui arresta l'actiuité des flammes en faueur des petits Prophetes de Babylone, se declara pour l'innocence d'vne fille de France, & le Ciel monstra qu'il ne souffroit ses ombrages, que pour en tirer son esclat. La rage des Anglois s'estoit allumée dans les brasiers qui consommerent cette saincte Amazone, il falloit beaucoup d'eau pour l'estaindre; c'est pourquoy l'executeur de la Iustice eut commandement de ietter ses cendres dans la Seine: S'estant mis en deuoir d'obeyr aux Iuges, il trouua son cœur tout entier parmi les charbons ardens, comme si les flammes eussent respecté le sanctuaire de la vertu, & le cabinet des plus secretes communications de Dieu. Pas vn de ceux qui s'estoient interessez auec passion dās l'Arrest de sa mort, n'eut bonne fin: l'vn mourut subitement d'vne apoplexie en se faisant raser la barbe: l'autre qui auoit vomi tant d'ordures contre vne pure vierge, mourut dans vn retrait: vn de ses faux tesmoins pourrit de ladrerie, & l'autre fut estranglé par sa propre femme: mais rentrons dans nostre voyage.

Quelques-vns au sortir de Rouen se destournent du droit chemin pour voir Caen, tres belle ville assise sur la riuiere d'Orne, qui trauerse la ville, & se descharge dans la Mer à trois lieuës de là: cette riuiere divisé en deux, & vne seule arche du pont ioint les deux villes. Sur cette arche est basti l'Hostel de ville fondé sur des pilotis iettés dās l'eau: c'est vne ville ancienne, auec vn bon Chasteau pour sa defense, & auec vne belle Vniuersité pour sa perfection. Les autres s'en vont au Haure de Grace, qui est vne clef de France, imprenable à cause de son assiette, & de ses fortifications, que François premier fit faire sur l'embouchure de la Seine, pour fermer les portes du Royaume aux Anglois.

Il y en a mesme qui vont iusqu'à Dieppe, à dix lieuës de chemin, pour voir vne ville assez considerable, bastie entre les montagnes, sur le riuage de la mer, qui bat le pied de ses murailles, & luy forme vn bon Port, quoy qu'estroit & serré d'entrée, d'où les Dieppois sortēt tous les ans en la saison, pour aller aux Terres neufues, & aux nouueaux Royaumes trafiquer auec les Barbares: le Fort qu'on nomme du Pollet, commande le Port; & le Chasteau couuert d'vne Citadelle fortifie l'autre costé de la ville. Pour nostre Vlysse sortant de Roüen, où il auoit son logis au Cadrant de Mer, il prend la route d'Amiens, & pres rend y arriuer en deux iours sur les cheuaux du Messager, le voyage n'estant que de vingt lieuës, neantmoins assez facheux, pour la mauuaise chere qu'on fait sur les chemins.

AMIENS.

SI ie voulois faire de l'historien, aussi bié que du Geographe, ie dirois que les Notables d'vn Estat s'assemblent dans les autres villes pour le bien des peuples; mais que les Roys de l'Europe se sont assemblez à Amiens pour les affaires du Royaume de Iesus-Christ, & ie voudrois descrire à ce suiet le plus illustre Conseil, & la plus importante Deliberation, qui se soit iamais faite, où les Roys de France, d'Angleterre, d'Arragon, de Nauarre, & de Boëme, auec vn grand nombre de Seigneurs, deuoient contribuer leurs armes & leurs finances, pour le recouurement de la Terre-Saincte, & pour la gloire du nom Chrestien. Ie loüerois l'inclination particuliere, qu'à eu tousiours cette ville, au party de la France, & auec quels soins les habitans ont cultiué les lis dans leurs terres, nonobstant les iniures du temps, & les mauuaises

Y iij

faisons. Ie ferois voir les deux plus rusez Princes de l'Vniuers, Louis XI. Roy de France, & Edoüard Roy d'Angleterre, qui s'abboucherét à Piquigny à trois lieuës d'Amiens : d'où le François enuoya trois cens chariots d'excellens vins en l'armée Angloise, dont ces bons Insulaires se sentirent si obligés, qu'il s'escrierent, largesse au noble Roy de France, & confesserét qu'il valoit beaucoup mieux s'enyurer du vin, que du sang des François.

Ie dirois pour prouuer l'importance de cette ville, que les Espagnols l'ayant prise en Renards auec des noix & des Pommes, Henry IV. employa six millions d'or pour la reprendre en lyon auec des boulets de canon, nonobstant la courageuse resistance des assiegez, & le puissant secours de l'Archiduc Albert, qui estoit venu en Capitaine se presenter deuant le Camp, & se retira comme on luy reprochoit, en Prestre. I'adiousterois qu'elle a eu cét honneur, que la Reyne Isabeau femme de Charles VI. y establist vne souueraine Cour de Iustice, semblable au Parlement de Paris. Enfin ie representerois à tous les malades, les obligations, qu'ils ont à cette belle ville Capitale d'vne riche Prouince, pour leur auoir produit ces deux grands Personnages, les deux ornemens de la Faculté de Medecine a Paris, Syluius, & Fernel. Mais comme mon dessein n'est pas de rapporter tout ce qui s'en peut dire, mais seulement ce qu'on y peut voir, apres vous auoir declaré, que c'est vne ancienne Vidamé assise sur la riuiere de Somme, ie vous conduiray par les ruës qui sont assés sales, dans les Eglises, & dans les principales places, qui peuuent donner quelque satisfaction à la curiosité des Estrangers.

L'Eglise Cathedrale, qui est dediée à nostre Dame, est l'vne des plus Magnifiques de France; ses pilliers, son chœur, ses Chapelles, ses tombeaux & ses peintures contentent vos yeux : & les precieuses reliques du chef de S. Iean Baptiste enchassé dans vn cristal, remplissent vostre esprit de veneration. L'Arsenal est tres bien munitioné, & tout tel qu'il le faut pour vne clef de France. On y monstre les vaisseaux, que l'Archiduc auoit fait faire pour surprendre la ville, qui furent enleués par les habitans, & sont gardez comme des trophées de leur vigilance & de leur fidelité, dressez sur les mines esuentées des ruses Espagnoles. Henry IV. fit serrer les fondemens de la Citadelle incontinent apres qu'il eut repris la ville, & la fit continuer sans relasche, tant pour éuiter pareilles entreprises de ses mauuais voisins, que pour contenir les habitans en leur deuoir, dont l'orgueil auoit esté grandement rabbaissé par les vicissitudes de la guerre. Elle est proche de la riuiere qu'on nomme des Celestins, & iointe à la ville par vn pont dressé sur vn canal de la Somme.

Les Estrangers recommandent particulierement l'hostelerie du Cardinal, où nostre Vlysse estoit logé: Le Soleil passe deux fois l'année par la partie du Ciel, où il fait les plus beaux iours, & où il communique aux hommes la fleur de ses lumieres. Pour aller d'Amiens à Orleans, il faut passer à Paris, que nous auons desia veu, & que nous verrons encore vne autrefois auec des plaisirs tout nouueaux, puis qu'elle produit tous les iours des beautez toutes nouuelles. Les chemins qu'on tient en suiuant le Messager sont Bretueil, Clermont, Pré, Gouuieux, Lusarche, & sainct Denys. Breteuil est à sept lieuës d'Amiens où l'on void les marques des dernieres guerres ciuiles empraintes par le fer & par le feu sur les ruines des Temples. De là vous gaingez Clermôt basti sur vne colline auec vn Chasteau qui appartient à Madame d Soissons. La science incomparable de la Nature se descouure plus sensiblement, & esclate bien dauantage auec plus de pompe & de magnificence en la formation des moucherons, & des autres insectes, qu'en la production des Elephans & des Balenes. Semblablement l'industrie d'vn Ouurier &la perfection de l'Art se fait quelques fois moins remarquer en vn grand volume, qu'en vn petit, qui represente distinctement & auec toutes leurs proportiós des choses gràdes, & en grand nombre: comme on n'a pas moins admiré parmi les anciens celuy qui renferma dans la coquille d'vne noix les œuures du Prince des Poëtes, ou celuy qui fit vne Nauire, que l'aisle d'vne mousche couuroit auec tout son equipage, que celuy qui esleua l'orgueil des Pyramides & des Colosses, ou celuy qui voulut chager le Mont-Athos en la figure de cét ambitieux Prince, luy faisant verser d'vne main vne riuiere entiere, & soustenir de l'autre vne grande ville. Ceux qui estoient curieux de semblables artifices alloient il n'y a pas encore long temps voir vn Tourneur à Clermont, qui leur môstroit vne petite boëte d'yuoire auec neuf quilles & vne boule faites au tour, qui ne pesoient point tant, & n'estoient point si grosses, qu'vn petit grain de bled.

CREIL.

DE Clermont à Creil il y a quatre lieuës, par vn chemin de plaisance: ce ne sont que collines chargées de vignes campagnes fertiles en moissons, & prés tapissés de verdure. La ville de Creil assise sur la riuiere d'Oyse, à deux lieuës de Gouuieux, où se void l'vn des plus beaux estangs de France, est vne Preuosté, qui va ressortir à Senlis. Charles V. fils de Iean y fit bastir vn fort Chasteau, qui ayant esté pris par les Anglois durant l'orage, qui sortit des querelles d'Orleans & de Bourgongne, comme du choc de deux nuées pour enueloper la France, le Sieur de Coitiuy depuis Admiral de France, dôt la maison s'est heureusement perduë dans celle de la Tremouille ; le batit si furieusement, assisté de la Hire, & de Poton de Saintrailles, que l'Anglois la rendit au

Roy Charles VII. qui voulut se trouuer en personne au siege, accompagné du Dauphin, & de la plus florissante Noblesse de son Royaume.

La Prouidence diuine, qui se ioüe des Roys, & distribue les Couronnes, comme il luy plaist, a fait icy paroistre sa Iustice, en faisant vn Roy sans teste: & ses bontez, en eleuant sur le throsne ceux qui ne sembloient estre que sur les dernieres marches. Charles VI, troublé du cerueau & incapable de gouuerner l'Estat, fut mis à Creil, & renfermé dans vne Châbre grillée, comme dans vne prison, aiāt esté priué de la liberté du corps par sa femme Isabeau de Bauiere, apres qu'vn triste accident l'eût priué de la liberté de l'esprit. Pierre de Bourbon, & sa femme Anne sont depeints dans la Chapelle, en posture de suplians; & deuant eux vn Cerf-volant, & vne Couronne de Lis, auec ce seul mot qui dit beaucoup, ESPERANCE. Il y a plusieurs siecles, que cette peinture fut faite plustost par la main de Dieu, que par le pinceau des hommes, comme vn presage de felicité, qui promettoit le Royaume à cette illustre maison. La priere qu'il semble que ces bons Princes faisoient à Dieu, est exaucée, leur Esperance accomplie: & le temps qui par ses reuolutions donne la perfection à toutes choses, a mis la Couronne des Lis sur la teste des Bourbons: & lors qu'il sembloit que l'Arbre des Valois d'eust estre eternel sur la terre, vne petite branche s'est eleuée tout d'vn coup : l'arbre est malheureusement tombé mort sur sur son tronc, sans fruit, & la branche a poussé, qui couure de ses feüilles plus du tiers de l'Europe. On dit que la mesme deuise d'vn Cerf-volant, & la mesme inscription qui peut passer pour vne espece de Prophetie, est encore à Paris dans l'Hostel de Bourbon. Ce Chasteau de Creil, merite d'estre veu, & attentiuement consideré pour la beauté de sa structure.

Ayant couché à l'Espee Royale, on part le matin pour aller disner à Paris, en passant par Gouuieux, par Lusarche, & par S. Denys, qui sont en egale distance de deux lieuës les vnes des autres. La satisfaction que nous eusmes à la visite de S. Denys nous obligea deuant que de sortir de Paris pour aller à Orleans d'y retourner vne autrefois, & de faire vn memoire de son Thresor, qui tesmoignent la pieté des Roys, & les richesses du Royaume. l'Or

& l'argent sont des nobles productions du Soleil & des astres, il est raisonable qu'on en fasse hommage à la vertu, & qu'ils soient possedés par des hommes celestes & Diuins.

LE THRESOR DE S. DENYS.

Bien que la perte de plusieurs riches pieces, que possedoit l'Eglise de S. Denys suruenue par l'iniure des temps, soit deplorable à ceux qui ont de la veneration pour cet illustre Apostre: Car des six grandes tables d'or, chargées de pierreries, dôt l'vne fut donnée par le Roy Dagobert fondateur de l'Abbaye, la deuxielme par l'Empereur Charles le Chauue: les autres quatres par l'Abbé Suggere, il n'en reste plus qu'vne, qui est dans la contretable du grand Autel enrichie de plusieurs pierres precieuses, & si bien trauaillée, qu'on prise la seule façon plus de quatre mille liures. Les Images d'or données par le Roy Pepin, l'Image de la Trinité, les beaux Chandeliers d'or du Roy Louys le Gros furent enleués par les Anglois: Le grand Crucifix d'or de l'Abbé Suggere fut pris par les Ligueurs: il en reste neâtmoins asés pour faire paroistre la magnificence de Dieu en l'honneur de ses Saincts, enrichie de plusieurs Saphirs, & perles Orientales. Le plus precieux Reliquaire, qui soit dans la Chrestienté, est vne riche Croix d'or massif dãs laquelle est enchassée vne grande piece du bois de la Croix du fils de Dieu qui a vn pied & demy de long, & de grosseur enuiron vn pouce & demy en quarré. Vn des cloux de la mesme Croix, enchassé en vn estuy d'argent doré. Vne croix d'argent doré auec son Crucifix en bosse, posee sur vn entablement de la mesme matiere. Vne grande croix d'or, enrichie d'vne grosse amethiste, & de plusieurs saphirs, esmeraudes, & perles, qui seruoit d'autrefois d'ornement à la Chapelle de Charlemagne. Vne autre croix d'or massif nommée la Croix de S. Laurens, pource qu'il y a dedans vne partie du gril, sur lequel fut rosty ce S. Martir. Deux autres croix d'argent, l'vne blãche, l'autre d'orée. Vn estuy d'or supporté aux quatre coings de quatre pilliers aussi d'or, auec leurs chapiteaux : dans ce tableau se void vn Crucifix fait du boys dẽ la croix de N. Seigneur, attaché sur vne croix d'or & taillé des propres mains du Pape Clement III.

Vne chasse d'argent doré, qu'on nomme la Saincte Chapelle, à cause de sa figure, garnie de douze petites phioles de cristal, toutes pleines de sainctes Reliques. Vne autre belle chasse d'argent, faite sur le modelle de nostre Dame de Paris, auec ses tours, son clocher, ses portes, & le reste tres bien representé. Vne Image de N. Dame tenant son fils entre les bras, d'argent doré, posée sur vn sousbastement, appuyé sur quatre lions de mesme estofe. Trois autres Images de la mesme Vierge, l'vn d'argent d'oré, l'autre d'juoire, & le troslieme d'Ambre fin. Vn beau cristal de roche taillé en ouale, vn coffre d'argent doré, où sont quelques reliques du Prophete Isaye, vn reliquaire d'argent, où est renfermée vne espaule du glorieux Precurseur du fils de Dieu. Vn grand Lapis d'azur, vne Image de S. Iean Baptiste, le chef S. Denys de fin or, suporté par deux Anges d'argent, son image d'argent, son Calice & ses deux burrettes de cristal, le crosson de son baston Pastoral couuert d'or, son anneau Pontifical, son escritoire faite à la Greque, son baston de voyage, auec plusieurs autres images fort precieuses, & reliquaires tres recherchees qui se peuuent mieux confiderer fur les lieux qu'eftre defcrites fur le iournal d'vn voyageur. Les François doiuent eftre curieux plus que les autres de voir l'anneau, la taffe, l'efpee, la couronne, le fceptre, & la main de Iuftice du plus faint de leurs Rois.

Si ie voulois faire vn denombrement des vaiffeaux qui feruent au feruice des autels, il me faudroit faire vn inuentaire entier, & prendre vn Orfeure pour y mettre le prix. Le grand Calice auec fa platine d'argent doré qui fert aux grandes feftes. Le chalumeau d'argent doré, auec lequel le Preftre, le Diacre, & le Soudiacre recoiuent le precieux fang de noftre Redemption, en communiant fous les deux efpeces, fuiuant les anciens priuileges de cette Eglife. Plufieurs Calices, & entre autres deux, qui font faits d'vne Agathe, des Mitres, des Croffes, des Agraffes, des Encenfoirs, des Chappes, & ornemens, dont les Roys & les Princes ont fait prefent à Dieu. Que diray-ie des veftemens Royaux, des Couronnes d'or, des Sceptres, des Aigles, des Efpées, qui ont efté fi fouuent teintes du fang des Infideles, pour la defenfe de la Religion? Les Iuifs y peuuent reconnoiftre quelques vafes de leur ancien Temple,

ple, & la Taffe ou beuuoit Salomon. Les Admirateurs de l'antiquité y peuuent voir l'eſpée de Turpin, celle de Ieanne la Pucelle d'Orleans, le Cor de chaſſe de Roland, le jeu d'Eſchets de Charlemagne, la Lanterne de Iudas: les Rechercheurs de Cabinets y ont pour contenter leur curioſité, des Onyx, des Agates, des Chryſolites, taillées en gondoles, en camahieus, & en autres figures, des ongles de Griffons, des cornes de Licornes, & tant de raretés, qu'on peut auec raiſon nommer ce lieu, le Depoſt de la Nature, de l'Art, & de la Pieté.

DE PARIS A ORLEANS.

SI les Planetes eſtoient doüées de connoiſſance, elles marcheroient auec quelque douleur, quand elles ſont forſées par les impreſſions de l'Intelligence, qui regle leurs mouuemens, & qui conduit leurs pas, d'abandonner la plus agreable region de leur Globe, pour prendre des detours par des chemins de feux, & de glace. Semblablement il faut confeſſer, que ceux qui ont gouſté les plaiſirs du ſejour de Paris, n'en ſortent qu'à regret, &

que tout le reste des beautez de la France, est aussi peu comparable aux merueilles de cette bonne ville, que le plus fascheux iour d'hyuer au plus beau de l'esté. S'il y a des miseres dans les Prouinces: ceux de Paris ne les cõnoissent que par rapport: ils cueillent les roses, dont les autres cultiuent les espines. Il faut neantmoins le quitter pour visiter Orleans, & de là se transporter dans les principales villes du Royaume. Les miracles ont beaucoup plus de iour auprés des monstres.

Le chemin de Paris à Orleãs est presque tout paué, fort diuertissant en ses vignobles, & en ses plaines, & bordé d'vne infinité de belles maisons, qui s'esleuent comme autant de superbes Palais sur les collines, qui sont des deux costez. Iamais les grands chemins de ces vieux Conquerans de l'Vniuers ne furent semblables, nonobstant toutes les riches descriptions que nous en font leurs Historiens: c'est tout de mesme de la pluspart des magnificẽces de la premiere Rome, que des laides femmes, qui sont tousiours assez belles sur le papier des Escriuains, où sur la toile des Peintres qui les flatent, on y void aussi plusieurs petites villes, & vne grande quantité de beaux Bourgs, qui semblent abreger la longueur du chemin, & qui adoucissent merueilleusemét les incómoditez du voyage. Vous auez le Bourg la Reine à deux lieus de Paris; Lonjumeau, d'où Theodore de Beze estoit Prieur deuant qu'il eût abandonné le party de l'Eglise Romaine, pour embrasser les nouuelles opinions de Geneue; Linas; Mót-le Hery sur la pointe d'vne montagne, où est vne haute tour qui descouure aysemét les clochers de Paris: c'est-là que se donna la bataille entre Louys XI. & le Comte de Charolois en la guerre du bien public. Chatres, où les Estrangers, & entre-autres les Allemans ont remarqué vn excellent iardin de M. de Chantelou, qui attiroit les moins curieux, & charmoit innocemment les plus insensibles, par la veuë des parterres, des compartimens, des allées, des cabinets de liere, des ruisseaux, des collines, des boys, des plants, & de toutes les rares pieces d'vn verger de plaisance. Toutes les belles imaginations d'Ouide, & toutes les excellentes inuentions de sa Metamorphose s'y voyoient presque aussi bien representées sur les buys, lauriers, & autres bois flexibles, que dans les escrits de cét ingenieux Poëte, auec les douces horreurs de l'Amphitheatre, & les aymables cruautés des gladiateurs Romains, tout vétus d'vn beau vert, & parez des liurées de la nature: mais ce lieu, qui est à huit lieuës de Paris, a esté depuis donné à des Religieuses de S. Benoist, qui ne l'ont pas conserué; de sorte qu'il ne merite pas qu'on s'y arreste.

Il faut donc apres auoir disné au Dauphin passer par la vallée de Tourfour, qui est vne retraitte de voleurs, & gaigner Estampes, à cinq lieuës de là. La ville porte le tiltre de Duché, & a vne Eglise dediée à nostre Dame. Le lieu est remarquable pour les sablôniers, & pour la petite riuiere qui porte son nom, pauée d'vne si prodigieuse quantité d'escreuisses, qu'il semble que tant plus on en pesche, plus il en vient. On y void apres Moneruillle, Angeruille, & Thoury, où vous pouuez vous arrester ou continuer vostre chemin iusques à Artenay; pour arriuer le lendemain de bonne-heure à Orleans

Gallo-Belgique. 857

ORLEANS.

Deuant que d'entrer dans Orleans, ie veux expliquer l'histoire qui est representée sur le Pont de la ville, où l'on void l'Image de la Vierge tenant son fils entre ses bras, destaché de la Croix, & d'vn costé le Roy Charles VII. armé de toutes pieces, & de l'autre la Pucelle aussi armée, auec les bottes & les esperons d'vn Caualier, les genoux pliés, les mains iointes, & les cheueux flottans sur ses espaules. Cette fille fut nommée Ieanne d'Arc, & nasquit en Lorraine de parens pauures, qui destinerent à la garde de leurs moutons, celle que la nature auoit mise au monde pour en faire vne Reine des Amazones.

Charles VI. ce grand Roy dont la France faisoit ses delices: ce bon Pere, que le peuple nommoit son bien aymé; ce sage Prince, que les Nations choisissoient pour Arbitre de leur differens; ce genereux Monarque, que les Estrangers consideroient comme le vangeur des crimes publics, ayant eu l'imagination troublée, & le cerueau desmonté par la rencontre de quelques funestes accidens, l'infirmité qui le rendit incapable du Gouuernement, mit tous les Princes de sa Cour en ialousie. Le Duc d'Orleans frere du Roy croyoit que la naissance luy donnoit droit à la Regence: Philippe Duc de Bourgongne prenoit vn specieux pretexte, le droit manquant à sa cause. Paris estoit vn amphitheatre, où ces maisons Royales exerçoient leur rage, chascune à son tour, & toute la France n'estoit qu'vne lice, où vn Circ diuisé en deux partis, en Armagnacs & en Bourguignons, distingués par l'escharpe blanche, & par la Croix en sautoir. Philippe estant mort, Iean son fils fut heritier de son ambition & de ses haines, aussi-bien que de ses Estats & de son nō. Par le crime le plus noir qui puisse tōber en vne ame illustre, il fit massacrer son aduersaire vn soir, comme il alloit de chez la Reine à l'hostel de S. Pol: Mais le meurtrier receut bien-tost sur le Pont de Montereau, la recōpense de ce qui s'estoit fait à Paris par son orde.

Henry Roy d'Angleterre qui s'estoit laissé vaincre aux yeux de Catherine de France apres la victoire d'Azincourt, fit si bié par les pratiques de Philippes de Bourg gogne, qui a fait trop de maux à sa patrie pour porter la qualité de Bon, qu'il se vid en peu de iours gendre du Roy, & Regent de son Royaume, au preiudice de Charles Dauphin, qui fut condamné à l'exil, declaré descheu de tous ses droicts sur la France, & incapable d'en posseder le Sceptre, pour la mort de Iean de Bourgogne tué en sa presence, & comme l'on supposoit, par son commandement.

Charles se contenta d'en appeller à Dieu sans vouloir alleguer les loix humaines: Mais la Iustice qui ne peut pas faire tomber le poids de la balance, si elle n'a l'espée en main: & la mort du Roy Charles VI. ayant apporté plus de confusion dans son Estat, que la folie n'en auoit causé dans sa teste, Henry d'Angleterre fut couronné Roy de France à Paris, & le Dauphin n'eut pour Domaine que son courage, & l'espée de quelques ieunes Seigneurs, qui n'abandonnerent iamais sa fortune.

Le Comte de Salisbery auoit desia posé le Siege deuát Orleás, le cœur de ce grand corps politique, apres auoir gaigné la teste & les extremités par force, ou par faueur: tout estoit desesperé pour Charles, si Dieu n'eust renforcé le bras de la Pucelle

Ieanne pour le salut d'Orleans. C'eſtoit vn beau ſpectacle, qu'vne ieune fille agée de dix-ſept ou dix-huit ans, armée de toutes pieces, fiſt des ſorties ſi vigoureuſes ſur l'ennemy, qu'en moins de rien elle coucha ſept mille hommes ſur la place, raſa ſoixante forts, que les Anglois auoient dreſſé deuant la ville, & fit leuer honteuſement le ſiege à des troupes qui ſembloient inuincibles. Les Bourgeois d'Orleans ne furent pas ingrats des faueurs du Ciel, auſſi-toſt qu'ils les eurent receues; ils en rendirent graces à leur auteur, & chanterent le *Te Deum*, auec tout l'appareil & la ſolemnité d'vne bonne feſte. Et depuis pour conſeruer la memoire d'vne deliurance ſi miraculeuſe, ils mirent ſur le Pont vn Crucifix, qui a d'vn coſté le Roy Charles, & de l'autre Ieanne à genoux, armée de toutes pieces. Entrons maintenant dans la ville.

C'eſt icy qu'arreſtent volontiers les Eſtrangers, particulierement les Allemans. Sa belle & agreable ſituation, ſes bons fruits, ſes vins delicieux, quoy qu'il ſoit defendu d'en ſeruir à la table du Roy pour eſtre corroſifs, ſes promenades, ſes grandes places, ſes ruës ſi bien compaſſées, ſes superbes maisons, la courtoisie de ses habitans qui les suportent, la douceur de leur conuersation, la bonne grace des Dames les y inuitent, auec son Vniuersité, où ils ioüissent de quelques priuileges, & l'opinion qu'ils ont que la langue Françoise y est parlée auec plus d'elegance & de pureté qu'ailleurs. Elle est assise dans la Beausse, sur vn costau, qui s'eleue doucement aux bords de Loire, qui bat le pied de ses murailles. Sa figure est comme celle d'vn arc tendu. Au milieu de la riuiere s'eleue vne Isle fort agreable couuerte en partie de beaux arbres, qui ombragent le lieu, partie de bastimés. L'Isle est attachée d'vn costé a la ville par vn Pont, & de l'autre au faux-bourg, qu'on nomme Pontereau. Le Pont est defendu de quelques tours & bouleuars; & la ville est fortifiée de bonnes murailles terrassées, & de plusieurs tours rondes, qui se sentent beaucoup du canon des premieres guerres ciuiles entreprises pour la Religion.

Car cette ville a esté comme le Theatre des principales guerres de France, où les hommes ont fait paroistre leurs diuerses passions, & Dieu sa Iustice & ses Bontez. Il y a douze cens ans qu'Attila Roy des

Huns, surnommé le fleau de Dieu l'assiegea : mais ayant esté contraint de leuer le Siege, & de se retirer dans les plaines de Chalons, il y fut defait par Ætius General des Romains, soustenu de Merouée Roy des François, & de Theodoric Roy des Gots. Elle fut assiegée pour la deuxiesme fois par les forces Angloises, l'an mil quatre cens dix sept, & conseruée par les saintes adresses de la Pucelle, dont i'ay desia parlé. Et depuis encore l'an mil cinq cens soixante trois par François Duc de Guise pour le Roy Charles IX. où ce braue Seigneur perdit la vie d'vn coup de pistolet, que luy deschargea Poltrot, gaigné par les promesses de l'Admiral de Coligny, & par les conseils de Theodore de Beze.

C'est le Siege d'vn Euesché, où a presidé S. Agnan, Patron de la ville : & le lieu de l'assemblée de cinq notables Conciles : le premier tenu sous Clouis le Grand, pour reprimer l'orgueil des Abbés, & les soûmettre à la correction des Euesques, s'ils commettoient quelque irregularité : le 2. sous Childebert I. pour remettre en vsage l'anciene election des Metropolitains, qui s'estoit perduë par la nonchalance des peuples. Le troisiesme sous le mesme Childebert, pour reprimer la trop grande liberté, que prenoient les Abbés & les autres du Clergé, d'engager & de vendre les terres de l'Eglise: Le 4. encore sous le mesme Roy pour obliger les Metropolitains d'assembler tous les ans leurs Synodes Prouinciaux: & le cinquiesme vn peu apres, pour condamner les Heresies d'Eutyches, & de Nestorius.

Elle porte le tiltre de Duché, que Gaston Iean Baptiste frere vnique du Roy possede en Appennage, auec les mesmes droits que la receut Loüis frere de Charles VI. Dés le temps mesme des premiers Roys, elle estoit destinée aux seconds fils de France en tiltre de Royaume. Apres la mort de Clouis, ses quatre enfans diuiserent la France en Tetrarchies, chascun tenant diuersement leurs Sieges, Childebert à Paris, Clodomire à Orleans, Clotaire à Soissons, & Thiery à Mets. Le mesme partage fut gardé par les Enfans de Clotaire I. & le Royaume d'Orleans estãt escheu à Gontran, Gregoire de Tours rapporte, que le peuple luy vint au deuant, enseignes desployees, chantant les loüauges de sa Maiesté. On oyoit d'vn costé les Latins, & de l'autre les Syriens & les Iuifs, qui faisoient retentir les ruës de leurs acclamations de ioye proferées en leurs langues, que son Sceptre s'estendît sur toutes les nations, & qu'il regnast plusieurs siecles en vne profonde paix.

D'où l'on peut apprendre, que les sciences florissoient desia dans cette belle ville, & qu'il y auoit des Escholes publiques, qui seruoient d'vn honeste exercice aux beaux esprits. Aussi dit on, que le mesme Aurelius qui a esté le Fondateur de la ville, a esté l'Instituteur de l'Vniuersité. Il est neantmoins veritable, que Philippes le Bel fut le premier Roy, qui luy conceda de beaux Priuileges en faueur de ceux qui employeroient leur trauail & leur industrie à instruire les ieunes hommes aux loix Imperiales, & luy donna des Conseruateurs Royaux, & des Iuges particuliers pour la conseruation de ses immunitez & priuileges. De mesme les Papes luy donnerent des Conseruateurs Apostoliques, pour l'establissement du Droit Canon. C'est ce qui oblige les Escholiers de frequenter ce lieu, où ils sons aymés des peuples, fauorisez des Roys, & honnorés des Papes. Ils y sont tousiours en grand nombre, partagés en quatre nations, qui ont chafcune leur Procureur, les François, les Allemans, les Normans, & les Picards. L'Office de Procureur des Allemans ne dure que trois mois. Il a fon Affeffeur, fon Greffier, & fon Garde-feau: & la nation fon Threforier. On elit auffi huit Confeillers des plus anciens, qui font appellés pour les affaires d'importance. Il y a pareillement deux Bibliothecaires, qui font obligés de fe trouuer tous les iours depuis vne heure iufqu'à deux, excepté les feftes dans la Bibliotheque, qui eft belle & curieufe, pour donner les liures à ceux qui les demandent, en prenât affeurance de ceux qui veulent les emporter dâs leur maifon.

La Matricule de la nation eft prefentée par le Bedeau aux Allemans, quand ils arriuent dans la ville: ceux qui s'y font efcrire, iouyffent de tous les priuileges accordés à la nation, & font fous la protection particuliere des Roys de France, foit en paix, foit en guerre, de quelque Religion qu'ils foient, fans qu'ils puiffent eftre recerchés, ny detenus, quoy que leurs Peres portaffent les armes contre le feruice du Prince, & qu'ils euffent declaré la guerre à l'Eftat. Ils font promeus aux dignités: exempts de tous peages & contributions, qui se payent sur les passages, & mesmo s'ils ont famille, ils sont deschargés des tailles & des subsides. Quand ils meurent, leurs biens sont conserués aux heritiers, comme s'ils estoiét nés en France, le Prince leur accordant les mesme droicts, que la naissance donne aux François naturels: Les autres payent leur bien-venuë : mais il est defendu sur peine d'excommunication d'exiger vn double d'vn Allemand, quand son nom est vne fois receu par le Bedeau. Comme si Pallas estoit pour eux seulement, ils ont pouuoir de porter l'espée à leur costé, le iour & la nuit, marchans par la ville, & des pistolets à l'arson de leur selle, voyageans par le Royaume. Ie passe les autres sous silence, pour estre pressé de voir les beautez de la ville.

Il y a plusieurs belles Eglises. Celle de S. Croix est la plus superbe, quoy qu'elle fut ruinée durant les guerres ciuiles, par les Religionaires, qui auoient pris à tasche de corrompre les Temples viuans de Dieu par le poison de leur doctrine, & de ruiner les Temples materiels par le fer & par le feu, instrumens de leur rage. Son clocher a esté le plus haut qui soit en France, comme celuy de Strasbourg, est le plus haut d'Allemagne. Ce qui a esté remis du vieux dessein, est deu à la pieté du Roy Henry le Grand, qui posa la premiere pierre, cõme tesmoigne l'inscription grauee sur vn pillier. L'Eglise est longue de cent quatre vingt pas, & large de cent quarante. Les piliers sont hauts de dixsept toises, mais le Clocher s'eleuoit au dessus des piliers de plus de trente sept. Il y a cinquante neuf Chanoines, & douze Dignitez. Il s'y fait tous les ans vne belle ceremonie le troisiesme iour de May, qui est consacrée à la memoire de l'Inuentiõ de la Croix. Quatre Barons marchent en procession la corde au bras, d'autrefois c'estoit au col, & la torche en main, suiuans vne representation de mort, comme si c'estoient des funerailles. On dit que c'est en reconnoissance d'vn insigne miracle, qu'opera la Vierge, dont l'Image est en grande veneration dans cette Eglise, deliurant quatre Barons du pays de la captiuité des Turcs, & les transportât à pareil iour de la prison au pied de son Autel. Les autres pretendent que ce soit vne espece d'amande honorable, que ces Gentilshommes font à l'Euesque, qui fut d'autrefois outrageusement battu en la personne d'vn de ses predecesseurs, par leurs Ancestres: & adioustent que c'est vne charge attachee à leur maison, & qui passe aux heritiers auec leurs biens. Cette ceremonie m'oblige d'en raporter vne autre, qui est beaucoup plus glorieuse pour l'Euesque: qui peut à la premiere entrée, & à la prise de possession de son Euesché, deliurer vn criminel de la prison, & le descharger entierement de la peine que merite l'enormité de ses crimes.

Il y a plusieurs autres magnifiques Eglises, comme celle de S. Estienne, où fut sacré Louis le Gros. Celle de S. Samson, où fut sacré & couronné Louis le Debonnaire auec sa femme par le Pape Estienne IV. celle de nostre Dame des bonnes nouuelles: Celle de S. Agnan estoit superbement bastie deuant les guerres, & Louis XI. qui l'auoit fait remetre, y auoit employé les deniers de ses coffres, & l'esprit des meilleurs ouuriers. On y void encore vn tres beau Cimetiere de l'Eglise de S. Croix. l'Hostel de Ville auec vne Tour fort haute, de laquelle on descouure toute la ville: Le Chastelet où se tient la Iustice, qui est sur la riuiere: Plusieurs belles maisons dans la ville: & plusieurs grandes

places

places, dont les principales pour la vente des bleds & des vins, sont celles de l'Estape, & le Martoy, où l'on execute les criminels, S. Agnan & les Motes, dont quelques vnes sont ombragees de beaux & de grands arbres, ce qui donne des promenades fort delicieuses. Pour former vn digne Iugement de cette ville, il suffit de dire que François I. la tenoit pour la plus belle, & pour la plus agreable de son Royaume : & que Charles-quint ayant trauersé la France se vantoit d'auoir veu vn monde, vne ville, vn village, vne maison & vn iardin, Paris, Orleans, Poitiers, la Rochefoucaud, & Tours.

CLERY.

NOus quittons Orleans où nostre logis est à la Charruë de la porte bannie dans le Faux-bourg, & passans par Clery, où est cette celebre Eglise de nostre-Dame, que fit bastir Louys XI. ce fameux Politique, & ce deuotieux Prince, qui portoit tousiours vne petite Image de plomb de cette Saincte Vierge attachée à son chapeau, & qui ne voulut point auoir d'autre sepulture apres sa mort, que l'Eglise de celle, dont il auoit si tendrement honnoré les merites durant sa vie. On tient pour chose certaine, & recogneuë par l'vsage de plusieurs années, que si quelque pelerin se trouuant en peril sur mer ou sur terre, fait vœu de venir en cette Eglise recognoistre par ses humbles deuoirs la main de sa liberatrice, il y a vn gros cierge attaché d'vne chesne de fer deuant l'Image de Nostre-Dame, qui fait vn tour ou deux auec vn bruit si violent, que le peuple de la ville y accourt, & le void tourner de soy-mesme, sans effort & sans machine, ce que dix hommes ne pourroient faire de toutes leurs forces. On remarque le iour & l'heure du mouuement, & quand la personne qui a esté deliurée, vient rendre ses vœux, on luy fait la lecture de cet escrit, où il recognoist que c'est le iour & l'heure, qu'il estoit dans les dangers de la mort, dont il a esté retiré par les faueurs de cette Mere des bontez. De Clery nous continuons nostre voyage pour la disnée iusqu'à Sainct Laurens des Eaux, à dix lieuës d'Orleans. De là nous allons voir Chambort qui n'en est qu'à cinq lieuës.

CHAMBORT.

LA maison Royale de Chambort, où Chambourg fut veuë & admirée par l'Empereur Charles-quint passant en France, pour sa grandeur capable de loger tous les Princes de l'Europe, & pour son Architecture, qui surpasse tous les ouurages des anciens & des modernes, & qui est comme vn abregé de toute l'industrie humaine de plusieurs siecles. Il semble que les grands Roys puissent porter auec raison la deuise propre à Dieu, *De rien grande chose*, puis qu'ils peuuent d'vn hameau de Pasteur en faire vn S. Germain en Laye: d'vne cabane de charbonnier, vne maison de Fontaine-bleau, & d'vn pigeonnier vn Palais de Chambourg. Telle fut la magnificence de François I. l'vn des plus grands Roys du monde, à faire vne maison proportionnée à la grandeur de son hoste, destinée pour les plaisirs de sa chasse.

Cette maisō Royale est enuirōnée de toutes parts de terres fertiles, de forests pleines de chasse, de Bourgs, de petites villes fort bien peuplees, & porte sa veuë iusqu'à

Blois, bien qu'elle en soit distante de trois lieuës. Elle fut commencée à bastir magnifiquement par le Roy François renenant de la prison d'Espagne, lors mesme qu'il faisoit bastir son Madrit prés de Paris. Elle ne fut pas acheuee, quoy que dix-huit cens ouuriers y eussent esté employez durãt douze ans. On y môte par vn double escalier à vis, si large, que ceux qui montent par les deux extremitez des marches, peuuent parler ensemble sans s'entreuoir, vn costé estant desrobé à l'autre par vn singulier artifice. Il y a deux cens soixante quatorze degrez : quand vous estes au haut, vous pouuez ietter vne balle en bas par le noyau. Ie laisse à l'œil des curieux les chambres, antichambres, sales, garderobes, cabinets, portiques, & galeries, comme aussi les iardins, & mesme celuy qu'on appelle le iardin de la Reine, grand de cinq arpens de terre, au bout duquel vers la forest de Blois, vous trouuez vne allée large de demye toise, & longue de plus d'vne demye lieuë, embellie de quatre rangs d'ormeaux, plantez à six pieds l'vn de l'autre, qui font plus de six milles, si droits & si bien allignez, que ceux du Roy de Perse tant vantez par les Historiens, ne font rien en comparaison. Il reste trois lieuës à faire par vn chemin tres agreable, pour arriuer à Blois.

BLOIS.

La ville de Blois est assise sur la riuiere de Loire à la main droite, & à la gauche luy est opposé vn Fauxbourg, qui est ioint à la ville par vn pont de pierre : sur lequel se void vne Pyramide, auec vne inscription, qui porte que le pont ruiné durant les guerres, fut remis durant la paix par Henry le Grand. Cette Pyramide fut renuersee par les tempestes, sans que la couronne, qui estoit sur la base, fût tant soit peu endommagee, les foudres du Ciel respectans les Lauriers de ce grand Prince; dont la terre cherit encore la memoire & le nom. Le pays est tres fertile en bleds, & peut on l'appeller le Grenier de la France auec autant de raison, que la Sicile celuy des Romains : Les campagnes y sont si grasses, quand il a pleu, que les voyageurs ont bien de la peine à s'ē tirer : Aussi est-ce vn prouerbe, *en Beausse bonne terre & mauuais chemin.* Les côtaux y portent les meilleurs vins du monde, & il n'est pas de merueille, que le peuple y parle auec tant de delicatesse, ayant la langue si bien abbreuuée. Vous diriez que la courtoisie est née en cette ville, à voir l'honnesteté des habitans enuers les Estrangers. Ils sont fort propres & fort nets; ils s'adonnent à l'agriculture & au negoce, se seruans de la bonté de la terre, & de la commodité du passage. Les meilleurs artisans sont les Orfeures, & particulierement les Horologeurs, dont les Monstres sont en estime, pour la iustesse, & pour l'artifice.

Cette ville a esté l'vne des Chambres Royales, où les Porphyrogenites de France prenoient leur nourriture, & où les Rois faisoient leur seiour ordinaire: c'est peut estre de là que le Peuple est si courtois, & si ciuilisé, & que la langue s'y parle auec plus de pureté qu'é tout le reste du Royaume: y ayant cette difference entre le Soleil des Cieux, & les Soleils de la Terre qui sont les Roys, que tant plus les Astres s'auoisinent de celuy là, ils reçoiuent moins de lumiere: & au contraire tant plus les subiets sont proches de ceux cy, ils se perfectionent dauantage dans les deuoirs de la ciuilité, & dans les vsages d'vne belle vie.

Les Aqueducts, où leurs restes dressez sur des arcades, dont vne partie est pratiquée dans le roc, capable de receuoir trois hommes à cheual, qui peuuent y marcher de front: & le village d'Orcheze à deux lieux de la ville, que ceux du pays disent auoir esté le grenier de Cesar, comme il y a force apparence, font voir en qu'elle estime l'auoient ces anciens. Et si nos Medecins auoient cognoissance de la terre qui se tire proche de ce mesme village, ou qu'ils ne fussent dans les erreurs du peuple, qui ne iuge de la bonté des choses, que par l'argent qu'elles coustent, ils mespriseroient la terre sellée, qu'on porte de l'Isle Stalimense, & le bol du Leuant, & auouëroient que la nature qui a choisi la France pour le lieu de ses delices, ne luy a rien refusé des presens qu'elle a faits aux pays des monstres, & aux lieux de son bannissement.

Le Chasteau qui a esté basti par deux grand Roys, Louys XII. & François I. & par la Reine Catherine de Medicis, est vn ouurage assez beau, pour estre veu par ceux qui ne portent pas indifferemment leur veuë sur toutes sortes d'obiets. Louys XII. se void à cheual sur l'entrée du logis, auec force Emblefmes d'vn Porc-Epic, qui feruoit de deuife à ce bon Prince, voulant tefmoigner à fes ennemis, que la plus rare patience, trouue des a...es pour fe vāger quande elle eft trop preffée: cóme on dit que cette befte porte toufiours fon carquois & fes flèches, que la nature luy a données, qui font fon cuir & fes efguilles, qu'il decoche contre les chiens qui l'agacent. La Salamadre, que François I. auoit choifie pour fa deuife pour faire paroiftre fon courage, qui s'eftoit rehauffé dans les abbaiffemens, & qui auoit pris des efperances de vaincre fes vainqueurs, lors qu'il fembloit que tout fût defefperé ; comme cét animal tire fa nourriture du feu, qui confume les autres, eft depeinte fur le derriere du Chafteau ; ce qui fait voir les ouurages de ces deux Roys. Monfieur Frere vnique du Roy regnant, a fait demolir l'appartement de Catherine de Medicis, & y a commencé vn tres beau baftiment : Le mefme a enrichi le iardin, qui eft diuifé en haut & bas de plufieurs fimples fort rares, & recerchez de diuers endroits, en tres grand nombre, & a logé fes antiques de marbre, & de bronze, & autres dans la galerie de l'aile droite

Gallo-Belgique. 377

longue de trois cens pas, bastie par Henry IV. auec plusieurs tableaux, & pieces bien curieuses recouurees des pays esloignez. Dans vne allée du iardin bas se void encore la graueure d'vn Cerf, qui fut pris du temps de Louys XII. son bois a vingt-quatre rameaux, quelques-vns adioustent que c'estoit vne Biche, pour faire la merueille plus grande, comme si la nature auoit employé tous ses efforts pour planter de si belles cornes sur le front d'vne femelle, qui ne sont propres qu'aux masles.

En la premiere cour du Chasteau est l'Eglise collegiale de S. Sauueur, où sont les Tombeaux de quelques-vns de ces anciens Comtes de Blois, si renommés dans l'histoire pour leur vertu; qui auoient pouuoir de faire battre monnoye, où estoit grauée d'vn costé vne lettre Hebraïque auec vne fleur de Lis, & de l'autre vne Croix accompagnée d'vn B. On remarque aussi le ieu de Paulme long de cinquante sept pas, & large de vingt, pour estre le plus grand de France, si celuy de S. Germain en Laye ne luy est comparable.

C'est enfin cette ville, qui a fait voir le Soleil à Pierre l'Hermite, ce venerable

Conducteur des armées Chrestiennes en la premiere guerre Saincte entreprise sous Philippes Auguste pour le recouurement des terres du fils de Dieu: & c'est ce Chasteau, qui fut empourpré du sang du Duc de Guise, & de son frere le Cardinal, qui furent massacrez aux Estats de l'an 1688. par le commandement d'Henry III. qui ne pouuoit supporter, que ses sujets fussent ses Roys, & qu'ils eussent l'authorité du Royaume, & luy seulement les marques & le nom.

Durant le seiour, qu'on fait à Blois, on peut aller visiter par diuertissement les lieux voisins, tels que sont le Chasteau magnifique & spatieux de Busy, qui fait voir au milieu de sa Cour sur vne colomne, l'image du Roy Dauid en bronze, qui fut apportee de Rome il y a six vingt ans. On y void aussi les portraits de plusieurs Roys & Empereurs, auec celuy du Moyne Furstemberg qui trouua l'inuention de la poudre à canon & de l'artillerie. Vendosme assise sur le Loir, dont le Chasteau est fortifié de quatre bastions: & où l'on peut remarquer vne expression naïfue de la bonne & mauuaise fortune du Royaume d'Egypte sous le ministere de Ioseph, si ce qu'on a dit & escrit du Lac voisin est veritable; qu'il est plein durant sept ans, & sec durant sept autres: & que lors qu'il est sec, on ne void que des abismes, où les eaux reuiennent à certain temps, d'où les habitans iugent & reconnoissent la fertilité des sept annees suiuantes.

Chasteau-dun Capitale du Comté de Dunois, qui appartient au Mars de nostre siecle, le Duc de Longueuille, digne fils de ce grand Pere, puisque l'vn estoit né pour le salut de sa Patrie, & l'autre pour la conseruation des alliés de son Roy. Quatre riuieres l'arrousent en diuers lieux, le Loir, qui se diuise en deux bras, & fait vne Isle appellee le champ de Mars, où la ieunesse du pays s'exerçoit à plusieurs jeux de force. La Coucye, qui prenant sa source de la forest d'Orleans, a cela de rare, que iamais elle ne se deborde, ny ne se trouble pour quelque pluye, qui tombe: & s'il ariue qu'elle se grossisse plus que de coustume, les habitans en tirent des presages asseurez de peste pour l'Automne, & de famine pour l'année suiuante. Aigre qui naist vn peu au dessous de l'estang prodigieux de Verde long de deux grandes lieuës, & large de plus de

250. pas, dont les historiens de France racontent, qu'au mesme temps que le Roy Childebert & sa femme furent empoisonnés, son eau bouïlloit de telle sorte, qu'elle ietta sur ses riues vne grande quantité de poissons tous cuits : comme si les Elemens se fussent eleués pour condamner l'impieté des hommes, qui ose bien oster la vie aux Dieux visibles de la terre, les conseruateurs des Peuples.

Il faut en suite continuer son voyage, & de Blois, où il y a fort bon logis dans le Fauxbourg, au signe de la Croix, marcher sur la leuée durant dix lieuës, qu'on compte iusqu'à Amboise : apres auoir veu Chaumont à main gauche, Chasteau superbe, & passé plusieurs habitations sousterraines, comme il y en a dans la Touraine, qui semblent plutost des Tombeaux des defunts, que des maisons d'hommes viuans, où ils sont priuez de la beauté du iour, & de la veuë du Ciel. On les prendroit pour des Tantales, qui sont au milieu des delices sans en iouyr, & sont entourés de tous costez de vignes, de bleds, & de fruits dans le iardin de France, sans les gouster ; des serpens damnés dans vn Paradis Terrestre, qui trouuent leur malediction dans le bonheur.

AMBOISE.

Amboise est vne ville tres-agreable, assise sur le Loire, dans vn pays aussi bon, que l'air y est doux & temperé; choisie pour y nourrir les Enfans des Roys: elle n'est pas grande, mais la petitesse du lieu est recompensée par la beauté des maisons. Il faut visiter son Chasteau tres fort, ses tours espesses, eleuées depuis le bord du Loire, iusqu'au sommet de la montagne. On y monstre dans vne Chapelle vne corne de Cerf suspenduë, de plusieurs branches, & d'vne grandeur prodigieuse. On ne sçait, si elle est naturelle, où faite par artifice. Le logement y est fort beau en Sales, & en Chambres. L'Arsenal y est plein de gros canons. Ce fut Charles VIII, ce Conquerant de l'Italie, qui l'embellit de plusieurs excellentes pieces, qu'il fit rechercher de tous costez, auec des despenses excessiues: mais ce bon Prince ne consideroit pas qu'au lieu d'vn Palais Royal, il se formoit vn sepulchre, où tous les lauriers de sa teste deuoient se flaistrir par le mauuais air d'vne galerie puante, où il fut emporté par vne apoplexie. La mort le vint saisir au poinct, que la fortune luy sembloit plus fauorable, & le renferma dans vn triste tombeau, lors que tout l'Orient luy ouuroit les portes de la Grece, comme à son liberateur. Cét inuincible Monarque qui auoit arresté les armées ennemies, & qui auoit dissipé les foudres des canons par sa presence, fut estouffé par vne goute d'eau, qui luy découlant du cerueau, luy noya toutes ses palmes; Ce riche Prince qui auoit veu toutes les grandeurs de l'Europe à ses pieds, & qui n'auoit rien que Dieu dessus sa teste, eut pour son dernier lict de parade vne simple paillasse, dans vn lieu d'infection: Ce puissant Roy qui auoit veu la victoire à ses costez, & la gloire à sa suite, mourut sans qu'on le sçeust, entre les bras de quelques domestiques. Apres cela dites que la felicité mondaine n'est point trompeuse, & que l'appareil de ses honneurs n'est point de verre, qui se brise plus aisement, lors qu'il a plus d'esclat.

Iamais il ne fut plus vray de dire que les Dieux iouënt à la pelote de nostre vie. Ce fut le septiesme iour d'Auril, veille de Pasques Fleuries, de l'an 1498. que ce bon Roy estant au Chasteau d'Amboise en la chambre de la Royne sa femme, la prit par la main & la mena voir ioüer à la Paume dans le fossé du mesme Chasteau. Il y auoit vne galerie sale & mal entretenuë, qui auoit la veuë sur le jeu: il entra le premier, où l'histoire remarque, qu'ayant mis en auant quelques discours du salut eternel, & fait cette genereuse protestation de iamais n'offenser Dieu, & de si bien regler sa vie qu'elle seruiroit de miroir & d'exemple à ses subiets, il fut surpris d'vn catharre, qui le porta par terre. On le coucha sur vne meschante paillasse, qui d'auenture se trouua là, où il demeura iusques à onze heures de nuit, qu'il rendit l'ame. Son corps fut porté d'Amboise à Paris, accompagné d'vn grand nõbre de Prelats, Princes, Seigneurs, & personnes de marque, iusques au nõbre de sept mille: & suiuy de quatre cens pauures vestus de dueil, châcun auec vn cierge en main. Le iour de la pompe funebre, quand le Roy d'Armes suiuant la coustume brisa son Sceptre, criant *le Roy est mort*, deux de ses Domestiques, l'vn Sommelier, & l'autre Archer de sa garde, moururent soudainement du regret de leur bon Maiftre. Et la Reine fon Efpoufe prit le dueil de drap noir contre la couftume des autres Reynes de France, qui le portoient de blanc, & c'eft auffi pour ce fujet qu'elles eftoient appellées Roynes Blanches.

J'oubliois à dire, que cette ville a efté comme le ventre abominable, où fut conçeuë la faction & le mot d'Huguenots, enfanté à Tours, & la premiere fource des malheurs de ce Royaume. Le Chafteau fert encore aujourd'huy de logis aux prifonniers d'Eftat, peut eftre pour dementir le prouerbe ancien, que jamais il n'y eut de laides amours, ny de belles prifons. J'auois auffi paffé fur le pont, fans conter fes quatorzes arches de pierre, & & fes moulins qui font fi bien enchaffez dans la ftructure des voûtes & des piliers, qu'on diroit que c'eft vne Ifle: ont eft affez bien logé dans le Faux-bourg de S. Denis à la Tefte Noire.

A trois lieuës de là eft le Chafteau de Chenonceaux bafti & enrichi de marbres anciens par la Reyne Catherine de Medicis, où l'on eftime particulierement la ftatuë de Scipion l'Africain, qui eft d'vn marbre fort precieux, & d'autres qui ont efté esté portées d'Italie. Descendant plus bas qu'Amboise, on passe le Bourg de Mont‑loüis, qui n'a point de maisons eleuées sur la terre, mais seulement quelques loges taillees dãs le rocher, qui n'ont point d'au‑tre couuerture, que l'herbe & le gazon, & qui ne se recognoissent qu'aux tuyaux des cheminées. Apres cela on descouure Tours à sept lieuës d'Amboise, où les Estran‑gers auoient de coustume de prendre leur logis aux Trois Mores dans le fauxbourg de S. Pierre des corps. On nõmoit encore l'hostesse il y a quelque temps, la Mere des Allemans, mais à n'en point mentir, elle estoit leur chere Mere. Voicy ce qu'on en dit.

Quand vostre bourse est trop pleine,
Allés aux Mores en Touraine ;
Ie vous iure que vous serés
En peu de temps bien deschargés.

TOVRS.

LEs remarques auantageuses que font les Historiens à la gloire de Tours, & les beautez qu'õ y peut voir, sont capables de nous y faire passer quelques iours assez

Bb

bien. La riuiere de Loire luy est au Leuant, l'Indre au Midy & au Couchant, & vn peu au dessous de la ville, le Cher se iette dans le Loire, sous le pont de Sainct Edme, qui est de dix-huict arches. La ville & tout le pays sont esgalement agreables, aussi la nomme-on le iardin de France. Ses ruës sont longues & nettes, les maisons y sont reuestues d'ardoise, son Chasteau est vieux & ruiné, ses faux-bourgs semblent des villes : ses armes sont conformes a son nom, qui sont trois Tours, & trois fleurs de Lis en chef, tesmoignage certain de la bonne opinion qu'en ont eu les Roys, qui luy ont communiqué les plus riches ornemens de leur couronne.

C'est-icy que les Capitaines & les Conducteurs d'armées peuuent apprendre, qu'il n'est rien d'inuincible à ceux qui combatent sous les estendars de la pieté, pour les interests de la Patrie & de la Religion : puis que Charles Martel auec quinze cens hommes, renforcés du bras de Dieu, tailla en pieces trois cens quatre vingt mille Sarrazins, sur les bords du Loire, aux portes de Tours. Les Princes recognoistront qu'ils ne paroissent iamais plus grands, qu'en mettant leurs coutônes sous leurs pieds, & qu'en s'abbaissant sous la cendre des Saints, puis que Clouis, Charlemagne, & S. Louys ont receu l'accroissement de leur Estat, & l'honneur de leurs victoires du Sepulchre de S. Martin. Les peuples en tireront cette profitable instruction, que le bon-heur de leurs maisons depend de leur fidelité, & la seureté de leurs villes, de leur obeyssance; puisque Tours s'est conseruée & maintenue dans la possession de ses priuileges par l'affection qu'elle a tousiours tesmoignée à ses Princes legitimes, comme à Charles VII. le receuant dans ses murailles, quand il fut chassé par l'Anglois de sa propre maison, à Henry III. quand les Parisiens se reuolterent contre son authorité, & l'obligerent de sortir de leur ville, pour aller cercher à Tours, l'asseurance qu'il ne pouuoit trouuer ailleurs, & en fin à son successeur Henry IV. aymans mieux estre en danger auec l'honneur de ses bonnes graces, qu'en seureté separés de son party. Les Ecclesiastiques y doiuent cercher l'esprit de l'Eglise Gallicane, & se former les mœurs par la lecture des quatre Conciles tenus à Tours, sous les Roys de la premiere & troisiesme race. Et les Huguenots qui ont pris ce nom d'vn Lutin, qui la nuit infestoit les ruës, qu'ils appellent le Roy Hugon : comme ils ont infesté le Royaume par leurs sanglantes reuoltes, & infecté les ames par leur peruerse doctrine, verront bien que leurs Maistres n'ont iamais pretendu de leur apprendre la Sainteté, puis qu'ils ont bruté les Images des Saints, & bruslé leurs reliques.

Ce qu'il faut voir au dehors & au dedans, sont, 1. L'Eglise Cathedrale & Metropolitaine dediée à S. Gratian, qu'on croid estre vn ouurage des Anglois, dont l'horologe monstre les iours de l'an, & de la sepmaine, auec l'accroissement & le décroissement de la Lune : Les petites cloches sonnent les heures de la Messe, & à ce son, la porte s'ouure, par laquelle certains Prestres marchent en ordre, qui rendent vn spectacle fort agreable. 2. L'Eglise de S. Martin bastie d'vne pierre quarrée, & renfermée de quatre Tours, qui fait parade de ses beaux Orgues, & de son Autel magnifique. Les ossemens de S. Martin y ont esté religieusement gardés, iusqu'aux derniers troubles de la Religion, que ceux de la pretenduë firent brusler, auec ceux de S. François de Pauls

& de plusieurs autres Saincts; Il y a de grosses cloches, & vne entre les autres, dont le batail pese cinq cens liures. 3. L'Eglise de S. Sernin, où se void l'histoire de la Resurrection de nostre Seigneur, depeinte auec vn grand artifice. 4. L'Abbaye de Marmoustier de la Loire, où l'on va par batteau, si l'on veut : c'est-là qu'on garde l'Ampoulle de l'huile de S. Martin, qui luy fut apportée du Ciel par la main d'vn Ange, pour le guerir d'vne cheute, & dont le Roy Henry IV. fut oint & sacré dans la ville de Chartres par le ministere de l'Euesque du lieu. 5. Le Conuent des Minimes au Plessis, que Louys XI. fit bastir ayant fait venir d'Italie le Fondateur de l'Ordre, S. François de Paule, ce grand operateur de miracles, & luy mesme le plus illustre miracle de son siecle; & non loing de la le Prieuré de S. Cosme, d'où Ronsard le Prince des Poëtes François estoit Prieur, & où son corps repose.

6. Le Chasteau signalé par la prison du Duc de Guise, & par sa deliurance : Ce fut le iour de l'Assomption de nostre Dame, qu'ayant trompé ses gardes par vne plaisante ruse, il deuala dans le fossé

auec vn baston entre ses iambes, attaché à vne corde de 60 brasses, qu'ō luy auoit preparée, sur le Midy, quand les portes de la ville se fermoient les iours de Feste durant le disner des gardes. Il passa le Cher à la nage, & monté sur vn bidet fut conduit à Celles par le Baron de la Chastre, & de là s'en vint à Paris en bonne compagnie.

7. Le ieu du Mail, long de mille pas, & ombragé de sept rangs de beaux arbres. Il est entretenu curieusement, n'estant pas permis d'y iouër lors qu'il a pleu. 8. Les manufactures de Soye, dont les premiers ouuriers furent des Italiens, que Iean de Beaulne fit venir à ses frais pour l'vtilité de sa patrie. Henry IV. voyant les despenses superflues qui se faisoient dans son Royaume & les grands deniers qui se transportoient ailleurs pour les draps de soye, en retrancha le luxe, & nomma quatre villes, où il voulut qu'on nourrist des vers à soye, à sçauoir, Paris, Lyon, Orleans, & Tours, & fit planter des meuriers blancs sur les grands chemins pour la nourriture de ces petits animaux de vanité. 9. La ville de Tours est encore redeuable de ses belles Fontaines au mesme Iean de Beaulne, qui les fit

conduire par des canaux dans les places publiques: il y a vn carrefour de son nom. X. Il faut aussi voir les caues de Colombiers, où le froid est extreme en esté, & les gouttes qui distilent d'en-haut se glacent & se conuertissent en pierres dures, & transparentes comme du sucre candis. XI. On a veu d'autresfois à Tours chez vn Chanoine vn cabinet remply de toutes sortes de medailles d'or, d'argent, de bronze, & autres, auec quantité de pieces rares & exquises, entre-autres vn drap tissu de bois, representant deux Indiens sauuages dormans: vne pierre dont les Iuifs circoncisoient leurs enfans, le Squelete d'vn petit garçon qui n'a pas trois doigts de long, vne main de pierre, representant vne veine au naturel, qu'on disoit estre venue du Roy d'Espagne, plusieurs Coupes d'ambre, & autres rares ouurages.

De Tours on descend à Saumur, tout le long de la leuée, dans vn pays delicieux, vous ne voyez de tous costez que maisons de plaisance, Chasteaux superbes, côtaux chargez de vignes, & de boys, grádes campagnes, prez, ruisseaux, fontaines, & lieux enchantez sans art & sans malice. De l'vne à l'autre il y a dix sept lieuës,

SAVMVR.

SAumur est vne petite ville, mais vne des plus agreables & des plus accomplies, qui soit en France : Ses murailles auec leurs tours, qui s'entresuiuent, arrestent les yeux des spectateurs par leur iuste proportion, & l'effort des ennemis par leur structure : Son pont, qui est tres long a vne place fort diuertissante pour la promenade, auec des Isles, qui sont habitées, & vne grande & grosse tour pour sa defense : Ses Fauxbourgs, qui sont au deçà & au delà du Loire vallent de bonnes villes ; & mesme l'vn est clos de murailles, & entouré de fossez. La ville est au pied de la montagne, & le Chasteau est au sommet. Vous diriez que le Plaisir & la Force l'ont choisi pour leur seiour. Son exaltation vous descouure les plus rares beautés de la nature, & vous fait voir d'vn coup d'œil les riuieres, les prez, les vignobles, & la diuersité des paysages : son assiete & ses fortifications qui dominent sur la ville la tiennent entre la crainte & l'asseuråce: & les Gouuerneurs de la place peuuent bien se vanter qu'ils ont la vie & la mort des habitans entre leurs mains, puis'qu'ils les peuuent battre ou defendre, comme ils voudront.

Dans le monde naturel, la terre porte les remedes, où elle produit les poisons: & dans le monde surnaturel, le Ciel fait paroistre ses graces auec plus de magnificence, où il semble que l'enfer nous forme plus de dägers. Saumur a esté long temps possedé par ceux de la Religion pretenduë, & c'est là que le sieur du Plessis Mornay Gouuerneur de la ville & du Chasteau donna le nom à vn mauuais enfant que plusieurs Peres auoient engendré, ie veux dire le Liure pernicieux qu'il mit au iour contre l'Eglise, dont les ornemens & les dispositions estoient à luy, le corps & l'esprit au mensonge. C'estoit neantmoins assés pour faire beaucoup d'impression dans les ames foibles, si Dieu n'y eust pourueu par vne grande quantité de prodiges, qui s'operent tous les iours par les intercessions de la saincte Vierge dans la Chapelle des Ardilliers, consacrée à son nom, qui est sur le bord du Loire, sous la direction des Peres de l'Oratoire, qui taschent par les doctes instructions qu'ils donnent a la ieunesse dans vn College qu'ils y ont, &

par leurs bons exemples de confirmer les veritez du fils de Dieu, que sa Mere autorise par ses miracles.

Du costé de N. Dame des Ardilliers sont les carrieres, où l'on peut aller sous terre prés de demye lieuë, auec vne tresgrande fraischeur au plus fort de l'esté: de l'autre est le pré du Chardonnet, qui vous conduit à l'Abbaye de S. Florent, vn tresbel edifice, qui fut battu durant les troubles par l'Admiral de Chastillon, comme il se void par quelques ruines. Nostre voyageur n'est point si pressé, qu'il ne puisse bien donner vn iour pour aller iusques là par forme de diuertissement. Ie luy conseille au sortir de Saumur d'aller voir la Flesche à onze lieuës de là: petite ville assise sur le Loir, où il y a vn College de Iesuistes tres magnifique, qui a trois basses Cours, & trois corps de logis, capables de loger le Roy auec toute sa Cour, & vne tres belle Eglise. Le cœur du Roy Henry IV. est gardé en vne Chapelle dãs vn petit coffre d'or sur les degrés de l'Autel, suiuant les volontez de ce bon Prince, qui auoit ordonné, que la plus noble partie de son corps fût mise apres sa mort dans le Chasteau, où il auoit esté conceu. De la

Flesche, on va dans vn iour à Angers, il n'y a que dix lieuës.

ANGERS.

LEs Philosophes ont ietté les premiers fondemens de la ville d'Angers, & les Troïens l'ont acheuée; les vns luy ont donné les maximes de la sagesse, & les autres les tiltres de la Noblesse, s'il en faut croire les Chroniques du pays. Sa situatiõ est sur les bords de la riuiere de Maine, qui la diuise en deux, & se va descharger dans le Loire, à vne lieuë de là. Le pont, qui ioint les deux villes, est fort long, & bien basti: chargé de maisons des deux costés, comme vne belle ruë. Elle est la Capitale de la Prouince d'Aniou, vn des meilleurs & des plus delicieux pays de la France, à cause de la grande quãtité de riuieres, qui l'arrosans de toutes parts, la rendent esgalement fertile, & agreable. D'où viẽt qu'elle est embellie de plusieurs Chasteaux & Maisons de plaisance, où la seule nature fait voir plus d'agreement dans sa simplicité, que l'Art n'en sçauroit ailleurs produire auec toutes ses inuentions. Les fromens y croissent à merueilles: ses vins particulierement les blancs, sont en reputation d'estre des excellens, ce qui a formé les traites, & les fermes d'Anjou, pour le trafic, qu'é sont les Marchans du pays: les grandes & spacieuses forests n'y manquent point: l'ardoise y est si frequente, qu'on la fait mesme entrer en ouurage de maçonnerie, & qu'on foule aux pieds, ce qui couure la teste des plus grãds Princes. Elle est riche en pasturages, abondante en poissons, & delicate en chasse & en gibier. Charles IX. pensa faire vn beau present à son frere Henry III. de luy dõner cette Prouince pour Appennage : & luy mesme estant Roy l'assigna pour domaine à son frere François, & c'est maintenant vne coustume en France d'appeller Ducs d'Anjou les cadets de la maison Royale, comme les aisnés sont nommés & naissent Dauphins de Viennois.

Ie crois qu'il n'est point de villes, où il ayt plus de Prestres & d'Eglises, plus de cloches & plus de hauts clochers. Aussi est-ce vn Prouerbe, Basse ville, hauts clochers, riches putains, pauures Escholiers. l'Eglise de S. Maurice est la Cathedrale, remarquable par son Architecture qui n'a point de piliers, & particulierement par ses trois clochers, dont celuy du milieu portant sur vn arc, & n'ayant point d'autre fondement que celuy des autres deux, on conte cela pour vne grande merueille d'auoir veu vne tour suspenduë en l'air, qui n'est point appuyée sur la terre. Les Roys y sont Chanoines, par le seul tiltre de leur Couronne. Son thresor & ses precieuses reliques ne se montrent qu'aux bonnes festes, sçauoir l'espée de S. Maurice, & vne des cruches qui seruirent aux nopces de Cana de couleur rouge, & d'vne pierre semblable au iaspe. Ce fut René de Sicile, qui la fit apporter de Ierusalem, d'où il prenoit aussi le tiltre de Roy. Son sepulchre se void dans cette Eglise: son Image peinte de sa main, sa couronne & son habit Royal. On donnoit il y a quelques temps pour trois merueilles, les Rogations de Poitiers, la Mairie de la Rochelle, & le Sacre d'Angers. Et certes ie peux biē dire que la procession qu'on fait le iour de la Feste-Dieu est vne des plus Augustes ceremonies de l'Eglise, en laquelle tous les Chanoines, Curés, Chappellains, Religieux, & autres Ecclesiastiques, tous les corps de ville, & tout le menu peuple, font amende honorable le cierge au poing, &

taschent de reparer les outrages & les blasphemes que Berengarius Archidiacre de leur Eglise, a d'autrefois prononcez contre la verité du Testament du fils de Dieu & contre l'honneur de son corps dans l'Eucharistie.

En l'Eglise de S. Iulien se void vn petit tableau representant la bien-heureuse Vierge Marie, auec vne inscription, portant que l'Image est tirée au patron de celle qu'on garde à Rome dans l'Eglise de Nostre-Dame, de la main de S. Luc. On y void aussi la chemise de S. Licinie Euesque & Comte d'Aniou, & plusieurs autres pieces de deuotion.

Hors de la ville sur le bord de la riuiere est l'Eglise de S. Cierge où l'on void deux Autels pleins d'artifice; l'vn represente l'histoire de la Resurrection de nostre Seigneur: & l'autre la sepulture & l'Assomption de sa Mere. Sur l'autre bord de Maine, sont les Capucins bastis du regne d'Henry le Grand, qui mit la premiere pierre sous le grand Autel; comme temoigne l'inscription grauée sur vne table de bronze.

Ce grand Henry, qui rend nos iours si beaux
  & calmes.
Dont le front est orné de lauriers & de
  palmes,
Pour marque memorable à la posterité
De son zele enuers Dieu, & de sa pieté,
Dessous ce grand Autel mit la premiere
  pierre,
Et voua son desir & ses vœux en ce lieu,
Monstrant que si sa main fut ardente à la
  guerre,
Son cœur ne le fut moins au seruice de Dieu.

Il y a plusieurs autres Eglises Collegiales, Paroisses, Chapelles, & Conuents. On a remarqué qu'il y auoit vne Abbaye à chacune des portes de la ville, comme vn corps de garde posé pour la defense des Citoyens: & comme les factionaires en guerre partagent egalement les veilles de la nuit, le temps y est si bien compassé qu'il n'est point d'heure depuis le soleil couché iusqu'au leuant, qu'on ne cómence le seruice diuin en quelque Eglise; & que les cloches ne sonnent, qui sont les Trompettes du Seigneur des armées, pour animer le peuple à cóbatre en priant. Le Conuent de la Balmete, où Baumete, qui est ainsi nommé pour estre basti sur le plan de la sainte Baume en Prouence, est icy m'asseure plus agreable aux passans qu'à ceux qui l'habitent; & il y a plus de satisfaction de le voir & d'en sortir, que d'y entrer & d'y loger. Son Eglise, ses Cloches, son Dortoir, tout est pratiqué dans le roc. Iugez si ce n'est pas vne prison, puisque les Morts & & les Doctes y sont aux fers dans vne ancienne Bibliotheque, où les liures sont enchaisnés. Les Cordeliers en estoient d'autresfois les Maistres, ce sont maintenant les Recollets. Il y a des Esaü en la maison de Iesus-Christ, aussi bien qu'en celle d'Isaac, pour supplanter Iacob: c'est ainsi que les cadets détroussent leurs aisnés.

Pour ce qui concerne l'Vniuersité d'Angers; elle fut fondée par Louis II. Duc d'Anjou, & accruë par Henry III. Roy de France, qui n'estant encore que Duc d'Anjou, y fit venir François Balduin, excellent Iurisconsulte, pour enseigner le Droit. La Philosophie, les Boursiers Normans, comme on les appelle, le Bueil, & l'Humanité, qu'on nomme aussi la Fourmagiere y ont leurs Colleges. La varieté des sciences, le sejour agreable de la ville, la

beauté

beautez du pays, la douceur du climat, & sur tout ses bons fruits, & ses bons vins appellent les Estrangers, qui ont experimenté depuis plusieurs années qu'vn verre de la liqueur d'Anjou valoit mieux, & auoit plus d'effet, que toutes les eaux de la Fontaine de Cheual, qui ne sont belles qu'à voir; encore est-ce sur le papier des Poëtes.

Le Chasteau est posé sur vn haut, enuironné de bons fossez, taillés dans le roc, auec dixhuit grosses Tours quarrées, basties d'vne pierre noirastre. On y donne l'entrée aux Estrangers plus ayſement qu'à ceux du pays, encore est-ce auec tant de precautions, que les ciuilitez des gardes, qui vous reçoiuent entre les ponts & les portes, qui se leuent & se ferment sur vous, vous sont aussi suspectes, que les cóplimens des Sergens qui vous saluent à la porte d'vne prison. On void quelques pieces d'artillerie sur le rempart, marquées des armes & du nom du Duc de Brunsuic, & d'autres Princes. Du costé qu'est le precipice sur la riuiere qui passe au pied, on monstre vne machine auec laquelle on tire fort ayſement vn fardeau des plus pesans de bas en haut, se reposant

Cc

quand on veut, sans crainte que la charge n'eschappe & ne retombe.

On remarque dans le Fauxbourg qui meine à Saumur les ruines d'vn Amphitheatre, où les Preteurs Romains rendoient leur gouuernement plus tolerable au peuple, par les jeux & par les ioustes, qu'ils representoient à l'honneur de leurs Maistres. On appelle le lieu Grehan. On y trouue plusieurs medailles antiques, qui cófirment l'opinió de ceux, qui pésent que les ponts de Cé furēt bastis par Cesar: encore qu'il y en ait d'autres de cótraire aduis, qui soustiennent que Sée est vn mot Allemand qui signifie estang, pour ce que la riuiere est fort large en cet endroit, & resemble plustost la fosse d'vn estang, que le canal d'vne riuiere: aussi les ponts qui la trauersent, sont longs d'vn quart de lieuë. C'est vne ville & vn Chasteau basty dans l'Isle, que forme le Loire. On va d'Angers à Sé par promenade sur vn beau paué.

D'Angers à Brissac il y a trois lieuës. C'est vn Chasteau bien basti, accompagné d'vn fort beau parc, & d'vn estang long d'vne lieue. On tient les Tapisseries & les Peintures pour les plus accomplis chefs-d'œuure de l'art: mais la conuersation du maistre du logis est incomparablement plus docte & plus diuertissante, que l'aiguille & le pinceau des ouuriers, François de Cossé, Duc de Brissac, Pair, grād Panetier, & Cheualier des Ordes de France, digne heritier & successeur du nom & de la vertu de ces vaillans guerriers qui ont versé leur sang pour la deffense de leurs Princes, de leur patrie, & de la Religion. L'on y void leurs portraits, qui donnent des sentimens de veneration pour les Originaux. De Brissac on vient à Douay sur les marches du Poitou.

DOVAY.

SI le tesmoignage des enfans est receuable en faueur de leurs Peres, & si les habitans doiuent estre creus en leurs depositions qu'ils rendent pour la noblesse & pour l'antiquité de leur Patrie ; la ville de Doüay a esté d'autrefois vne Athenes des vieilles Gaules, l'Academie des Sages, le sejour des Druides, & le Temple de la Religion. Les Romains en auoient fait vn beau suiet de leurs magnificences: comme on peut le recognoistre des marques, qui nous en restent dans le grand chemin de

Douay iusques au Pont de Cé; & du Theatre, qu'on y void encore presque en son entier, dont le docte Lipse a representé le plan dans son liure des Amphitheatres. Son estenduë n'est que de cent soixante pas en rond, mais tellement composée, qu'elle peut facilement tenir plus de quinze mille personnes, sans que l'vne empesche l'autre de voir ce qui se fait au milieu de la place. On cõpte vingt & vne, ou vingt deux marches depuis le bas iusques au haut, qui s'esleuent, & s'elargissent en rond les vnes dessus les autres auec vne esgale proportion. On y remarque de plus des voutes, & des grottes qui sont pratiquées dans le roc aussi bien que tout le bastiment, sans qu'il y ait ny chaux ny ciment pour la ioincture des pierres, auec tant de iustesse & de regle, qu'on diroit que c'est plustost vn ouurage de la nature, qu'vne inuention de l'art. A l'entrée de ces voutes il y a vn puits profond, qu'on ne sçait point, s'il est de la structure des Romains, pour receuoir les eaux des pluyes, encor qu'il y ait des esgousts pour cet vsage, ou si les Comediens, qui nettoyerent le lieu sous le regne de François I pour y representer les Actes des Apostres, auec tant de succés, qu'on accouroit de toutes parts pour voir les trauaux & les miracles des premiers Fondateurs de la Religion, ne le firét point creuser à dessein d'y planter vn grand arbre, où estoient attachés les cordages & les voiles, qui couuroient le Theatre, pour defendre les spectateurs du Soleil & de la pluye. Ce qui donne de la peine aux curieux des Antiquitez, & des belles sciences, c'est de prononcer à quel vsage ce bastiment fut entrepris. Car de dire que ce fut pour le combat des bestes, la place qui n'est que de quinze pieds de long, n'estoit point vne carriere assez vaste pour les glorieuses demarches d'vn Lion, pour l'agilité d'vn Tigre, pour les souplesses, & pour les fuites estudiées des chasseurs, qui ne pressoient pas tellemét les animaux farouches, contre lesquels ils se battoient, qu'ils ne regardassent quelquesfois, où ils pourroient se retirer en cas de besoin, pour prendre leur aduantage des pieds & des mains. De penser aussi que ce fut pour des Gladiateurs, il n'y pas d'apparence; l'eminence eleuée au milieu de l'arene, les ouuertures, & les boucles de fer attachées aux couuercles, ne sont pas commodes pour le lieu d'vn duel, où il ne faut qu'vne rencontre, & qu'vn achoppement pour former vn faux pas, & faire perdre la vie au plus grands maiſtres d'armes, nonobſtant ſes ruſes, & le faire tomber par ſurpriſe ſous la main d'vn poltron, après qu'il aura tué luy meſme auec methode pluſieurs hommes de cœur. La figure du lieu & la diſpoſition de ſes parties, n'eſt guere plus propre pour vn Theatre de Comedie, ſi ce n'eſt qu'vne partie des ſpectateurs veuille ſe contenter de voir ſeulement le dos des Acteurs, ſans conſiderer la contenance, & l'action, qui eſt l'ame de la parole.

De Douay, où nous couchaſmes à la Croix Verte, nous allâmes le lendemain diſner à Lodun, ayant paſſé la Diue à Monſtreuil-Bellay. Il ny a que cinq lieuës de l'vn à l'autre.

LODVN.

C'Eſt vne penſée vn peu trop groſſiere, que comme le Capitole de Rome prit ſon nom de la coſte d'vn homme qu'ó trouua dans ſes fondemens; ainſi le Chaſteau de Lodun fut nommé Lodun, comme qui diroit *L'os d'vn*, d'vn os que les ouuriers trouuerent en pofant les premieres pierres. Il y a bien plus de raifon de dire, que comme le Capitole de l'ancienne Rome a recueilly les lauriers & les palmes de Iules Cefar, de mefme le Chafteau de Lodun en a receu les premieres femences: & que c'eft là qu'il apprenoit à gaigner l'Empire de l'vniuers, en conquerant les Gaules. Plufieurs motifs nous perfuadent de le croire ainfi. La fondation de ce Chafteau, qui eft plus ancienne que celle du Chriftianifme; le mot latin de *Iuliodunum*, qui fignifie la colline ou la fortereffe de Iulius, des vieilles medailles marquees du coin & de l'image de cét Empereur, qu'on a trouuées dans les ruines des baftimens; le lieu fort conuenable au logement d'vne Maiefté Romaine, pour la douceur du climat, & pour la fertilité de la terre, abondante en fruits, & en vins delicats, & en bons bleds. La volaille y eft excellente, & les chappons de Lodun vallent beaucoup mieux que les autres.

On peut dire de la ville, que c'eft vn enfer affez doux: puis qu'eftant fi bien fituée, elle a efté choifie pour feruir de retraite aux Diables vifibles de l'Eftat, & aux inuifibles du monde. Les Proteftans rebelles à Dieu & à leur Prince l'ont tenuë long temps, & il semble que les Elemens & les saisons estoient de leur party, quand le Duc d'Anjou l'ayant assiegée, fut contraint de se retirer le quatriesme iour du siege pour reschauffer ses troupes transies de froid, qui estoit bien si aspre, que depuis vingt ans on n'auoit point veu d'hyuer si cruel en France. L'Histoire des Vrsulines de Lodun possedées à ce que les plus sages ont creu, en suite des charmes d'Vrbain Grandier Chanoine & Curé de la ville, qui fut bruslé pour ses sortileges, est si connuë par toutes les Prouinces, qu'il n'est pas besoin de l'escrire. C'estoit vn spectacle estrange & dangereux de voir vn grand nombre de vertueux & doctes personnages combatre si long temps auec des esprits couuerts du corps & de la chair de ieunes filles, & d'employer leurs trauaux & leurs veilles à faire paroistre & parler des Demons, que le fils de Dieu condamna d'autrefois à la retraite & au silence. Le succés du combat, nonobstant les glorieuses marques des quatre noms, IESVS, MARIA, IOSEPH, FR. DE SALES, empreintes sur la main de la mere Prieure, deliurée de la possession de quatre Diables chassés par la force des exorcismes, n'a pas esté si heureux que plusieurs desiroiét. Neantmoins les gens de bien en ont retiré de la consolation, les libertins de la confusion, & generalement tous en ont receu beaucoup d'instruction pour les mœurs.

Il faut aller de Lodun à Mirebeau, en laissant à main gauche les plaines de Montcontour, où fut donnée là sanglante bataille entre les Catholiques & les Religionnaires, sous Charles IX. l'an 1569. sur les bords de la Diue. Les Catholiques n'y perdirent que six cens hommes, & les Religionnaires plus de quinze ou seize mille. Le feu de ioye s'en fit non seulement par toutes les bonnes villes de France, mais aussi à Rome, à Venise, en Espagne, en Flandre, à Florence, & par tous les Estats Catholiques. De Mirebeau on poursuit son chemin iusqu'à Poitiers. Il y a cinq lieuës, autant qu'on en compte de Lodun à Mirebeau.

POITIERS.

TRois sortes de personnes s'estudient à recercher l'origine & le nom des

Poiteuins. Les enuieux de la gloire de cette belle nation les font defcendre des Pictes, qui vinrent premierement dreffer leurs pauillons dans la grande Bretagne, & puis s'eftant multipliés, quelques-vns d'eux pafferent la mer, & aborderent aux coftes du Poitou, où ayant gaigné la terre, ils baftirent la ville de Poitiers, qui fut nommée *Picta vis*, en latin, comme qui diroit en François, *Force peinte* : Mais outre que des Arbres fauuages ne portent point de fi beaux fruits, ces peuples cruels & inhumains eftoient tout à fait ignorans de la langue latine, & il eft à prefumer qu'ayant bafti vne ville, ils l'euffent nommée en leur langage, pour en conferuer la memoire. Les ignorans ont auancé que cette ville, & tout le pays prirent leur nom d'vn cheualier fauori de Cefar; comme fi le mefme Empereur ne faifoit pas affés fouuent vne honorable mention des Poiteuins en fes Commentaires, & comme s'il fe feruoit de quelques noms empruntez, pour leur donner les tiltres d'vne veritable grandeur, par deffus les auttes peuples de l'ancienne Gaule. Ceux que la nature a engagés dans les interefts du pays, & que la naiffance oblige à defendre fon parti, souſtiennét auec plus d'addreſſe que de ſolidité, que la Prouince fut nommée *Pictauia*, pour eſtre peinte de verdure, & couuerte d'arbres, de fruits, & de moiſſōs, l'original du plus riche payſage que l'art puiſſe imiter; & que la ville de Poitiers fut dicte *Pictauis*, comme *Picta auis*, pour auoir eſté baſtie dans vn lieu, où les fondateurs trouuerent vn oyſeau peint & bigaré de diuers plumages. Quoy que c'en ſoit la ville de Poitiers changeant de fortune, changea de nom, & ſe nommoit Auberjon, quand elle n'eſtoit qu'vn grand bourg, dont la Tour qui ſeruoit de threſor au Prince, ſe nomme encore auiourd'huy Mauberjon, & les terres du pays qui ne ſont mouuantes que du Roy, y vont rendre leurs hommages.

On tient qu'aprés Paris il n'eſt point de ſi grande ville en France que Poitiers, bien qu'elle ſoit en beaucoup d'édroits deſerte, & mal peuplée: & qu'il ne faille point ſortir hors des murailles, pour voir des prés, des vignes, & des champs. Sa ſituation eſt partie en pleine vers le couchant, qui eſt l'endroit qu'on nomme la Tranchée, partie ſur la croupe d'vne large colline, encloſe tant du Clain, que des Eſtangs,

& des Marais qui la fortifient, & la rendent presque inaccessible, quoy que les basses ruës soient commandées de hauts rochers, qui l'enuironnent de tous côtés, comme vne grosse ceinture; les habitans les nomment Dubes, par vn mot corrompu, pour dire Dunes. Les plus intelligens de l'antiquité se persuadent que l'Empereur Clodius passant en Angleterre, se seruit de la Noblesse Poiteuine en son voyage, & que pour recompense de leurs seruices, il leur donna permission de bastir leur ville sur ce tertre, où elle est maintenāt, au lieu qu'elle estoit d'autrefois proche de Chastelraud, où se voyent encore quelques vieilles murailles qu'on appelle le vieil Poitiers.

Si elle a souffert les cruautés de la guerre, elle a aussi souuent experimenté les faueurs du Ciel. Les Valandes, les Gots, les Danois, les Normans, les Anglois l'ont prise & saccagée : mais Dieu la preseruée vne fois de la domination Angloise par vn insigne miracle, dont la femme du Maire rend tous les ans le propre iour de Pasques, des tesmoignages inuiolables de recognoissance, & pare d'vn precieux manteau, l'Image de la Vierge qui a mis la ville & les habitans sous sa protection. Cette image qu'on porte solemnellement en procession tout autour des murailles, accompagnée du Clergé, des corps de ville, & d'vn grand nombre de peuple, a des clefs en la main; ce sont celles que cette puissante Liberatrice arracha des mains du seruiteur d'vn Maire, que les Anglois auoient gaigné par argent pour leur ouurir les portes de la ville, au desceu de son Maistre; aussi est-elle la digne Mere du fils, qui ferme sans que personne puisse ouurir, & qui ouure ce que personne ne peut fermer.

L'Admiral de Coligni, qui sçauoit de quelle importance est cette ville, pource qu'elle fait la loy à tout le pays circonuoisin, & qu'elle est située au cœur de la France, & en vne Prouince abondante en toute sorte de fruits, que la terre produit pour la nourriture des hommes, l'assiegea pour les Religionaires, l'an mil cinq cens soixante-neuf: mais ses efforts furent rompus par le courage des assiegeans; par la generosité de la Noblesse sous la conduite du Duc de Guise, & par la prudence du Duc d'Anjou, qui fit quitter le siege de Poitiers à l'Admiral, pour venir au secours de Chastelraud, qu'il auoit inuesti. On voit vn gros rocher deuant la porte du Pont Ioubert, qu'on nomme encore auiourd'huy la cuirasse de l'Admiral, pource qu'on dit que ce grand Capitaine, mais mauuais François, s'y retiroit souuent pour considerer la ville, & prendre garde à la contenance & aux sorties des assiegés.

Nostre Voyageur ayant choisi son logis au Moulin à vent, commencera les visites par la Maison de Dieu. On y compte cinq Chapitres de Chanoines, cinq Abbayes, plusieurs Parroisses, quantité de Conuens de Religieux, & de Religieuses, qui se multiplient dans leurs Maisons, comme les Abeilles dans leurs ruches, parmy le miel & la cire. L'Eglise Cathedrale dediée à l'Apostre S. Pierre, & où l'on garde sa barbe dans vne chasse, est vne structure aussi magnifique qu'il y en ait en France, & d'vne pierre fort dure. C'est vn ouurage d'Henry II. Duc de Normandie, & Roy d'Angleterre, qui deuint Duc de Guienne par le mariage d'Eleonor repudiée par le Roy Loüis le ieune. Le frontispice n'est pas encore acheué.

L'Eglise Collegiale de nostre Dame la Grande est dans la Place, deuant la Tour de la grosse Horologe. On lit dans les papiers du Thresor qu'elle fut fondée, à cause d'vn ieune homme logé en cét endroit, qui ayant attiré dans sa maison vne fille debauchée, voulut sçauoir son nom. Elle se nommoit Marie. A cet Auguste nom il se sentit surpris d'vne saincte horreur entremeslée de douleur & de veneration, qui luy fit chasser cette miserable fille, & luy imprima de si tédres amours pour la chasteté, que corrigeant sa vie, il fut vn exemplaire de modestie à la ieunesse, comme il luy auoit seruy de pierre d'achopement. Comme si c'estoit vn plus grand miracle de conuertir vn impudique, que de resusciter vn mort, on bastit sur les ruines de la maison, vne Chapelle au nom de N. Dame, qui depuis s'est accruë en vne Eglise de Chanoines seculiers.

La grande Eglise de S. Hilaire, dont les Chanoines ont cét honneur d'auoir le Roy de France pour leur Abbé, & le chef de l'Eglise vniuerselle pour leur Superieur, duquel ils releuent immediatement, est au plus haut de la ville. On y monstre vne pierre qui consomme les corps dans vingt quatre heures, auec le tombeau de Geoffroy la Grand-dent fils de Melusine, &

vne chambre où l'on garde vn tronc d'arbre creux, qu'on appelle le berceau de S. Hilaire: on conduit là les foux, pour les faire repofer dedans, auec quelques prieres & vne Meffe, fous cette creance fondée fur l'experience de plufieurs miracles, qu'ils y recouurent leur bons fens. Et ceux qui veulent fe railler l'vn de l'autre, comme c'eft l'humeur du pays, ils fe renuoyent au berceau de S. Hilaire, comme ceux de Narbonne à S. Tubert. Le Roy Dagobert enleua de cette Eglife deux portes de bronze d'vn prix ineftimable, qu'il fit porter par mer à S. Denys, dont l'vne fe perdit.

Le Chapitre de S. Radegonde fe glorifie d'auoir le tombeau d'vne grande Reine S. Radegonde, qui de captiue, fe fit maiftreffe du Roy Clotaire; & de Reyne de France deuint Religieufe en l'Abbaye de S. Croix, preferant la fimplicité d'vn voile à l'efclat d'vne Couronne, & l'humilité des Sainéts dans la maifon de Dieu, aux grandeurs de la terre dans la Cour des Princes. Iamais elle ne parut plus eleuee que lors qu'elle fe porta par deffus foy mefme; & qu'elle fe feruit des ornemens du fiecle, au lieu de marches, pour fe guinder au fommet de la Croix. Les Huguenots jaloux de l'honneur qu'on rend aux Saincts, comme les enfans des Tenebres, ont les yeux trop foibles pour supporter les rayons du Soleil, enleuerêt ses reliques de son Tombeau, qui est dans vne caue sous le maistre autel, & apres plusieurs outrages en firent bruller vne partie, iettans l'autre dans la riuiere : mais leur fureur ne sçauroit empescher, que la meilleure partie de cette illustre Reyne ne subsiste glorieusement en la personne de tant de nobles vierges, qui ayant l'honneur de viure en sa maison, & de poser tous les iours les pieds sur ses demarches, taschent de retirer ses actions de l'oubly, & de la faire reuiure par leurs exemples animés de son esprit. L'Abbaye de S. Croix qui est proche de l'Eglise de S. Radegonde, c'est le lieu où cette grande Princesse se retira; c'est là qu'elle crucifia toutes ses amours sur le Caluaire auec son meilleur espoux; c'est là qu'elle fut honorée des frequentes visites de nostre Seigneur, qui voulut imprimer la marque d'vn de ses pieds sur vn marbre, qu'on y peut voir dans vne des Chapelles, qu'on nomme le Petit-pas Dieu. C'est là qu'on void les images des

Dd

principaux saincts du Paradis depeintes sur les murailles & sur les piliers de l'Eglise par les liberalitez de la defunte Abbesse Flandrine de Nassau; & c'est là mesme, qu'on remarque les plus sensibles portraits des mesmes saincts contre-tirés sur la vie & sur les mœurs des Religieuses par les soins de Madame Cathérine de la Tremoüille, sœur de Monseigneur le Marquis de Royan, Abbesse du lieu.

Il faut encore que nostre Voyageur soit soigneux de voir vn arbre de Suau, qu'on tient auoir plus de douze cens ans : il est proche du Chapitre de S. Pierre le Puellier ; vingt quatre ou vingt cinq Parroisses : tous les ordres des Mandiens, le College & l'Eglise des Peres Iesuistes, qui se fait assez remarquer au dehors par sa structure, & au dedans par la deuotion du peuple qui la frequente.

Le Chasteau estoit à vne extremité de la ville, pres de la porte de S. Lazare, basti en forme triangulaire. Il n'en reste que la place, & force tours iointes aux murailles de la ville. Les marques de l'ātiquité de Poitiers sont dās vn autre vieux Chasteau demoly, qu'ō croid auoir esté le Palais de l'Empereur Galien, és masures d'vn Amphitheatre derriere l'Eglise des Iesuistes, qu'on nomme les Arenes, comme à Nismes & ailleurs : & en quelque restes d'Aqueducs hors de la ville, que le vulgaire appelle les Arcs de Pargney. Touchant ces Arenes & cet Amphitheatre, voicy ce qu'en raportent les Annales de France. Quand au lieu des Arenes, qui est ioignant ledit Palais, c'estoit le lieu pour faire ioustes & tournois. Et pour l'entendre, il faut presuposer, que les Romains eurent les exercices & la discipline militaire, auec des places sablonneuses, qu'ils appelloient Arenes, & pres d'icelles cauernes & fosses voutees, ou ils incarceroient Lions, Leopards, Ours, & autres bestes cruelles, contre lesquelles les gens, qu'on vouloit enuoyer en guerre, qu'ils appelloient Gladiateurs, se combatoient sur l'arene, c'est à dire sur le sable, tant pour le passe-temps des Princes, que pour les rendre plus hardis en guerre, dont Suetone parle en la vie de l'Empereur Auguste. Et void on encore és arenes dudit Poitiers les vestiges des dites cauernes & prisons sous terre. Et au regard des grands arceaux, qu'on void hors la ville respondans à ce Palais, c'estoient conduits & canaux pour faire venir l'eau de quelque fontaine en iceluy Palais.

Dd ij

La Pierre, qu'on nomme leuee, est tres grande, ayant soixante pieds de tour & est appuyée sur cinq autres. Rablais en a raillé dans ses liures, Pantagruel, dit-il, prit d'vn grand rocher, qu'on nomme Passe-lourdin, vne grosse roche, ayant enuiron douze toises en quarré, & de pesseur quatorze pans; & la mit sur quatre pilliers au milieu d'vn champ bien à son aise, afin que lesdits Escholiers, quand ils ne sçauroient autre chose faire, passassent le temps à monter sur ladite pierre, & banqueter à force flacons, iambons, & pastés, & escrire leurs noms dessus auec vn couteau & de present l'appelle-on la pierre leuée. Et en memoire de ce, n'est auiourd'huy passé aucun en la matrioule de l'Vniuersité de Poitiers, sinon qu'il ait beu en fontaine Caballine de Croutelles, passé a Passe-lourdin, & monté sur la pierre leuée. Plusieurs se persuadent que cette pierre a esté poussée par les flots d'vn deluge: mais c'est la verité, que les marchans l'eleuerent où elle est, pour tesmoigner leur resiouissance apres l'institution des foires de Poitou. Semblablement le Passe-lourdin, qui est vne cauerne de difficile accés pratiquée dans le roc, sur vn precipice, a esté d'autre fois vn lieu de retraite pour les paysans, où ils se cachoient durant les guerres, pour se sauuer de la cruauté des Soldats.

Le Palais où se tient la Iustice, estoit le Chasteau des Comtes de Poitou. On y void vne des plus belles sales du monde, dont les lambris ne sont soûtenus d'aucuns piliers. C'est vn des plus augustes Presidiaux de France, dont les Conseillers ne sont point si remarquables par le priuilege, dont ils ioüissent de porter la Robe Rouge, aussi bien que Messieurs du Parlement, qu'ils sont recommandables pour l'administration de la Iustice, qui conserue son innocence dans son aueuglement, & son equité par la science des Iuges. Sous le regne de Charles VI. le Dauphin y establit vn Parlement, pour contrequarrer les Anglois, qui possedoient la ville, & le cœur des Parisiens, & semblablement Louys XI. apres qu'il eut donné la Guienne par Apannage à son frere Charles d France, y transfera le Parlement de Bourdeaux: Ces deux grands Princes ne trouuants point de places plus asseurées pour la defense des peuples, ny plus affectionnées au seruice de leurs Estats, que la ville de Poitiers. Dans la sale du Palais à l'entrée

Dd iij

de l'audience, on void les despoüilles d'vn Crocodile, qui fut tué dans vne basse fosse, apres qu'il se fut engraissé de la chair & du sang de plusieurs prisonniers qui trouuoient vn bourreau dés la prison, qui preuenoit la Sentence de leur condemnation.

La Noblesse & la Science ont vn mesme logis, comme à Rome l'Honneur & la vertu n'auoient qu'vn Temple, i'entends la Maison de Ville, & les Escholes. La maison de Ville est composée d'vn Maire, de vingt cinq Escheuins, & de soixante-quinze Bourgeois. Ie ne m'estonne point si les Gentils-hommes de Poitou font si haut sonner la Noblesse de leurs familles, puis que la pluspart sont Nobles de Cloche, & que le Maire qu'on elit tous les ans au moys de Iuillet, & qui prend possession de son espée & de sa charge apres vn somptueux festin, est estimé le premier Baron de Poitou, & que luy & les Escheuins auec leur posterité iouyssent du tiltre & qualité de Nobles. L'Auditoire du droit est tres specieux, que le Duc de Sully Gouuerneur de Poitou sous Henry le Grand fit rebastir : Si les autres facultés de cette belle Academie auoient d'aussi bons Professeurs, que la Iurisprudence, ie serois tres volontiers de l'auis du docte Scaliger, qui disoit que les autres villes n'auoient que le corps, & les membres; & que Poitiers possedoit l'ame & l'esprit du Royaume.

Hæ studijs, aliæ belli exercentur amore:
Pictauium est animus, cœtera corpus erunt.

On y a veu d'autrefois vn cabinet de choses rares, dont le Maistre, nommé Contant Apoticaire publia vn liure en vers François, auec les figures grauées sur du cuiure.

Ie m'oubliois de dire que le Poitou est tres fertile en bleds, en vins, en laines, & en lins. Il a du bestial, du poisson, de la voüaille, & sur tout des lieures & des lapins. On peut dire que c'est le Paradis corruptible du corps. Les habitans des villes y sont francs & courtois, comme si tout le venin de la societé ciuile s'estoit resserré dans les viperes, qui s'y recueillent en grand nombre pour la confection de la Theriaque, & que l'on transporte iusqu'à Venise. Ie ne veux pas neantmoins nier que le Paysan n'y soit rude & malicieux, & plus versé

C c iiij

dans les ruses de la chicane, que tous les Clercs des Greffes. On diuise la Prouince en haut & bas Poitou. Le haut comprend Poitiers, Mort-ville marchande assise sur la Seure, Lusignan où sont les ruines du Chasteau de la fameuse Melusine; S. Maixant; Thouars ville & Chasteau sur le Toué au Duc de la Tremoüille, Argenton & autres villes & bourgs. Le bas est proche de la mer, qui commence à Niort, & s'estend iusqu'aux sables d'Olone, qui est vn port de Mer, & vn des grands bourgs de France, appartenant à Monseigneur le Marquis de Royan. Fontenay le Comte en est la ville principale auec Maillesais & Luçon deux Eueschez qui furent detachées de celle de Poitiers, sous le Pape Iean XXII. Il y a aussi plusieurs terres, qui portent le tiltre de Principauté, comme la Roche sur-Yon, Le Luc, Marsillac, & Talmont.

Ayant veu Poitiers, il faut passer outre, & prendre le chemin de Chasteleraud le long du Clain à sept lieuës de Poitiers.

CHASTELERAVD.

CHasteleraud est vne ville assez mal bastie assise sur le bord de la Vienne, qui fut erigée en Duché par François I. en faueur de François de Bourbon. On y passe la Vienne sur vn Pont de neuf arches long de cent trente pas, large de soixante six, que la Reine Catherine de Medicis commença de bastir, & qui fut acheué par le Duc de Sully Gouuerneur de la Prouince sous le Roy Henry le Grand, comme le tesmoigne vne inscription mise contre les tours, qui sont au delà de la riuiere. Dans les masures d'vn vieux Chasteau hors de la ville, se trouuent de petites pierres, qu'on nomme Diamans de Chasteleraud, & qui estant polies, ont beaucoup de raport à des vrays Diamans. On y fait de fort bons cousteaux.

De Chasteleraud nous fimes quatre lieuës iusqu'à Lesignée, où nous ne trouuâmes ny creche, ny auoine pour nos cheuaux; ny lict, ny table pour nos personnes nous fusmes logez en Princes, il nous fallut faire maison nouuelle. De Lesignée à Preuilly on compte trois lieuës, où nous fûmes vn peu mieux receus a l'Image de noſtre Dame. Nous fiſmes huit lieuës apres diſner pour gaigner Buzançais, & le lendemain nous diſnames à Brion apres cinq lieuës de chemin, & le ſoir entraſmes dans Iſſodun, où l'on comte ſept lieuës de la diſnée.

Iſſodun eſt la ſecõde ville Royale du pays de Berry: & l'vne des vingt qui furent toutes reduites en cendres en vn ſeul iour par les anciens Gaulois pour affamer l'armée de Ceſar. Elle eſt forte, bien murée, & defenduë d'vn Chaſteau enuironné de foſſés profonds, & de murailles bien flanquées, dont la riuiere de Theo arroſe le pied. Les bons vins y croiſſent, & le trafic des laines y eſt excellent, comme preſque par toutes les autres villes de cette Prouince: mais ſur tout on fait cas des bons gans de cheurotin. D'Iſſodun nous arriuaſmes enfin à Bourges, la Capitale du Berry, & la Metropolitaine des Aquitains.

BOVRGES.

Bourges eſt aſſés recommandable dans les hiſtoires modernes & ancienes ſans auoir beſoin de la flaterie des

Poëtes, & ny des specieux mensonges des Romans pour acquerir de la reputation parmy les bonnes villes du Royaume de France. Ceux qui nous veulent faire croire, qu'elle à pris son nom latin *Bituriges*, de deux Tours basties par deux Freres pour seruir de bornes au partage qu'ils auoient fait de la Prouince, l'heritage de leurs ancestres, sont aussi mal fondés en leur raisonnement, que les autres qui nous font trouuer la Grece au milieu de la France, & nous font passer les Berruyers pour des habitans d'Athenes ou de Corinthe, qui furent nommé, *Bituriges*, en langue Greque, à cause de leur force, & de leur disposition naturelle.

La ville est assise sur la riuiere d'Eure, qui se diuise en trois branches dont l'vne entre dans ville, & la trauerse pour se rendre dans les fossez, la nettoye, & sert aux Taneurs & Teinturiers. La deuxiesme suit les fossez, & la troisiesme qui est la grande Lire passe au dessus du Faux-bourg de S. Pierre. L'on mostre deux endroits où se noyerent des Allemans & entre-autres vn Prince auec son Gouuerneur dans le lieu qu'on nomme encore la fosse des Allemans. Les riuieres & les marais qui enuironent la ville, sont larges & profonds, & la rendent si forte, qu'il faudroit trois armées pour la bloquer; l'vne à la porte Bourbon, l'autre au Pont d'Auron, & la troisiesme à celle de S. Priué. Aussi s'est elle tousiours preualue de l'auantage de son assiete, & Vercingentorix chef des anciens Berruyers eut bien le courage de resister à Iules Cesar, & de s'opposer à toutes les forces Romaines. La ville neantmoins fut prise par ce vaillant Capitaine, à qui rien n'estoit imprenable; & quarante mille Gaulois y furent tués, pour rendre la pourpre de ce braue Empereur plus esclatante du sang de ses ennemis.

Elle estoit differente d'assiete & de grädeur de celle d'auiourd'huy, & panchoit vers les marais, où l'on va voir encore à present ses vieilles murailles, quasi toutes entieres, comme vn ouurage des Romains, qui donne de l'admiration. Elle est maintenant en ouale, d'vne enceinte fort grande & spatieuse, defenduë de quatre vingt tours, sans comter la grosse Tour, qui luy sert de rampart du costé qu'on y peut aborder à sec. On n'en trouue point de pareille ailleurs, quoy que celles de Noremberg basties contre les portes, auec la Tour de Constance, à Aiguesmortes en Languedoc, semblent en approcher. Elle est ronde, espaisse de trois toises ou enuiron, faite de pierres taillees en pointes de diamans, ceinte d'vne muraille, & des fossés qu'y fit faire Philippes Auguste, & si eleuée qu'on en descouure ayfement du haut estage, les campagnes, quatre lieuës à l'entour. On y entre au fonds de deux endroits, sçauoir de la ville sur vn pont leuis & par vne portre assés grande; & du fossé par vne porte estroite par où d'autrefois elle fut surprise: mais par vne contretrahison, ceux qui estoient desia entrés furent tués, ou pris; ce que le moindre des habitans vous racomte auec plaisir. Le Donjon n'a qu'vne entrée estroite. On y void vne machine de guerre, pour lancer des pierres fussent elles d'vne grosseur prodigieuse: & vne cage de bois treillissée, & couuerte de bandes de fer, où Louys Duc d'Orleans, qui fut depuis Roy XII. du nom, fut mis prisonnier par le commandement de Charles VIII. apres la iournée de S. Aubin, où Louys de la Tremoüille Conducteur & Chef de l'année Royale defit les Princes ligués. L'artillerie est au plus haut pour la defense de la ville. Il y a toufiours garnifon entretenue fous vn Gouuerneur, qui s'y tient dans vn beau logement.

Les eftrangers trouuent qu'on y parle bien, & approchant du langage d'Orleans, la ville eftant au centre de la France, y ayant mefme vn Teil planté deuant la maifon de Iacques Cœur, qui marque ce centre: mais ce qui les fafche, font les vins particulierement ceux qui viennent d'Orleans, & qui ont encore le gouft du terroir. L'vfage de peu de iours, & l'experience qu'on a qu'ils font plus propres à la fanté, les font trouuer aflez bons & agreables. Outre que le pays eft fourny de toutes les chofes neceftaires à la vie humaine, & que l'on y peut viure à bon marché. Les plaines font riches de moiffons, le pendant des collines eft couuert de vignes; les pafturages fourniffent de bonnes chairs: les forefts voifines donnent des lieures & du gibier; les riuieres & les eftangs nourriffent des poiffons & des oyfeaux en abondance: les iardins des herbes & des fruits pour la table; les moutons portent des laines fort fines: d'où vient que les habitans du pays en font vn grand trafic, & les ancienes armoiries de la ville de

Bourges, font vn mouton, à cause du profit que les habitans reçoiuent des laines & des draps, qu'on prise beaucoup parmy les Estrangers.

Le Roy Charles VII. pressé par les Anglois, qui occupoient la meilleure partie du Royaume de France, se retira dans Bourges; & ses ennemis le nommoient par derision Roy de Berry. Louis XII. aymoit d'amitié Ieanne de France pour ses rares vertus: mais les defauts du corps détournant son amour ailleurs, faisoient qu'il la tenoit comme sa sœur, non pas comme son espouse. D'où vient qu'apres le trépas de Charles VIII. son frere, il se resolut de la repudier, & n'ayant point d'autre pretexte, il prit celuy de la violence, qu'il soustenoit luy auoir esté faite par le Roy Charles en ce mariage. Ieanne tesmoignant en cela son bon naturel donna volontiers son consentement à la separation du mariage, & le Roy luy assigna la Duché de Berry pour son entretenement, durant sa vie. La vertueuse Princesse quittant auec la Royauté toutes les vanitez du monde pour embrasser l'humilité de Iesus-Christ, se consacra entierement à la deuotion, & choisissant le meilleur party, s'engagea bien auât dans la nonuersation des Anges par la meditation des mysteres de nostre Redemption. Elle mourut en reputation d'vne tres grande saincte, confirmée par des miracles. Elle fut enterrée à Bourges dans l'Eglise des Religieuses de l'Annonciade, qu'elle auoit fondées à la Royale, leur donnant vn habit d'escarlate.

Le Tōbeau de cette grande Reyne nous oblige de visiter les Eglises qui sōt en grād nombre à Bourges. La Cathedrale est dediée sous le nom de S. Estienne, fort grande & bien bastie, dont la voute est supportée de cinquante neuf pilliers, embellie de plusieurs riches sculptures, & sur l'vne des portes est representé le dernier iugement, qui attire la veuë des curieux. Il y a deux clochers, dont l'vn est fort haut, & bien basty, qui sert en temps de guerre pour loger vne sentinelle à descouurir les gens de cheual, qui viennent dans la ville. En cette Eglise dans vne Chapelle, qui est derriere le cœur, se void le tombeau de Claude de la Chastre Gouuerneur d'Orleans, & de Bourges, vaillant Capitaine, qui a fidelement seruy les six derniers Rois de France. Il y a vn Archeuesché, dont l'Archeuesque pretend estre Patriarche
& Primat

& Primat d'Aquitaine.

La seconde Eglise est la sainte Chapelle bastie par Iean Duc de Berry frere du Roy Charles V. Prince somptueux & magnifique en bastimens, dont le tombeau se void prés de l'Autel auec cét Epitaphe; Iean fils, frere, & oncle des Roys de France, nepueu de l'Empereur, Roy de Bourge, Duc de Berry & d'Auuergne, Comte de Poitou. Elle a du rapport à celle de Paris, & son Thresor ne vault pas beaucoup moins. On void là plusieurs belles pieces, & vases d'or, d'argent, & d'autre matiere inconnue, cinquante cinq Chappes qui sont sans prix pour estre trop precieuses; & vne entre les autres, tissue d'or, de perles, désmeraudes, de Sapphirs, & de rubis: vingt deux paremens d'Autels en riche broderie, & quatre autres qui sont trauaillés auec tant de delicatesse, qu'on iuge plustost qu'ils soient peints, que faits à l'aiguille. Il y en a vn qui n'est que d'vne seule soye, & neantmoins il est blanc d'vn costé, & rouge de l'autre. La Couronne du Duc de Berry, & vne autre où l'on tient qu'est renfermée vne espine du Diademe du fils de Dieu, vne croix d'or & de pierreries, où est vne partie du bois de la vraye Croix : des Mitres, des Calices, des Bassins, & plusieurs autres beaux meubles; auec vn cerf de bois de la mesme grandeur que le Duc de Berry en auoit pris vn. On y monstre aussi les os d'vn certain Geant, nommé Briat, qu'on nomme le Geant de Bourges, qui auoit quinze coudées de hauteur. Ce qu'il y a de plus remarquable en cette Eglise sont les vitres, au trauers desquelles les rayons du Soleil ne passent point, qui est vn excellent secret.

Il y a cinq autres Eglises Canoniales, S. Vesin, S. Austrille, N. Dame des Salles, N. Dame de Monstier-moyen, & celle de S. Pierre le Puillier, où est enseuely Cuias l'ame des loix, & l'organe de la Iustice. C'est dommage que le tombeau de ce grand homme, n'ait rien qui le distingue du vulgaire; peut estre que personne n'a osé luy faire d'Epitaphe ne se persuadant pas qu'vn si grand personnage peût estre mort, qui est viuant dans les liures, & qui prononce tous les iours des Oracles par la bouche des Parlemēs, & des Vniuersités. En voicy neantmoins vne qu'vn de ses Disciples luy a voulu dresser.

Le grand Liure des loix iadis n'estoit qu' vn corps,
Mais Cuias en viuant mit vne ame en ce liure,
Puis voyant les François en leurs cruels discords
Renuerser toutes loix, il s'est fasché de viure.

Il y a aussi dix-sept Eglises Parochiales, outre les Iacobins, Cordeliers, Augustins Carmes, Capucins, & Iesuistes: deux Abbayes, & trois Monasteres de filles. L'Hospital, l'vn des plus beaux du Royaume basti aux despens des Bourgeois pour la nourriture des pauures & malades de la ville. Ie ne dis rien de l'Hostel de ville; ny du lieu où estoit l'ancié Amphitheatre, qu'on nomme les Arenes: non plus que des places, comme de celle de S. Pierre embellie d'vn double rang d'arbres pour la promenade; ny de la fontaine, qui est au Faux-bourg de S. Priué, où l'on void tous les matins d'Esté force biberons, se saouler d'eau contre le calcul & la pierre. Ie m'arreste à l'vniuersité, qui fut instituée dés le temps de S. Louys, & depuis accrué par le Roy Louys XI. à la sollicitation de

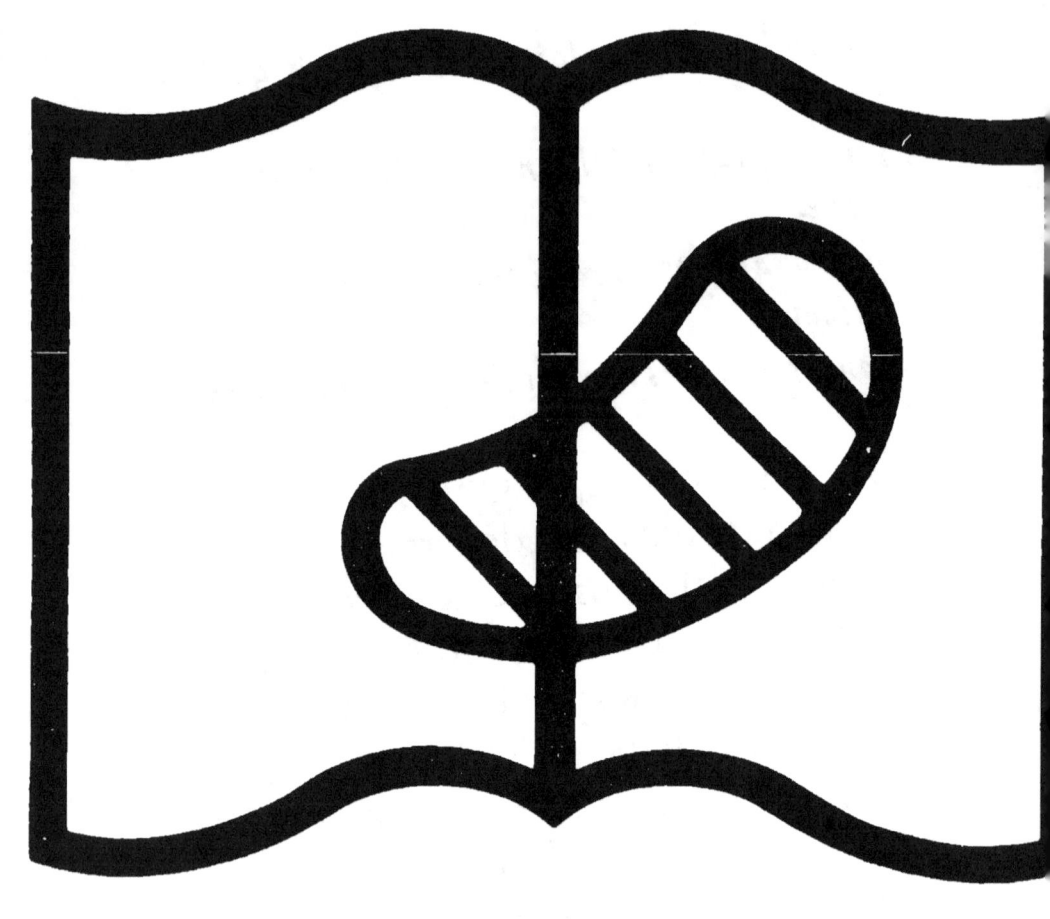

Original illisible

NF Z 43-120-10

Charles son frere, qui impetra de beaux priuileges du Pape Paul II. pour ses suposts: occasion pourquoy les hômes de sçauoir y ont tousiours fleury, & particulieremét des celebres Iurisconsultes, & Professeurs en droit Ciuil & Canon, comme Philippes Dece, André Alciat, François Duren, Eguinaire Baron, Iacques Cujas, Antoine le Comte, François Ragueau, Rebuffe, & Othoman, dont les Portraits sont dans le iardin de Iean Mercier Professeur en langue Hebraïque, & qui fut aussi Professeur en droit à Bourges.

Prés de la Sainte Chapelle est le Palais du Duc de Berry, qui sert au iourd'huy pour tenir la Iustice. Le bastiment en est beau, mais il n'est pas acheué. On y void vn Crocodile, côme à Poitiers, qui fut aussi trouué dans la fosse des prisons. La ville a beaucoup de maisons magnifiques pour les particuliers; mais celle de Iacques Cœur, qui viuoit sous le Roy Charles VII. est la plus remarquable. On dit qu'elle a autant de fenestres, qu'il y a de iours en l'an. Aux vitres de l'vne se void representée tres delicatement toute la ceremonie du sacre des Rois. On croid aussi que de cette maison on peut aller sous terre iusqu'à Sancerre, & Don le Roy. Sancerre est vne petite ville, qui a d'autrefois souffert vn siege, auec vne constance incroyable, pareille à celle de Ierusalem & de Numance: ayant assouui sa faim de viandes non conuenables aux hommes, & enfin de chair humaine.

Ce Iacques Cœur natif de Bourges, fut Argentier de Charles VII. riche marchand, qui auoit de la correspondance auec toutes les nations de l'Europe & de l'Asie. Quelques Historiens François rapportent, que ce fut le cinquiesme Marchand de France, qui descouurant les terres inconnues, eut cõmerce auec les Turcs, si habile homme, & qui entretenoit tant de vaisseaux sur mer, tant d'intelligences auec les estrangers, & vne si bonne reputation de loyauté dans le trafic, qu'en peu de temps il deuint prodigieusement riche, acheta de belles terres, fit bastir de superbes maisons, & embellit son pays de plusieurs bastimens, & de ruës nouuelles. Cette grande Fortune auoit trop d'esclat pour ne point frapper la veuë des enuieux, qui ne pouuans le ruiner qu'en le rendant coulpable, l'accuserent d'auoir de secrettes intelligences auec les Turcs

Ee iij

au préiudice des Chrestiens, & de leur enuoyer des armes au mespris des ordonnances de l'Eglise, de sentir mal de la foy pour les auoir hantés, d'auoir communiqué les secrets de son Maistre aux ennemis, d'auoir mal mesnagé les deniers de sa Maiesté, & d'auoir exercé de grandes concussions dans le Pays de Languedoc. Pour ces crimes veritables ou supposés, il fut mis en prison par le commandement du Roy, condamné à de grosses amandes, & enfin banny de France à perpetuité.

Ie m'oubliois de vous dire que la courtoisie des habitans de Bourges leur a gaigné le cœur des Estrangers, & que leur fidelité leur a acquis de beaux priuileges du Prince: car ils sont exempts de garnison, leurs biens ne sont point obligez de rien payer au Roy pour les francs fiefs, ny pour les nouueaux acquets, & ont droit de battre monnoye.

Ayant veu durant quelques iours cette belle ville, le Chef d'vn si beau pays, nous en sortîmes pour aller à Lyon, nous auions nostre logis en la ruë de Bourbō au Heaume. Le chemin que nous suiuîmes fut par Dun le Roy où nous dinâmes, & par le Pont de Chargy où nous soupâmes: Nous primes le lendemain nostre disner à Couleuure & entrâmes le soir dans Moulins, ayant passé prés de Bourbon l'Archambaud, & ayant fait vingt trois lieuës en deux iournées, qu'on comte de Bourges à Moulins.

MOVLINS.

Moulins est la Capitale du Bourbonois assise sur les bords de la riuiere d'Allier, nauigeable à ceux qui viennent de Bourges. L'aspect de la ville est si agreable au printemps, que vous la prendriés pour vn iardin, ou pour vne forest, comme si ce n'estoit qu'vn lieu complanté d'arbres, & diuersifié de tours & d'edifices qui s'eleuent de tous costez. La ville est petite, mais elle a huit grands Fauxbourgs dont vne partie a esté close de murailles durant les guerres de ce siecle. Les principales ruës y sont fort nettes, les maisons assez belles ; les dehors remplis de iardins & de vergers, & les promenades delicieuses sur les riues d'Allier, dans les prés qu'on nomme Chambonnet.

Le Chasteau est grand & magnifique, la demeure des anciens Ducs de Bourbon dont les portraits au naturel sont representés dans vne galerie. La basse Cour a vne belle Fontaine, il suffit de dire que c'est vne maison des Bourbons, pour vous former l'idée d'vne maison de plaisance, asfortie de tout ce qu'on peut desirer pour la rendre agreable; & d'vn lieu de veneration, où la Gloire & la Maiesté ont pris la naissance & l'education, pour posseder vn iour le sceptre. On y montre dans vne chambre la peinture d'vn Geant dont les os, à ce qu'on dit, sont à Valence en Dauphiné. Le iardin ioignant le Chasteau respond à la beauté du bastimet. Il y a vne fontaine d'eau saillante, & vne petite maison entourée d'eau, où l'on va par vn pont qui est basti de telle sorte, que s'il n'est arresté par vn cloud de fer, les plus rusés, s'ils ne sont aduertis du secret, tombent dans l'eau qui est dessous. Le Parc est esloigné de la ville enuiron vne lieuë, où la promenade est fort diuertissante, comme en toutes les autres issues, qui semblent n'estre faites, que pour le plaisir. Dans les Faux-bourgs sont les Couteliers qui trauaillent fort bien, & dont les estuis ciseaux, & cousteaux sont fort prisés. Le doüaire des Reines de France est ordinairement assigné sur la Duché de Bourbon, estant bien raisonnable que celles qui ont contribué leur sang & leur soing pour l'agrandissement de la famille des Bourbons, recueillent les fruits de leurs terres.

Il semble que la prouidence, qui a voulu que cette auguste race fût immortelle dans le monde, l'ait pourueuë des moyens propres & necessaires à la prolongation de la vie, & à la conseruation du corps humain. La santé coule auec les eaux, & les remedes se puisent dans les fontaines publiques. Ce que les autres Prouinces vont cercher dans l'Afrique & dans les nouueaux mondes, parmy les naufrages, & sur les precipices ; les Bourbonois le trouuent à leurs portes, & la plus amere de toutes leurs Medecines, c'est de l'eau claire. Vous auez d'vn costé les bains de Bourbon l'Archambaud à cinq lieuës de Moulins, c'est ce grand Archambaud qui auoit de coustume de garantir par son espée les contracts & les transactions qu'il faisoit, où ces mots latins estoient expressement couchez, *Promitto garentire en se meo.* D'vn autre costé vous auez ceux de Bourbon Lancy, où plustost, si le nom n'eſtoit point corrompu, Bourbon l'Anſeaume, qui fut frere d'Archambaud & tous deux fils de Iean de Bourgogne. Vous auez pluſieurs autres ſources medecinales, dont on eſprouue tous les iours les effets en la gueriſon des coliques, paralyſies, iauniſſes, retentions d'vrines, enfleures, douleurs d'eſtomach, oppilations, & de pluſieurs autres maux.

Noſtre voyageur eſt aſſez curieux pour aller iuſqu'à Bourbon l'Archambaud, il en ſçait deſia les chemins, qu'il a fait venant de Bourges: ce n'eſt que la promenade d'vn iour.

BOVRBON.

BOurbon dit l'Archambaud, de laquelle tout le pays de Bourbonois emprunte ſon nom, eſt vne petite ville ſituée dans vn vallon entre quatre montagnes: Du coſté du couchant ſur le ſommet d'vn grand rocher eſt aſſis le Chaſteau qui anciennement eſtoit la demeure des Princes de Bourbon, où ceux du païs honorent les maſures des baſtimens, & les viſitent auec honneur. Ce Chaſteau eſt de tres difficile accez, & ſon enceinte eſt forte estant flanquée de vingt-quatre grosses Tours, & soigneusement gardée par les habitans de la ville, qui n'ont iamais dementi leur fidelité naturelle, mais ont tousiours conserué cette place.

En ce Chasteau il y a vne Chapelle Royale, où l'on void sur les vitres la figure du Paralytique à genoux, deuant nostre Seigneur, qui luy demande la guerison par le lauement de la Piscine. Au dehors de la Chapelle il y a vne terrasse, où sont en relief les figures d'Adam & d'Eue, faites de grais, artistement elabourées. Sous la terrasse deuant la porte de la Chapelle est la statuë de Iean de Bourbon, qui conduisant l'armée du Roy Charles VII. defit les Anglois en la iournée de Formigny, & depuis fit bastir cette Chapelle, où il fonda douze Chanoines & vn Thresorier pour y faire le seruice diuin, au mesme vsage que celuy de la Sainte Chapelle de Paris. L'autre figure qui est à son costé, est de Ieanne fille dudit Charles VII. & au milieu est celle de S. Loüis le bonheur de la maison.

Les armes de Bourbon estoiét de France au baston de gueules. C'est vne remarque digne de nos histoires, qui arriua le premier iour d'Aoust l'an mil cinq cens quatre vingt neuf, quand le Roy Henry III. fut malheureusement assassiné, & que la branche de Valois finist par sa mort, pour donner les fleurs & les fruits du Royaume à celle de Bourbon; que la foudre emporta des vitres de la Chapelle du Chasteau de Bourbon, la barre qui trauersoit les fleurs de lis sans les endommager, qui fut vn heureux presage de l'acquisition du Sceptre Royal deu à cette auguste maison.

Il faut dire à Dieu à Moulins, où nous logions au Cheual Blanc, & venir si l'on veut à Neuers, ou gaigner tout droit Roane, pour se rendre à Lion. De Moulins à Neuers il y a onze ou douze lieuës : de Moulins à Roane on en compte dix huit.

NEVERS.

Neuers est vne belle & grosse ville assise sur la riuiere du Loire, à l'embouchure de la Nieure, auec vn pont magnifique basti de pierres de taille, & soustenu de vingt arcades d'vne riche structure, & des ponts leuis aux deux bouts, & de tours pour battre aux aduenues. Ses murailles sont remparées de plusieurs grosses Tours, & defenduës de fossez profonds & effroyables. Et ce qui la met dauantage à couuert des surprises, c'est qu'elle n'a point de fauxbourgs, toutes les maisons estans renfermées dans l'enceinte de ses nouuelles murailles. L'Eglise Cathredrale est S. Cyre, dont le clocher est enrichi de plusieurs images de relief en pierre. Le Chasteau ancien auec ses nouueaux bastimens, & vne grãde place quarrée, est assés raisonnable. On void dans le cabinet du Prince vne table de marbre de grand prix, sur la quelle est vne moindre table de la mesme matiere transparente comme cristal, si on la tourne contre le Soleil, ou contre vne lampe. On voyd là dessus les plus belles & rauissantes peintures, que la nature & l'art peuuent produire. On peut aller voir les eaux de Pougues, qui n'en sont qu'à deux lieuës. Il n'est point d'hostellerie si frequentée que ces fontaines, où se rencontrent plusieurs personnes de qualité, qui s'y rendent pour boire.

Ceux qui n'ont point la curiosité de voir Neuers, sortans de Bourges vont à Bessay, à S. Geran, à la Paquaudiere, & à Roane, vn tres beau bourg, & qui vaut mieux que plusieurs villes. Il est assis sur les bords de Loire, qui commèce là de porter bateaux, bien que ce soit a trente lieuës de sa source. On s'y embarque pour Orleans, Paris, Tours, Nantes. De Roane à Lion ce ne sont que montagnes, rochers, & precipices : vous portés la teste dans les nues , & neantmoins vous auez les pieds sur le bord des enfers. Mais il faut marcher sur les espines, pour cueillir les roses à Lyon.

LYON.

Lyon meriteroit vn volume entier, pour estre la principale ville des Celtes, le rempart de la France ; le siege du Primat des Gaules, & l'abord general des commerces du monde : où l'on peut voir plus de Tombeaux, de medailles, d'inscriptions, de bains, d'estuues, d'amphitheatres, d'acqueducs, de colonnes, de statuës, d'obelisques, de pyramides, & d'autres marques de la venerable antiquité, qu'en tout le reste du Royaume. Les Latins l'ont nommée *Lugdunum*, comme qui voudroit dire la montagne des lumieres, pource qu'elle est eleuée sur vne montagne, qui reçoit les premiers rayons du iour: & qu'il y auoit vn miroir dans le Temple de Venus, si bien posé qu'on le pouuoit aysement voir par les secrets de la catoptrique, des montagnes les plus reculées de la Sauoye. Les autres pensent qu'elle fut ainsi nommée, comme qui voudroit signifier vne colline lugubre, pource qu'effectiuemét elle a esté le Theatre des fureurs de la guerre, de la cruauté des Tyrans, de la rigueur des saisons, de l'horreur des maladies, de la cholere des elemens, des hommes, & de Dieu. Elle estoit sur le conflant des deux riuieres, & se nómoit l'Isle des Sequaniens; Micnacius Plancus la releua sur la montagne sous l'Empire d'Auguste. Elle fut depuis entierement bruslée en vne nuit sous l'Empereur Neron: qui fit present d'vn milion d'or aux habitans pour la rebastir. L'Empereur Aurelius l'empourpra du sang des fidelles, qu'il massacra pour les querelles de la Religion. Seuere la saccagea, & par le fer & par le feu y graua les marques de son indignation: Les Huns lapillerent sous Theodose, & les Sarazins sous Charles Martel, & les seditieux la rauagerent sous Philippes Auguste. Ie ne parle point des autres sieges,

prises, saccagemens, pertes, embrasemens
qui pourroient rendre son sort plus lamen-
table, si la magnificence des Roys, & le
soing de ses citoyens ne l'auoient renduë
plus glorieuse apres ses pertes, qu'elle ne
fut iamais en ses premieres prosperités.

Cette ville se peut vanter d'auoir esté
mere de plusieurs personnages illustres:
des grands hommes d'Estat, tel que fut vn
Belieure Chancellier de France; des Orateurs excellents, comme d'vn Plautius,
qui a' esté le Maistre du Prince des Orateurs Latins; & des puissãs Empereurs, cõme de Caracalla fils de Seuere, & de Cali-
gula, qui pour annoblir sa patrie, ordonna
tous les ans vn combat d'eloquenc dans ce
superbe Temple, que les soixante Prouinces des Gaules auoient fait bastir en l'honneur d'Auguste, où chacune auoit son effigie, ses armes, & son nom. Elle a serui
de Conclaue à l'Eglise vniuerselle, qui s'y
est assemblée en deux Conciles Oecumeniques, l'vn conuoqué par Innocent IV.
où Federic deuxiesme fut priué de l'Empire; l'autre par Gregoire X. ou l'Empereur
Michel Paleologue soûmit sa persóne & ses
Estats à la foy de l'Eglise Romaine. Cette
mesme ville fut eleuée comme vn Theatre

tre d'honneur, où Clement V. receut la Tiare Pontificale, & les Cardinaux le Chapeau Rouge, pour marque de l'obligation, qu'ils ont de respandre leur sang pour la deffense de Iesus-Christ, puis qu'ils portent sa robe, & sont parés de ses liurées. Elle a aussi esté comme la Paranymphe de la consommation du plus heureux mariage de tous les siecles, entre le Grand Henry, & Marie de Medicis, qui a porté Loüis XIII. le Iuge des differens, & le Maistre de la Fortune de l'Vniuers.

Lyon est en aussi belle assiete que ville de l'Europe, sur le conflant de deux grandes riuieres, de la Saone, qui entre dedans, & du Rosne qui laue ses murailles; auec deux beaux ponts de pierre sur chacune des riuieres. Elle enferme deux montagnes, de S. Iust, & de S. Sebastien; & sur cette-cy est le bouleuart S. Iean l'vne des plus fameuses forteresses de l'Europe, capable de receuoir plus de trois mille hommes de guerre rangés en bataille. Elle est tres belle & agreable, ayant dans son enclos la montagne & la plaine, la terre & l'eau, les edifices & les iardins, les vignes, les terres & les prés. Elle est comme la grande porte du monde, qui par le

F f

Rhosne vous donne l'entrée en Italie, en Espagne, en Afrique, en Orient & en Occident: à douze lieuës, delà vous auez la riuiere de Loire nauigable pour aller au milieu de la France, en Angleterre, & aux Pays-bas, & mesmes pour transporter les marchandises iusques en Dannemarch. A vne iournée de Gyen assis sur le bord du Loire est Montargis. C'est-là qu'est peinte sur vne cheminée du Chasteau l'histoire remarquable du chien, qui vangea le meurtre cõmis sur son Maistre, & qui ayant reconnu le meurtrier luy sauta au col, & quoy qu'il fût armé, & qu'il se defendit bien, luy enleua la teste de dessus les espaules. Il y a vne riuiere, qui commence à porter batteau, & se mesle à la Seine, pour aller plus commodement à Paris, & fauoriser le commerce auec les Prouinces de France, qui s'approchent plus du Nort.

Delà vient que le trafic y est si bien entretenu, & qu'il y a toute sorte d'ouuriers, d'artisans, & de marchans, tant originaires qu'estrangers, qui se seruent de la commodité du lieu pour auancer leurs affaires. Les viures y abondent, & à bon conte. Les bleds y sont portés de la Bourgogne par la Saone, les fruits de la Prouence, & les vins du Languedoc, de la Prouence, & du Dauphiné par le Rhofne. Les foires y ont de beaux priuileges concedés par les Roys; & la place du change, dont les Florentins ont l'intendance, donne le prix du change de l'argent aux autres places.

Si noftre voyageur eft guerrier, il fera foigneux de voir les trois Chafteaux de Pierre-cife, de S. Sebaftien, & de S. Clair. Le Chafteau de Pierre-cife eft bafti dans le roc fur la Saone, & garni de canons, qui fert de defenfe à la ville, & en garde les auenues contre les forces & les furprifes des ennemis. Ludouic Sforce qui fut pris par les François en la bataille de Nouare, y fut enuoyé prifonnier veftu d'vne robe de camelot noir à la Lôbarde, & monté fur vn petit mulet; d'où il fut traduit à Loches & mis dans vne cage de fer pour les cruautés execrables qu'il auoit exercées fur les pauures François qui s'en alloient à Rome pour gaigner le Iubilé, & qui au lieu d'vne Indulgence foufroient la peine des pechez qu'ils n'auoient point commis. On rapporte vn beau mot de ce petit Tyran d'Italie, qui eftant aux portes

Ff ij

prison s'ecria. O fortune que tu és inconstante, & que tu me fais bien representer diuers personnages; hier mon ambition n'auoit point d'autres bornes que les limites de l'Vniuers; & auiourd'huy ie perds ma liberté dans vne estroite prison, apres auoir perdu mon estat par les armes: ie commandois il n'y a que trois iours à cent mille hommes, & maintenant ie n'ay pas mesme vn valet pour me seruir.

Ce fut dans le mesme Chasteau de Pierre-cise, que fut mené le Duc de Nemours; & d'où il se sauua par vn merueilleux artifice. Ie peux dire que les Professeurs des Vniuersités nous communiquent les sciences par leurs instructions; mais qu'il n'y a que la necessité qui nous donne de l'esprit. On apprend dans les Escholes à bien parler: dans les besoins à bien faire. En voicy vn exemple memorable: le Prince de Nemours estāt prisonnier dans le Chasteau de Pierre-cise, vn de ses valets fit vœu de iamais ne faire ses cheueux, ny sa barbe durant la captiuité de son Maistre: de sorte qu'ils les auoit fort longs, & fort hideux: mais il croioit estre assez bien paré des liurées que l'amour luy faisoit prendre, & que le respect & la tendresse

Gallo-Belgique.

luy donnoient bonne grace dans ces habits de dueil. Le Duc luy ayant fait couper, en fit faire vne perruque & vne faulse barbe, dont il s'accommoda vn iour qu'il fit semblant de prendre des pillules, côme s'il eust esté malade. Le valet se mit en la place & au lict du maistre aualant le remede, & le maistre fit ce iour-là l'office de son valet, & reçeut neantmoins l'effet des operations: Car ayant pris le bassin, & l'emportant dehors deguisé qu'il estoit, il passa trois corps de garde sans estre connu, & se laissa couler par vn trou de garderobe le long d'vne corde: d'où il gaigna le lieu du rendés vous que son frere le Marquis de Sainsorlin luy auoit assigné.

L'autre Chasteau est celuy de S. Sebastien, que les Comtes de S. Iean ont fait faire à leurs despens, & le troisiesme est celuy de S. Clair, qui commande sur le Rhosne. Il y a six portes, sçauoir la porte d'Aisnay, la porte du Rhosne, la porte S. George, la porte S. Sebastien, la porte Veize, & la porte S. Iust. La porte d'Aisnay tire son nom de ce fameux Temple d'Auguste surnommé *Athenæum*, de la Deesse Minerue la Tutelaire d'Athenes,

& la Maistresse des Arts & des sciences, & conduit au conflant du Rhosne & de la Saône. Celle du Rhosne vous met dans le chemin du Dauphiné par le faux-bourg de la Guillotiere. Celle de S. Sebastien vous mene à Geneue. Celle de Veze à Bourges, & celle de S. Iust à Tholose. Deuant cette derniere on void vne pierre d'vne grosseur prodigieuse suspenduë auec tant d'esgalité & de iustesse, qu'vn enfant la remuë auec le doigt: hors de la porte de Veze, est vn tombeau tres ancien, & fort bien trauaillé, qu'on appelle la sepulture des deux Amans, qui est esleué sur quatre colomnes auec leurs chapiteaux: le vulgaire croid que c'est le sepulchre d'Herodes & d'Herodias sa concubine: les autres veulent persuader que ce sont deux habitans de Sicile, l'espoux & la femme, qui ayant esté bannis du pays, apres plusieurs voyages que la necessité leur fit entreprédre separez l'vn de l'autre, se rencontrerent enfin à Lyon: où le peuple qui auoit admiré leurs vertus, & particulierement la tendresse de l'amour coniugal, leur fit eleuer ce sepulchre pour seruir d'instruction à la posterité, que l'amour ne meurt iamais.

Il y a plusieurs belles places: mais celle de Belle-court est la plus grande. Elle est tres agreable par la diuersité de ses veuës de toutes parts, sur toutes sortes d'obiets, collines, plaines, vignes, iardins, precipices, maisons, & autres. Le ieu du Mail y est auec des ieux de paulme: celle de Confort estoit d'autrefois vn cimetiere clos de murailles, où est vne Pyramide à trois angles dressée à l'honneur d'Henry IV. tout ioignant on lit vne inscription sur la muraille d'vne maison, qui remarque vn prodigieux debordement des deux riuieres: l'an 1570 & le Dimanche, troisiesme iour de Decembre enuiron onze heures du soir, le Rhosne & la Saosne se sont assemblés, en la place de Confort, au coing de la maison appellée la Tour, & l'onziesme iour dudit mois le Rhosne est remonté audit coing. Les autres places sont le Terreau, des Cordeliers, de Sainct Nisier, de S. Pierre, de la Grenette, le Change où s'assemblent les Marchans & les Banquiers, de la Doüane, de la Roche de S. Iean, & de la croix decolée, où furent d'autrefois massacrés plusieurs Martyrs.

Mais il est temps d'entrer dans les Eglises. La Cathedrale est dediée à S. Iean Baptiste, & son image de marbre blanc paroist sur la grande porte, comme le Patron & le Protecteur d'vne des plus celebres Eglises, & des plus venerables Compagnies du monde Chrestien. Elle est enrichie des colomnes & des despoüilles du superbe Temple d'Auguste, le Cœur est couuert & paré de riches tapisseries : à costé se void vne horologe, qui fait vn racourcy du mouuement des Cieux & des Planetes ; & qui monstre les heures, les iours, les mois, & les signes de l'année par le cours du Soleil & de la Lune. L'Archeuesque Primat des Gaules y a de tres belles prerogatiues. Le Doyen porte la qualité de Duc, & les Chanoines celles de Comtes ; qui doiuent estre nobles de quatre races du costé du Pere & de la Mere. Les plus illustres maisons du monde ont fait gloire d'y auoir des enfans, comme Bourbon, Alençon, Sauoye, Geneue, Forest, Villars, Beaujeu, Saluces, & Ioinuille. La place des Chanoines d'honneur a esté recherchée des plus grands Princes de la Chrestienté, & à tousiours esté deferée aux Roys tres-Chrestiens, Ducs de Sauoye, Comte de Villars, Ducs de Bourgongne, Ducs de Berry, & Comtes de Viennois. Enfin pour vn furcroift de Maiefté, elle a porté fa reputation iufqu'aux nations les plus efloignées, & qui ont reglé leurs Eglifes fur le modelle de l'Eglife de Lyon.

Les Eftrangers n'ont garde de fe laiffer tromper par la reprefentation de quatre lieures, qui font grauées fur la porte auec tant d'artifice, qu'ils n'ont pour tous que quatre oreilles, & neantmoins chacun en a effectiuemēt deux. Cette chaffe n'eft elle pas diuertiffante de prendre ainfi les lieures par les oreilles fans courir? Les Sauoyards ne voyent pas volontiers les Drapeaux, que le Duc de Lefdiguieres remporta fur eux, & qui furent fufpendus dans cette Eglife pour feruir de trophées à Dieu, qui auoit donné la victoire au Grand Henry, & qui luy auoit ouuert les Alpes pour conquerir leur pays. Les Curieux y verront la Chapelle de Bourbon enrichie des ftatuës de Charles de Bourbon, de Loüis XIII. & de fa defuncte Mere Marie de Medicis: auec vne des plus belles cloches de France, dans le plus haut clocher.

Le Palais de l'Archeuefque touche l'Eglife. Les armoiries du Pape, qui font trois mouches à miel, furent eleuées sur la grãde Porte, quand son nepueu le Cardinal Barberin vint en France en qualité de Legat Apostolique. Le Pape y est representé d'vne part, tenant les clefs en la main gauche, & benissant de la droite la Couronne du Roy, auec cette inscription tirée de l'Escriture sainte, *Eris corona gloriæ in manu Domini.* Vous serez la couronne de gloire en la main du Seigneur, & ce vers au dessous d'vn essein d'abeilles qui volent à l'entour des lis : *Inuitant croceis halantes floribus horti.* Le iardin delicieux de la France parsemé de lis attire les abeilles. Le Roy est de l'autre costé, auec l'espée & la Tiare du Pape en la main droite, vn Sceptre & vn globe en la main gauche, qui dit *Pro domo Domini*, qu'il est tousiours prest de combatre pour les interests de la maison de Dieu, dont il est le fils aisné, & au dessous d'autres abeilles qui caressent des roses. *Altus amor florum, & generandi gloria mellis*, c'est à dire, que les autres du Pape ayment les Roses, qui estoient d'autrefois vn des riches ornemens du parterre de l'Eglise. C'est dans cet Archeuesché, & dans la place voisine que se chanterent les Matines du iour de la S. Bartholemy, ainsi nomme-on le massacre des Huguenots de l'an 1572.

Les autres Eglises, sont celle de S. Iust, qui a vingt cinq Chanoines, & plusieurs reliques, auec le Conuent des Minimes, qui est vn des plus beaux bastimens de tous les moderne. Tout proche est la maison de Iulienne, qui estoit vne ieune fille Espagnolle, le miracle de son sexe, de son pays, & de son siecle, agée seulement de vingt ans, tresbien versée en la connoissance des langues Latine, Grecque, Hebraique, Espagnolle, Italienne, & Françoise, & si parfaictement instruite de la Philosophie, qu'elle en souftint publiquement des Theses auec l'approbation des Doctes, & l'admiration de tous. La Paroisse de S. Croix, S. Thomas de Fouruiere, Eglise Collégiale, dediée à l'honneur de S. Thomas d'Aquin, en la place de l'ancienne dediée à la Deesse Venus. Celle de S. George, où il y a vne Chapelle bastie sur le modelle, & à la mesure de nostre Dame de Lorette. Le Conuent de N. Dame de Confort, qui est aux Freres Prescheurs, dont la grande nef a esté construite par la nation Florétine dans Lyõ: le Chœur qui est d'vne structure excellente auec ſes colomnes, & chapiteaux, & autres ornemens d'architecture, de marbre & de pierre qui rapporte fort au iaſpe, aux deſpens d'vn particulier Florentin d'extraction, Lyonnois de naiſſance. On void là le tombeau des Allemans Imperiaux auec l'Aigle grauée au deſſus, les Celeſtins, les Religieux de l'Obſeruance, la Chapelle Royale des Penitens Blancs, erigée par le Roy Henry III. le College de la Trinité qui eſt aux Peres Ieſuiſtes, ſe voyent entre le Roſne & la Saoſne, dans la Parroiſſe de S. Niſier tres bien baſtie, & la plus grande de la ville. Ie ne m'arreſteray point à deſcrire la Parroiſſe de S. Pierre, où eſt le Monaſtere Royal de S. Pierre les Nonnains, auec pluſieurs autres Conuens, l'Egliſe des Peres de l'Oratoire, les Religieuſes de S. Vrſule, le grand Conuent des Carmes, dans la Parroiſſe de N. Dame de la Platerie, la Parroiſſe de S. Michel, où eſt l'Abbaye de S. Martin d'Aiſnay, baſtie au lieu où eſtoit l'Athenæum, ou le fameux Temple d'Auguſte. On y void quatre belles colomnes de marbre, & dans le cœur la repreſentation d'vn Archeueſque, faite par vn artifice particulier de petits morceaux de marbre aiustés sur le paué. On void aussi l'Eglise de S. Irenée hors de la porte S. Iust au fauxbourg dit de S. Irenix, & plusieurs autres que nostre voyageur pourra voir à loisir.

Ie ne veux dire qu'vn mot de l'Eglise du S. Esprit dans la ruë du Rosne. L'an 1403. les artisans & le menu peuple de Lyon eurent bien cette insolente ambition de vouloir commander en la ville, & de donner les loix à la police, eux qui ne sont dans le monde, que comme les bras & les pieds au corps humain pour trauailler, & obeir aux volontés du chef. La chose en vint iusqu'à la sedition, qui fut neantmoins bien tost reprimée par l'addresse du Magistrat. Et fut ordonné que tous les ans le iour de la Pentecoste, que cét esprit de feu, mais qui n'estoit pas de Dieu, auoit saisy cette populace, vn homme iroit par la ville dans vne certaine machine faite comme vn cheual, la couronne en teste, & l'espee en main, les cheueux de femme flottans sur ses espaules : qu'on nomme le cheual fol, pour representer qu'vne Republique est mal gouuernée en temps de paix, & plus mal defenduë en guerre, qui ne recognoist que le peuple à plusieurs testes, &

toutes sans ceruelle. Ceux qui habitent dans la ruë du Rosne furent plus sages que les autres, & ne tremperent aucunement dans la sedition: a ce subiet les Magistrats leur accorderent la place & l'argent necessaire pour bastir vne Eglise à l'honneur du S. Esprit, qui les auoit inspiré de ne point s'esleuer contre l'authorité des Souuerains, & de se maintenir dans les deuoirs d'vn peuple obeyssant.

Il n'y a pas ordinairement grand plaisir à visiter les pauures: mais ie m'asseure qu'on en receura beaucoup à visiter les Hospitaux, qui sont les mieux reglés de Frāce, où il y a des estages & des appartemens separés pour les enfans, pour les vieillards, pour les malades, pour les orphelins, pour les exposés de l'vn & l'autre sexe, & ou l'ordre est si bien obserué, qu'on les prédroit plustost pour vn corps de ville que pour vn ramas de pauures: les vieillards y sont nourris, & les malades traités soigneusement, les enfans y sont instruits auec des soings de Pere: rien n'est oyseux, tous y trauaillent en quelque mestier, ou ils sont eux mesmes trauaillés de maladie, ou de vieillesse.

L'Hostel de ville estoit d'autrefois la

maison de l'Archeuesque: on y monstre deux tables d'airain qui contiennent la harangue prononcée au Senat par l'Empereur Claudius, pour faire octroyer aux Lyonnois, & aux autres peuples des Gaules, le droit de Bourgeoisie Romaine, & celuy de Senateurs. Le Palais de la Iustice est sur la Saone, aussi bien que l'Arsenal, appellée la Rigaudiere, bien muny d'artillerie. Au carrefour de la montagne de Fouruie est vne maison dite antiquaille où se conseruent quelques inscriptions anciennes. On remarque en cet endroit quelques voûtes sousterraines, qui font asfez paroistre qu'il y auoit là d'autrefois vn Palais, que l'on croid auoir esté de l'Empereur Seuerus. On peut visiter quelques autres masures de Palais d'Empereurs, ou d'Amphitheatres, & d'Aqueducts. Mais il ne faut pas oublier l'Asyle de Lyon, c'est vne grande place, au milieu de laquelle est vne pyramide, & vne fontaine fermée de bareaux de fer, qui sert de refuge & de lieu de seureté aux criminels. Le quoy de la Saone bien paué, & accompagné de beaux degrez est vn ouurage commode pour les Marchans & Bateliers: il fut acheué l'an 1609. sous le Roy Henry IV. Que diray-ie des quatre grandes foires qui furent establies par Charles VII. & par Louis XI. & qui se tiennent quatre fois l'an, aux Roys, a Pasques, au mois d'Aoust, & à la Toussaints.

Quand au fait de la Police, elle est entre les mains de quatre Escheuins & d'vn Preuost des Marchans, qui est eleu de deux en deux ans par les maistres des mestiers assistez des Escheuins. Ces Escheuins demeurent nobles, eux & leur posterité, & peuuent paruenir au degré de Cheualier. Il y a vn Procureur de la ville, qui est appointé de deux cens liures par an : il exerce sa charge à vie de mesme que le Greffier. Il y a aussi vn Voyeur, qui a charge des ruës, maisons, bastimens, reparations & fortifications. Le Capitaine de la ville, cy deuant Gouuerneur du Guet, est pourucu par le Roy. Il y a aussi vn Sergent Major en la ville, auec gages du Roy de cent liures par mois. La ville est diuisée en trente six quartiers, qui s'appellent Penonages, & les Capitaines des quartiers sont nommez Penons, à cause des Penons ou Enseignes de la ville.

Depuis le Roy Philippes le Bel, n'y a point d'autre Iustice temporelle, que la
Royale,

Royale, par transport de l'Archeuesque, & toutes les autres Iustices ordinaires ressortissent par appel au Seneschal de Lyon, ou au Presidial.

Les dehors de la ville ne sont pas moins agreables que le dedans, & nostre voyageur pourra passer dans l'Isle-Barbe, où se fait la Procession des pauures au temps de la foire de Pasques, où assistent les Magistrats, les Escheuins, les quatre Mandians, & vne longue suite de pauures & d'orphelins. Il s'y tient aussi le premier Dimanche d'Aoust vne Confrairie en l'honneur de S. Iacques, où les douze Apostres, les trois Rois, & plusieurs autres personnes sont representees au naturel, auec l'habit qu'on a de coustume de leur donner, qui suiuent nostre Seigneur monté sur vn Asnon, faisant son entrée dans la Capitale de la Iudée. La curiosité porte quelques vns à visiter la Duchere qui n'est qu'à cent pas des murailles; qu'on peut nommer auec raison vn present de la Fortune, vn diuertissement de la nature, vn essay de l'art, & vne estude de la science, puis qu'elle a esté achetée & bastie d'argēt de jeu, que sa situation est sur vne colline, d'où l'ō iouyt de la beauté de tout le pays, par la veuë des montagnes voisines, des vignes, des prés, des bois, & des plaines qui se descouurent tout d'vn coup à vos yeux, & vous emportent l'esprit par les attraits de tant de beautés innocentes; & que les sales, les chambres, les galeries, & les appartemens du logis sont compassés dans la perfection des regles de l'Architecture, qui s'est estudiée à faire vn ouurage, qui seruit de subiet aux peintres, d'employer leurs agreables imaginations, & aux beaux esprits leurs plus delicates productions qu'on y remarque de tous costés. Ce ne sont que Tableaux, statuës, paysages, & Emblemes; icy les douze Empereurs vous font reuiure la magnificence de l'ancienne Rome: Là la valeur Françoise esclate sur le front & dans les yeux de Henry IV. qui est naifuement representé contre vne muraille, auec ces vers.

Si du Sculpteur l'Art & science,
Pouuoient par vn semblable trait
Grauer sa valeur & clemence,
L'ouurage seroit tout parfait.

D'vn costé les bestes farouches, & particulierement vn Ours vous rempliſſent de frayeur, tant elles ſont bien peintes: d'vn autre les fontaines où les Nimphes ont cedé la place à Bacchus, vous font perdre le gouſt du vin, tant elles ſont delicieuſes. Il y a deux inſcriptions, l'vne Françoiſe, l'autre Latine, qui valent deux ſermons.

Tant de peine pour bien amaſſer,
Puis mourir, & tout laiſſer.

Et tout prés d'vn ruiſſeau, *Sic oriuntur opes, ſic moriuntur opes*, ainſi viennent, & ainſi s'ecoulent les biens. Ie n'aurois iamais fait, ſi ie voulois rapporter par le menu toutes les raretés de cette belle maiſon, ie ne peux neantmoins obmettre quelques belles deuiſes, que le Maiſtre du lieu a fait depeindre dans vne de ſes galeries, pour eſtre la pluspart tirées de l'hiſtoire des Roys de France, qui les ont eu grauées ſur leurs medailles. Elles ſeruiront d'entretien à noſtre voyageur ſur les chemins de Lyon à Geneue.

I. Vne Grenade couronnée auec cette ame: *Mihi cœlo, non ſorte corona.* La couronne me vient du Ciel, & non de la Fortune.

Gg ij

II. Vne Couronne entortillée de palmes auec ces paroles, *Tantis angustior vna triumphis* vne est trop estroite pour tant de triomphes.

III. Deux Lis marqués de rouge & de blanc, & transpercés d'vn iauelot, *Flori flos iungitur alter*, vne fleur est iointe à l'autre.

IV. Vne couronne auec les deuises, le colier, & la Croix de l'Ordre du S. Esprit, instituée par Henry III. *Decus virtute merendum*, l'honneur qui se rend à la vertu.

V. Vne Couronne auec les marques de l'Ordre de S. Michel, fondé par Louys XI. *Immensi tremor Oceani* : La terreur de l'Ocean.

VI. L'Estoille des Cheualiers du Roy Iean, sonstenant vne Couronne, auec ces mots, *Monstrant Regibus astra viam*, les Astres sont les guides des Roys.

VII. Vn flambeau passé dans vne couronne, & quatre autres couronnes dessous, *Venit vidit, vicit*: il est venu, il a vû, il a vaincu.

VIII. Vn labyrinthe de verdure, *Dolis prudentia maior* : la prudence surmonte la tromperie.

X. L'Herisson, où le Porc-Espic de

Loys XII. *Cominus & eminus*, de prés, & de loing.

X. La Salamandre de François I. *Nutrisco & extinguo*, i'estains les feux qui me nourrissent.

XI. Le Croissant d'Henry II. *Donec totum impleat orbem*: iusqu'à ce que le rond soit parfait.

XII. Vne pleine Lune: *Quum plena, fit æmula Solis*: Elle est opposée au Soleil, en son plain.

XIII. Les deux colomnes de Charles IX. *Pietate & Iustitia*: Par la Pieté & par la Iustice, les deux soustiens de l'Estat.

XIV. Deux Globes couronnés, *Vnus non sufficit orbis*: vn monde ne suffit pas.

XV. Les deux Sceptres d'Henry IV. croisés d'vne espée, *Duo protegit Vnus*: vn e en defend deux.

XVI. Les deux Couronnes d'Henry III. *Manet vltima cælo*, i'attens la derniere dans le Ciel.

LA BRESSE.

LE voyage que nous deuons tenir sortans de Lyon, pour aller à Geneue m'oblige de parler de la Bresse, de sa situa-

Gg iij

tion, de ses principales villes, & de raconter en peu de mots comme elle a changé de Maistre. La plus dangereuse & la plus ordinaire maladie des Princes, pour laquelle Hippocrate vouloit faire il y a plus de seize siecles, vne consultation de tous les plus fameux Medecins de la Grece, est le desir qu'ils ont de posseder tout le monde, & que comme il n'est qu'vn Dieu dans le Ciel, il n'y ait qu'vn Roy sur la terre. Charles Emmanuel Duc de Sauoye fut horriblement trauaillé de ce mal, sans que les saignées de tant de batailles où il vit couler le plus illustre sang de ses Estats; ny le fer, ny le feu, ny les autres remedes, dont on se seruit pour le guerir, luy apportassent aucun soulagement. Emporté de cette douce phrenesie, qui luy chargeoit la teste de Couronnes, & luy remplissoit les mains de Sceptres, il surprit la ville & la Citadelle de Carmagnole garnie de quatre cens pieces de canon, que les Roys y auoient laissés pour s'en seruir aux occasions dans les affaires d'Italie, & ensuite s'empara de tout le Marquisat de Saluces, durant les troubles qui trauerserent l'Estat & la personne d'Henry III.

Henry IV. aussi genereux Defenseur

des droits de sa Couronne, que iuste Protecteur des alliés de son Sceptre, s'estant resolu de recouurer som Marquisat de Salusses, n'en trouua point d'expedient plus facile, que d'assaillir les Estats du Duc de Sauoye pour l'obliger à rendre le bien d'autruy, s'il vouloit conseruer le sien. Le Mareschal de Biron fut commandé de se ietter dans la Bresse auec les forces qu'il auoit tirées de son gouuernemét de Bourgongne. La valeur & la fortune suiuoient les armes d'vn si grand Capitaine: aussi la pluspart des villes & des chasteaux de la Prouince se rendirent à la seule reputation de sa presence, les autres voulurent voir le canon plustost pour mettre leur honneur à couuert, que pour exposer les places à la batterie: & le 24. d'Aoust de l'an mil six cens, le Roy receut à son resueil la prise de Bourg, auec sept drapeaux & vne cornette que le Mareschal de Biron luy enuoya.

La Bresse presque conquise fit prendre au Duc des conseils de la prudence de ses Ministres, qui luy furent plus auantageux que ceux qu'il auoit suiuis de son ambition, & les succés inopinés de la guerre, le firent condescendre à vn traité de paix,

Gg iiij

par lequel il fut accordé que pour l'eschange du Marquisat de Saluſſes, il cedoit & tranſportoit au Roy tous les pays & ſeigneuries de Breſſe, Beugey, Gex, & Verromey auec toutes leurs dependances pour eſtre vnies & annexées à la Couronne de France, ſans pouuoir en eſtre diſtraites ny ſeparées pour quelque occaſion que ce fuſt. Par le moyen de cét eſchange qui accommode les Eſtats du Roy & du Duc, le vainqueur prolongea ſes frontieres de plus de trente lieuës, & acquit des Prouinces autant fertiles en bleds, vins, fruits, & paturages, qu'il y en ait en France; eſpargna l'entretenement de pluſieurs garniſons, qui ſont quelquesfois plus incommodantes que les ennemis, & qui neantmoins luy eſtoient neceſſaires pour la conſeruation du Marquiſat, au lieu qu'vne ſeule Citadelle de Bourg peut tenir toute la Breſſe en l'obeïſſance; enfin il adiouſta plus de centaines de Marquis, Comtes, & Gentilshommes à ſa Couronne qu'il n'y en a de douzaines en Saluſſes.

Ce pays eſt borné de la Duché de Bourgongne, & du Lyonnois vers le Couchant: il a la Franche-Comté & la ville de Geneue au Nort, la Sauoye luy ſert de limites à l'Orient, & le Dauphiné au Midy. Bourg est la Capitale de la Bresse, assise au milieu d'vne pleine arrousée d'vne petite riuiere: Elle auoit vne Citadelle composée de cinq boulcuars reuestus de brique, la plus reguliere qui fût en France, qui fut demolie l'an 1612. pour quelque mauuaise intelligence, qui estoit entre le Gouuerneur de la Prouince, & celuy de la place. Belley est la ville Capitale du Balliage de Bugey, située entre des côtaux dans vn pays montaigneux: il y a vn siege Episcopal, qui a esté tenu de nostre temps par Messire Iean Pierre de Camus, dont la memoire sera recommandable à la posterité pour sa bonne vie, pour ses doctes escrits, & pour ses fructueuses predications. La ville de Gex est au pied des hautes montagnes; semblablement Veromey, ou Valromey, qui s'appelloit par les Latins, *Vallis Romanorum*, la vallée des Romains, pour auoir esté le lieu du bannissement des Citoyens Romains conuaincus de crimes, & condamnés par le Senat à vuider l'Italie.

C'est ce pays qu'il faut trauerser au sortir de Lyon, pour arriuer à Geneue, par des chemins fascheux & difficiles, tantost esleués iusqu'aux nues sur les montagnes;

tantoſt pendans ſur le bord des rochers, &
ſur le gliſſant des precipices; tantoſt abbaiſſés dans des plaines delicieuſes, bien
ſouuent moüillés, & preſque touſiours
mal logés. Le premier logement que
vous faites, eſt à la Boiſſe à trois lieuës
de Lyon: de-là vous allez paſſer l'Ain ſur
vn ponton entre Chaſtillonnet & Chaſtillõ; d'où vous entrés dans vne plaine agreable, qui s'eſtend iuſqu'à la riuiere d'Arbelaine, qu'il faut auſſi paſſer pour gaigner Chaſteau-gaillard, & S. Iean le vieil.
Vous montés par apres ſur vne haute montagne, qui ne vous donne que du vent, &
vne belle veuë; la deſcente en eſt plus
dangereuſe que la montée, comme ſi
c'eſtoit vne montagne de Paradis: on va
quelques-fois plus viſte qu'õ ne voudroit;
ce ne ſont que des cailloux pointus, des
rochers qui menacent de cheute; des precipices ouuerts, vne route d'oyſeaux qui
volent à tire d'aiſles, pluſtoſt qu'vn chemin d'hommes qui marchent ſur les
pieds. Au bas vous logez dans le Bourg de
Cerdon, appartenãt au Duc de Nemours:
de là vous remontés ſur vne autre montagne couuerte de neiges & de glaçons,
qui ne ſont point ſi redoutables que les vo

leurs qui vous attendent dans la plaine, pour vous descharger par vne estrange ciuilité d'vne partie de vos habits & de vostre bagage, qui vous donneroient de la peine à porter iusqu'à Nantuë. C'est vne petite ville, où se font d'excellentes aiguilles. De Nantuë vous allez à S. Germain la Cheure, costoyant vne abysme, où se vont rendre toutes les eaux qui decoulent des montagnes voisines; de S. Germain vous allez passer sur le Pont des Oeules, & grimpés sur le Credo, où il semble que tous les Elemens ayent conspiré la ruine des voyageurs; le feu n'y est que dans les cailloux, & dans les carreaux des foudres qui tombent du Ciel; l'air y est espais, & couuert de nuages, qui vous desrobent l'vsage des yeux, & la conduite de vos pieds; l'eau y est plus dure que les pierres, il faut manger de la glace pour estancher sa soif: la terre n'y paroist iamais, qu'aux plus chauds iours d'Esté, que la neige se fond, & apres tant d'incommodités, on ne trouue pas dans la vallée de Longeret vn logis qui vaille, pour se delasser. Enfin apres auoir passé le long du fort de l'Escluse, que les Geneuois prirent sur le Duc de Sauoye, & qu'ils cederent à

Henry IV. moyennant la somme de vingt cinq mille escus payables tous les ans, pour l'entretenement d'vne garnison, & apres auoir si longuement roulé, plustost que cheminé durant vingt & trois, ou vingt quatre lieuës, vous entrés dans Geneue, ayant dec[...]é voſtre nom aux gardes de la porte, & receu cét honneur, que vous eſtes logez par Fourrier, à la Balance d'or, ou ailleurs, comme il vous plaira: Mais deuant que de vous former le plan de cette ville, ie veux dire vn mot de la Sauoye.

LA SAVOYE.

LEs mesmes Historiens, qui nous ont laissé par escrit les conquestes des Romains, nous ont fait le Panegyre de la valeur & du courage des Allobroges; & il ne faut pas eſtre beaucoup versé dans la cognoiſſance des affaires d'Italie, pour ſçauoir la genereuſe reſiſtance qu'ils firent aux armes de Fabius, qui enrichit la pompe de ſes triomphes de leurs depoüilles: & creut auoir plus fait que tous les Generaux d'armées, d'auoir dompté des peuples que la nature rendoit inuincibles, par la defenſe d'autant de forts & de bouleuarts inexpugnables, qu'il y a de pointes de rochers sur les montagnes des Alpes: & par autant de leuées & de retranchemens, qu'il y a de pelotons de neiges, qui enuironnent le lieu de leur demeure. Catilina, quand il eut coniuré contre sa patrie, s'asseura de leur secours, & se persuada que son party seroit assez fort, s'il estoit soustenu d'vne nation qui estant née parmy les rochers, & dans la rigueur des glaces, ne trouue rien de difficile en l'execution de ses desseins, & surmonte toutes les oppositions de la fortune par les seuls aduantages de la nature. Les bors du Rhosne & de la Saône ont souuent esprouué leur courage, & ces deux grandes riuieres qui ont d'autrefois serui de barriere aux plus heureux Conquerans, n'ont peu toutesfois arrester leurs courses, ny empescher qu'apres auoir pillé les Prouinces voisines, ils ne soiét allez plâter leurs estandars sur les murailles de Vienne Capitale du Dauphiné, dont ils se sont rendus les Maistres. Ils possedoient vn des florissans Royaumes de l'Europe, qui n'auoit point d'autres loix fondamentales, que l'espée & le bouclier; ny d'autres mestier que de combattre, lors qu'Annibal passa les Monts; & qui fut choisi pour accorder deux Freres, qui difputoient de la poffeffion de cét Eftat ; Ce grand Capitaine qui manioit la balance de la Iuftice, d'auffi bonne grace, quand il vouloit, que les armes de Mars, adiugea le Sceptre & la Couronne à celuy que la naiffance auoit fait l'heritier. Les Alpes Cottiennes doiuent leur nom au Prince Cottius, qui en facilita les paffages : ne trouuant pas plus de difficulté à furmonter la refiftance & la dureté des rochers, que l'efprit des peuples opiniaftres, qu'il auoit contraint de plier ou de rompre fous la force de fes commandemens, ou de fes mains.

Ce n'eft pas fans raifon que ce diuin Philofophe compare les hommes à des arbres renuerfés, puifque les arbres prennent le naturel du terroir où ils font tranfplantés, deuiennent fecs & fteriles dans vn fol maigre & pierreux, croiffent & portent beaucoup de fruit dans vne bône terre : & qu'au contraire les hommes perdent le courage dans vn pays d'abondance, qu'ils auoient conferué dans la difette : & que les lauriers & les palmes des plus illuftres guerriers fe fanent & fe meurent dans les vallées & dans les plaines, & qu'elles reprennent leur luftre & leur vigueur sur l'apreté des cailloux, & sur le pendant des precipices. Tel a esté le destin des Allobroges qui ayant changé de place, & s'estant habitués dans vn pays vn peu plus gras que le haut des Alpes, changerent incontinent le nom d'Allobroges en celuy de Sauoyars, la gloire d'vn Royaume en vne simple Comté erigée depuis en Duché par l'Empereur Sigismond, & l'authorité de Maistres absolus en la dependance d'humbles suiets. De vous dire quand s'est fait ce changement, il n'est pas si aysé. Nous pouuons seulement dire qu'il est fort probable, que le nom de Sauoyards vient de Sabaudus Archeuesque d'Arle, Vicaire & Legat du S. Siege en France sous le Roy Childebert, qui les ayant instruits en la foy du Christianisme, leur imposa son nom en leur conferant le Baptesme.

La Duché de Sauoye telle qu'elle est auiourd'huy a pour bornes du costé du Ponant les deux riuieres du Rhein & du Rhosne, & vers le Septemtrion depuis les terres de la Iurisdiction des Suisses, & le Mont-iura iusqu'à la riuiere de Var, qui separe la Gaule de l'Italie. Il confine d'vn autre costé auec le pays de Bresse, & s'en va iusqu'à Lozane, & autres places qui sont assises sur le lac de Geneue. Le Comté de Maurienne, qui fait vne des plus belles parties de ce corps étique & deshcarné, s'estend iusqu'à la riuiere d'Arch où est la ville de S. Iean de Mauriene, la sepulture de Humbert I. qui receut la Comté de Maurienne, & la Duché de Sauoye de l'Empereur Henry III. La Tarentaise est presque renfermée entre les Alpes, & les riuieres d'Arc & d'Arch : Ce pays a pour sa ville principale Moustier & Tarentaise sur la riuiere d'Arc, ou est enterré Humbert Comte de Maurienne, qui adiousta la Tarentaise à ses possessions. Il y a encore la Seigneurie de Fossigny, où est Ripaille, lieu fort agreable, & renommé pour la retraite d'Amedée VIII. Duc de Sauoye, qui s'estant despoüillé de ses Estats y fit profession d'vne vie Monastique, & obligea par ses vertus les Peres du Concile de Basle de le choisir pour Chef de l'Eglise Vniuerselle : quoy que peu de temps apres sa promotion, il renonça à cette dignité pour la paix des Chrestiens auec autant d'indifference, qu'il auoit abandonné l'heritage de ses Peres pour le repos de son esprit. Il y a encore la Duché de Chablais, & les Baronnies de Raud, & de Gas. La

Capitale

Capitale de tout le pays est Chambery; les autres sont Nicy, S. Iean de Moriene, Moustier, Tonon, Montmelian & quelques autres.

La Sauoye porte des bleds en ses vallées, des pasturages sur les plus basses montagnes, & en quelques lieux de fort bons vins. Il y a aussi quelques lacs qui nourrissét force poissons, dont les plus renómés sont ceux de Nicy, du Bourget, & de Geneue. Les grandes montagnes qu'elle contient en son enceinte, font que les voyageurs y descouurent tousiours quelque chose de nouueau; car tantost ils s'apperçoiuent que les passages s'eslargissent, & tantost que les montagnes se retressisent; que maintenant elles se haussent, puis elles se baissent, elles s'auancent icy, & là elles se retirent, tantost elles vous conduisent dans vne plaine, tantost elles vous renferment dans vn vallon, ce qui a fait dire que cette Prouince est faite comme la Game des Musiciens, & que les chemins sont distribués comme leurs tons.

Pour les mœurs des habitans, ils ont la niaiserie si naturelle, qu'encore qu'ils en perdent vne partie par la frequentation des Estrangers, neantmoins ils la retien-

H h

nent presque toute en leur langage, & en leurs sentimens. Ils se persuadent que le Duc de Savoye est le premier Prince du monde, que leur pays ne produit que des merueilles, que leurs montaignes sont grosses de thresors, & s'ils auoient autant de riuieres que de torrens, ils nous voudroient faire passer leurs montagnes pour des parterres du Paradis terrestre : ils sont mal-habiles à tout ce qu'ils entreprenent ; on diroit que la nature ne les a fait propres qu'à nettoyer les cheminées, comme s'ils vouloient mesler la suye de leurs voisins auec leurs neiges, & qu'ils cerchassent les foyers de la France, comme des retraites asseurées contre le froid qui les tourmente dans leurs propres maisons. Ils sont si vaillans aux armes, que deux ou trois des autres nations en feront tousiours fuyr vne douzaine, ie pense qu'ils ont cette consideration de se conseruer auec beaucoup de soin, pour ne pas amoindrir le nombre des suiets de leur Duc, qui ne peut faire qu'vne perte fort signalée en perdant seulement six hommes, tant son pays est mal peuplé. C'est du petit monde que i'entends : car les Gentils-hommes y sont d'vne agreable conuersation, & aussi-bien faits que leurs voisins, & les compagnies de Chambery valent bien autant, que celles de plusieurs bonnes villes de France.

Ie deuois cette instruction aux voyageurs, qui entrans dans Geneue, doiuent sçauoir qu'elle fait vne partie de la Sauoye, & qu'il n'y a qu'enuiron cent ans que les habitans se sont retirés de l'obeyssance du Duc, pour viure sous leurs loix dans vne Republique.

GENEVE

Geneue estoit la derniere ville des Allobroges au temps de Cesar, maintenant elle est la clef des Suisses. Ce vaillant & sage Prince l'honora de sa presence, & voulut que cette ville logeast la maiesté de celuy à qui l'Empire Romain sembloit trop petit pour la grandeur de ses victoires. On dit de luy qu'en vne rencontre qu'il eut auec les Suisses, ayant eu du pire, & se voyant obligé par le sort des armes de se retirer, il ietta son thresor & tout l'argent de ses Finances dans la riuiere du Rhosne, où il est encore à present, à ce qu'on pense, sans qu'on ait iamais peu

Hh ij

faire vne si belle pesche, quoy que plusieurs y aient employé toute leur industrie, se persuadans de l'auoir veu, quand le Soleil estoit fort clair, & qu'on pouuoit aysement descouurir iusques au fond de l'eau.

La ville est assise entre le Lac, qui porte son nom ; le pays de Vaux, qui appartient aux Bernois ; la Sauoye, & le Bailliage de Gex, qui appartient aux Roys de France. Le Rhosne la diuise en deux parties : dont la plus grande se nomme la ville, & la moindre le fauxbourg de S. Geruais, où il y a vne Eglise dediée à ce genereux Martyr. On passe de l'vne à l'autre sur trois ponts de bois, mais plus souuent sur le grãd. Sur deux de ces ponts on void plusieurs moulins, & des maisons & boutiques d'artisans de part & d'autre. Sur le dernier, qui est prés de la Boucherie se fait la poudre à canon : & au milieu des deux est vne Isle. La Seigneurie y tient ses galeres à l'ancre, & son magazin de guerre dans vne forte Tour, que Iules Cesar a fait bastir. Au bout du premier Pont se void la monnoye auec son Horologe. L'Empereur Aurelius la fit rebastir, apres le fameux embrasement, qui la mit en cendres sous l'Empire d'Heliogabale: & luy donna le nom d'*Aurelia*, mais les Citoyens estans plus ialoux de leur reputation, que de la gloire de leur Restaurateur, ont retenu leur premier nom, pour ce qu'il estoit memorable dans les Histoires, & qu'il pouuoit seruir de tesmoignage à la Noblesse de leurs ancestres & à l'antiquité de leurs maisons.

La ville est bien assise, & agreable, ayant le vignoble, les prairies & les iardins à souhait; de bons bleds dans ses montagnes; les promenades belles, & les veuës delicieuses & bornées de montagnes & de riuieres, qui nourrissent des truites excellentes, particulierement l'Arüe qui descend des montagnes de Fossigny; & le lac où les pescheurs conseruent les plus belles dans le viuier, qu'ils appellent la Serue, pour en faire present aux personnes de marque, qui passent par Geneue. Elle est de grand trafic en estoffes de Soye & en liures: & fournie de tres bós viures, de vins delicats, de toute sorte de fruits, & de gros chapons qui sont plus estimés, que ceux du Mans & de Lodun; si bien qu'on a coustume de l'appeller la Mammelle de Sauoye.

Il ne faut qu'auoir veu sa situation, ses portes, ses murailles, ses bastions, ses tours, & entre-autres la Tour Maistresse, qui est du costé du lac, son Arsenal rempli de canons, de piques, de mousquets & de munitions de guerre, auec les drapeaux remportés sur les ennemis, les canons gaignés à Verioy, & les eschelles, petars, marteaux & tenailles pris à l'escalade des Sauoyards qui fut plantée l'an mil six cens deux, proche du bouleuard de l'Oye, pour cognoistre son importance, & que l'art & la nature l'ont pourueue de defenses contre ses ennemis, qui l'ayant souuét attaquée n'en ont remporté autre aduantage que les marques de leur foiblesse, & la honte d'vne prompte retraite: d'où vient qu'on a fait vne remarque du bon-heur de cette ville, qu'elle porte dans l'Anagrame de son nom de Geneue, le surnom de *Vengée*.

La beauté de ses ruës particulierement de la basse ville, dont les deux sont couuertes, de sorte qu'en tout temps on y peut aller sans estre mouillé, & sans estre incommodé des ardeurs du Soleil: la magnificence de ses maisons, qui sont fort hautes & basties pour la pluspart de pierre de taille; l'ornement de ses places, comme de celle du marché du bled, où l'on void les mesures de la ville, les Moulins, la Hale, & la place de S. Geruais. Les riches & opulentes boutiques des Orpheures, Drapiers & autres Marchans, & le bon marché de toutes choses la rendent plaisante aux Estrangers.

Les gens d'estude iront voir le College qui est vn beau bastiment, separé de la ville, & posé sur vne eminence, qui a sa veuë sur le lac, pour rendre l'esprit plus espuré, & plus susceptible des belles productions qui n'ont rien de commun auec la terre, & pour le delasser apres vn honneste trauail. Il y a neuf classes en bas, & vne Sale au dessus, où s'assemblent les Escholiers pour ouyr les exhortatiós qui leur sont faites, & pour assister aux actiós publiques. On void encore plus haut vne belle Bibliotheque, auec les logis du Principal, & des Professeurs en Hebrieu, en Grec, & en Philosophie. On monstre en la Bibliotheque vne Bible traduite en François depuis trois ou quatre cens ans : mais ie m'asseure qu'elle n'est pas semblable aux modernes de la traduction des Ministres. Les personnes de pieté souhaiteroient que les Eglises fussent appliquées à leurs anciens vsages

& que les Autels des sacrifices de nostre Redemption, n'eussent point esté conuertis en des tables d'vn repas prophane, qui n'a rien de sacré que le nom. La principale est celle de S. Pierre, autrement la Cathedrale, qui a quatre hauts clochers; en l'vn est l'horologe, & en vn autre garny de quelques canons, sont les sentinelles de nuict, qui font la faction dans la maison de paix. Les inscriptions anciennes, qui se remarquent en cette Eglise, font iuger aux gens Doctes, que c'estoit autres-fois vn Temple d'Appolon, ou de quelqu'autre Dieu des Payens. Et l'Aigle à deux testes, qui se void au dehors de la muraille d'vne graueure ancienne, monstre aussi que la ville estoit libre & Imperiale.

Ie sçay bien que l'Euesque s'en disoit le Prince temporel; & bien qu'il ait eu pour parties les Ducs de Sauoye & les Comtes de Geneuois qui luy ont contesté son droit; neantmoins il s'est tousiours maintenu dans la possession, par l'authorité des Papes, par les armes des Empereurs, & par les Arrests definitifs des ligues des Suisses prononcées en sa faueur. Iusqu'à ce que l'an mil cinq cens trente six, les habitās de Geneue, ayans leué l'estandart de la rebellion & de l'impieté, chaſſerent Ieſus-Chriſt & ſes Saincts de leur ville, l'Eueſque de ſon Egliſe, & leur Souuerain de ſes Eſtats. Et pour faire paroiſtre plus ouuertement que leur deſſein eſtoit de rendre la verité captiue, ils conuertirent le Palais Epiſcopal en vne Conciergerie, qui ſert encore auiourd'huy pour loger les priſonniers. C'eſt vne remarque d'vn excellent eſprit, que les nouuelles armoiries de cette ville ſont vn nom de Ieſus ſans cloux & ſans Croix, tel qu'on le void graué ſur ſes monoyes, comme ſi le Sauueur qu'ils adorent, eſtoit vn Prince deſpoüillé de ſes plus beaux ornemens.

Il y a des partiſans du Duc de Sauoye, qui ſouſtiennent les pretentions qu'il a ſur Geneue, de pluſieurs raiſons. La premiere eſt, qu'il ſe trouue des declarations des Empereurs, où il eſt ſpecifié, qu'encores que les Eueſques de Geneue fuſſent Seigneurs temporels & Spirituels, & qu'ils portaſſent la qualité de Princes de l'Empire, ils deuoient toutefois recognoiſtre le Duc de Sauoye pour leur Superieur, & luy iurer fidelité, comme il ſe peut prouuer par actes publics iuſques à l'an 1530. qu'on battoit encore à Geneue la monnoye auec les noms & l'Image du Duc. On adiouste en sa faueur qu'il pouuoit donner grace de toute sorte de crimes, & que les Euesques ny les Magistrats ne pouuoient prononcer, & beaucoup moins executer vne sentence criminelle, sans l'auoir communiquée aux Iuges deputez par le Duc. De plus il appert clairement par des illustres tesmoignages, que les Geneuois ne pouuoient faire aucune ligue auec leurs voisins, ou Esträgers sans son cõsentement, & que lors qu'il luy plaisoit d'aller passer quelques iours en cette bonne ville, on luy venoit preséter les clefs des portes, & luy rendre les mesmes ciuilitez que les subiets ont coustume de rendre à leurs Princes legitimes.

Mais comme nous ne sommes point constitués pour estre les Iuges de ce differend, & que nous ne pretendons point icy decider vn procés, qui se peut plus ayséement terminer par le droit canon, que par les loix ciuiles, & qui merite d'estre plustost playdé dans vn champ de bataille, que dans vne audience : ie me contenteray de dire vn petit mot à Messieurs de la Republique, par voye de remonstrance, que s'il rendent l'Aigle à l'Empereur, & les clefs de leur ville au Pape, qui sont proprement leurs armes & leurs deuises empraintes & grauées en plusieurs endroits de leurs vieux bastimens, il ne leur restera que l'obeïssance de fideles subiets, & les sentimens de veritables Catholiques.

L'Hostel de ville est superbement basty de neuf, & la porte est ornée de quatre colomnes de marbre noir, auec les armes de la ville au dessus. On y remarque sa belle montée sans degrés & à vis, bien pauée & fort large, de sorte qu'vne charette peut monter iusques au haut. On y void vne table contenant l'alliance faite par les Geneuois auec ceux de Berne: les douze Vrnes, ou vaisseaux pleins de cendres, qui furent trouués auec d'autres Antiques, quand on aggrandit les fossés: vn Crocodile, & vn Ichneumon pendus au lambris. On void aussi dans la Chambre où s'assemblent les Senateurs, sept Iuges peints contre la muraille, sans mains, excepté celuy, qui est au milieu qui n'en a qu'vne.

Pour ce qui concerne le gouuernement de cét Estat, il ne peut estre qu'auantageux & agreable au peuple, pour estre meslé d'Aristocratie, & de Democratie. Le peuple ayant tout le pouuoir le resigne à vingt cinq Senateurs, dont les Chefs sont quatre Syndics, qui portent des bastons noirs mornés d'argent par les deux bouts, pour marque de leur authorité. Le premier Syndic a la charge generale de l'Estat : les autres trois ont chacun leurs fonctions differétes. Des vingt cinq se tire vn cinquiesme en dignité qui a charge de rendre iustice en premiere instáce. Il y a vn Thresorier, vn Procureur General & autres Officiers. Le Conseil des deux cens est eleu par les 25. & iuge des causes d'Estat. Le Conseil general cõposé de tous les Peres de famille, Bourgeois, & Citoyens élit les Syndics, & certains Officiers de Iustice. Toutes ces charges ainsi distribuées au merite plustost qu'à la faueur, font que la police est bien administrée, la iustice renduë auec equité, les crimes feuerement punis, dont le plus grand est l'Adultere, & l'exercice de la Religion Catholique Romaine, qui n'est aucunement permise dans les terres de la Seigneurie.

Voila ce qui est de plus memorable à Geneue, ou nous estions logés à la Balance d'Or, & que nous quittâmes, pour aller à Chambery. A peine estions nous hors des murailles, que nous paſſaſmes ſur le Pont d'Arüe, qui ſert de bornes à la Comté de Geneue, & à la Duché de Sauoye : de là nous coſtoyámes les mazures du fort ſainte Catherine, qui auoit eſté baſti par le Duc Charles Emanuel ſur vne eminence de figure pentagone, composé de cinq baſtions, & fourni de toutes choſes neceſſaires pour tenir Geneue en bride : & qui fut demoli par le commandement d'Henry le Grand pour la decharge de ſes alliés, qu'il auoit pris ſous ſa protection. Nous gaignâmes Luiſetes, où Theodore de Beze chargé d'années & d'iniquitez alla ſaluer Henry IV. de la part de la Republique, & luy recommander vne ville qui eſtant enuiée & preſſée par de puiſſans voiſins ne pouuoit ſe côſeruer long temps, ſans la faueur de ſa maieſté : & apres auoir ſouuent monté & deſcendu par vn pays de montagnes, nous arriuaſmes enfin à Chambery, qui eſt diſtant de Geneue enuiron dix huit lieuës.

CHAMBERY.

Chambery eſt la ville principale du Duché de Sauoye, le Parlement du pays qui a tousiours esté en reputation pour les decisions de ses Arrests, suiuies dans les pays estrangers. La ville a esté plus grande qu'elle n'est auiourd'huy : elle a trois grands fauxbourgs bien bastis. Il y a plusieurs fontaines d'eau viue, distribuées par des canaux en diuers quartiers de la ville : cela n'empesche pas neantmoins, que plusieurs des habitans n'ayent vne enfleure de gorge qu'on nomme goitre, qui est vne incommodité commune à tous les Sauoyards causée par la froideur des eaux : Ce qui fait aussi que dans les glaciers se trouue de tres beau cristal, qu'on porte & trauaille à Milan. Elle a vn chasteau, où l'on void sur la porte, les figures du defunt Duc Victor Amedée, & de Madame Christine de France son Espouse, comme les deux genies du pays, auec les images de la Prudence & de la Pudicité, qui sont les deux ornemens d'vn Prince pour gouuerner son Estat, & d'vne grande Princesse pour rendre sa gloire immortelle dans la suite d'vne belle posterité. Elle a aussi vne sainte Chapelle dont les bastimens ne sont point acheués : pour les maisons des particuliers, elles rapportent fort à celles de Geneue, elles auancent dãs

Gallo-Belgique. 495

les ruës portées sur des piliers, qui forment des galeries, où l'on peut marcher à couuert en tout temps.

Il y a d'autres Eglises, comme celle des Peres Cordeliers, qui garde le corps du President Faber dans vn tombeau proche du grand autel: car pour son esprit, il est dans ses escrits, & la gloire de sa reputation est cherement conseruée dans la memoire de tous les honnestes gens, qui font profesion des lettres, & du barreau. L'Eglise des Peres Iesuistes est vne des plus magnifiques du pays, bastie par la liberalité du Duc Charles Emmanuel, qui taschoit de cultiuer par ses bienfaits ceux qui par leurs trauaux cultiuent les esprits de ses subiets, qui sont presque aussi mal habiles en leurs productions, que mal propres en leurs habits, l'interieur d'vn homme estãt souuent vne marque certaine de son interieur, comme la monstre l'est du mouuement & des heures d'vne horologe. Quand ie regarde les femmes de ce pays si mal adiustées, il me semble que ie vois de belles prisonnieres dans vne laide prison; ou des astres dans vne sombre nuë; ce que la nature a fait de beau sur leur visage, est gasté par les atours du corps: on diroit qu'elles prennent de la peine à se faire laides en se parant. Ie ne m'estonne point, s'il y a tant de marmotes sauuages dans les montagnes, puisqu'il y en a de domestiques dans les villes: c'est vn animal gros comme vn chat, les iambes courtes, & le poil rude, dont la chair est fort bonne.

De Chambery, où nostre logis estoit à la Pomme d'Or, au fauxbourg S. Antoine, nous fusmes voir Mont-Meillan, qui n'en est qu'à deux lieuës.

MONTMEILLAN.

LA ville de Montmeillan assise sur l'Isere est fort petite, mais le Chasteau est tenu pour vne des plus fortes places de l'Europe, basti sur vn roc, entouré de precipices, composé de cinq gros bastions reuestus, & entretenus de tenailles, & garni d'vne quantité de gros canons, que les gens du pays tournent en prouerbe, quand ils disent que tous les canons de Montmeillan ne leur feroient pas changer de resolution.

Il semble que la nature du lieu, & le soing du Prince, qui croid auoir les clefs

de ses

de ses Estats en cette forteresse, & en celle de Nice, l'ayent voulu rendre imprenable, pour n'estre pas batable: car elle est hors de mine estant sur vn rocher; l'escalade n'y peut estre plantée à cause des precipices: les boulets de canons rebondissent sur la teste des assiegeans, de mesme que des fleches decochées contre le marbre: il n'y a que les oyseaux qui puissent y voler, & la faim & la soif qui puissent y entrer. Mais les Lis viennent par tout, & fleurissent auec autant de majesté sur les rochers, que parmy les parterres. François I. qui mit le Duc Charles en pourpoint, & Henry IV. qui mit aussi son fils Emanuel en chemise, la prirent tous deux sans beaucoup de resistance. Sous celuy là Francisque Chiaramont Capitaine Neapolitain se voyant mal pourueu de viures, & hors d'esperance de secours, ayma mieux rendre la place par vne capitulatiõ honorable, que d'attẽdre qu'il fût contraint de ce faire à des conditions honteuses. Sous celuy-cy qui a esté l'Hanibal de son siecle pour l'ouuerture des Alpes; le Comte de Brandis qui commandoit dans la place, se voyant battu de quarante pieces de canon, qu'il prenoit pour des foudres du Ciel, qu'on auoit monté contre toute apparence humaine sur les croupes des plus hautes montagnes, la rendit à ce grand Prince, à qui rien ne pouuoit resister, & dont le courage estoit plus puissant que l'art & la nature.

On void de Montmeillan, le Fort de Barraux basti par le Duc de Sauoye l'an 1597. qui fut pris par le Mareschal de Lesdiguieres cōducteur des armées, & fidele Ministre de la Fortune guerriere du Roy son Maistre. Le desir que nous auions de voir la grande Chartreuse, nous fit entreprendre le voyage de sept lieuës par le chemin le plus espouuentable du monde: ce ne sont que rochers inaccessibles, torrens impetueux, precipices profonds, neiges, glaces, frimats, vents, & tempestes.

LA GRANDE CHARTREVSE.

TAndis que vous estes à la porte du Monastere, attendant qu'on vous ouure, ie veux vous deduire briefuement ce qu'on raconte de l'institution de cét Ordre, dont vous verrez l'histoire depeinte dans le Chapitre, où se font les Assemblées generales. Ce fut enuiron l'an 1080. en la ville Capitale de France, à la veuë de ce grand peuple, & aux yeux de cette fameuse Vniuersité, qu'vne ame damnée, à ce qu'on dit, fit le métier d'vn Predicateur deputé extraordinairement de Dieu pour induire sept ieunes hommes à quitter le monde, & se retirer dans le plus effroiable desert du Royaume: entouré de precipices, & couuert quasi toute l'année de neiges & de glaçons; inaccessible aux hommes, mais non pas à Bruno Chanoine de Cologne, que l'esprit de Dieu mena dans ce desert, pour fonder vne Religion qui a esté Mere de tant de saints Contemplatifs, de tant de doctes Euesques, & d'vn si grand nombre d'Intelligences mortelles. C'est le destin des choses precieuses de se corrompre bien tost, ou de se briser fort aysement. Il ne faut qu'vne bluete de feu, pour reduire en cendre ces superbes Palais, qui ont cousté le trauail de tant d'ouuriers, & les finances de tant de Roys: vn soufle de vent peut abysmer ces grandes flotes, chargées de la despoüille des nouueaux mondes; & il ne faut qu'vn moment pour perdre vne belle ame, & gaster l'image de Dieu.

Aussi dit-on, qu'vn Docteur celebre de la Faculté de Paris auoit tousiours bien vescu, & que les petits l'aymoient autant pour sa vertu, que les grands le consideroient pour sa science: mais qu'à l'article de la mort il se laissa tomber dans vne fausse presomption de son salut, fondé sur ses propres merites. Si bien qu'au iour de ses funerailles, où se trouuerent les Docteurs & les Escholiers, comme on chantoit vne leçon de l'Office des mors, ce pauure Trepassé se leua sur son cercueil, & esleuant aussi sa voix, fit retentir l'Eglise de ces funestes paroles: *Iusto Dei iudicio accusatus sum.* Ie suis iustement accusé au iugement de Dieu. Ie vous laisse à penser quels furent les sentimens d'vn si triste spectacle: Mais comme il ne suffit pas d'estre accusé pour estre criminel; & qu'il est de besoin que les innocens se presentent aux pieds de la iustice, pour estre couronnés, aussi bien que les coupables pour estre chastiés: on n'osa rien prononcer sur cette accusation, & les plus sages furent d'auis de remettre l'office au lendemain ; ou le monde accourut de toutes parts, pour entendre les tristes aduentures de ce defunt. Ce fut au mesme lieu, & à la mesme rencontre, que ce corps se leua pour la deuxiesme fois, pour depofer qu'il auoit esté iugé au Tribunal de Dieu. *Iusto Dei iudicio iudicatus sum.* Les Prestres saisis de peur n'ayant point de voix pour chanter le reste du seruice; ny les assistans assez de courage pour tenir bon, vn chacun se retira dans sa maison. I'ose bien dire que iamais Predicateur ne fut ouy auec vne telle attention, que ce Mort; & iamais sermon ne causa de si estranges mouuemens dans l'ame des auditeurs, que quatre ou cinq paroles qu'il prononça pour la troisiesme fois. *Iusto Dei iudicio damnatus sum.* La resolution qu'on prit, fut de ietter ce corps à la voirie auec les bestes, dont l'ame auoit esté precipitée aux enfers auec les reprouués. Mais les conclusions que prit Bruno, qui se trouua present au raport de ce procés, furent d'abandonner la terre pour gaigner le Ciel: & de renoncer au monde, où il y a tant de dangers, pour se retirer dans les montagnes de Chartreuse; & contribuer par ses exemples & par sa regle au salut de ceux, qui poussez du mesme esprit, voudroient embrasser son institut.

C'est donc au milieu de ces montagnes

que s'eleue vn Monastere chef de l'Ordre des Chartreux, plus considerable pour la vie des Religieux, que pour son assiete, & plus magnifique par l'eclat de leurs vertus que par la structure des bastimens, qui n'ont rien de grand que l'espace, ny rien de precieux que leur vsage, seruans de logis aux Anges de la terre. La premiere porte est chargée de testes d'Ours, dont le desert est plein. l'Eglise est petite & obscure : le Chapitre est assez grand, pour receuoir les deputez de l'Ordre, qui s'y assemblent de toutes les nations ; chacune a ses sieges distincts & separés des autres; Le Refectoir est fort modeste : ils y mangent en commun les festes & les Dimanches, gardans l'instruction de S. Hugues, les yeux collés sur la table, la main dans le plat, les oreilles attentiues à la lecture, & le cœur vny à Dieu : les Cellules sont des tombeaux, & les licts de veritables cercueils, fermés de boys ; & neantmoins l'on n'y void iamais de punaises, quoy que leurs valets en soient mangez. Voicy ce qu'en dit vn Historien. C'est vne chose generale par tout l'Ordre, que Dieu n'a point voulu que les Moynes fussent affligés & inquietés de ces puantes bestes, appellées punaises, & en a exempté toutes leurs cellules, dont difficilement ils se pourroient garantir, à cause qu'ils couchent vestus, n'vsant point de linge : changeant peu souuent d'habits, ont leurs cellules & leurs lits fermés de bois au lieu de courtines, & qu'ils sont si peu soigneux d'en changer la paille qu'il y en a qui ne la changent pas en vingt ans vne fois. L'odeur d'vne si rare saincteté ne compatit point auec la puanteur: & vne si douce vie ne doit point estre trauersée par ces fascheux ennemis du repos.

Le Prieur General est obligé de faire sa residence en la grãde Chartreuse, dés aussi tost qu'i est eleu, sans auoir la liberté d'en sortir, pour seruir de modele à tant de veritables Solitaires, qui viuent sous ses loix, & se forment sur ses exéples. C'est de là, que comme vne Intelligence qui meut son Globe sans se mouuoir, il donne les ordres à plus de trois mille Religieux, & gouuerne pres de deux cens Maisons distribuées en dix sept Prouinces, dans vn iesune, cilice, silence, & solitude perpetuelle. I'auouë franchement que rien ne m'a tant estonné dans ce lieu que de voir des Chartreuses; car qu'il y ait des Capucines & des

Fueillentines dans l'austerité, cela n'est pas si estrange ; mais de voir des filles muettes de volonté, & qui ont des langues sans en vser, c'est vn des plus prodigieux miracles, qu'ayt iamais operé la croix du fils de Dieu. Neantmoins il y a le Conuent des Religieuses nommé Pruuol, qui depend des Chartreux, & que nostre Voyageur peut voir sans parler. De vous dire nostre logis, ie pense qu'il n'est point de besoin, puisque vous sçauez assez, que tous ceux qui visitent ces bons Peres, logent à l'enseigne de la Charité, & qu'on paye son hoste auec vn grand mercy.

A la descente des montagnes de Chartreuse, vous trouués vne vallee couuerte de fleurs, comme vn iardin de plaisance, sur les bords de l'Isere, qui vous mene à Grenoble. Le chemin est de deux ou trois lieuës.

GRENOBLE.

La ville de Grenoble distante de Lyon de seize grandes lieuës, a bien assez d'attraits, pour nous inuiter à la voir, puis que l'Empereur Gratian l'honora de sa presence & de son nom Louis XI. l'anno-

...it d'vn Parlement, & François premier accreut le circuit de ses murailles. Elle est assise d'vn costé sur l'Isere, au pied des Alpes, & d'vne montagne qu'on nomme Charlemont ; & de l'autre sur le Drac, torrent impetueux suiet aux debordemens qu'on passe sur vn Pont, deuant qu'il s'aille ietter dans l'Isere. Ses fortifications sont de huit gros bastions, & ce qu'on y void de plus beau ; tant pour les edifices publics, que pour les maisons particulieres est depuis François de Bonne, Duc de Lesdiguieres, Connestable de France. Elle est le Chef de la Prouince de Dauphiné, qu'on diuise en haut & en bas, bornée de la Prouence au Midy, de la Bresse au Nord, du Comté de Venaisse au Couchant, & au Leuant de la Sauoye. Ce pays a eu des Seigneurs particuliers, qui ont porté le nom de Dausius, iusques à Humbert Dauphin de Viennois, qui renonçant aux gradeurs de la terre pour embrasser l'Estat Monastique, & changeant ses Couronnes pour l'habit de S. Dominique, transporta ses terres à Philippes Duc d'Orleans fils puisné du Roy Philippes de Valois, & depuis à Charles fils de Iean & à ses successeurs, à condition que le premier né des Roys porteroit le tiltre de Dauphin, & escarteleroit les armes de France & de Dauphiné. Ce qui a esté obserué iusques à present que par vne benedictió extraordinaire du Ciel, apres vingt-deux années, il est né vn Dauphin à la France qui possedant le courage de son Pere, & les graces de sa Mere, contraindra l'Vniuers de se donner à luy, ou par les armes ou par les charmes de sa Fortune.

Ce qu'il faut voir à Grenoble, sont les deux portes anciennes, que l'Empereur Maximian y fit bastir de pierres quarrées, rangées si proprement, que le temps qui emporte tout, n'a peu encore effacer les traits de leur premiere magnificence. Celle qui regarde le Midy, fut nommée *Romana Iouia*, pour gratifier Diocletian, qui s'esgaloit à Iupiter; l'autre qui conduit à Vienne fut appellée *Herculea*, en l'honneur de Maximian, qui faisoit de l'Hercule en terre. Les portes neuues sont, la porte de Bône, de France, de S. Laurens, de S. Marie, ou Charlemont & les trois Cloistres. La maison du Roy dite la Thresorerie, & la Tour de l'horologe.

Hors de la ville il faut aller voir deux prodiges de la nature, & vne merueille de

Part. 1. La fontaine bruſlante, qui iette des flammes, particulierement en temps de pluye, & quand le Ciel eſt couuert, & qui eſt bien ſi chaude, qu'on y fait cuire des œufs: ſemblable à la Fontaine de Dodonne qui eſteignoit les flambeaux allumez, & les allumoit quand ils eſtoient eſtaints. 2. La Tour ſans venin, qui ne ſouffre aucun animal venimeux, pour ce qu'il meurt incontinent qu'on l'y a porté, comme on l'experimente tous les iours: ſoit qu'vn effet ſi extraordinaire prouienne de quelque charme caché, comme on dit qu'il ne vole aucune mouſche dans le Palais de Veniſe; ou de quelque proprieté ſecrete dans le ſol, ou dans les pierres du baſtiment, comme on raconte de l'Iſle Iuica ſur les coſtes d'Eſpagne, dont la terre a cette vertu de tuer les Serpens, que la Coulleuriere ou Ophieuſe qui eſt vis à vis, a engendrés: ou pluſtoſt des merites de quelque Sainct perſonnage, qui a logé dans cette Tour: ainſi l'Iſle de Malthe ne peut nourrir de viperes depuis le naufrage de l'Apoſtre S. Paul, ny l'Hibernie aucun ſerpent, non pas vne araignée, depuis la benediction de S. Patrice. 3. Le ſuperbe Chaſteau de Vigile ſur la Romance où l'on void l'esprit & la conduite du Côneſtable de Leſdiguieres dans la diſpoſition des baſtimens, & ſes victoires dans les tableaux des galeries. Le maiſtre du logis paroiſt à cheual repreſenté ſur la premiere porte, comme s'il vouloit encore vous y receuoir apres ſa mort auec les ciuilitez qui luy eſtoient ſi naturelles durant ſa vie : Les fontaines, les labyrinthes, les allées, les parteres, & les compartimens du iardin vous recreent autant la veuë, que vous prenés de diuertiſſement & d'inſtruction dans les galeries, dont l'vne vous ſert de commentaires pour les actions de ſa vie, & l'autre de Bibliotheque pour apprendre les plus belles fables de l'antiquité, & les plus curieuſes remarques de l'hiſtoire moderne. Il y a ſix vingt chambres ; & le cabinet d'armes eſt garni de tout équipage de guerre ; on y compte iuſqu'à dix mille mouſquets, plus de ſix cens cuiraſſes, plus de deux mille piques, & le reſte qu'il faut pour l'aſſortiment d'vne armée.

Ayant veu les raretés de Grenoble, où noſtre logis eſtoit à Sainête Barbe, nous en ſortîmes pour aller à Vienne, qui en eſt eſloignée de douze lieuës.

VIENNE.

Vienne qui a esté autresfois le magazin des bleds de Iules Cesar, & qui est encore auiourd'huy la principale ville du bas Dauphiné, a esté beaucoup plus grande, qu'elle n'est à present, comme l'on iuge par les masures des vieilles murailles. Elle est assise sur le Rhosne, qu'on passe sur vn pont, & arrosée de la petite riuierre de Gere, qui fait moudre plusieurs moulins à bled & à papier, & d'autres à metal, où se font d'excellentes lames d'espée par l'ingenieuse inuention de certans martinets, qui se leuent & s'abbaissent à la cadence au mouuement des rouës, comme les marteaux des forgerons sur vne enclume. Cette ville dispute auec Lyon de la Primatie des Gaules, & se glorifie d'auoir veu deux fois l'Eglise vniuerselle auec son chef renfermée dans ses murailles pour la celebration de deux Conciles Oecumeniques. Les Antiquités dont elle conserue soigneusement les precieux restes, sont des tesmoignages du rang qu'elle a tenu parmy les belles villes de l'Empire Romain: son amphitheatre est presque tout entier ; on y void vne Tour ronde, que Tibere fit baſtir, & où l'on tient communement que Pilate rendit la vie à celuy qui luy auoit preſtée : comme auſſi ſe voyent encore de grandes Pyramides dans les vignes, où eſtoit ſon logis, le lac où il ſe precipita, & tient-on pour choſe aſſeurée que l'Egliſe de N. Dame, a eſté baſtie ſur les ruines du Palais, où il rendoit la iuſtice : auſſi lit-on ſur vn pilier ces paroles grauées en pierre, C'eſt le pommeau du Sceptre de Pilate.

Ie ne rapporteray point l'opinion du vulgaire, qui croid qu'vn certain Venerius Africain de nation, & banni de ſon pays, en entreprit la premiere aſſiete il y a plus de deux mille ans, & que l'ayant acheuée en deux ans, il luy donna le nom de Bienne, que nous prononçons à la Gaſcone, Vienne, du Mot Latin *Biennium*. Ie ne diray point auſſi que les Romains ayant conquis le Dauphiné, le ſurnommerent *Senatoria*, pour vne marque de la grandeur de leur Senat : ny que Vitellius y eſtát aſſis dans ſon lict de Iuſtice, vn coq luy vola ſur les eſpaules, & de là ſur ſa teſte, qui fut vn preſage, qu'il deuoit vn iour tomber entre les mains d'vn Gaulois ; ce fut cét

Antonius natif de Tolose dont parle Suetone, qui en sa ieunesse auoit eu le surnom de Bec de Coq. Ce qu'asseure Mela, qu'il y auoit vne fameuse Vniuersité dés l'Empire de Neron, est vn peu trop esloigné, pour estre creu sur sa simple deposition. Ce que i'estime dauantage, & qui releue beaucoup l'honneur de cette ville c'est le nom de Sainte, qu'elle s'est acquis par le courage & par le sang de ses Citoyens, qui aymerent mieux perdre la vie, que la Foy durant les premieres persecutions des Gaules.

De Vienne on descend à Tournon le long du Rhosne, durant cinq ou six lieuës, laissant à main gauche Romans : S. Rambert, & S. Valier. Il y a vn Chasteau tres-fort, qui est aux anciens Comtes du lieu; auec vn beau College des Peres Iesuites, & vne riche Bibliotheque. Tournon est sur vne riue, & Tain sur l'autre, la riuiere entre deux : d'où vient le prouerbe, *qu'entre Tain & Tournon ne paist brebis ne mouton.* A trois lieuës de là vous trouués Valence; où vous estes bien logés à la ville de Paris.

VALENCE.

Valence est la Capitale du Duché de Valentinois, assis sur le Rhosne, qui bat le pied des murailles, auec tant de violence, qu'il en fit tomber vne partie, il n'y a pas long temps par l'effort de ses vagues. L'Euesque se dit Comte de la ville, & Seigneur temporel de Die, & de plusieurs autres lieux. Ceux qui ont recherché plus curieusement les auteurs de sa fondation, en donnent la gloire à Romus fils d'Allobrox Roy des Gaules : les autres disent auec plus de raison, qu'ayant esté peuplée d'vne colonie de Soldats Romains, elle prit le nom de la Mere, dont elle nourrissoit les enfans, & se nomma Valence, qui signifie mesme chose que Rome, puis qu'elle auoit les mesmes Citoyens. Ceux qui se fondans sur la cóformité des noms, pretendent que l'Empereur Valens ou Valentinien en ont esté les Fondateurs, ne sont pas beaucoup versés en l'histoire Ecclesiastique, qui nous apprend que Felix Prestre du grand S. Irenée conuertit ces peuples à la foy, qu'il gouuerna le premier l'Eglise de Valence en qualité d'Euesque, & qu'a-

& qu'ayant seellé la verité de sa doctrine par la constance du Martyre qu'il endura sous Aurelian, il fut enterré pas ses Disciples au lieu, où a esté depuis bastie l'Eglise, qui porte le nom de S. Felix.

Ce qui est de plus remarquable, sont les fontaines qui arrousent les prez : les vnes qu'on nomme du Charan, sont de tel artifice qu'vn hômé y peut marcher tout droit dâs les canaux qui sôt des ouurages dignes des soins & de la magnificence de Iules Cesar, dont on n'a point encore trouué ny le bout, ny la source : vne autre qui s'appelle Contant conserue les marques d'vn ancien edifice, qui fait bien voir par ses ruines, que c'estoit d'autrefois vn lieu de consideration. On void encore deux autres petites fontaines dans le Conuent des Iaçobins, qui sont froides comme glace en esté, & fort chaudes en hyuer. Les Eglises, qui ne sont plus que des tristes monumens de la rage des Huguenots, estoient aussi magnifiques en leur structure, que riches en leurs ornemens, deuant que ces nouueaux Euangelistes commençassent à reformer le seruice de Dieu, par la desolation de ses Autels. Celle de saint Apolinaire, comme estât la Cathedrale, &

qui est attachée au Palais de l'Euesque passe pour la premiere en beauté d'architecture, aussi bien qu'en dignité. Celle de S. Felix, où l'on voyoit encore auant les troubles le Tombeau d'vn Cheualier Romain & de sa femme auec leur Epitaphe. L'Eglise & le Monastere des Iacobins, où l'on void dans le iardin le portrait d'vn Geant nommé Buard, haut de quinze pieds & large de sept, comme on l'a recüeilly de ses ossemens prodigieux qui furent tirés du Cloistre, il y a quelques années. L'Abbaye de S. Roux estoit vn des plus superbes bastimens de tout le Dauphiné, deuant qu'elle fust aussi ruinée par ceux de la Religion pretenduë; particulieremét le Cloistre dont les piliers estoiét de marbre de diuerses couleurs, trauaillés fort delicatement, & embellis de diuerses figures tirées du vieux & du nouueau Testament. S. Iean de la Ronde, qu'on nommoit le Pantheon, est vn tesmoignage de l'opulence & de la fausse pieté des anciens habitans, qui taschoient de se conformer en toutes choses aux mœurs & aux façons de faire des Romains, & empruntoient d'eux leurs plus augustes ceremonies, leurs Temples, & leurs Dieux; dont ils auoient desia receu l'honneur & la vie. Que diray-je de l'Abbaye de S. Pierre fondée par Charlemagne, où se void vn trou, qui trauerse assez loin dessous le Rhosne?

Il y a vn excellent tombeau dans la maison d'vn particulier, qu'on croid auoir esté d'vne Emperiere, qui sert de timbre à vne fontaine Le sepulchre fut trouué dans vne vigne, auec cette inscription *D. Iustina M.* A l'ouuerture, qui en fut faite, parut vne fort belle femme, qui auoit vne bague d'or à chaque oreille, & à chaque bague vne pierre pretieuse enchassée, sçauoir est vne Turquoise en l'vne, & vne Esmeraude en l'autre, vne coupe de cristal à ses pieds, & vne lampe de verre à sa teste : Mais le corps & tout ce riche appareil se dissipa en poudre, dés aussi tost qu'il eut pris l'air. La Maison de ville auec quatre Escheuins; le Palais où le Presidial rend la Iustice ; & l'Vniuersité, qui a neantmoins eu le docte Cuias pour vn de ses Professeurs, ne meritent pas qu'on s'y arreste.

Il faut quitter Valence, & se disposer au voyage de Prouence par le Rhosne, si on veut suiure l'eau : où par terre si on veut aller auec moins de danger, qui est tousjours assés grand sous le pont du sainct Esprit. Vous passez donc l'Oriol, apres auoir laissé Liuron petite ville & chasteau ruiné, assis sur vn rocher pres du confluent du Rhosne & de la Drome, à quatre lieües de Valence : de là vous rencontrez Montlimar sur le Rubion, qui est à trois lieües de Pierre Late, où vous estes conduits par des allées d'vn beau parterre naturel, bordé de thym, de lauande, d'hyssope, de rosmarin, & d'autres herbes odoriferantes, qui embaufment l'air de leurs parfums : à vos costez ce ne sont qu'amandiers, & oliuiers, vignes & bleds.

Pierre-Late est vne ville bien bastie & marchande, assise sur la Berre, son chasteau eleué sur vn rocher est encore sanglant des cruautez du Baron des Adrets, qui prenoit son diuertissement à faire sauter les Catholiques du haut des Tours en bas.

Le Pont S. Esprit n'est qu'à trois lieües de Pierre-Late, le lieu merite d'estre veu. La ville est forte, il y a Citadelle & Gouuerneur : Le Pont passe pour vn des premiers de l'Europe, il est long de douze cens six pieds, & large de quinze : eleué sur vingt deux arcades, qui sont soustenues par autant de gros piliers, percez artiſtement auec des portes, pour donner plus libre cours aux flots du Rhoſne, quand il eſt débordé. Il ſert de bornes à quatre Prouinces, au Dauphiné, au Languedoc, à la Prouence, & à la Comté de Venaiſſain. Du Pont S. Eſprit il n'y a que deux lieuës, iuſqu'à la ville d'Orange, qui donne les loix & le nom à toute la Principauté, petite terre qui n'a que quatre lieuës de long, & trois de large, aſſiſe entre le Comté de Venaiſſe, le Languedoc, & le Dauphiné, abondante en bleds, vins, & ſafran.

ORANGE.

IL eſt conſtant que la ville d'Orange eſtoit en grande reputation parmy les Romains. Car outre qu'elle fut erigée en Eueſché dés les premiers ſiecles de l'Egliſe naiſſante; entre les diuerſes Colonies des Citoyens, qui furent enuoyés en pluſieurs villes de cette grande Prouince, pour imprimer l'eſprit & les mœurs de Rome dàs l'ame de tous les ſuiets de l'Empire, la ſeconde legion fut deſtinée à Orange, comme la ſixieſme à Arles, la ſeptieſme à Beziers, la huictieſme à Frejus la dixieſme à

Narbonne; aussi trouuons nous dans les anciennes inscriptions, qu'elle est nommée la Colonie des secondains. Et pour vne glorieuse marque de cette nouuelle habitation, on y void encore les restes de plusieurs beaux ouurages d'vne magnificence Romaine. En vne porte de la ville se void vn Arc de triomphe dressé à l'honneur des Consuls Romains Marius, & Luctatius, apres la deffaite des Cimbres, qui furent taillés en pieces sous leur sage conduite, iusqu'au nombre de cent quarante mille. L'ouurage est en quarré. On y void d'vn costé la representation de toutes sortes d'armes, & de trophées, comme aussi des naüires, cordages, & autres instrumens de la nauigation; auec l'image d'vne sorciere qui tient le doigt dans l'oreille. C'est cette Syrienne, qui se trouuant vn iour dans l'Amphitheatre au combat des Gladiateurs, predit à la femme de Marius qui seroient les vainqueurs, & les vaincus, deuant qu'ils parussent sur l'arene: dont cette Princesse conçeut vne si haute opinion, qu'elle la presenta à son mary, qui ayât esprouué sa scïence, la tenoit tousiours aupres de soy, comme l'arbitre de sa fortune; la consultoit en toutes ses entreprises, comme l'oracle des Dieux : & ne liuroit iamais aucun combat que par ses ordres, comme si elle eust esté la Tutelaire de ses armes, & l'Intendante de ses victoires. Les noms de Marius & de Luctatius s'y lisent assés distinctement, auec plusieurs autres circonstances conformes à la vie & aux actions de ce grand Capitaine ; ce qui me fait iuger auec beaucoup de fondement, que ceux qui ont pensé que ce trophée estoit de Fabius, se sont trompés. C'est la premiere chose que nostre voyageur doit estre curieux de voir à Orange.

La deuxiesme sont les Bains chauds, & les Arenes, hors de la ville. Dans les Bains il pourra connoistre la magnificence, & le luxe de cet incomparable Romain, qui fit bastir ces Estuues, qui retiennent encore son nom, à dessein de s'y lauer, apres s'estre souillé du sang des Barbares, & s'estre couuert de sueur & de poussiere dans les combats. Les arenes conseruent leur nom en deux vieilles tours, qui restent de l'ouurage ; car pour les apparences, elles ont si peu de raport à vn Amphitheatre destiné pour les exercices des Gladiateurs, & pour la iouste des bestes, qu'il n'y a que le tesmoignage de ceux du pays qui soit capable de le persuader.

La troisiesme est vne fontaine au pied d'vn rocher, qui emprunte son nom d'vne vertu miraculeuse qu'elle a de rendre fecondes les femmes steriles, qui s'y vont lauer. La quatriesme est le Circ, qui est dans la ville, au pied de la montagne, basti en forme de Theatre, auec vn des plus beaux pans de muraille, qui soit en Europe, ayant cent trente six pieds de longueur & cent de hauteur. Au deuant se voyent les lices, qui se recognoissent par les marques des bastimens, auec les sieges des Spectateurs. Au dedans & sur le milieu se voyent les colomnes, parquets, chapiteaux, & vne corniche de marbre richemēt entaillée, & fort eleuée, qui estoit sans doute le lieu destiné pour le siege plus honorable. Il y a aussi plusieurs arcs & portes en la muraille qui ferme le Circ du costé du Septemtrion, dont il y en a vne au milieu tres grande comme la principale; les autres sont proportiōnées auec leurs pilastres, chapiteaux & corniches. A chasque bout du Circ sont de beaux corps de logis, pour enfermer les Gladiateurs, & les bestes sauuages, qui deuoient estre le passetemps du peuple. On y monstre aussi quelque muraille ou masures d'vn Temple, qu'on croid auoir esté consacré à Diane. Les Aqueducs, qu'on void en plusieurs endroits de la ville, & hors des murailles, sont des preuues de la magnificence Romaine, & de la noblesse de cét ancien peuple.

La cinquiesme est la Citadelle eleuée sur vn rocher, & fortifiée de bastions de mesmes que la ville, d'où l'on descouure iusqu'à cinq Prouinces, sçauoir la Prouence, le Dauphiné, le Languedoc, l'Auuergne, & le Forest : Pour les Eglises elles ont changé de face & de Maistre: les Protestans ayans ruiné durant les troubles de la guerre, les plus beaux bastimens, demoli les autels, chassé les Prestres, & prophané les lieux saincts par le poison de leur doctrine. De sorte qu'on ne void plus aucune marque de cette ancienne Religion, que les Peres des premiers siecles y defendirent courageusement en deux Conciles, par la force de leurs raisons & de leurs exemples; le peché preuaut maintenant à la Grace; & l'Eglise d'Orange ne se void plus que dans les liures.

Pour ce qui touche la domination de ce petit Estat, il est subiet au Prince d'Orange, qui a le pouuoir de batre monnoye, & de se tiltrer Par la grace de Dieu Prince d'Orange, qui est vne tres auguste marque de grandeur, & vn effect des bontez de Loüis XI. qui ayant mis en liberté Guillaume Prince d'Orange de la maison & des armes de Chaalon, prisonnier de guerre, dont il modera la rançon de trente à dix mille escus payés au Gentilhomme qui le gardoit, voulut l'attacher à son seruice par toute sorte de courtoisie, luy accordant le tiltre de Prince souuerain, qui ne subsiste que par la grace de Dieu, & par sa propre espée; & le droit de battre de la monnoye à son image & à son coing, de mesme alloy que celle du Dauphiné, auec vn Parlement pour rendre la Iustice en ses terres. Son Vniuersité n'est plus qu'vne ombre de ce grand corps, qui eut Charlemagne pour son Fondateur : ce sont des Escholes sans Escoliers, & des Professeurs sans liures & sans estude. Ie renuoye le curieux à l'histoire du dernier siecle, pour apprendre les cruautez exercées en cét Estat, qui iamais n'ont esté veuës chez les Barbares. Ie diray seulement pour conclure ce Chapitre, deuant que nostre Voyageur se mette en chemin pour Auignon, qui n'en est qu'à quatre lieuës, la Soigne au milieu, que Philippes frere du Comte Maurice fut restabli en la possession & iouyssance de sa Principauté par le commandement d'Henry IV. dont il auoit esté chassé par la licence des derniers troubles. Ie m'estonne que les habitans ne soient plus riches qu'ils ne sont, ayant vne terre abondante en toute sorte de fruits, & vn fleuue d'Argēt qui coule à leurs portes. Ils ont les vins, les bleds, les fruits, & le safran à souhait: seulement peut on dire qu'à Orange, il n'y a point d'Oranges.

AVIGNON.

COmme l'ancienne Rome fut bastie sur les augures, que ses premiers fondateurs prirent du vol & du nombre des Vautours, que les deux freres auoient choisi pour les arbitres de leur Couronne, & de leur gloire, de mesme Auignon a ietté ses premiers fondemens sur le sort de certain nombre d'Esperuiers; d'où vient que ceux qui portent de tels oyseaux, y sont encore affranchis des peages & contributions que les autres Marchans payent aux ports & aux passages. On remarque en cette ville, qui est la principale du Comtat, que toutes les choses signalées y estoient autrefois au nombre de sept, comme sept Eglises Parochiales, sept Hospitaux, sept Colleges, sept Conuens, sept Monasteres de filles, sept Portes, & sept Palais, dont il y en a deux ou trois, qui sont comme de beaux Chasteaux : le plus grand seruoit pour loger les Papes, quand ils tenoient leur siege à Auignon, qui fut l'espace de soixāte & quatorze ans, que les Romains appellent la captiuité de l'Eglise, & maintenant il sert d'Hostel aux Legats Apostoliques & aux Vice-Legats, qui y font leur residance pour gouuerner les affaires de la ville & du Comtat au nom des Papes, depuis que Clement VI. l'achepta de Ieanne fille de Robert Roy de Sicile du consentement de Louys Prince de Tarente son mari, pour la somme de trente mille florins; encore que quelques Autheurs Italiens ayent laissé par escrit, que le prix de cette vente fut compensé auec les arrerages, que Ieanne deuoit au S. Siege, pour les deuoirs du Royaume de Naples. Il y a vn autre vieux Palais à costé de celuy-là, où est vne cloche d'argent qui ne sonne iamais qu'à la mort, ou à la promotion d'vn Pape. Celuy de l'Archeuesque est basti sur vn Rocher, flanqué de bonnes Tours, où l'on fait garde jour & nuit dans vne chappelle fort esleuée, comme au lieu le plus important de la ville.

Le Pont d'Auignon seroit sans comparaison plus à estimer que celuy du S. Esprit, si les trois arches, qui ont tombé depuis quelques années du costé de la ville, & la quatriesme du costé de Ville neufue ne le priuoient de cette gloire par ses ruines. Son entreprise est miraculeuse, & sa structure incomparable, ayant plus de trois cens pas en long, depuis la porte d'Auignon, iusqu'à la Tour de la ville-neufue, qui est à l'autre bout, & où le Roy entretient garnison. Il estoit de vingt-trois arcades, dont les deux dernieres seulement sont au Pape, & les autres au Roy de France qui leue les imposts qui s'y payent. Dieu qui auoit choisi la main d'vn Berger pour abbatre l'orgueil des Geans, choisist vn autre Berger pour fouler aux pieds les flots d'vn fleuue rapide & indomptable, sçauoir le petit S. Benoist, que ceux du pays nomment ordinairement S. Beneset, qui gardant les brebis de sa mere aux chāps, receut ce commandement de Dieu de faire cét ouurage, que Iules Cesar & Auguste n'auoient osé entreprendre, comme s'ils eussent trouué plus d'opposition à charger vn Pont sur le Rhosne, qu'à courir la terre de lauriers; & plus de difficulté à destourner le cours d'vne riuiere, qu'à surmonter toutes les forces de l'Vniuers.

La ville est grande, & ses murailles encore plus belles que celle de Saumur, de Montpellier, & d'Aiguemortes. Les Papes quand ils y auoient leur siege, l'agrandirent de la moitié, & c'est à leur auguste presence, & à leurs soings qu'elle se cõfesse redeuable de tant de somptueux Palais, de superbes Eglises, & de riches maisons. La Cathedrale est dediée à la Vierge, eleuée sur vn roc, auec vne illustre inscription sur la porte, à l'honneur de Louys XIII. digne heritier & successeur du Sceptre & de la vertu de ses ancestres, pour auoir purgé son Royaume de l'heresie, & de la rebellion, soustenu la foy de l'Eglise Romaine, protegé de ses faueurs la ville d'Auignon, & pour auoir esgalé le courage de Charles Martel, & la gloire de Charlemagne, les destructeurs des Sarrasins, & la grandeur auec la pureté de S. Louys le vainqueur des Albigeois. Le Preuost & les Chanoines de l'Eglise d'Auignon fondée par S.

Marthe, sacrée par S. Roux disciple du fils de Dieu, & retirée de la prophanation des Goths par Charlemagne, luy dresserent cét Arc de triomphe l'an 1622. Le dedans de l'Eglise est capable de ietter autant d'estonnement dans les esprits par ces ornemens, que de deuotion dans les cœurs par son seruice. Les Chanoines y sont vestus, comme les Cardinaux; il y a vne chapelle basse, qui a serui de chambre à S. Marthe; il y en a d'autres embelies des tombeaux de quelques Papes.

L'Eglise des Cordeliers se tient plus glorieuse des dépoüilles & du tombeau de la belle Laure Maistresse de Petrarque, que de la sepulture de plusieurs Princes. Le Roy François I. passant par Auignon en son voyage de Marseille le fit ouurir, & n'ayant rien trouué de cette charmante beauté que des ossemens & de la terre, ny de tout ce grand esclat, qui ebloüissoit les yeux des plus sages, qu'vne petite boëte de plomb, où il y auoit des vers & vne medaille aussi de plomb, qui representoit d'vn costé l'image d'vne Dame, & de l'autre quatre lettres M. L. M. I. qui veulent dire en Italien, *Madonna Laura morta iace*, que Madame Laure est morte, il fit cleuer le tombeau & l'honora d'vn Epitaphe de sa façon qui porte;

En petit lieu compris vous pouuez voir
Ce qui comprend beaucoup par renommée;
Plume, labeur, la langue, & le deuoir
Furent vaincus par l'aymant de l'aymée.
 O gentille ame, estant tant estimée
Qui te pourra louer, qu'en se taisant ?
Car la parole est tousiours reprimée,
Quand le suiet surmonte le disant.

On void dans l'Eglise de S. Martial vn autre superbe Epitaphe du Cardinal d'Amiens, & les representatiõs de tous les Abbés du Monastere de Cluny, & parmy ce grand nombre de saincts personnages est Casimir Roy de Pologne, qui fut obligé de sortir du Monastere, où il auoit fait profession, pour aller gouuerner son Royaume, où il estoit plus necessaire pour le bien de ses peuples, que dans vn Cloistre pour l'instruction des Religieux. Le Pape le dispensa de l'obseruation de ses vœus, à l'instante priere que luy en firent les Polonois, à condition neantmoins, que tous les subiets du Royaume de Pologne jeusneroient tous les Mercredis de l'année

ou'ils

qu'ils porteroient les cheueux tondus en couronne de Moynes : que les Gentils-hommes auroient vne estole au col, durant la Messe aux festes solemnelles : & que chacun du menu peuple payeroit vne obole de cens annuel pour l'entretenemet d'vne lampe, qui brusleroit dans vne des Eglises de Rome.

Celle des Celestins merite d'estre veuë auec l'Epitaphe du Pape Clement VII. & l'Autel fait d'vn beau marbre. On y monstre vn Schelete peint par le Roy René de Sicile, pour le representer luy mesme semblable à celuy qu'on void à Angers, auec vne toile d'aragnée, si subtilement trauaillée, qu'elle attrape non pas les mousches, mais les plus entendus. Le tombeau de S. Pierre de Luxembourg y est en grande veneration pour l'integrité de son corps plusieurs années apres sa mort, & pour la grandeur des miracles qui se font tous les iours, par la force de ses merites. On y peut voir plusieurs autres choses curieuses, comme la maison du Roy René, la place dite Placepic, les effigies des douze Empereurs en marbre, l'Eschole de droit, & le College fameux des Peres Iesuites. Les Italiens y sont somptueux & magni-

L l

fiques en habits & en maisons: les Iuifs au contraire, dont il y a bon nombre, & qui ont leur Synagogue, où ils sont obligez d'ouyr toutes les semaines vn Religieux qui leur presche, sont sales, sordides, & puans: comme s'ils portoient la malediction de leurs Peres sur le corps, aussi bien que dans l'ame.

La Police de la ville est administrée par trois Consuls & par vn Assesseur. On peut appeller à Rome des sentences qui se donnent és causes Ciuiles, quoy que les sentences soient cependant executoires. Quant aux causes Criminelles, elles se terminent dans la ville de l'authorité du Vice-Legat, qui ordonne de l'execution. Le Tribunal de l'Inquisition establi pour reprimer les heresies, est tres seuere, & le plus souuerain de tous, dót iamais on n'appelle. La ville est gouuernée par vn Vice-Legat mandé par celuy que le Pape a choisi pour son Legat en la ville, & au Comté, qui prend les Bulles du Pape & du Legat, & qui sont verifiées & enregistrées au Parlement d'Aix & de Grenoble, pour donner graces & dispenses, pouruoir aux Benefices, & agir comme Souuerain tant pour le temporel que pour le spirituel, en la ville & au Comté. Le Vice-Legat est accompagné de son Auditeur, & d'vn Dataire: & les Legats dont la charge est fort honorable, estans à *latere*, sont changés de trois en trois ans. Il semble que par quelque destin la Prouence a tousiours eu sa fortune liée à celle de l'Italie.

Ie m'oubliois de vous dire qu'outre le Rhosne, qui moüille d'vn costé les murailles d'Auignon: le ruisseau de Vaucluse se iette encore en ses fossez, & entre dans la ville, nettoyant les ruës & seruant à la commodité des Teinturiers. Certes ce que nous chantent les Poëtes de leur delicieuse Tempe, n'a rien de si charmant que ce lieu de Vaucluze à cinq lieuës de la ville qui a esté le fidelle depositaire des secrets de Petrarque Florentin de naissance & Chanoine d'Auignon, l'entretien de ses plus doctes pensées, & le confident des belles amours, qu'il auoit pour sa Laure, qui rendit l'esprit au mesme moys, au mesme iour, & à la mesme heure qu'elle luy auoit rauy le cœur, comme il tesmoigne luy mesme en ses vers. Et toutes les loüanges que ces vains idolatres de la science des anciens donnent à leur fontaiaine de cheual, ne valent pas vn Chapitre des excellens liures que ce grand personnage a composé sur les bords de la fontaine de Sorgue, qui commence à porter basteaux dés sa source; & qui ne fait aucun mal, que pour estre trop bien faisante, produisant des herbes, dont les bœufs & quelques autres animaux domestiques sont si frians, qu'ils la vont cercher iusques au fonds de l'eau, où ils trouuent quelquesfois la cause de leur mort, pensans cercher la conseruation de leur vie.

Nous sommes pressez d'entrer plus auant dans la Prouence; les villes, & les campagnes nous y conuient. De Vaucluse à Aix il y a dix lieuës : qui semblent plustost vn parterre continuel arrousé de la Durance, qu'vne campagne : où la nature produit sans estude & sans affectation, ce qui ne vient qu'auec de tres grāds soins, fort imparfaitement dans les iardins des Princes. Les buissons sont de Rosmarin, de myrthe, & d'hysiope : on y foule aux pieds le thym & la mariolaine : les chemins publics sont couuerts de berceaux & de tonnelles de figuiers & d'oliuiers, entrelassés les vns auec les autres : les peschiers & les amandiers y sont naturellemét plantés en eschiquier sans corde & sans niueau: les grenades, les citrons, & les oranges y sont presque aussi communes, que les pommes en Normandie, & que les chastaignes en Perigord.

AIX.

SI Aix n'est pas la plus ancienne ville de Prouence, elle est vne des plus illustre. Caius Sextius ayant rangé la Prouence sous la domination de l'Empire Romain, en ietta les premiers fondemens, & y dressa des bains d'eaux chaudes qui luy donnerent le nom d'*Aquæ Sextiæ*, que nous appellons maintenant Aix ; par corruption de terme. On en void encore quelques vestiges où les eaux sont tiedes, alumineuses, & en souffrées, auec plusieurs autres marques d'antiquité, comme tombeaux, inscriptions, colomnes, & medailles. Mais ses plus beaux ornemens sont les Eglises ; dont la principale & le siege de l'Archeuesque est S. Sauueur, où Charles Comte d'Anjou, Roy de Naples & de Sicile, Comte de Prouence, & Frere de Louis XII. est enseueli dans vn riche tombeau de marbre ; & où l'on void vn Baptistere entouré de huict colomnes de grand prix, qu'on croid auoir esté l'Autel de Baal, deuant que les Prouençaux eussent esté conuertis à la Religion Chrestienne, par les instructions de leur Apostre Sainct Trophime.

Le Palais où se tient la Cour de Parlement est magnifique, auec vne place fort spacieuse au deuant, & l'image du Roy Henry IV. sur le portail, auec les armes du Roy René de Sicile. On y a aussi remarqué la maison qui fut donnée par la ville au Duc de Guyse, cy deuant Gouuerneur de Prouence, & quelques cabinets remplis de plusieurs pieces curieuses, comme est encore auiourd'huy celuy de Barrilly, à qui le Roy regnant donna son Baudrier. Pour le fait de la police il n'y a que trois Consuls, & vn Assesseur, qui prend sa place apres le Premier Consul; & pour l'estude des lettres, il y a vn College Royal tenu par les Peres Iesuites, auec vne Vniuersité. I'estois desia hors de l'hostelerie, qui est l'enseigne de la ville de Paris, pour aller à Marseille, il y a cinq lieuës de l'vne à l'autre, quand i'ay rebroussé sur mes pas, pour aller au tombeau de Nostradamus excellent Mathematicien & fameux Astrologue, enseueli dans l'Eglise des Peres Cordeliers.

MARSEILLE.

LA ville de Marseille, se vante de son antiquité, ayant esté vne colonie des Phocenses Grecs qui la bastirent sur les riuages de la Mediterranée, dans vn lieu fort aduatageux, qui leur donnoit de belles esperances, qu'ils pourroient arrester les progrés de la ville de Rome, qui ne faisoit encore que naistre, & imposer la loy à celle qui sous la conduite de ses Capitaines, & à la faueur des destinées, se promettoit l'Empire de l'Vniuers. Elle met en auant sa florissante Academie qui a esté l'Eschole publique des Romains, des Grecs & des Gaulois, où les trois nations pouuoient apprendre les sciences en leur langue maternelle, comme tous les peuples du monde reçoiuent la lumiere d'vn mesme Soleil, qui conduit leurs pas, & regle les actions de leur vie. Elle peut dire que ce n'est pas sans raison qu'elle est bastie en forme d'vne harpe, qui s'esleue vers le Septemtrion, & panche sur le Midy; puis que la police & les loix qui s'y obferuent, forment vue harmonie dans le gouuernement des citoyens, qui est incomparablement plus douce que le concert des instrumens & des voix. Elle se glorifie de ses bonnes murailles, de ses Tours, & bastions, de son port, où les Galleres sont à couuert des tempestes & des pirates, pour estre en ouale entre deux rochers qui destournét ou arrestent les vens, & pour estre tendu d'vne chaine de fer, qui ferme le passage aux vaisseaux ennemis, auec vne grosse Tour, où est vn Gouuerneur, vne garnison, & Nostre-Dame de la garde, qui commande à la ville & à la mer : Le Chasteau d'If, la forteresse de Ratoneau, & la Tour de S. Iean qui sont tous trois dans l'eau esleués sur des rochers. Elle compte le trafic qu'elle fait au Leuant, & il me semble que ie la vois tous les iours esquiper ses vaisseaux, les vns pour Alep en Syrie, d'où elle raporte des soyes, des cottós, des galars, de la rubarbe, & plusieurs drogues: les autres à Tripoli, à Tunis, à Alger, au grand Caire & aux meilleurs villes d'Affrique, d'où elle ameine les cheuaux barbes, qui sont recerchés des Gentilshommes François, pour leur vitesse, qui leur est auantageuse en guerre, non pas pour fuir, mais pour deuancer leurs ennemis au combat. Elle peut encore se glorifier de ses belles Eglises, comme de sa Cathedrale dediée à S. Lazare frere de Marthe & Magdeleine, son 1. Euesque, si les sentimens de la pieté du peuple sont receuables; de la Maison du Duc de Guyse cy deuant Gouuerneur de Prouence; du Palais, où se tient la Iustice: de plus de seize cens iardins fort agreables, accompagnés de maisons autour de la ville. Et si elle veut, elle peut tirer cette vieille espée toute rouillée, qu'on nommoit l'espée de Iustice, & dont elle s'est seruie durant plusieurs siecles, pour l'execution des Criminels, voulant signifier que les anciennes coustumes ne doiuent iamais estre changées dans vn Estat. Mais ce qu'elle prise dauantage, c'est d'estre touhours Françoise, nonobstant les puissans efforts de Charles-quint, & les sourdes menées de son Fils Philippes II. qui ont tasché par toutes voyes de la rendre Espagnole. L'histoire de l'an 1596. est memorable.

Les Marseillois irrités que leurs priuileges fussent anneantis par la licence des temps, & par la Souueraine authorité du

Parlement d'Aix, se retirerent de l'obeissance du Roy, & embrasserent le party de la Ligue. Charles Casaut homme brutal, ambitieux, & temeraire, de premier Consul qu'il estoit, & Loüis d'Aix de Viguier s'estans rendus les maistres de la ville, qui fit autrefois teste à Cesar, traiterent auec l'Espagnol, & promirent de luy liurer la ville, moyennant deux mille escus de rente, auec le gouuernement d'vne place en Prouence, ou de Donkerque en Flandre pour Casaut, & pour Loüis d'Aix le Gouuernement de Marseille, & vne Euesché pour son Frere. Ils auoient neuf galeres au port, bien pourueuës de canon, de munitions, & de gens de guerre; ils tenoient les Fors de nostre Dame de la Garde, de S. Victor, & celuy de Teste de More, auec de bonnes garnisons : rien ne manquoit pour l'execution de leur dessein, que la venuë de nos Marchans de villes, qu'on attendoit tous les iours sur le port. Quand Liberta le bien nommé, puisqu'il deuoit estre le liberateur de sa patrie & le destructeur des Tyrans, se seruant de l'occasion du iour qu'il estoit commis à la garde de la porte Reale, par où les Traistres sortoient tous les matins aux champs, pour prendre l'air, se ietta sur Casaut, & luy enfonça son espée dans le ventre; & puis estant fortifié des troupes que luy enuoya le Duc de Guyse, il donna si vertement la chasse au Viguier, qu'il fut contraint de se retirer dans le fort de nostre Dame, & de là s'enfuir de nuit en Espagne, craignant d'estre liuré luy mesme au Duc, qui auoit esté receu par les Citoyens comme le conseruateur du pays, auec des acclamations de ioye, qui retentissoient de tous costez, Viue le Roy, & Monsieur le Duc de Guyse, viue le President, viue Liberta.

Sortans de Marseille, où nous auions nostre logis au Faucon Royal, nous prismes la route d'Arles, & passames à Pennes, costoyames l'Estang de Berre, autrement la mer de Martigues, & allâmes ce iour là coucher à Berre petite ville, assise sur le haut de l'estang, dans vne forme d'Isle, où il se fait du Sel. Sortans de là, vous passés vn pont sur la Tolebre, qui a vn arc aux deux bouts auec vne inscription Latine fort ancienne, deuant qu'arriuer à S. Chamas, dont vne partie est sur vne montagne, qui est percée de bout en bout pour le passage. De S. Chamas vous aués à trauerser la plaine, qu'on nomme la Crau-Pierre, depuis tant de siecles, que les anciens en ont fait mention sous les noms de Champ-pierreux & de Riuage de pierres. Elle a cinq lieuës de long, exposée au vent & au Soleil, & neantmoins tres fertile en bleds & en bons vins, outre la manne & le vermillon, qu'on y recueille au grand estonnement des voyageurs, qui voyent ce qu'ils n'auoient peu croire, des herbes & des moissons croistre parmy des pierres, qui estant toutes d'vne mesme grosseur, & se touchans les vnes les auttes, sont capables de causer la sterilité sur les meilleurs terres. En fin vous arriuez à Arles, où vous retrouuez la ville de Marseille: mais ce n'est qu'en peinture, qui vous garde vn bon logis.

ARLES.

ARles sœur d'origine à Marseille, puis que les Grecs de la Phocide, qui ont ietté les premiers fondemens de l'vne, ont posé les premières pierres de l'autre, a esté vne Colonie des Romains, & la demeure des soldats de la legion sixiesme, qui furent enuoyés aux Gaules, pour les conser-

Gallo-Belgique. 541

uer à l'Empire apres leur conqueste. Les Historiens en font vne honorable mention, les vns la nomment la gloire des Cités, les autres Rome la Gauloise. L'Empereur Constantin ordonna qu'elle s'appelleroit Constantine, quelques vns la recognoissent dans les vieilles inscriptions sous le mot de Mamiliaire, ou Mammeluë pour la bonté de son terroir; mais son nom le plus commun, & qui seul luy est resté de tous ses glorieux tiltres, est celuy d'Arles, comme qui diroit *Ara lata*, de deux colomnes antiques, ouurage des Romains & d'vne pierre fort large qui estoit dessus, qu'on void encore dans le College, & que le vulgaire croid estre les colomnes & l'Autel d'Hercules: si ce n'est plustost cette Pyramide qui a esté autrefois de soixante pieds, qu'on void à la Roquette, où l'on faisoit des Sacrifices à la Deesse Diane.

Elle peut estre auiourd'huy nommée le Soleil de la Prouence, & la Riuale de la premiere Rome, dont on void les superbes ouurages, comme le Temple de Diane, & l'Amphitheatre qui est vn des plus beaux de l'Europe, quoy qu'en die le Docte Lipse, qui n'en a parlé que par faux raport, sans l'auoir jamais veu. Il est composé de soixante arcades, chascune de quinze pieds, faits de pierres d'vne grosseur prodigieuse, qui se soustiennent de leur propre poids, sans chaux & sans ciment. La place des arenes, qui estoit le lieu de combat des Gladiateurs & des bestes, est remplie de bastimens; & les caues, dont il y en a vne, qui est percée par vn aqueduc, qui passe sous le Rhosne, & va iusques à Nismes, seruent de boutiques aux Tisserans & de celliers aux Hostes.

Elle est assise sur le Rhosne, qui l'ayant diuisée en deux villes, se partage luy mesme en deux branches, qui forment l'Isle de la Camarque, où se nourrit tres grande quantité de bestial, de bœufs, & de cheuaux. Les Taureaux y ont vne fierté particuliere, & la noblesse a coustume de les combatre à certains iours de l'année auec vne grande solemnité, qu'ils nomment la Ferrade. On tient que ce mot de Camarque vient de Caius Marius, qui campa sur cet endroit du Rhosne, pour s'opposer aux Cimbres qui cerchoient vn passage pour entrer dans l'Italie.

C'estoit autrefois le Siege & le nom du Royaume d'Arles, dont les Imperiaux s'attribuent encore le droit & la propriété, mais les François en ont la iouissance & la possession. Et certes il n'est point à douter que ce Royaume, qui comprenoit la Bourgongne, le Dauphiné, & la Sauoye n'aye esté vn membre de l'Empire, puisque le Pays se nomme encore auiourd'huy l'Empire, & qu'on suit le droit escrit & les loix Imperiales aux Parlemens, & aux Cours Subalternes de ce ressort, & que l'Electeur de Treue represente le Chancellier des Gaules, & du Royaume d'Arles en l'élection du Roy des Romains, & au sacre de l'Empereur: Mais de dire au vray comment la ville d'Arles est tombée entre les mains des Roys de France, & a esté vnie à leur Couronne, c'est vn point d'histoire assés difficile à demesler. Car de dire, comme quelques vns, que l'Empereur Charles IV. surnômé la Sangsuë de l'Empire, en fit present au Roy de France, qui l'auoit regalé à Ville-neufue d'Auignon; certes ce seroit excessiuement payer son hoste, & acheter trop cher vn repas; outre que l'Empereur, qui n'est proprement, que comme le Tuteur de ses Estats, pour la conseruation de leurs droits, ne peut disposer des biens de la Republique au preiudice de ses successeurs, sans le consentement des peuples. L'opinion des autres n'est point plus receuable, qui se sont persuadés, que les Roys de France ayant receu la Prouence du Comte René Roy de Sicile, se sont iustement emparés d'Arles, qui en mouuoit comme vn fief de sa terre, puisqu'ils peuuent apprendre de l'entreueue de Charles IV. & de son fils Vuencesslas Roy des Romains, & de Charles V. Roy de France, que l'Empereur declara le Dauphin son Lieutenant, Vicaire general dans le Royaume d'Arles. Sans nous amuser à la discussiõ d'vn procés, qui n'est point encore intenté, & dont nous ne sommes pas establis Iuges, les Roys de France ont tousiours leur espée pour defendre leurs droits, & se maintenir en la iuste possession des biens qu'ils ont receus de leurs ancestres. Continuons de voir ce qui est de plus beau dans la ville, apres auoir consideré le port, & le pont de bateaux dressé sur le Rhosne.

¶ 1. L'Eglise de S. Trophime Disciple des Apostres, le premier Euesque d'Arles, & l'vn des plus illustres Fondateurs du Christianisme dans les Gaules : & celle de S. Antoine, où il y a de ses reliques en vne chasse d'argent: auec la commanderie des

Cheualiers

Chevaliers de Malthe, qui merite d'estre veuë. L'hostel de ville avec ses inscriptions modernes sur l'entrée. L'hospital fondé & renté par le Roy Charles IX.

2. Hors de la ville l'Abbaye de Montmajeur, assise sur vne montagne pierreuse, enuironnée de marais, & fortifiée d'vne Tour quarrée, esleuée comme le phare d'Aigues-mortes. On y monstre vne grotte de S. Throfime, où il se cacha, fuyant la persecution des infidelles. Le cœur est separé par des treillis & barreaux de fer bié trauaillés, à la main droite de l'étrée est la statuë de la Reine Ieanne de Sicile, auec la Couronne en teste & celle de sa sœur sans couronne. L'Eglise de S. Honorat conserue les marques de la rage des Espagnols en ses ruines ; de la magnificence & de la pieté des Romains sur les anciens tombeaux du cimetiere : & de la Sainteté de quelques illustres personnages en la voûte, qui est dessous le cœur. Cette Eglise estoit magnifique comme on le peut cognoistre de quelques piliers de marbre, & de iaspe d'vne grandeur prodigieuse les autres furent portés à Paris, à ce qu'on dit, deuant que les Espagnols ces grands Zelateurs de la gloire de Dieu, & de l'hon-

Mm

neur de sa maison, l'eussent ruinée durant les dernieres guerres, qui se couuroient d'vn specieux pretexte de la Religion Romaine, & qui descouuroient aux yeux de tout le monde les ambitieux desseins de la faction Espagnole. Dans le Cimetiere il y a plus de six cens tobeaux, dont Gruterus pouuoit recüeillir les inscriptions pour en grossir ses liures: Il y a vne tombe fort ancienne d'vn Duc de Sauoye liée d'vne chaisne de fer, que le Duc Charles Emanuel fit ouurir pour voir ce qui estoit dedans: mais il n'y trouua que les restes de la corruption, des os & de la cendre, l'heritage commun des Roys & des subiets. Il y en a vn autre d'vn Caualier, qui fut tué en duel, haché en pieces, & donné aux chiens par son ennemy. Dans la caue de l'Eglise on void le sepulchre de Roland nepueu de Charlemagne, & celuy de S. Hilaire Archeuesque d'Arle, où par vne espece de miracle, il y a tousiours de l'eau en mesme quantité, sans croistre ny decroistre en aucune saison de l'année. Ie pourrois dire quelque chose de la vraye croix, qui est au maistre Autel, & de ce que le Sacristain du lieu nous a raconté, qu'on entendit vn iour des voix humaines sortir du Reliquaire où elle est enchassée: de la sepulture des douze Pairs de France, & d'vn Duc de Bauiere, & de plusieurs curiosités, que i'obmets pour aller à Tarascon, qui n'en est qu'à trois lieuës, assise sur le Rhosne, opposee à Beaucaire.

TARASCON.

LA ville de Tarascon est forte, & son Chasteau bien basti par René Roy de Sicile & Comte de Prouence, dont l'Effigie se void en la cour, auec celle de la Reine Ieanne sa femme. Il n'est couuert d'aucun toit: mais le dessus est comme vne plate-forme, où il y a quelques pieces d'artillerie, & d'où l'on descouure auec plaisir toute la ville en forme de Croissant. L'Eglise principale est dediée à Saincte Marthe; elle y est enseuelie, ses reliques sont renfermées dans vn precieux vase, & la victoire qu'elle remporta du Dragon, qui auoit si long-temps infecté le pays, est depeinte sur vn pilier, qui luy sert de trophée.

Ayant passé le Rhosne sur vn bac qu'on conduit par vne corde qui va d'vn bord à l'autre: vous ne cheminés pas trois lieuës que vous estes au Pont de Gard. Si ces Poëtes Latins, qui ont descrit auec tant de pompe les bastimens de la ville de Rome, n'eussent point esté preoccupés de cette iniuste opinion, qu'il n'y auoit rien hors de leur pays qui meritast l'employ de leur esprit; & si ces vieux Historiens, qui nous ont fait passer des ouurages assés communs, pour des miracles de l'art, eussent eu autant de lumieres certaines en leur cognoissance, que de faux esclat en leurs paroles, ils n'eussent pas emprunté des Ægyptiens ny des Asiatiques les ornemens de leurs Histoires : Le Pont du Gard, qui est entre Beaucaire & Nismes, est incomparablement plus superbe & plus hardi que les Pyramides & que les Colosses; & ceux qui l'ont consideré, confessent que les Romains n'ont iamais laissé de si augustes marques de leur grandeur, soit pour la despence, soit pour les ouuriers : estant bien plus difficile de ioindre deux montagnes auec vn pont, & de faire couler des riuieres les vnes sur les autres, que de lier des pierres auec du ciment, & de faire vne Image de bronze qui n'a rien d'extraordinaire, que la grandeur, & la grosseur.

Le Pont de Gard, qui est sur la petite riuiere du Gardon, est capable de former dans nos esprits vne iuste & veritable idee de la gloire des conquerans du monde: ses trois estages esleués l'vn sur l'autre valent plus que les amphitheatres: ses arcades & ses piliers sont des pieces plus hardies que toutes les colomnes & que tous les arcs triomphaux des Empereurs, & particulieremét de l'Empereur Antonin, qui le fit faire. Ce sont effectiuement trois ponts les vns sur les autres: dont le plus bas qui sert de passage aux hommes & aux bestes, a six arcades, quatre cens trente huit pieds de long, & quatre vingt trois de haut: Le pont du milieu, où l'on passe en hyuer quand les eaux se desbordent, est soustenu d'onze arceaux, & a sept cens quarante six pieds de longueur, & vingt-vn de hauteur; la largeur de chasque pilier est de treize: mais le temps qui consume tout, & qui se détruit luy mesme auec ses ouurages, y a fait quelque ouuerture qui rend le passage dangereux. Le troisieme est de brique, composé de trente cinq arches, qui seruoit autrefois d'vn aqueduc pour conduire vne fontaine d'vne montagne à l'autre, & porter l'eau dans la ville de Nismes, à quatre lieuës de là.

NISMES.

NIsmes a esté bastie par vn fils d'Hercule, comme on apprend d'vn vieux Geographe, & des deux demy-bœufs depeints à l'entrée de son amphitheatre, qui furent les armes de ce Dompteur des Tyrans & des Monstres, peuplée des plus vaillans soldats d'Auguste, qui ayant conquis l'Egypte, enuoya la fleur de son armée en cette ville, comme nous en font foy les medailles de ce valeureux & sage Prince, qui representent vn Crocodile attaché à vne Palme, auec cette inscription. *Col. Nem. Colonia Nemausus.* La Colonie de Nismes, enrichie & cultiuée par les autres Empereurs, qui en firent vne seconde Rome, à sept collines, comme nous en rendent tesmoignage tant d'antiquitez, & tant de bastimens, ponts, amphitheatres, fontaines, aqueducs, sepulcres, voûtes, canaux, & paués à la Mosaïque, que la fureur des Gots qui la prirent, ny la rage des Sarrasins qui la saccagerent; n'y les flames d'Attila qui la brusla, ny la iuste cholere de Charles-Martel qui la ruina, ny l'impieté des Protestans qui ont eu plus de veneration pour les ouurages des Empereurs, que pour les Autels de Dieu; ny toutes les iniures de l'air, du temps, & de la guerre n'ont peu entierement destruire.

Son Eglise Cathedrale, estoit vne des riches pieces du Languedoc deuant les heresies modernes, & son paué est encore excellent. Le College est tenu par les Peres Iesuistes, & par des Professeurs de la Religion Pretenduë, qui font vne estrange diuersité de membres dans vn mesme corps & vn prodigieux meslange du mensonge & de la verité. Il me semble voir le Temple de Dagon, l'Arche d'vn costé & l'Idole de l'autre: ou la Chapelle de l'Empereur Seuere, qui auoit consacré vn mesme Autel à Iesus-Christ, & à l'Enchanteur Appollonius de Thyanée, & rendoit les mesmes honneurs à Orphée, qu'à Abaham. La plus illustre & la plus entiere marque d'antiquité est l'Amphitheatre qu'on nomme les Arenes. Il est de figure ouale, contenant 470. pas, & soixante trois arcs; & où l'on remarque plusieurs choses curieuses, comme est la Louue qui nourrit Remus & Romulus, les Vautours qui leur apparurent; & les pierres, dont il est basti qui sont d'vne grosseur & longueur incroyable, & qui se soustiennent d'elles mesmes, sans mortier & sans ciment. Les grottes ont esté comblées de terre, la place des ioustes & des combats semble vn bourg plein de maisons, & le champ de Mars, qui estoit à l'entrée, a esté conuerti en d'autres vsages.

La maison quarrée estoit vn Capitole, que ceux du pays nomment Cap dueil, qui est effectiuement de forme quarrée, quoy qu'elle soit vn peu plus longue que large, embellie de six colomnes au frontispice, & de dix à chaque costé : couuerte de grandes pierres, où l'on peut se promener en seureté. Les plus doctes estiment que c'estoit vne Basilique, ou vn Pretoire, pour rendre la Iustice, que l'Empereur Trajan fit faire en faueur de sa femme Plotine. On void dessous, l'entrée d'vne voûte qui va iusques à Arles: & tout auprès, vn Pegase auec cette inscription Latine, *Procul este prophani*, loing d'icy les esprits prophanes, qui ne sont pas susceptibles de la sainteté des belles lettres, ny des secrets des Muses, qui estoient en grande veneration à Nismes, au mesme temps qu'elles florissoient à Marseille. On void quelques autres vieilles statuës: vne sans teste & à deux corps, qui represente vn Hermaphrodite; vne autre d'vn Baladin, vestu à l'antique: & vn Geryon, qui n'a qu'vne teste, quoy qu'il ait deux corps: le symbole d'vne parfaite amitié, qui ioint les volontez dans vn mesme interest, & regle les mouuemens de plusieurs membres par vn mesme sentiment.

Hors de la ville, & prés de la fontaine est vn temple ruiné de Diane ou de Vesta, où l'on remarque encore les niches des Idoles, les cheminées pour faire euaporer la fumée des sacrifices, & la place où les Prestres esgorgoient les victimes. La Tour magne, ainsi nommee pour estre beaucoup plus grande que les autres, qui est faite & compassée en forme de niches, bastie de petites pierres quarrées, si bien liées, qu'il n'est point d'ouurier qui en puisse abbatre le quart d'vne toise en vn iour & qui auoit esté dressée sur la colline en façō de pyramide, pour seruir d'eschauguette. Au bas de cette Tour est vne fontaine large comme vn estang, & si profonde que si quelque beste, ou autre chose tombe dedans, c'est vn abysme d'où iamais elle ne reuient: Il s'en forme vn ruisseau, qui entre dans la ville par vn trou au pied de la muraille fermé auec des barreaux de fer, pas où les Protestans entrerent & se firent maistres de Nismes l'an mil cinq cens soixante neuf.

Outre toutes ces decorations Romaines, on peut voir d'autres bastimens fort remarquables, comme le Chasteau du Roy, la Colomne erigée à l'entrée du Roy, François I. & la Salamandre au dessus; la Tour Vinetiere, qui fut bastie d'vn impost leué sur le vin, la Tour de l'horologe, la porte de la couronne auec son bouleuert, & le Palais Presidial. Puis entre la ville & le Monastere de S. Baufille les vestiges d'vne antiquité, qu'il ne faut pas oublier: sçauoir est vn costau fait d'argile, que les habitans appellent Monjouzius, pource qu'il seruoit de cimetiere aux Iuifs, qui payoient aux Moynes de l'Abbaye pour chacun corps certaine quatité de poiure.

De Nismes, où nostre logis estoit aux Arenes, nous allâmes disner à Lunel, & coucher à Montpellier.

MONTPELLIER.

LA ville de Mont pellier située sur le sommet d'vne montagne, penchant sur le couchant: & ioignant la riuiere de Léz, qu'on passe au pont de Luncuau, donne de l'exercice aux hommes doctes en la recherche de sa fondation; les vns la prenans pour *Agatha*, dont Pline fait vne honorable mention, & qui a esté depuis nommée *Agathopolis*, comme qui diroit la ville des gens de bien, où la ville abondante en biens, & en commoditez: les autres estimans qu'elle est beaucoup plus moderne, & qu'elle a tiré le nom de Montpellier du lieu de son assiete, que les Latins appelloient *Montem Pelium*; ou plustost des filles, qui s'y font remarquer par leur beauté, gentillesse, & bonne grace, *Montem Puellarum*. Elle est tres agreable, & bien assise, distante de la mer d'vne lieuë, d'vne iuste grandeur, bien bastie, enceinte de fortes murailles; & pour ce qu'elle est fort diuertissante, que le Ciel y est serain & temperé, la terre feconde en toute sorte de fruits, & pour ce que les simples y viennent plus heureusement qu'en tout autre lieu du Royaume, les Medecins l'ont choisie pour la premiere Escole de leur Faculté. L'Vniuersité fut fondée par Vrbain V. natif de Mande en Languedoc; & receut vn merueilleux accroissement des Sarrasins qui estans presque tous Arabes, & disciples d'Auicenne, d'Auerroes, & de ces autres fameux Medecins; luy communiquerent beaucoup de secrets, qu'ils auoient apris de leurs Maistres, dont la reputation attira les Estrangers qui s'y plaisent encore pour les grands auantages qu'ils en retirent, pour la perfectiõ de leurs estudes. Les professeurs sont des personnes consommées en la lecture des liures, & en la pratique des maladies; Les Escholiers y ont leurs exercices, & leurs disputes ordinaires: Les degrez de la Medecine, qui sont distingués en Bacheliers, Licenciés, & Docteurs, y sont donnés auec solemnité au merite des pretendans: Le iardin du Roy est contre les murailles, où l'on peut voir au naturel, ce qu'on ne void ailleurs qu'en peinture; plus de douze mille sortes de Simples, chacune en son petit quarré, auec son escriteau pour l'instructiõ des ignorans; les plantes qui ne viennent qu'à l'ombre, dans les forests, dans les mafefts, & fur le bord des eaux; les autres qui demandent l'air & le Soleil, & qui ne fe trouuent que fur les montagnes, & parmi les rochers: d'autres qu'on cueille dans les buiffons, qu'on foule aux pieds fur les chemins, qu'on cultiue dãs les vergers: icy vous en auez de venimeufes; là d'odorantes; icy de purgatiues, la de reftringentes de toutes les façons, & qualitez. Les Medecins, auant que d'eftre receus Docteurs, doiuent porter fept fois auec folemnité la robe de Rabelais: mais c'eft vn conte fait à plaifir, qu'on crie à leur promotion, qu'ils puiffent tüer CAIM, Carmes, Auguftins, Iacobins, & Mineurs, les quatre Mendians.

Le Palais où s'affemblent la Cour des Cóptes, & la Cour Prefidiale merite bien d'eftre veus, auec fon nouueau baftiment, qui eftant acheué, fera vn des beaux ornemens de la ville. La Citadelle baftie depuis les guerres de l'an 1622. eft fort reguliere; & fi elle eftoit moins vafte, fes quatre baftions, deux dedans & deux dehors la ville, la mettroient en defenfe contre vne puiffante armée. Les Threforiers Generaux ont leur bureau dans vne belle maifon, qu'on dit auoir efté baftie par

Iacques Cœur, dont nous auons parlé en la ville de Bourges. Les Consuls, qui sont les Viguiers de la ville, vn Gentilhomme, vn Homme de Iustice, vn honneste Bourgeois, vn Marchand, vn Artisan, & vn Paysan ont vne tres belle suitte d'officiers auec les Consuls de Mer.

Les autres curiositez de la ville consistent au blanchissage de la cire, & au trauail du verd de gris, aux poudres de Cypre, & de senteur, aux eaux d'Ange, qui se transportét par toute l'Europe dans des vases de verre fort delicats: & en vne voûte du iardin Royal, où il y a vn Echo dans la pointe des deux angles, qui renuoye les paroles de l'vn à l'autre, sans estre ouyes au milieu. A vne lieuë de Montpeilier est Maguelonne, dans vne Isle contre la Mer Mediterranée. Les Euesques y tenoient autrefois leur Siege, dont on voit encore auiourd'huy les Tombeaux dans l'Eglise, posée entre la mer & l'estang de Lates, qui rend ce quartier asseuré côtre les Pirates. C'estoit vne ville, & vn port nommé Sarrasin, deuant que la ville eust esté ruinée, & le port comblé. Si vous voulés aller plus auant, vous verrés trois montagnes, qui se nomment la Montagne du

Loup: le iardin de Dieu, pour ce qu'il est fertile en herbes & en fruits; le Mont de la Baleine, dont il represente la teste, le dos, & la queuë. Il y a vn puits sur le iardin de Dieu, d'où le peuple ne vous laisse pas aisement approcher, de peur que vous ne soyez cause de quelques orages qui s'esleuét auec des foudres & des tónerres espouuantables, en y iettant des pierres. Il y a aussi des fontaines trompeuses, dont l'eau se conuertit en vne espece de pierre blanche & transparente, qui peut passer aux yeux & à la main pour du sucre candi. On tire le marbre du Mont de la Balene, que les naturels du pays nomment le Cap de Cete. De là on peut aller à Frontignan, petite ville renommée pour ses bons vins muscats; & comme si les Nymphes vouloient auoir autant d'adorateurs de leurs merueilles, que Bacchus a de compagnons de verres; on dit qu'en cette coste, en vn Bourg nommé Peru, est vne fontaine miraculeuse, qui donne la santé aux malades, cause la maladie aux sains, & la mort aux bestes. Mais il vaut mieux aller tout droit à Beziers. Le chemin est d'onze lieuës, on passe par Loupian, & par S. Tuberi sur la riuiere d'Eraud. Nous logerons à Nostre-Dame, où nous receurons les mesmes ciuilitez qu'au Cheual blanc de Montpellier.

BEZIERS.

BEziers est vne Colonie ancienne des Romains, assise sur la riuiere d'Orb, qu'on passe sur vn Pont. L'Eglise de S. Nazaire est tres belle, & proportionée en perfection à l'Euesché, qui a vne veüe tres agreable sur la campagne voisine. On y void quelques masures d'vn amphitheatre. La Citadelle a esté demolie depuis quelques années. Les Peres Iesuistes y ont vn College magnifique, où ils vous monstrent dans vne salle des peintures de perspectiue, qui trompent les plus fins. Les peintures de deux murailles, qui semblent auoir esté frapées de la foudre vous font trembler de peur d'estre enuelopés en leur ruine, si vous en approchés: vne escritoire, vne teste de mort, vn chandelier, vne croix & des cloux sont si bien representez, que si la main ne corrigeoit les defauts de la veüe, on iureroit que ce ne sont point des peintures, mais des veritez.

De Beziers on peut aller à Narbone en
trois

trois heures, passent la riuiere d'Aude, & vne montagne d'où l'on void Beziers & Narbone & vn vilage nommé Carante: qui fait qu'on equiuoque plaisamment, quand on dit, que d'vn village de Languedoc on void quarante & deux villes. Ceux de Boulogne en Italie gausset d'aussi bonne grace, disans qu'ils peuuent voir de leur porte cent & trois villes, sçauoir la villete de Cento, Modene, Ferrare & Bologne.

NARBONE.

Sur les extremitez du Languedoc & de la Catalogne, où la riuiere d'Aude se iette dans la mer du Leuant, en vn pays riche & abondant en toute sorte de commodités, dans vne fondriere, est la ville de Narbonne, bastie, comme pense le vulgaire, par vn ancien Roy des Gaules, Narbon, où Harbon, qui luy ayant donné des Citoyens, & des murailles, luy donna aussi son nom; où comme veulent les autres par les Aracins qui habitoient le long de la riuiere Narbo, qui diuise toute la Contrée Narbonoise de l'Italie & des Monts Pyrenées. Cette Prouince s'estant reduite sous l'Empire Romain, apres auoir donné des preuues signalées de son courage, obligea les vainqueurs d'honorer ses vertus, & d'auancer sa fortune, qui firent de Narbone la premiere colonie de leurs Soldats, le bouleuart de leur Empire, & l'apui de leurs conquestes contre les forces des barbares. Et dautant que Martius fut le conducteur de ces genereux auanturiers, qui sortirent de l'Italie pour venir peupler cette ville, on luy donna le surnom de Martius, qu'elle meritoit par d'autres tiltres, ayant esté le Theatre de Mars, où la Gaule parût aussi courageuse en ses defaites, que Rome fut heureuse en ses victoires. L. Crassus & Iules Cesar là repeuplerent encore plus auantageusement, & la rendirent semblable à l'Italie en tous ses droits & priuileges; & les Proconsuls, qui depuis y firent leur residence pour le gouuernement de cét Estat, l'embellirent de plusieurs ornemens, comme d'vn Capitole, d'vn Amphitheatre, d'Escholes municipales, de bains, d'aqueducs, & d'autres semblables marques de la maiesté Romaine. Car on peut dire auec verité, que l'Empire ne pouuant plus contenir la magnificence de sa gloire, ny la grandeur

Gallo-Belgique. 563

de ses thresors dans l'enceinte de ses sept collines ; Rome departit aux Prouinces subiuguées sa pompe & son esclat auec ses loix & ses coustumes, affin que comme elle n'estoit qu'vne despoüille de l'Vniuers, tout l'Vniuers aussi fût vne Rome par vne communication reciproque : ce qui se fit tant par le seiour des Empereurs, que par le departement des Proconsuls, qui firent rouler l'opulence Romaine auec les ieux & les spectacles dans les Prouinces, & particulierement en la Narbonoise. Les Citoyens de Narbone voulants signaler leur affectió & leur recognoissance enuers l'Empire, consacrerent vn Autel à Auguste, apres que la superstition l'eut esleué où sa vertu n'auoit peu le porter, & grauerent leur vœu sur vne table de marbre, qui se peut voir prés de l'Archeuesché.

Quelques-vns tiennent que Paulus Sergius Proconsul ayant esté conuerti par S. Paul, & enuoyé de Chypre en Gaule sous l'Empire de Clodius, en fut le premier Euesque, & que comme la grace par vne admirable condescendance s'acommode aux humeurs & aux mouuemens de la nature pour la perfection des vertus : ainsi Narbonne qui estoit la Capitale de toute cette contrée, pour l'estat temporel de Cesar, fut érigée en Metropolitaine de l'estat Spirituel de Dieu. Ils adioustent que ce grand Apostre des Nations, pour imiter les Empereurs, qui empruntoient leurs plus glorieux tiltres des Prouinces conquises, changea le nom de Saul en celuy de Paul, apres qu'il eut gaigné l'esprit de ce Romain par les armes de la parole, & qu'il l'eut assuietti sous le ioug de la Foy. Elle fût presque reduite en cendres par vn estrange embrasement sous l'Empire d'Antonin Pie, au mesme temps que Rome pensa aussi est bruslée, comme s'il y auoit la mesme sympathie entre ces deux villes, qui se remarque quelques fois entre deux Freres iumeaux, dont l'vn n'est iamais attaqué d'aucun symptome, que l'autre n'y participe par vne secrete transfusion inconneuë aux Medecins.

Les Goths l'assiegerent, la prirent & la saccagerent du regne de Theodoric; Les Huns suruenans comme des foudres de feu apres les vens & les orages, la bruslerent & enseuelirent dans ses ruines vne bonne partie des ornemens où les Goths n'auoient osé toucher par veneration. Les Sarrasins s'en estant emparés, Charles

Martel paſſa le Rhoſne auec ſon armée pour les en chaſſer; & bien qu'il fût tres ſoigneux de faire obſeruer la diſcipline à ſes Soldats, il ne pût neantmoins empeſcher, qu'il ne laiſſaſſent par tout des marques de leur inſolence & de leur rage. Et l'an mil deux cens dixhuit, Raymond Compte de Thoulouſe fit abbatre les murailles & combler les foſſez de cette belle ville, en haine de ce que Simon Comte de Mont-fort en auoit eſté pouruſu par l'authorité du Concile de Latran, en recompenſe des illuſtres ſeruices, qu'il auoit rendus à la Religion de ſes Peres contre les heretiques Albigeois. Neantmoins nonobſtant tant de ruines, elle a touſiours maintenu ſon eſclat, & comme on cognoit les grands corps par leurs ombres, on peut iuger de ce qu'elle a eſté par ce qu'elle eſt, & meſurer tout le corps du Coloſſe par vne de ſes parties. Comme elle ſeruoit de rempart & de defenſe à l'Empire des Romains, elle eſt encore à preſent vn bouleuart aſſeuré du Royaume de France, contre les attaques de l'Eſpagnol.

Ce qu'elle a de plus beau en ſes baſtimens, ſont, l'Egliſe de S. Iuſt autant forte, que magnifique, auec ſon clocher de quatre cens degrez. On y remarque des Orgues tres beaux, appuyez sur les deux murailles, & qui n'ont besoin que d'vn soufflet. Le tombeau de Philippes fils de S. Louys, qui mourut à Perpignan, & fut enseueli dans le chœur de cette Eglise. Sur tout on y admire la peinture du Lazare resuscité par nostre Seigneur, qui est prise pour vn chef-d'œuure; de mesme que les representations grauées du dernier iugement & du purgatoire. L'Archeuesché y est superbement bastie depuis quelques années, auec vn tres beau dégré, qui merite bien d'estre veu. On peut voir pareillement vne prodigieuse anchre de fer, qui est suspenduë à vne voûte, & qui sert de preuue que l'Archeuesque est l'Intendant de la coste, & l'Admiral des mers, qui bornent la France de ce costé.

Elle a vn Amphitheatre & vn Capitole dont les vestiges se voyent prés de la porte du Roy, & que le vulgaire appelle Capdueil. Le Palais, qui fut habité par les Roys Visigots, & donné aux Archeuesques par les Roys de France, fut abbatu l'an 1451. Elle a eu de plus ses bains & ses aqueducs. La closture de ses murailles est nouuelle, & ses fortifications encore plus au moins les plus importantes depuis ces dernieres guerres auec le Roy d'Espagne. Vn canal, qu'on nomme Robine en langage du pays, tiré de la riuiere d'Aude, diuise la ville en deux, Bourg & Cité, qui se ioignent par vn pont basti dessus, & couuert de maisons de part & d'autre. La Cité est du costé de Beziers, & l'on y entre par la porte du Roy : & dans le Bourg par la porte Connestable. Les Consuls sont pris de quatrevingt six familles de la ville: l'air n'en est pas sain, à cause qu'elle est en assiette fort basse, & auoisinée de plusieurs estangs, qui forment des vapeurs grossieres & chargeantes, dont les habitans sont incommodés par vne corruption d'humeurs, & par vne espece d'abscez qu'elles engendrent assez souuent, comme des charbons contagieux. Tesmoing le bras du Cardinal de Richelieu, qui fut attaqué de ce mal, apres qu'il eut lancé les foudres de son Prince sur tous les ennemis de cét Estat, & planté les fleurs de Lis sur toutes les terres de l'Europe, & pour terminer glorieusement sa vie, comme vn fidelle Ministre, où Dieu a mis les anciennes bornes de France, apres qu'il eut veu arborer les estendars de son Maistre sur les murailles de Perpignan, Chef de la Comté de Roussillon, qui n'est qu'à trois lieuës de Narbone.

Sortant de là, où nostre logis estoit à l'Ange, nous vinsmes disner à Lusignan, par vn destroit de montagnes, où le Rosmarin & autres herbes remplissent l'air de leur odeur: & arriuâmes le soir à Carcassonne.

CARCASSONNE,

Carcassonne est ancienne, partagée en deux; en ville & en cité, qui sont separement renfermées de leurs murailles, & ont chacune leur Police. La riuiere d'Aude passe entre deux sous vn Pont de pierre: la cité est eleuée sur la ville; ceinte d'vne double muraille, auec tours & fossez à fonds de cuue. Le chasteau est gardé pour le Roy par des morte-payes: ou les tiltres de la ville, de la Seneschaussée, & de plusieurs Fiefs du Royaume sont conseruées dans le Thresor: & s'y voyent des actes tres anciens escrits sur des escorces d'arbres, sur du linge, & sur d'autres matieres. On y void aussi quantité de vieilles armes, harnois, & machines de guerre. L'Euesque y fait sa residence, auec la iustice du Seneschal, & le Siege Presidial La ville est en bas, le long de la riuiere, biē bastie quoyque la plus part de bois, les ruës fort droites, auec vne place quarrée au milieu, d'où l'ō void les quatre portes de la ville, qui aboutissent à quatre belles ruës. Elle est fortifiée de bons bastions, & de defense. La meilleure hostellerie est la Poste.

De Carcassonne pour venir à Tholose on passe à Ville-Seiches; & Ville-peinte, petite ville; & Castelnau-d'Arry, ville Capitale du pays de Lauraguez, ou le Roy a vn Seneschal, & vn siege Presidial; à Castres où est vne Chambre my-partie, pour rendre la Iustice à ceux de la Religion pretenduë, qui pourroient auoir les autres Iuges suspects, ou couurir leur mauuais droit d'vn specieux pretexte de leur creance; A Ville-franche, où l'on cueille tous les ans vne grande quantité de pastel; à Donneuille, à Cadenet, & enfin à Tholose la Capitale du Languedoc.

THOLOSE.

THolose est vne des belles villes de France, assise sur la riuiere de Garonne, qui passe dedans, & la diuise en deux, mais qui se ioignent par vn tres-beau pont, qui est vne merueille de l'Architecture. Elle a esté premierement le Siege des anciens Tectosages signalés par leurs glorieuses conquestes de la Grece & de l'Asie; dont ils obscurcirent neantmoins l'esclat auec la perte de leur reputation, pillant les Temples & despoüillant les Autels. Ce fut le iuste suiet de cette grande maladie dont ils furent atteints estans de retour en leur pays ; qui ne receut point d'autre remede que de ietter tout l'or qu'ils auoient pillé dans le profond d'vn lac, sans que iamais aucun ayt peu posseder ce butin d'iniquité, qu'incontinant il n'ayt esté frappé de la main de Dieu, qui ne permet pas que les prophanes se puissent enrichir des dépoüilles de sa maison. Ie ne raporteray point icy comme elle vint en la puissance des Romains par la confederation de la Prouence : ny comme les Visigots en ayant chassé les Romains, y establirent leur Siege Royal, iusqu'à ce que le Roy Clouis ayant tué Alaric de sa propre main s'en rendit le maistre: n'y comme elle fut depuis gouuernée par ses Comtes, qui portoient le tiltre de Pairs de France, & assistoient à la ceremonie du Sacre des Roys: ny enfin comme ce Comté fut reüni à la Couronne, sous le Roy S. Loüis apres la mort de Raymond son dernier Comte.

Ie me contenteray de toucher sommairement ce qui concerne le gouuernement Ecclesiastique, & Temporel de cette florissante ville, à qui Ammian Marcellin attribue la preeminence sur toutes les Cités de la Gaule; & qui porte auec raison la qualité de Sainte, pour ce qu'elle possede dans ses Eglises les reliques de tant de corps, qui ont serui de logis à tant de saintes ames, & d'instrumens pour l'operation de tant de vertus & de miracles: comme elle merite à bon droit le nom de Iuste, pour estre le Siege d'vn des plus incorruptibles Parlemens de la France, dont les Officiers se sont rendus iusqu'à cette heure recómandables par l'integrité de leurs Arrests, & par la subtilité de leurs Decisions. Elle n'est pas moins digne du tiltre de Docte, puisqu'elle a vne des plus fameuses Vniuersités de l'Europe, establie il y a plus de quatre cens ans, qui a produit vn grand nombre d'excellens personnages. Elle a vn Archeuesché, qui fut erigé l'an 1317. par le Pape Iean XXII. au lieu que ce n'estoit deuant qu'vn Euesché, dont S. Saturnin fut le premier Euesque. Il y a pareillemét des Thresoriers Generaux, auec vn Receueur General du Domaine du Roy, vn Inquisiteur de la Foy, la Cour du Seneschal & des Presidiaux auec le Iuge-Mage, le Viguier & les huict Capitoux, qui sont comme les Escheuins, accompagnés de leurs Assesseurs & autres Officiers.

Pour ce qui touche les edifices tant publics que particuliers de cette grande ville, nous en commencerons le denombrement & la description par les Eglises; dont la premiere, qui est la Cathedrale & le Siege de l'Archeuesque dediée à S. Estienne, est vaste & bien bastie auec quatorze Chapelles voutées au tour du cœur. Elle fut bruslée l'an mil six cens neuf, & depuis rebastie plus magnifique qu'au parauant, par la pieté des peuples. On y void vne des grosses cloches de France; pesant plus de cinquante mille liures. La deuxiefme est celle de S. Sernin, qui est tres belle, tres ancienne, & tres forte. Outre l'artillerie qui est logée au haut de l'Eglise, elle est bastie de telle sorte, qu'aucun ne s'y peut cacher, sans estre exposé aux coups tirés de la voute, quoy qu'il y ait grand nombre de piliers. Elle se glorifie d'auoir les corps de six Apostres, de S. Iacques le Majeur, S. Iacques le Mineur, S. Philippes, S. Simon S. Iude & S. Barnabé, & de plusieurs Euesques illustres en science & en pieté; iusques là, qu'on dit que comme l'eau du Rhein seruoit autrefois pour esprouuer les petits Allemas, raportants sans danger les veritables & legitimes successeurs du courage de leurs ancestres, & au contraire abysmant dans ses flots ceux qui n'auoient que le nom d'vne nation guerriere, qui auoit fait teste à l'Empire Romain; de mesme la terre de cette Eglise ne reçoit que des corps de Saints, & reiette de la fosse tous ceux qui se sont soüillés de quelque impureté, ou qui n'ont pas esté lauez par les larmes de la penitence, comme si c'estoit vn preiugé pour les ames; qu'elles seront logées dans le sein de Dieu, si leurs corps sont receus dans le sein de la terre de cette auguste Eglise.

L'Eglise de la Daurade a ses degrés & son Baptistaire tout de marbre : c'estoit autrefois vn Temple de Iupiter. L'Eglise des Cordeliers est prodigieuse, en ce que les corps qui sont dans vne de ses caues ne se corrompent point ; on les void tous de bout appuyés contre les murailles, aussi entiers que s'ils estoient encore viuans. Ie laisse aux Philosophes à disputer des causes d'vn effet si estrange, pour moy ie me contente d'auoir veu auec estonnement ce que ie ne pouuois croire, & d'auoir plus deferé à l'experience de mes yeux qu'à la deposition des Sages. Le Conuent des Freres Prescheurs basti du viuãt mesme de S. Dominique, est vn des plus somptueux du Royaume, où sont les ossemens de S. Thomas l'Ange des Escholes. On y peut lire vn Epitaphe d'vn fameux vieillard, qui mourut il n'y a pas encore vn siecle, agé de six vingt ans, en ayant passé soixante dix auec sa femme, qui luy dõna vingt quatre enfans, pour les fruits de son amour, & de leur mariage.

Les autres Eglises pourront se voir à loisir par les deuots, tandis que nostre voyageur visitera les Colleges de S. Martial, de Maguelonne, de Pampelone, de Perigort, de S. Catherine, de Foy, de Mirepoix, & de l'Esguille institué aux despens de la ville pour les langues Hebraique, Greque, & Latine. C'estoit vne ancienne coustume en France de celebrer en plusieurs endroits des jeux Floraux pour l'escriture, où celuy qui auoit remporté le prix, & se nommoit le Prince, distribuoit des chapeaux de fleurs aux autres qui auoient le mieux fait: de cette coustume sont nés les ieux qu'on nomme encore Floraux à Tholose, où l'on baille tous les ans vne aglantine, vne rose, vn soucy, & vne autre fleur toutes d'argent aux Poëtes qui rencontrent le mieux sur vn subiet de vers, en langue du pays. La Sale, ou la Cour de Parlemét s'assemble le premier iour de May pour la distribution des prix est dans l'Hostel de Ville, où est posée la statuë d'vne femme de marbre blanc, auec vne inscription latine pour Dame Clemence, qui fonda ces ieux, & ordonna quatre cens liures pour le festin qui se fait apres le iugement.

Les autres edifices publics sont le Palais, où se tient le Parlement, qui n'a rien de remarquable que l'antiquité de quelques masures qui semblent estre d'vn Amphitheatre. Le Capitolat, ou l'hostel de ville, merite bien d'estre veu. Il y a vn corps de garde à la porte, & à vn costé de l'entrée en vn lieu eminent est eleuée la statuë de Henry le Grand, auec vne belle inscription latine: sur la main gauche de l'entrée interieure est peint Loüis Dauphin, fils de Charles VII. qui porte en trousse la Reyne sa Mere, entrant à Tholose auec le Roy Charles: telle estoit la pompe Royalle de ce siecle: dans les galeries sont representés tous les Capitoux auec leurs liurées; & dans la sale où ils s'assemblent, on void vn excellent embleme, du bon gouuernement d'vne parfaite Republique, ce sont quatre femmes, dont l'vne est depeinte auec l'espée & les balances de la Iustice; la deuxiesme est vne vieille qui tient vn marteau en la main droite, & porte vne Tour en la gauche: la troisiesme est estrangere, comme il est aisé de le connoistre de ses habits & de son teint, elle est appuyée sur vn baston, & soustient vne Chapelle: la quatriesme a vn niueau, vne regle, & vn compas; qui veulent dire qu'vn Estat subsiste par la Iustice, par la Police, par la Pieté, & par le Commerce, comme

par

par les quatre Elemens du monde ciuil & politique. Il faut aussi voir la structure du Pont, auec la cage, d'où on a de coustume de plonger les Blasphemateurs dans la Garomne. L'artifice des meules des moulins du Basacle, qui est vn des quatre miracles de Tholose, les autres trois sont l'Eglise de S. Sernin, la belle Pole, & le Matoulin ioüeur de violon.

Telle est à plus près la description de cette grande ville, qui donne les loix & les ordres à tout le Languedoc, vne des plus heureuses contrees de l'Europe. Car les bleds s'y recueillent en abondance, qu'on transporte en Italie, & en Espagne: Les vins excellens sont à Galhac, & à Rabastens, à Nismes & à Beaucaire: les vins blancs à Limoux, & les Muscats à Frontignan: Les huiles viennent au bas Languedoc, les Sels se font aux salines de Pecais, de Narbonne, de Peyriac & de Sejan; les Benarris, qui se portent iusqu'à Paris pour la table du Roy, se prenent dans les pleines de Tholoze; les fruits, figues, pauies, abricots, grenades croissent mesme dans les buissons; les chastaignes dans les Ceuenes. Le Lauraguéz est le pays du Pastel pour les teintures, & l'Albigeois du safran, le salicor ou sode qui sert à composer le verre se trouve dans les marets, & sur les bords de la mer : & le verre s'y fait avec vn merueilleux artifice par des ouuriers, qui sont tous Gentilshommes. Les sables de plusieurs riuieres s'y trouuent meslés d'or & d'argent : & les bains de Baigneux en Geuaudan, & de Balaruc au Diocese de Montpellier, sont fort renommez pour la santé. Ne peut on pas dire, que le Languedoc est le Paradis de la France, puisque c'est dans cette mesme Prouince, que se sont formées tant de desobeissances & de coniurations contre l'Estat & le Souuerain?

Mais sortons de Tholose & du Languedoc, pour entrer dans le Quercy, & venir à Montauban.

MONTAVBAN.

Montauban assis sur vne colline aux bords du Tarn, est diuisée en trois villes, sçauoir la vieille qui est contre la riuiere ; la nouuelle du costé de Cahors : & Ville-Bourbon qui se ioint à la vieille ville par vn beau Pont. Elle s'est agrandie & peuplée soit pour la commodité de son assiete, qui est sur le grand chemin de Tholoze à Limoge, & à Paris: soit pour la facilité du cômerce par la riuiere, qui prenant sa source des Ceuenes & ayant receu l'Auerous trauerse le Rouergués, costoye le Perigord, arrouse le Quercy & se va rendre dans la Garonne. Elle a esté le sepulcre de ces deux grands Capitaines l'honneur de leur siecle, l'espee & le bouclier de leur Prince, & l'ornement de leur patrie, Poton, & la Hire. Les Religionnaires s'en saisirent il y a quatre-vingt ans, qui apres auoir soustenu diuers sieges Royaux, dont le plus memorable fut l'an 1621. se sont enfin rendus à la Iustice & à la Pieté de Loüis XIII.

La ville n'est pas fort ancienne, ayant pris son origine & le nom de ville auec la fondation de l'Abbaye de S. Theodard, qui fut erigée en Eueſché par le Pape Iean XXII. l'an 1317. Les Montalbanois ont esté de tout temps si orgueilleux, que ne pouuans pas mesme souffrir la Iurisdiction de leurs Prelats, Seigneurs temporels de leur ville, ils demolirent leurs premieres maisons, pour rebastir leur ville hors des confins de sa Seigneurie, qui a tousiours esté de si grande consideration, que l'hi-

Oo ij

stoire remarque, que par le traité de paix de l'an 1363. entre la France & l'Angleterre Montauban fut particulierement reservé par Charles V. comme vne place d'importance. Il y a vne belle fontaine à dix tuyaux qu'on nomme le Griſon, qui ſepare la ville du fauxbourg S. Antoine.

Moiſſac n'en eſt qu'à quatre lieuës, où l'on va diſner, pour ſe rédre le ſoir à Agen. Moiſſac eſt vne des quatre principales, & vne des plus anciennes villes de Quercy, que les Gots conquirent ſur les Romains, Clouis l'emporta ſur les Gots, & Gaifer Roy d'Aquitaine s'en eſtant rendu le Maiſtre, Pepin la regaigna, & ſon fils Charlemagne y fonda vne riche Abbaye, où eſt le corps de S. Cyprien Eueſque de Carthage. Les Comtes de Tholoſe fauteurs de l'hereſie des Albigeois, la prirent l'an 1212. mais Simon de Montfort leur oſta, apres vn faſcheux ſiege, qui fut ſuiui du carnage de la pluſpart des habitans. Enfin les Anglois qui l'auoient long temps tenuë, eſtant contraints de l'abandonner, y mirent le feu; les marques y paroiſſent encore, & iamais elle n'a peu ſe releuer de ſes ruines.

On ne raporte point icy les autres villes

du Quercy, dont la Capitale est Cahors sur le Lot, le Siege d'vn Euesque qui en est Comte, & qui disant la Messe a sur l'Autel son Casque auec la Mitre, l'espée, & les gantelets auec la Croix & la Crosse, & les botines aux iambes. C'est aussi vne Eschole de Droit fort celebre en France. Le pont qu'elle a sur la riuiere est remparé de plusieurs portes bien hersées. C'est vne ville fort ancienne aiant quelques restes d'Amphitheatre, & vne forme de Thermes. Hors de la ville est vne grande source d'eau, qu'on nomme la fontaine des Chartreux, & qu'on croid estre le Diuona d'Ausone.

AGEN.

LA Comté d'Agenois est à la Guienne, ce que la Guienne est à la France, l'œil & le cœur de ce beau corps, l'obiect des plus innocens plaisirs de la vie, & le chef-d'œuure de la nature. Cette contrée est arrousée de trois grandes riuieres, qui se vont descharger dans la mer, apres auoir enrichi quantité de villes par le commerce, & roulé leurs eaux auec maiesté sur les campagnes de plusieurs Prouinces fertiles en bleds & en vins, abondantes en toute sorte de commodités. Agen assis sur les bords de la Garonne, paroist comme vn Astre enchassé au milieu du Ciel, & se fait remarquer par dessus toutes les autres villes, comme vn Soleil parmi les Estoilles, pour l'antiquité de sa fondation, & pour la pieté de ses premiers habitans, qui tesmoignerent leur courage dans les combats, qu'ils eurent à soustenir contre les Empereurs, sous la sage conduite de leur Euesque S. Caprais, à l'exemple de S. Foy qui aima mieux perdre la vie, que de dementir la dignité de son nom. On y void auiourd'huy deux Esglises consacrées à leur memoire, l'vne est Collegiale, & l'autre Paroisse: auec vn Hermitage pratiqué dans la montagne, où ce sainct Pasteur se tenoit comme en vne eschauguette, à la garde de son troupeau, & où l'on void encore vne belle fontaine, qu'il fit sortir du rocher, renouuelant les miracles de Moyse, dont il faisoit reuiure les vertus. Les autres Eglises sont, celle de S. Estienne qui est la Cathedrale, bastie à ce qu'on croid par S. Martial l'Apostre de Guyenne, à l'honneur du Prince des Martyrs; S. Hilaire, les Iacobins, les Cordeliers, les Augustins, les Carmes, les Capucins, & le College des Peres Iesuistes, qui fut fondé par la Reine Marguerite, comme vn rempart pour les Estats de Dieu, contre les surprises de la nouuelle opinion, qui alloient tous les iours augmentants le Royaume du Prince des tenebres, si ces vaillans hommes dignes du nom & des liurées de Iesus-Christ, ne se fussent opposés à leur progrés, & n'eussent arresté le cours de leurs victoires par les armes de la parole & de l'esprit. On adiouste que leur maison a esté le lieu où se sont formés les complots & les conspirations contre l'Eglise, & que leur basse Cour a esté l'Auditoire, où les Ministres preschoient sous vn grand arbre, qui est au milieu, & qui ombrage les Classes de ses branches, & de ses fucilles.

Les restes des antiquités, qui sont hors de la ville du costé de la porte neufue, ces murs, ces piles, ces monceaux de ruines dispersés par les fossés & par les vignes, d'vne estoffe plus dure que l'acier, ces voûtes, ces caueaux, & ces paués de marbre de diuerses couleurs faits à la Mosaique, qui se trouuent sous terre, auec plusieurs medailles d'or, d'argent & de bronze, & ces vestiges d'arenes & de bains font bien connoistre, que cette ville a esté beaucoup plus grande, & que les Romains l'auoient choisie pour vne de leurs demeures. Et cette grande prée que ceux du pays appellent le Grauier, où ils vont prendre leur diuertissement aux beaux iours, prouue assez que la riuiere battoit autrefois le pied de ses murailles, & qu'elle a changé de canal, gaignant dans le Condomois, & portant son cours vers le couchant.

Ie ne m'arreste point à cotter en particulier les diuerses fortunes de cette ville sous les premiers Rois des Gaules, & depuis sous les Empereurs, ses sieges, & ses prises sous les Visigots & Ostrogots, qui en chasserent les Romains, sous les Huns qui la saccagerent, sous les Vandales, Alains, Sueues, & Bourguignons qui la rauagerent, sous les Sarrazins, Mores, Normans, & Danois qui iouans tous au boute-hors, luy firent ressentir les effets d'vn insolent vainqueur, qui s'estant emparé du bien d'autruy par l'iniustice, tasche de le conseruer par la violence, & ne l'abandonne que par la necessité, dont les traits sont tousiours sanglans à l'vn & à l'autre parti. Ie renuoye le curieux Lecteur aux Histoires, pour apprendre l'estat de son gouuernement sous les Roys & Ducs d'Aquitaine, sous les Roys d'Angleterre, sous les Comtes de Tholose qui la possederent quelque temps, & derechef sous les Anglois qui s'en saisirent, la quitterent, & la reprirent, s'en seruans cóme d'vn habit d'vsage qu'on prend sur les champs, & qu'on laisse a la ville: iusqu'à ce qu'elle fut reünie à la couronne sous la troisiesme race des Roys, dont elle fut encore detachée en faueur de la Royne Marguerite, qui l'eut en Appennage, mais enfin elle est retournée à ses premiers Maistres, qui la considerent comme vne partie de leur domaine, & y ont establi la Cour des Aydes pour l'accroissemét de leurs Finances; & mesme la chambre de l'Edict que Henry IV. auoit mise à Nerac, fut transferée à Agen, où elle a long-temps esté rendant la Iustice aux Religionnaires, qui eussent eu les autres Iuges pour suspects en leurs causes contre les Catholiques.

Le Docte Phœbadius, dont Sainct Hierosme fait vne honorable mention, en estoit Euesque; & Iules Cesar Scaliger le Dictateur des belles lettres y a vescu en qualité de Citoyen, & son corps y repose en l'Eglise des Augustins, tandis que son esprit parcourt les Academies, & que sa science remplit les Bibliotheques.

Deuant que de sortir d'Agen, pour aller à Bordeaux, qui en est esloigné de dixhuit grandes lieuës, nostre voyageur ira visiter la Chapelle de Nostre Dame de Bonne Encontre, à demi lieuë de la ville, où il adioustera ses vœux & ses prieres pour la prosperité de son voyage à la deuotion des peuples qui viennent de toutes parts recongnoistre la Mere de Dieu par le tribut de leurs cœurs, & de leurs levres, & implorer son secours en leurs necessitez, où elle fait autant paroistre son pouuoir par la nouueauté des miracles, que sa bonté dans le soulagement des miserables. Les Peres de la Penitence de S. François y ont logez.

Le chemin qu'on doit tenir pour aller à Bordeaux est le lóg de la Garóne, dont les bords sont chargés de plusieurs villes dans vn excellent pays, où il faut passer. La premiere que vous trouués à deux lieuës d'Agen, se nomme le Port de S. Marie assise sur le panchant d'vne montagne, consacrée à Bacchus le Pere des bons vins. Du port on se rend en vne heure à la Duché d'Aiguillon, bastie sur le confluent de la Garomne & du Lot qu'ō passe à bateau, d'Aiguillon à Toncins il n'y a qu'vne lieuë. De trois villes attachées l'vne à l'autre, qui portoient le nom de Tonneins, il n'en reste plus qu'vne diformité & solitude effroyable, par la faute des habitans, aussi factieux pour le party de la rebellion, que passionés pour le Caluinisme; qui attirerent sur eux les armes de leur Prince l'an 1622. furent pris & chassés de leurs maisons par le Duc d'Elbœuf, & la ville infectée de la contagion des corps & des esprits purgée par le feu, qui n'ayant peu consumer tous les bastimens, le reste fut rasé, sans qu'il ait esté permis à ces pauures miserables, de bastir sur les fondemens de leurs ruines, pour conseruer les marques de la iustice; & donner aux autres qui voudroient suiure leurs crimes, vn exemple sensible de leur peine. Apres Tonneins on vient à Marmande à trois lieuës de là, ville assés belle, & où les estrangers se loüent d'auoir esté bien receus & logés. De Marmande à la Reole, qui apris son nom du mot latin. *Regula*, comme qui diroit la Regle, à cause de son ancien Prieuré de S. Benoist richement fondé. La forteresse de son Chasteau fut renommée durant les guerres des Anglois en Guienne. A vne lieuë de la Reole on passe la petite riuiere de Drot, qui est à la moitié du chemin de S. Macaire, où le reflux de la Garomne vient briser ses flots deux fois le iour. Ceux qui veulent aller plus doucement se mettent dans vn bateau qui les porte à Bordeaux en moins de cinq heures, bien que la nauigation soit de sept lieuës; mais nostre Voyageur qui cherche plustost l'instruction que la comodité, & qui n'a point d'affaire plus pressante que d'apprendre les belles choses, suiura la terre, & sera curieux de voir vne maison, qui appartient aux heritiers du sieur de l'Ancre Conseiller au Parlement de Bordeaux, bastie dans la Parroisse de sainte Croix, sur vne montagne, qui n'est que de coquilles d'huistres aussi naturelles que celles qu'on pesche tous les iours dans la mer: il pourra faire du Peripateticien dans ces grandes allées, & philosopher sur les causes d'vne si estrãge production, si c'est la mer qui a ietté toutes ces escailles dans le canal de la riuiere, qui se debordant par apres, & eleuant ses ondes iusqu'au sommet de la môtagne, s'est deschargée de ce fardeau, qui pouuoit troubler le repos de son lict, & incômoder les bateliers dans leur nauigatiō: ou si la terre se peut conuertir en coquilles de mer, comme l'eau de la mer conuertit la terre en sables & en cailloux, & le boys des Nauires pourris en oyseaux de l'air; ou bien plustost, si ce qui passe à nos yeux pour vn petit miracle de la nature, n'a point esté l'inutile occupation de quelque Prince, qui ne pouuant changer la place des Elemens, s'est pleu de mettre sur la terre ce qui n'est bien qu'en l'eau, & de faire de son caprice vn specieux suiet d'estōnement à la posterité. Vous auez tout proche de là, Cadillac de l'ancienne maison de Candalle, où le defunt Duc d'Espernon fit bastir vn chasteau magnifique, meublé à la Royale: ses offices, ses sales, ses belles cheminées, son escalier, son iardin, ses cours, ses escuries & ses autres appartemens n'ont point leur semblable en Guyenne. La veuë de ce lieu vous contentera, & vous seruira d'entretien iusqu'aux portes de Bordeaux, qui n'en est qu'à cinq lieuës, où vous logerés au chapeau Rouge.

BORDEAVX.

Bordeaux est vne tres-belle & agreable ville, assise sur la riuiere de Garomne; Capitale de la Guyenne, dont l'Archeuesque dispute de la Primatie auec celuy de Bourges. La riuiere qu'on nomme la Diuile, approchant de la ville se separe en deux; vn des bras gaigne les murailles anciennes, & entre dans la ville, & tous deux se vont rendre dans la Garomne; qui n'a quasi rien de commun auec les fleuues, si ce n'est qu'elle a ses eaux douces: & qu'on peut voir la terre de part & d'autre: car elle tient de la mer, comme escrit Ausone, elle en retient le flux & le reflux: elle en reçoit les nauires qui viennent se descharger à son port capable de mille vaisseaux: & le pays entre la Garomne & la Dordogne se nomme le pays d'entre deux mers. Son Haure est appellé par les Escriuains le Port de la Lune, à cause de sa forme en Croissant, comme on la void auec plaisir venant à Bordeaux en montant & en descendant du costé de la mer.

Cette ville estant venuë en l'obeissance des Romains par la fortune de l'Empire, ils ne se contenterent pas de la traiter comme franche; mais encore ils l'embellirent de plusieurs riches ornemés & somptueux edifices, dont il reste quelque vestige, comme les Estuues, le Palais Tutele, & le Palais Galiene. On trouua les fondemens des Estuues aupres du Bouleuart de la porte Dijos, quand on voulut la fortifier il y a quelques années pour les affaires du Roy de France, à qui elle a tousiours esté liée, depuis qu'elle secoüa le ioug des Anglois, sous Charles VII. & qu'elle receut les fleurs de Lis, qu'elle porte en chef sur l'escusson de ses armes pour marque de sa fidelité, & pour recompense de ses seruices. On y trouua aussi plusieurs statuës de marbre blanc, dont quelques vnes furent mises dans l'Hostel de ville.

Le Palais Tutele, que ceux du pays nomment Piliers, est vn bastiment de pierre en quarré, de 87. pieds de long & soixante de large, sans couuerture vouté par le bas, de forme plate, ayant eu huit piliers canelés de chaque costé; & six de chaque bout, qui faisoient le nombre de vingt quatre colomnes en tout le circuit, dont il y en a encore dix-huit embellies de statuës. C'est vn exercice pour les gens doctes de sçauoir à quel vsage les anciens auoient destiné cet edifice: pour ce que *Tutela*, signifie en latin, Garde, & qu'ils auoient des Dieux Tutelaires pour la defense & conseruation de leurs villes, les sçauans ont pensé, que c'estoit vn Temple des Dieux Tutelaires de la ville de Bourdeaux.

Le Palais Galiene, qui est hors de la ville, estoit vn superbe Amphitheatre fait en ouale, entouré de six murailles, qui se vont abbaissant par degrez, la premiere est at la plus haute, & celle du deaäs la plus basse; auec deux grandes portes à chaque bout, qui font la longueur de l'ouurage, qui est de plus de quatre cens pieds; & sa largeur de plus de deux cens cinquante. Son nom tesmoigne assez son Fondateur.

Les bastimens plus modernes sont destinés au seruice de Dieu, au culte des Siences à la seureté des Citoyens, & à l'ornel'ornement de la ville. Il y a douze Paroisses, dix ou onze Conuents de Religieux dans la ville & hors des murailles, sept de filles, vne riche Abbaye qui porte le tiltre de Saincte Croix, trois maisons de Iesuites, la Professe, le College, & le Nouitiat. L'Eglise de S. André est la Cathedrale superbe en sa Nef, & accompagnée de trois belles Tours, auprés de l'Hospital qui est magnifique, & richement fondé par François de Candale, Euesque d'Ayre. Celle de S. Michel est vne des plus acheuées, auec vn clocher fort haut en forme d'aiguille. L'Eglise Collegiale de S. Seuerin hors de la ville, est remarquable pour l'antiquité de ses bastimens; venerable pour les Sainctes Reliques qu'elle a dans son Thresor; merueilleuse pour sa dedicace, dont les ceremonies auec la consecration de ses Autels, n'ont iamais eu d'autre Ministre, que Iesus Christ le Souuerain Pontife des Anges & des hommes, & celeste pour quelques tombeaux de son Cimetiere, qui ont vne communication si parfaite auec les Astres, qu'ils se remplissent d'eau, à mesure que la Lune va croissant, & se diminuent d'eux mesmes, à proportion que son visage

P p.

vient à s'amoindrir, & la lumiere à defaillir.

Outre les Colleges du Droit, & de la Medecine, qui ne sont pas fort frequentés, ny fort bien bastis, il y a celuy qu'on nomme de Guyenne, proche de l'Hostel de ville, auec neuf Classes, & quatorze Docteurs; qui estoit vn des plus celebres de France, & qui a produit des personnages illustres en science deuant que les Colleges se fussent multipliés, comme des Hostelleries, iusques dans les Bourgs du Royaume, ou les Muses sont prostituées à l'insolence & aux débauches de toutes sortes d'enfans, dont la pluspart n'ayans pas les moyens d'acheter mesme des liures, ne tirent autre aduantage du fruit de leurs estudes, & des tristes occupations de leur ieunesse, que de pouuoir demander l'aumosne en Latin, quand ils sont vn peu sur l'aage. François de Foix de Candale, dont i'ay desia parlé, comme il estoit tres-Docte Mathematicien, assigna cinq cens liures de rente à ce College, pour la fondation d'vne Classe de Mathematique, qui est plus deserte que les Landes du pays : tous les Escholiers se iettans dans le College des Peres Iesuites associés à l'Vniuersité chés qui on trouue la doctrine & la pieté pour former vn honeste homme, & faire vn deuot Chrestien.

Les Chasteaux du Ha ou du Far, & de Tropeite, sont des ouurages du Roy Charles VII. pour empescher les reuoltes de quelques seditieux attachés au parti de l'Anglois. L'vn est vers le couchant dans vn lieu marescageux, ayant la veuë sur la Chartreuse & sur les grandes allées de l'Archeuesché, qui est vn des beaux lieux de France, que le defunt Cardinal de Sourdis fit dresser, changeant vn marest puant, & vne source de vapeurs contagieuses à vn Paradis terrestre, & à vn Cours enchâté. L'autre est assis sur le bord de la Garonne, pour maistriser le port, & arrester ou repousser les vaisseaux ennemis. Le Chasteau de Lombriere, qui est la demeure des anciens Ducs de Guyenne, sert de Palais à la Iustice, où elle est administrée par le Parlement institué sous Louys XI. par vn grand Seneschal de Guyene, & par vne Cour Presidiale. On peut encore mettre la maisõ de Puy-paulin au nombre des Chasteaux, puis qu'elle en a la forme. On tient que ç'a esté la maison des ancestres de S. Paulin Euesque de

Nole, au Royaume de Naples, natif de Bourdeaux, & ayeul de ce grand Pontius Leontius, qui fit bastir la ville de Bourg, sur l'embouchure de la Dordogne, qu'on laisse à main gauche, en descendant vers [...] par la Garomne. Les anciens Comtes de Candale en ont esté les possesseurs, & par l'heritiere de la maison, elle est paruenuë au Duc d'Espernon, qui en cette qualité de Seigneur de Puy-Paulin, a le premier rang entre les Bourgeois de la ville, & peut pouruoir sa famille du poisson qu'on apporte aux Halles, deuant qu'aucun autre de quelque condition qu'il soit, en ait pris vne seule piece.

L'hostel de ville touche les anciennes murailles, & ses deux Tours, où est l'horologe, sont esleuées sur vne porte, où on passe pour aller à la ville nouuelle. On y void dans la sale les Maires & les Iurats depeints au vif auec leurs ornemens. Ils sont les Regens & Gouuerneurs de la ville. Le Maire est tousiours vn Seigneur du pays, & deux des Iurats sont de la Noblesse, deux Aduocats en Parlement, & deux Bourgeois. Il fait beau voir leur suite, leurs Officiers, & leurs Archers, quand ils marchent en corps. Le Maire est reuestu de veloux blanc & bleu auec vn rebord de brocatel, les Iurats ont des robbes & chaperons de Damas blanc & rouge doublé de tafetas rouge. L'Archeuesque de Bordeaux, ou le Doyen du Chapitre en son absence, reçoit le serment du Maire en l'Eglise Metropolitaine de S. André. Les Iurats, qui ont esté autrefois cinquante en nombre, furent reduits à six l'an 1548. pour vne telle occasion.

Les peuples de Guyenne ne pouuans supporter qu'on leur voulût faire acheter bien cherement le Sel, que la Nature leur donne auec profusion par vn singulier benefice du Soleil & de la mer, s'esleuerent contre les Gabeleurs. Tristan de Monein Lieutenant de Roy, homme vaillant & courageux, qui auoit rendu des preuues signalées de l'vn & de l'autre en Piedmont: mais qui ne sçauoit pas la difference qu'il y a de conduire vn regiment de soldats obeyssans à leurs chefs, & la multitude d'vn peuple mutiné contre son Prince, voulant reprimer les Bourdelois, les aigrit dauantage. Ils l'obligerent de sortir du chasteau Tropeite, où il s'estoit retiré, le massacrerent, & apres auoir despoüillé & deschiqueté son corps de mille coups, le salerent, comme vne victime, & l'exposerent sur le paué, d'où les Carmes le leuerent secretement, & le porterent de nuit dans leur Eglise: Leur fureur ne s'esteignit pas dans le sang d'vn seul homme, elle estoit trop embrasée, plus de vingt gabeleurs furent tués auec leur Receueur, & la rapine s'eschaufant auec la cruauté, les plus riches Officiers & Bourgeois pris pour leurs complices, receurent vn pareil traitement.

Henry II. estant aduerty de ces esmotions & fureurs populaires, despecha Anne de Montmorency Connestable de France auec mille hommes d'armes, & dix mille hommes de pied, qui estant arriué deuant la ville, refusa d'y entrer par la porte. L'Insolence des Citoyens estoit venuë iusqu'à l'excés des plus obstinés ennemis de l'estat: il falloit les traiter hostilement: la bresche est faite, par où le Connestable entre auec son armée, comme dans vne ville de conqueste prise par assaut. Les prisons publiques sont remplies de prisonniers, & les maisons particulieres retentissent de cris & de gemissemens. Les Bourdelois sont priués de leurs immunitez & priuilages; leur Iurade cassée,

& tous ses reuenus confisqués au profit de sa Maiesté. Il est ordonné que l'Hostel de Ville sera rasé, & qu'on bastira sur ses ruines vne Chapelle, pour y faire annuellement vn seruice pour le repos de l'ame du defunt Seigneur de Moneins : que les cloches seront enleuées de tous les clochers, puisqu'elles auoient serui d'instrumens aux seditieux pour sonner l'alarme : que les Iurats auec six vingt des notables Bourgeois portans chacun vne torche allumée en la main, vestus de dueil, & suiuis de tout le peuple iroient en procession dans l'Eglise des Carmes prendre le corps du defunt, l'emporter dans l'Eglise Metropolitaine pour y estre honorablement inhumé, & qu'à perpetuité il luy seroit fait vn seruice annuel, & que pour les frais de l'armée, ils payeroient la somme de deux cens mille liures. La sentence ne fut pas executée en tous ses poincts, par la clemence & liberalité du Roy : qui remit l'amende aux Bourdelois, & leur accorda la conseruation de leur Hostel de Ville. Mais le Parlement fut interdit pour n'auoir pas assés vigoureusement interposé son auorité en ces seditions. Vn nommé Guillon fut bresle tout vif, vn autre fut pendu au batant de la cloche pour auoir sonné le beffroy. L'Estonac Tribun du peuple eut la teste tranchée auec les deux de Saux freres, dont l'vn commandoit dans le chasteau Tropeite, & l'autre estoit Capitaine du Guet. Telle fut la punition des pauures Bourdelois, qui mangent encore leur sel bien cher.

Il ne faut pas estre fort intelligent dans les histoires de France, pour sçauoir les bonnes & mauuaises fortunes de cette ville, qui estant le siege des Ducs de Guyenne, a veu souuent couler le sang des François & des Anglois dans le canal de sa riuiere, apres auoir serui de spectacle à toute l'Europe : qui la regardoit comme vn Theatre, où ces deux nations representoient dans les armes, leurs passions & leur courage : & portoient la peine d'vne Princesse qui ayant mis le feu de l'impudicité dans la couche Royale, alluma celuy de la guerre dans tous les endroits du Royaume. Ie peux dire sans me tromper qu'elle est la mere des bons esprits, & le siege des doctes ; tesmoing Ausone Citoyen de Bourdeaux, Poëte ingenieux, Orateur excellent, Medecin fameux, fauori de Valentinian & de Theodose, Precepteur de l'Empereur Gratian, & enfin Conful de Rome. Vn Tiberius Victor Mineruius, qui fut vn autre Quintilien en Rhethorique, qu'il enfeigna auec efclat & reputation à Rome, & à Conftantinople, & dont S. Hierofme mefme, qui n'eftoit pas grād admirateur, fait vne honorable mention au liure de fes chroniques. Vn Delphidius Orateur âpre & vehement, dont le nerf & la voix eftoit plus redoutable aux criminels, que la fentence des Iuges. Vn Altius Patera, vn Iulien, & plufieurs autres anciens & modernes, qui ont porté bien haut la gloire de leur pays.

Bertrand de Gout en eftoit Archeuefque, quand il fut fait Pape fous le nom de Clement V. on void encore à Peffac, qui eft vne paroiffe champeftre à vne lieuë de la ville, appartenant aux Peres Iefuiftes, fa chaire de pierre prés du grand Autel de l'Eglife, & la vigne qu'il planta, qu'on nomme la vigne du Pape Clement, l'eau du Tibre ne vaut point tant que fon bon vin de Graue, que les eftrangers viennent charger deux fois l'année, pour l'emporter en leur pays, & rechauffer les glaces du Septemtrion par fon agreable chaleur.

La Mer Oceane qui monte & defcend

quatre fois en vingt quatre heures a ietté souuent sur son riuage des pieces d'ambregris de couleur noirastre; on fait des contes plaisans d'vn Lanusquet, c'est vn habitant des Landes, qui le trouua le premier, deuant qu'on le connust dans le pays. Il n'y a que trois cens ans, que les peres auoient droit de vie & de mort sur leurs enfans, & les maris sur leurs femmes: si vn mary eust tué sa femme par cholere; il en estoit quitte pour iurer qu'il en estoit fasché. Les adulteres estoient liés d'vne corde à leur parties honteuses, & conduits par les carrefours de la ville en ce bel attelage.

De Bordeaux on descend par eau iusqu'à Bleye: la nauigation est de sept lieuës. Le danger est assez grand au bac d'Ambés, où la Dordogne se ioint à la Garomne, qui perd son nom apres cette recruë d'eaux, & se nomme Gironde.

BLAYE.

Blaye est vne petite ville ancienne, forte & bien gardée. Les habitans du lieu content que Roland le Palatin sous Charlemagne en estoit natif; qu'il estoit leur

Gallo-Belgique 603

Comte, & qu'il fut enseueli en l'Eglise de S. Romain, auec son espée Durandal, & sa trompe de chasse aux pieds de son tombeau, qui a esté depuis portée à Bourdeaux en l'Eglise de S. Surin. Les Anglois venans à Bourdeaux, pour trafiquer, abordent icy, laissent leur artillerie, & payent vn escu pour chasque vaisseau, depuis l'an 1475. par declaration du Roy Loüis XI. Les Hostelleries sont aux Faux-bourgs.

Si vous voulés voir la Rochelle, vous pourés vous embarquer à Blaye, dans vn bateau, qui vous portera iusqu'à Royan, petite ville assise à l'emboucheure de la Garomne, & battue du flot de la mer des deux costés, qui a veu l'armée du Roy deuant ses murailles pour punir les habitans de leur desobeissance aux Edicts du Prince, & de leur felonnie enuers leur Maistre, le Marquis de Royan, dont la seule vertu eust esté capable de les ranger à leur deuoir, si leurs crimes n'eussent obligé le Ciel de les laisser dans leur obstination, pour lancer ses foudres sur leurs testes. On peut voir de la la Tour de Cordoüã, cét excellent fanal, qui sert de guide aux Nautonniers, qui arriuent de la grande Mer en Saintonge. Cette Tour est esleuée sur vn rocher, & fut reparée par le commandement du Roy Henry IV. Mais pour ce qu'il n'est pas trop aisé, ny seur de franchir cette coste de mer, nostre voyageur fera beaucoup mieux de loüer des cheuaux à Blaye pour aller à Saintes. Vous disnez au petit Niort, où l'on compte six lieuës, & ayant passé le long des murailles de Plassac qui est vn chasteau du Duc d'Espernon, le soir vous arriués à Pons, à l'Escu de France. C'est vne ville tres bien bastie sur la riuiere de Seigne; on la diuise en ville haute, & ville basse, auec quantité de Ponts, qui luy ont donné son nom. Le Chasteau est en vn lieu fort éminent, clos de bonnes murailles espaisses de dix pieds, entouré de bons fossez, muny de quatre grosses Tours, & d'vn Donjon au milieu. Les murailles & fortifications de la ville furent desmolies l'an 1621. à quatre lieuës de là vous entrés à Saintes, Capitale du pays de Saintonge.

XAINTES.

LA France est la plus esclatante Couronne de l'Europe, dont la Xaintonge est la Perle, à cause de sa fertilité, qu luy produit des bleds, & des vins en abondance, du sel, du safran, & toute sorte de fruits; auec vne belle prairie, qui s'estend durant trente lieuës sur les bords de la Charante, qui passe par le milieu de la Prouince, & va moüiller les murailles de Xaintes la ville Capitale, sous vn superbe Pont, qui la separe du fauxbourg, qu'on appelle des Dames. Son Chasteau est sur vne roche, & bien fortifié. Au pont se void vne arcade bastie à l'antique, d'vne pierre tres grosse & tres dure, auec vne inscription latine. Dans vne petite maison, qui est proche de cét arc se void vne effigie grauée sur la pierre, representant comme on croid, celuy qui la fait bastir. Les masures de l'Amphitheatre & de certains Aqueducs anciens, qui sont des restes de la somptuosité Romaine, se monstrent hors de la ville.

C'est vne Euesché, dont l'Eglise Cathedrale est dediée à S. Pierre bastie par Charlemagne, de qui on void la teste grauée sur vne des murailles: auec vn Y. au dehors de l'Eglise, pour marque que ce pieux & vaillant Prince auoit fait autant bastir d'Eglises en France, auant celle-cy, qu'il y a de lettres auant l'Y. Il y a plusieurs autres Eglises Parrochiales, sans conter les Conuens de Religieux & de Religieuses, dont les plus celebres & les plus opulens sont l'Abbaye des Dames, & le Prieuré de S. Eutrope dans les Faux-bourgs, qui sont aussi peuplés, & plus marchans que la ville.

De Saintes nous allons à Taillebourg, ou sont les carrieres de pierre blanche, à Tonay Charente, à la Loudre, à Iuë, à Chateleton, à Angoulein, à Netré, & enfin à la Rochelle apres treize lieuës de chemin.

LA ROCHELLE.

CEtte superbe ville de la Rochelle autant diffamée pour les Rebellions contre ses Roys, que fameuse par l'auantage de son assiete, & par les fortifications inexpugnables, que l'art y auoit adiouſtées, n'est pas fort ancienne. Durant les derniers Ducs d'Aquitaine, ce n'estoit qu'vne bourgade habitée pour la plufpart de pescheurs, sans autre commerce auec les Estrangers ny auec ses voisins, que de sa pesche. Som nom marque assez sa situation sur des roches & falaises, qui paroissás de loin du costé de la mer, à cause de leur blancheur, l'ont fait aussi nommer la ville blanche, bien que ses crimes l'ayent renduë depuis la ville noire.

Guillaume dernier Duc d'Aquitaine considerant l'auantageuse assiete de ce Bourg, la beauté du port, la seureté de l'abordage, la commodité d'y bastir, la fertilité du pays circonuoisin, le voisinage des Isles de Ré, d'Oleron, de Marenes & d'Aluert, & tout ce qui se peut desirer pour l'accroissement d'vne ville, permit aux habitans de clorre leur Bourg de murailles, & pour en faciliter l'ouurage, les deschargea de toute imposition. Eleonor fille & heritiere du mesme Duc, qui fut mariée à Louys septiesme, dit le Ieune, secondant les affections de son Pere, leur en fit obtenir la confirmation du Roy son premier espoux: & depuis encore du second, qui fut Henry Roy d'Angleterre, & du Chef de la mesme Eleonor, Duc de Guyenne: & elle mesme leur donna droit de communauté, de Iustice haute, moyenne, & basse, cens, rentes, & domaines.

Le Roy Philippes Auguste ayant remis sous sa main la Guyenne par la felonnie de

Iean sansterre, la Rochelle fut vne des dernieres pieces reconquises, & eust encore resisté plus longuement sans vne fourbe Angloise. Car ayans enuoyé demander secours d'argent en Angleterre pour le payement de la garnison, les Anglois furent si insolens & outrageux, qu'ils leur enuoyerent des caisses pleines de cailloux : dont ces hommes valeureux, qui exposoient si franchement leurs fortunes & leurs personnes pour vne nation ingrate, furent si picqués, qu'ils rendirent la ville au Dauphin Loüis, & luy iurerent fidelité, & obeissance, en qualité de ses humbles subjets. Cette raillerie iniurieuse demeura si auant grauée dans les cœurs des Rochelois, que leur ville estant obligée de retourner sous la puissance des Anglois auec le reste de l'Aquitaine, par le traité de Bretigny, de l'an 1359. pour retirer le Roy Iean prisonnier en Angleterre, ils refuserent d'obeyr; & resisterent mesme au Dauphin, qui les pressoit d'agréer ce changement de Maistres, offrans de donner pluftost la moitié de tous leurs biens, que de retourner sous la domination Angloise. Ce sage Prince estant paruenu à la Couronne sous le nom de Charles V. augmenta les Priuileges

leges des Rochelois en reconoissance de leur grand zele & fidelité enuers la France. Ce fut iustement pour lors qu'ils establirent le Conseil & corps de ville composé de cent Bourgeois, à sçauoir de cinquante Escheuins & autant de Pairs, dont ils ont esleu tousiours leur Maire, qui est le chef des Magistrats populaires, & le Gouuerneur particulier de la ville. Et depuis ce temps-là on peut dire que les Rochelois se sont maintenus longuement dans le deuoir de bons suiets, & que Louys XI. y faisant son entrée leur iura solemnellement de les maintenir en leurs immunités & priuileges.

Mais leur orgueil croissant auec l'opulence, ils furent si insolens, que de s'opposer seditieusement à l'execution d'vn Edict de François I. qui fut obligé de se transporter luy mesme à la Rochelle, pour chastier les seditieux, & se faire reconoistre Roy par sa presence. Depuis s'estans laissés emporter aux predications des premiers Ministres de Caluin, ils succerent le venin de la rebellion auec celuy de l'erreur, & peu apres commencerent à se porter pour les chefs des Eglises pretenduës, massacrerent ou bannirent tous les Ecclefiastiques, s'emparerent de leurs biens, demolirent les Eglises, & en bastirent leurs fortifications, chasserent les Catholiques, & commirent toutes sortes de crimes contre leur Prince.

Charles IX. ayant fait assieger la Rochelle l'an 1572. sous la conduite de Henry Duc d'Anjou son Frere, elle eut esté emportée sans les trahisons de ceux qui fauorisoient les Religionnaires, ou qui desiroient la continuation des guerres ciuiles. Tellement que le siege estant leué & la paix accordée aux Religionnaires, à des conditions honteuses & dommageables à l'Estat, l'orgueil des Rochelois monta à ce poinct d'insolence, que s'imaginans de faire de leur ville le Chef & le Siege principal d'vne florissante Republique, ils y esleuerent les plus belles & les plus regulieres fortifications de place de l'Europe, tranchans des souuerains sur la Terre & sur la Mer, & traittans de paix auec leur Prince.

Ayans esté protegez du feu Roy Henry le Grand, n'estant encore que Roy de Nauarre, ils ne le receuoient pas pourtant le plus fort en leur ville, & ne laisserent iamais eschaper aucune occasion de conspirer contre l'Estat, ce qu'ils ont continué sous le Roy Louys le Iuste, se ioignans aux Princes mal contens, fauorisans tous ceux qui conspiroient contre le repos de l'Estat, conuoquans des assemblées generales contre les expresses deffenses de sa Maiesté, & faisans tous leurs efforts de former vn Estat dans l'Estat.

Ce detestable attentat, auec tant d'infractions de paix, de seditions, de complots, de monopoles, d'alliances auec les estrangers ennemis de la France obligerent enfin le Roy de mettre le siege deuant la Rochelle, pour renger au deuoir vn peuple mutin & desobeissant: La circonuallation fut faite, les Forts construits sur les tranchées & lignes de communication, & le Siege formé l'an mil six cens vingt sept. Le Roy y fut en personne auec sa Noblesse, qui accouroit de tous les endroits de la France pour voir vn miracle qui ne pouuoit estre operé que par vn Roy Iuste, que Dieu auoit choisi pour seruir de modelle aux bons Roys; & pour leur faire entendre que rien n'est impossible aux Princes qui cerchent les interests de Dieu dans la conseruation de leur authorité; que les Elemens se soumettent à leurs volontez pour contraindre les subiects rebelles de suiure leurs exemples: qu'ils ont l'ordre des saisons & la conduite des temps en leur disposition pour maintenir leurs armées: qu'ils peuuent rendre l'Ocean captif pour se mettre eux mesmes en liberté, qu'ils sont enfin tout-puissans pour executer leurs desseins. Ce miracle est la Digue, qu'on bastist dans la mer pour fermer vn Canal de mille pas qui rendoit la la Rochelle imprenable tandis que les vaisseaux pouuoient passer, & leur porter secours. Ie ne veux point icy renouueler la memoire des miseres que souffrirent ces pauures aueuglés, deuant que de reconnoistre la Maiesté de leur Prince, ie me contenteray de dire qu'il mourut plus de treize mille ames dans la ville durant le siege, & que le iour de l'entrée du Roy qui fut le iour de la Toussains deux iours apres sa reddition, il n'y auoit pas cent hommes qui eussent la force de soustenir leurs armes, & monter sur les bastions, il ne s'y trouuoit plus que sept ou huit maisons qui eussent du pain : vne mere s'estoit repeuë de la chair de sa fille morte de faim, & plusieurs preuoyans leur mort prochaine, se traisnoiēt aux cimetieres pour y

Gallo-Belgique.

rendre l'ame, faisans faire leur fosse en leur presence, & s'estendoient dedans prians leurs parens & amis de les couurir d'vn peu de terre apres leur trépas, & ne se trouuans plus de fossoyeurs, la pluspart demeuroiét sás sepulture. Telles ont esté les heureuses & tristes auantures de la Rochelle.

Toutes ces belles fortifications, ces sept bastions reuestus auec leurs courtines & defenses, ces autres quatre accompagnés de fossez, répars, & corridors, reuestus au dehors de la contrescarpe ont esté demolies il n'y reste plus rien que les deux Tours de la chaisne, & celle du Garot, qui sont à l'entrée du port, auec quelques murailles du costé de la Mer. Le Temple a esté conuerti comme vn Pantheon à vn meilleur vsage. Il est de figure ouale, basti de bois sur des murailles de pierre, auec vn merueilleux artifice: & vne liaison extraordinaire des soliueaux l'vn auec l'autre sans aucun soustien au milieu du bastiment. On peut remarquer pres de la ville l'art & l'industrie singuliere pour faire du sel tres blanc, par le moyen de l'eau de la mer, qu'ils gardent en hyuer dans des reseruoirs, & qu'ils font desseicher au soleil durant l'Esté.

Nous estions logés aux trois Marchands, d'où nous sortismes pour aller à Limoges. Le chemin que nous suiuismes fut par Poy de Loüart trois lieuës, Surgere deux, Dompierre quatre, Oriée deux, S. Fraisne cinq, Vertueil en Engoumois trois, S. Laurens de Chaud trois Chabanes quatre, S. Iunien deux, & enfin arriuasmes à Limoges, où nous descendismes au cheual blanc.

LIMOGES.

LE Limosin abonde en seigles, orges, chastagnes, & raues. Le bestail y est en grand nombre par tout le pays, & s'y nourrissent de fort bons cheuaux, qu'on vend à la foire de Chaslus. Les habitans ne sont pas si polis & ciuilisés comme ailleurs; les femmes y sont fort chastes, mais fort peu agreables. Ils sont industrieux, sobres, mesnagers, semblables à ces Plantes qui profitent par tout. La Capitale du pays est Limoges assise sur la Vienne: qui est marchande & populeuse: dont l'Eglise Cathedrale est Dediée à S. Estienne; & l'Abbaye est consacrée à leur Apostre S. Martial. Ses bastimens ne sont que de bois & de terre, comme en plusieurs lieux d'Allemagne; les familles sont sales en leurs meubles, & en leurs tables; les femmes y sont vestuës grotesquement, & la simple representation des vefues, qui portent leurs collets à rebours des autres, fermés & estendus sur la poitrine, & ouuers sur l'espaule; des femmes mariées, des filles, des deuotes, des nourrisses, des grandes & petites chambrieres, seroit plus diuertissante aux yeux des Estrangers, qu'vne farce de Comedie. La Fontaine d'Aygolen est l'vnique ornement de la ville: elle fait deux estangs, qu'on ouure deux fois la semaine pour nettoyer les ruës. Mais à n'en point mentir la pieté des habitans les orne plus que tous les vains emprunts de la fortune & de l'art. Ceux qui ont veu la procession de Pasques, où l'on porte le corps de S. Martial, suiuy de tout le peuple, la pluspart, mesme des grands, en chemise, & la torche au poing, confesseront qu'ils n'ont rien veu de si loüable n'y de si religieux dans aucune ville de France.

De Limoges nous allasmes à Clermont en Auuergne, où nous n'eusmes pas le temps de voir les curiositez de la ville, &

particulierment ses fontaines ; pource que nous fusmes pressés de regaigner Lyon, où ie laisseray mon Vlysse François iusqu'à la premiere commodité qui se presentera de le conduire en Italie, où il se prepare de voir toutes les curiositez qu'il ne sçait que par les liures.

FIN.

TABLE DES PRINCIPALES
matieres contenües en ce Liure.

A

Abbaye de S. Denys fondée par Dagobert. 257. son Thresor, 349.
Abbaye de S. Geneuiefue, 274.
Abbaye de S. Germain des Prez, 277.
Abbaye de Marmonstier à Tours, 389.
Abbaye de S. Victor 278.
Abbé de S. Denys, ses priuileges, 258.
Abbé de S. Geneuiefue, ses droits, & son auctorité, 276.
Admiraux de France, leur charge, 205.
Adrian VI. Papes ses qualitez, & son tombeau, 166.
Agen, ville située sur Garomne, 581.
Aiglantine, ou ieux Floraux de Tholose. voyez Clemence.
Aix ville Capitale de la Prouence, 533.
Aix la Chapelle 176. seiour de Charlesmagne, ibid.
Amboise, ville agreable, & Chasteau tres fort sur le Loire 381. Charles VIII. y mourut 382
Amboise, grosse cloche à Roüen, 354.
Ambregris sur les riuages de Bordeaux, 602.
Amiens Capitalle de Picardie, 341 surprise par l'Espagnol & reprise par Hen-

Table des Matieres.

ry IV. 342. fa Citadelle, 343.
Amphitheatre de Douay taillé dans le roc 404.
Amphitheatre de Nifmes fort entier, 551.
Amfterdam, ville baftie en l'eau 161. abord de toutes les nations, 162.
Angers 395. fon Eglife Cathedrale, & fon clocher, 396. la proceffion du facre, 397. fon vniuerfité, 400. fon Chafteau, 481. Anjou, fa fertilité, 395.
Antoine de Bourbon tué deuant Rouen, 333.
Anuers, ville fur l'Efcaut 34. fes fortifications & fa Citadelle 37. la richeffe des habitans, 61.
Archeuefchés de Fráce, 192.
Archeuefque de Paris, depuis quel tēps 173.
Arcueil prés de Paris, 251.
Ardilliers, Chapelle de N. Dame prés de Saumeur, 393.
Argentueil, où eft la robe du fils de Dieu, 328.
Arles ville de Prouence, 540. nom d'vn Royaume, 542. fes antiquités. 541.
Armoirtes d'Anuers 69.
Armoiries de Cleues 174.
Armoiries de la ville de Paris, 314.
Atnemude bon port. 142.
Arnheim ville forte du pays bas, 162.
Arfenal de Paris, 322.
Artillerie & fon grand maiftre en Fráce, 205
Auignon ville & Comté, 523. fes Palais 524. fon pont, 525. elle fut vendue au Pape, 534.

Table des Matieres.

B

Bains de Bourbon, 441.
Basacle, moulins de Tholose, 577
Bastille, par qui bastie 322.
Baumete prés d'Angers, 399.
Beaucaire ville du Languedoc, assise sur le Rhosne, 547.
Bec d'Ambez, 602.
Berceau de S. Hilaire à Poitiers, 416.
Bergopsom, 144.
Berry pays de France, sa qualité, ses laines, 430.
Beziers, ville du Languedoc. 560. College des Iesuites, 560
Bissestre, quel Chasteau prés de Paris, 249.
Blaye ville forte sur la Garonne, 602. ce que les Anglois y payent, 603
Blois, ville sur le Loire 373. son Chasteau, 376. son iardin enrichi de simples, & d'antiques, par Monsieur, ibid.
Comtes de Blois, leurs armes, leur monnoye. 377
Bordeaux, son port, 590. ses antiquitez, 591.
Bourbon l'Archambaud, 441.
Bourbon ville & chasteau, 442. la Chapelle de Bourbon, 443. belle remarque des armes de Bourbon 444.
Bourg en Bresse, 437.
Bourg sur Mer, 596.
Bourges, Capitale de Berry, 426. sa grosse Tour, 428. Maisõ de Iacques cœur 437. la sainte Chapelle de Bourges, 433.
Bourse d'Anuers, d'où elle à pris son origine. 42.
Breda, pris & repris. 145.
Bresse conquise par

Table des Matieres.

Henry IV. 469
Brissac, Chasteau à quatre lieuës d'Angers, 503.
Bruge ville de Flandre, 522. ses bastimens, 23.
Bruxelle, son nom & assiete, 93. ses bastimens 96.
Le Palais du Prince, 97.
Bussi, Chasteau magnifique prés de Blois 378.

C

Cadillac, ville sur la Garomne, son beau Chasteau, 589.
Caën en Normandie, 339.
Cahors Capitale du Quercy, 581.
Calais, son assiete & son port, 5. Siege memorable par le Roy Edoüard, 4. Henry II. la reprit, ibid. L'Archiduc l'emporta, ibid. rendue par le traicté de Veruins, ibid.
Camargue Isle formée par le Rhosne, 542.
Cambray 119. conquis par Clodion, 120. pratiqué par Charles-quint 121. sa Citadelle, ibid. son Esueque en est le Comte, 122. ses toiles, 123. assiegé par l'Espagnol, 124
Carante, village entre Narbone & Beziers, 561.
Carcassonne en Languedoc, 568. escriture ancienne se conserue à Carcassonne sur des escorces d'arbres ibi.
Casimir tiré du Monastere pour estre fait Roy de Pologne, 528.
Castres, Chambre mi-partie 391
Caue qui trauerse sous le Rhosne, 515.
Celestins de Paris, 292.
Cerf pris en la Forest

Table des Matières.

de Senlis par Charles VI. 225.
Chambery, Capitale du Duché de Sauoye, 493.
Chambort maison Royale, 371.
Chancelier de France sa charge, 196
Chanoines de S. Iean de Lyon, Comtes de la ville 456.
Chanoines du Liege Gentilhommes ou Docteurs 186.
Chanoinesses de Mons, 111.
Charenton son Echo, 235.
Chariots à vẽt, 153.
Charante riuiere de Xaintonges
Chartreux de Paris, 284.
Chartreuse de Grenoble 496. chef de l'Ordre des Chartreux, ibid. par qui institués 497. leurs cellules exemptes de punaises, 502.
Chasse de S. Romain à Roüen, 335.
Chasteau-Dun en Dunois, 379
Chasteaux du Ha & de Tropcite à Bourdeaux, 595.
Chasteau de Chenonceaux 384.
Chasteleraud, son pont & ses Diamans 425.
Chastelet de Paris, Palais de l'Empereur Iulien, 315.
Chastres, & iardin de M. de Chantelou, 355.
Cheualiers du S. Esprit institués par Henry III. 289.
Cheualiers de Malthe, Alexandre Monsieur Cheualier, 301.
Cheual Cerf, 146.
Cheual sauuage pris à Fontaine-bleau, 235
Cicognes, beau trait de leur amour enuers leurs petits, 151.
Cimetiere de S. Surin 593.
Cimetiere des Innocens à Paris, 283.

Table des Matieres

Clemence a institué les ieux floraux de Tholose 575
Clery 369, Miracle continuel de N. Dame de Clery 270
Clermont en Picardie, 345.
Clermont en Auuergne, 615.
Clocher d'Angers 396
Cloche d'Auignon, qui ne sonne que pour les Papes, 524.
S. Cloud 244. Henry III. y fut assassiné 245.
Colleges de Paris, 306.
Cologne. colonie des Romains 170. son Archeuesque Electeur 171. sa police 172.
Compiegne 218, seiour des Roys de France, 222.
Conestable de France sa charge, 203.
Conflans sur Seine & Marne, 235
Conseil du Roy en France 197.
Corbeil prés de Paris 235.
Corne de Cerf prodigieuse à Amboise, 381.
Coucye, petite riuiere presage la famine, 379.
Couronnes de l'Empereur sont trois, 178.
Cour des Aydes, 199 316.
Craux-Pierreux 540
Creil sur Oyse, 346
Conuens de Paris, 284.

D

Dauphiné Prouince de France, comment elle a esté reünie à la Couronne par la cession de Humbert, 505.
Dauphin fils aisné de France. ibid.
Delphe, ville de Holande 151.
Deuises de Louis XII, 294. de François I,

Table des Matieres.

ibid. d'Henry II. ibid. de Catherine de Medicis 295. de François II. ibid. de Bourbon, 347. & plusieurs autres, 467.

S. Denys 256. son Thresor. 349.

Denier, vn des trente deniers de la vente du fils de Dieu est à Louuain, 92.

Diepe en Normandie, 340.

Dinand a soustenu diuers sieges. 184, insolence des habitans enuers leur Duc, 185.

Donkerque, son port, 12. 13.

Dordreht Capitale de Holande, 147. inondée par le debordement de la Mer, 148.

Douay, son Amphitheatre, 403.

Duchere lieu agreable prés de Lyon. 465.

Dueil des Reynes de France, 384.

E

Eaux salubres de Bourbon 441 de Pougues. 445. de Bourges, 437.

Eglise de S. Denys, & ses tombeaux, 257.

Eglise de S. Sernin à Tholose, 573.

Eglise de N. Dame de Paris, ses portes, & ses clochers, 271.

Electeurs de l'Empire 171.

Empereurs d'Allemagne les ceremonies de leur sacre, 177.

Enchuse forte place 160.

Enigme de la ville de Bruges, 26.

Epitaphe de Iean Bernard, 73.

Epitaphe de Lipse, 84. d'Anne de Montmorency. 296.

Epitaphe Ænigmatique à Escouy, 330

Escluse ville de Flandre, 135. Bataille

Table des Matieres.

memorable de l'Es-
cluse, 136.
Escouy, où est inhu-
mé Enguerrand de
Marigny, 329.
Escroüelles gueriés
par les Rois de Frã-
ce, 219.
Eueschés de France,
192,

F

FEste Dieu d'Angers
& sa processiõ, 597.
Fierte, voyés Chasse.
Finances & leurs sur-
intendans, 198
Flandre, sa fertilité. 5.
le nombre de ses
villes. 6. le naturel
des Flamans. 7. 8.
Flessingue, son port.
137.
Fontaine bleau, mai-
son Royale, 209. ses
galeries, 230. sa vo-
liere 231. ses iardins
233.
Fontaine qui brusle
prés de Grenoble,
507.
Fontaine dont l'eau se
conuertit en pierre
559.
Fontaine qui guerit
les malades & cau-
se la maladie aux
sains, 559.
Fontaine qui rend les
femmes fecondes.
520.
Fontaines de Nismes,
553.
Fontaines de Valen-
ce, 513.
Forest de Fontaine-
bleau. 228. le grand
Veneur, ibid.
France, ses confins,
son assiete, ses qua-
litez, ses Prouinces,
189. sa fertilité, 109.
François, leurs vertus,
& leurs vices. 211.
Funerailles de Char-
les VIII. 383.

G

GAbeleurs tués à
Bourdeaux, 597.
Gand ville de Flan-
dre, 28. sa Cita-
delle 33. ses Eglises

Et

Table des Matieres.

& bastimens, 28.
Gantois suiets à la reuolte, 28.
Geneue, & son assiete, 483. antiquités de la ville, tour bastie par Iules Cesar. 484. son Arsenal, 486. ses ruës, ibid. les Eglises & bastimens, 487.
Generalitez de France, leur nombre 200.
Gentilly prés de Paris 248.
Gonnesse, 247.
S. Germain en Laye, 236.
Gertrudeberghe forte place, 146.
Goitre, maladie des Sauoyards, 494.
Graueline en Flandre, 10.
Graue prise par les Espagnols, reprise par les Holandois 169.
Grenoble ville du Dauphiné 504. ses fortifications, 505.
Grotes de S. Germain 39.

H

Habitations sousterraines en Touraine, 380.
Hal N. Dame d'Haux 105. sa protection miraculeuse, ibid. le Thresor de son Eglise, 107.
Harancs, la pesche des harancs, 14.
Harlem la plus grande ville de Hollande 157.
Haure de Grace en Normandie, 340.
Haye, la Haye, la Cour des Estats du pays-bas 153. la sale lambrissée d'vn bois merueilleux, ibid.
Hollande, 132. ses bornes, son circuit, & son gouuernement, 133.
Horologe excellente à Bruxelle 160. à Valenciennes, 124. à Tours 388. au Pont-neuf, de Paris, 324.
Horne, beau-port, 160.
Hospitaux de Paris, 302. de S. Iacques,

R

Table des Matieres.

303, des Quinze-vingts, ibid.
Hostel Dieu de Paris 303.
Hostel Dieu de Lyon magnifique 462.
Hostels de Paris 326.
Hosties miraculeuses à Bruxelles 96. aux Billetes à Paris, 282
Huitres, montagne d'huitres prés de Bordeaux 588
Humbert Dauphin de Vienois se fait Moyne, 287. est enseuely aux Iacobins de Paris, ibid.

I

Iacques Cœur & sa maison à Bourges, 457.
Iardin Royal pour les Simples à Montpellier, 556.
Image de N. Dame incorruptible, 106
Imprimerie inuëtée à Harlem, 158.
Inquisition redoutable aux Flamans, 128.
Isle-Barbe à Lyon, que c'est, 465.
Issodun en Berry, 426
Iurats de Bordeaux punis, 606.
Iuifs chassés de France sous Philippes le Bel, 283.
Iuliers ville contestée par le droit des armes, 173.
Iul. Cesar Scaliger, & sa maison à Agen, 583.

L

Lac de Geneue, le Rhosne y passe.
Lac de sseiché. 160.
Lames d'espée se font artificieusement à Vienne en Dauphiné, 509.
Languedoc Prouince de France, sa fertilité, 577.
Leyden, florissante Academie au pays bas, 155.
Liege belle ville 181. Paradis des Prestres, 186. ruinée par Charles de Bourgogne 182.
Liegeois seditieux 184. se vantent de trois choses, 187.

Table des Matieres.

Ligue formée à Peronne, 216.
Lilo fort important, 144.
Limoge Capitale du Limosin, 614. ses bastimés, 615. la'deuotion des Limosins à S. Martial, 615.
Lipse, sa deuotion à la Vierge, 109.
Loix de Philippes d'Alsace, 16
Loudun, les possedées de Loudun, 406.
Louuain, son nom, & son assiete, 78. son Vniuersité 78.
Louure logis des Roys à Paris, 319.
Luxembourg, Hostel Royal à Paris, 326.
Lyon, & ce qu'elle contient 446. Conciles tenus à Lyon 448. ses Chasteaux 451.

M

Machine pour tirer vn fardeau de bas en haut à Angers, 402
Madrid en France, 243.
Maguelonne, ancien siege des Euesques de Montpellier, 558.
Maire de Poitiers, 422.
Maison superbe du Duc d'Arschot, 90.
Maistres des Requestes & leur charge en France, 197.
Maline ville de Brabant 71. son Arsenal 74. son Parlement, 75.
Mareschaux de France, & leur charge, 204.
Marguerite de Hollande, son accouchement prodigieux 154.
Mastricht sur la Meuse, 179. pris par los Hollandois, 181.
Marseille ville ancienne & Greque, 535. son port asseuré 536. deliurée de la trahison des Espagnols, 537.
Melun, 224.
Meudon, pres de Paris, 246.
Middebourg, 138.

Rr ij

Table des Matieres.

Estape des pays-bas, 140.
Montargis, histoire du chien, 450.
Mont-joye, S. Denis cry de guerre des François, 260.
Mont-martre, où mont des Martyrs, 255. son plastre 256
Mons en Hainaut 110 elle fut surprise, 112.
Montagne de Liege fort riche, 187.
Mont-Louys, 385.
Montmeillan, forte place en Sauoye, 499
Montpellier ville du bas Languedoc, 555. son College de Medecine, 556. sa Citadelle, 557.
Montauban, ses trois villes 578. l'orgueil des habitans, 579.
Moulins, ville du Bourbonnois, 439. les beaux Fauxbourgs 440. son Chasteau magnifique, ibid. son iardin Royal, ibid.
Moyssac ville ancienne du Quercy, 580.

N

Namur 188. vanité des habitans, 189.
Narbonne ville en Languedoc, 561. ses antiquités, 566. son Archeuesché, ibid.
Nesle, forteresse, 217
Neuers, Capitale du Niuernois, 444.
Nieuport, 15. bataille de Nieuport, 16.
Nihumchen, ville de Gueldres, 168.
Nismes ville ancienne au bas Languedoc, 550. antiquités & inscriptions, 551.
Nostradamus ensueuely à Aix 534.

O

Orange ville & principauté en Prouence 517. ses antiquités, 518.
Oriflamme, ancienne baniere des Roys de France, 259.
Orleans, son assiete & sa forme, 357. tiltre d'vn Royau-

me, 363. son Vniuersité 364. son Eglise de S. Croix, 366. son Euesque, & son pouuoir, 367 son pont où est la Pucelle d'Orleans, 357.

Ostende 19. son siege memorable, 20.

P

PAirs de France, 195.

Pays-bas, diuisé en dix-sept Prouinces, 125. tombent dans la maison d'Austriche, 127. se reuoltent, 128.

Palais Tutele à Bordeaux, 591.

Palais de Paris, 311.

Paris diuisé en trois parties, 269. ses parties, 270. & suiuans,

Parlemens de France par qui institués, 194.

Parloir aux Bourgeois, 287.

Peronne, 215. prison de Charles le Simple 216. Peste cruelle, 202.

Poitiers tres grande ville 409. son Eglise Cathedrale, 414. ses antiquitez, 419. sa pierre leuée, 420

Poictou 423. Noblesse de Poitou, 422.

Picardie 215. naturel des Picards vn peu chaud, ibid.

Pierres d'Auene le sec, 119.

Pilate, sa maison, son Sceptre, & sa Tour à Vienne, 510.

Plassac Chasteau du Duc d'Espernon.

Pont-neuf de Paris, 323. les autres ponts 325.

Pont de Cé, ville sur le Loire, 492.

Pont du Gard, 548.

Pont du S. Esprit 516

Pont d'Auignon, 525.

Pons ville & Chasteau en Xaintonge, 604.

Table des Matieres.

Pougues, & ses eaux salutaires, 445.
Preuosts des Marchans, 201.
Prouinces de France, 202.
Puits estrange proche de Montpellier, 359.

Q

Quinze Vingts, Aueugles de Paris, 303.

R

R Atonneau, fort de Marseille, 536
Reole sur Garomne, 587.
Roye Canal de Bruge, 163.
René de Sicile, son sepulchre à Angers, 397.
Rheuen ville ancienne, dite autrefois Grimes, 167
Riuiere d'Aa separe la France, 12.
Riuiere Hiperle passe à Ostende, 19.
Riuiere Dolie à Louuain, 78.
Riuiere de Senne & Rochelle à Bruxelle, 94.
Riuiere de Meuse à Maestrict, 179.
Riuiere de Rotero à Roterdam, 149.
Riuiere d'Yon à Nesle 217.
Riuiere de Bieure aux Gobelins, 248.
Riuierre d'Orne à Caen, 339
Riuiere du Clain à Potiers,
Riuiere Beccha pres d'Vtrecht, 363.
Riuiere de l'Escaut à Anuers, 36.
Riuiere Troule à Mons, 110.
Riuiere Ronelle, 116
Riuiere Lingea, & Meroere à Dordrecht 147.
Riuiere Ligea à Liege, 182.
Riuiere de Somme en Picardie, 215.
Riuieres de Robec, Auberte, & la Renelle entrent dans la Seine à Roüen, 332.
Riuiere de Viene à Limoges. 614.
Roane, on s'y embarque pour Orleans,

Table des Matieres.

446. La Rochelle, 606. son siege memorable, 610.
Roterodam, pays 146. d'Erasme fut bruslé & reparé, 150.
Roüen Capitale de Normandie, 131. ses Parroisses, 337.
Royan Marquisat à l'emboucheure de la Garomne. 603.
Roynes Blanches 384
Ruben excellent Peintre. 51.

S.

Sacre des Empereurs. 177.
Salins du Languedoc.
Saumur ville & Chasteau sur Loyre, 392
Sauoye ses confins, ses Ducs, 476. & l'humeur des Sauoyards, 478. 481.
Senlis 225. Forests de Senlis, ibid.
Sept nombre recerché à Bruxelle, 95. & à Auignon.
Sepulchre, où il sourd de l'eau, 546. 593.
Sepulchre de Iesus Christ representé au Temple de Paris, 302.
Sirenes prises à Harlem, 159.
Songe de Charles VI. 31.
Statuë du Duc d'Albe 37.
Sueur Angloise, 102.

T

Tarascon ville sur le Rhosne 547. S. Marthe y tua vn Dragon, ibid.
Templiers abolis au Concile de Vienne, 289.
Terre seellee à deux lieuës de Blois. 375.
Toiles de Cambray, 123
Tholose Capitale du Languedoc, 570. ses antiquités, 572. son pont, 577. ses quatre merueilles, ibid. Eglise Cathedrale 605
Tombeaux des Roys 265.
Tombeaux d'Orleãs, aux Celestins 295.
Tombeau d'vne Emperiere, 515.
Toncins ville sur Garomne, 585.
Tours ville agreable

Table des Matieres

& marchande, 385. son Eglise principale, 388. ses manufactures de soye, ibid.

Tour sans venin à Grenoble, 507.

Tournon sur le Rhosne, 511.

Tournelle à Paris, où est auiourd'huy la place Royale, 327

Tuilleries iointes au Louure, 320.

V

Valence ville de Dauphiné, 512.

Valenciennes ville bastie par Valens, 115. son Eglise, 116.

Vanures, 247.

Vaucluse prés d'Auignon, 531. le sejour de Petrarque, & le lieu de ses amours, ibid.

Verie en Zelande, abord des Escossois, 141.

Verd estang prodigieux, dont l'eau boüillit à la mort du Roy Childebert, 380

Verrerie d'Anuers, 46.

Vers à Soye en Frâce, 211.

Vigile, Chasteau de Lesdiguieres, 507.

Vienne, ville ancienne du Dauphiné, 509.

Ville neufue à Auignon.

Vincennes, Bois de Vincennes prés de Paris, 252.

Vniuersité de France 206

Vniuersités de Paris, 306.

Vtrecht, 163

X

Xaintes Capitale de Xaintonge, 606. son Eglise Cathedrale, 605.

Z

Zelande, ses Isles 130. sa deuise, 131.